제4판

# 로스쿨
# 국제거래법

International
Business Transaction
Law

정형진

法文社

# 제4판 머리말

　법학은 글로 된 수학에 가깝다. 따라서 논리성을 키우는 것이 가장 중요하다. 사례로 나오는 변호사 시험을 대비하기 위해서는 적절한 개론서와 조문을 읽고, 변호사시험 기출문제를 반복해서 풀어보는 것이 가장 효율적이다. 도움을 준 최성호박사와 김종남 변호사에게 감사드린다.

2025년 2월 경북대 연구실에서

정 형 진

# 제3판 머리말

　이 책은 2022년 개정 국제사법을 반영한 로스쿨 학생을 위한 국제거래법 수험서로 만들었습니다. 필자가 2001년 이래 대학에서 강의하면서 법학 공부에 가장 필요한 것은 무엇인가 생각해보면 복잡한 법률 쟁점을 단순화시키는 것과 그 쟁점을 법률 조문에 적용시키는 논리성이라고 생각합니다. 따라서 복잡한 법 이론서보다 조문과 조문 사이에서 문제해결을 위한 논리적인 사고를 하는 것이 가장 효율적인 법학 공부 방법이라고 생각합니다. 그렇지만 조문의 정확한 의미를 알기 위해서는 사례와 같이 보지 않고서는 진정한 의미를 알 수 없습니다. 그리고 법학은 글로 된 수학과 같아서, 많은 문제풀이보다는 좋은 사례인 변호사시험 기출문제의 철저한 분석만으로 충분하다고 생각됩니다. 또한 과거 사법시험의 문제보다 사례형으로 만들어진 변호사시험 문제가 더 발전된 형태라 생각합니다. 과거 법학공부의 형태가 법이론서의 암기가 중심이었다면 지금 로스쿨시대에 법학공부는 논리성에 기반을 둔 사례분석에 치중하고 있습니다. 바쁜 가운데에도 이 책의 내용을 정리하고 교정해준 최성호 박사와 김종남 변호사에게 감사드립니다.

2024년 1월 경북대 연구실에서

정 형 진

# 제2판 머리말

    이 책은 2022년 개정 국제사법을 반영한 로스쿨 학생을 위한 국제거래법 수험서로 만들었습니다. 필자가 2001년 이래 대학에서 강의하면서 법학 공부에 가장 필요한 것은 무엇인가 생각해보면 복잡한 법률 쟁점을 단순화시키는 것과 그 쟁점을 법률 조문에 적용시키는 논리성이라고 생각합니다. 따라서 복잡한 법 이론서보다 조문과 조문 사이에서 문제해결을 위한 논리적인 사고를 하는 것이 가장 효율적인 법학 공부 방법이라고 생각합니다. 그리고 법학은 글로 된 수학과 같아서, 많은 문제풀이보다는 변호사시험 기출문제의 철저한 분석만으로 충분하다고 생각됩니다. 또한 과거 사법시험의 문제보다 사례형으로 만들어진 변호사시험 문제가 더 발전된 형태라 생각합니다. 바쁜 가운데에도 이 책의 내용을 정리하고 교정해준 최성호 박사와 김종남 변호사에게 감사드립니다.

2023년 2월 경북대 연구실에서

정 형 진

# 머 리 말

이 책은 로스쿨 학생을 위한 국제거래법 수험서로 만들었습니다. 필자가 2001년 이래 대학에서 강의하면서 법학 공부에 가장 필요한 것은 무엇인가 생각해보면 복잡한 법률 쟁점을 단순화시키는 것과 그 쟁점을 법률 조문에 적용시키는 논리성이라고 생각합니다. 따라서 복잡한 법 이론서보다 조문과 조문 사이에서 문제해결을 위한 논리적인 사고를 하는 것이 가장 효율적인 법학 공부 방법이라고 생각합니다. 그리고 많은 문제풀이보다는 변호사시험 기출문제의 철저한 분석만으로 충분하다고 생각됩니다. 바쁜 가운데에도 이 책의 내용을 정리하고 교정해준 최성호 박사와 김종남 변호사에게 감사드립니다.

2022년 1월 경북대 연구실에서

정 형 진

# 목  차

# Ⅰ. 국제사법
# Ⅱ. 국제물품매매계약에 관한
#    국제연합 협약

# 국제사법

## 1. 국제사법의 개요

국제사법은 '외국적 요소가 있는 법률관계'에 대하여 적용할 준거법을 지정하는 법이다. 따라서 국제사법을 적용하기 위해서는 우선 사안이 국제적 사법관계임이 확정되어야 할 것이다. 그러나 국제적 사법관계임이 확정된 이후 당해 사안이 국제사법을 적용하여 준거법을 지정 및 확정하기까지 여러 문제를 해결하여야 하며, 준거법이 확정된 후에 그 준거법을 사안에 적용하는 단계에서도 여러 문제가 생길 수 있다. 이들 문제는 늘 발생하는 것은 아니다. 이들 문제가 발생되지 않는 경우 법률관계의 성질결정이 되어 그 사안과 관련되는 규정만 찾으면 바로 준거법이 결정될 수 있다. 그리고 국제재판관할은 원칙적으로는 국제사법의 이론적 범위에 속하지 않는다.

## 2. 국제적 사법관계의 해결 과정

### 1) 외국적 요소 있는 법률관계인가?

- 제1조, 법정지 기준으로 사법관계의 구성요소가 내국과 외국에 관련되어 있는 사법관계(국제적 사법관계)

### 2) 법률관계의 성질결정(신법정지법설)

### 3) 국제사법규정의 결정

### 4) 연결점의 확정

- 국적의 확정, 상거소의 확정(16조, 17조)
- 불통일법국가에 속하는 자의 본국법(16조)
- 법률의 회피(연결점의 변경으로 유효)

### 5) 준거법의 확정(내외 실질사법)

- 선결문제 • 적응문제 • 반정(22조) • 숨은 반정 • 준거법지정의 예외(21조)

### 6) 외국실질법의 적용

- 외국법의 성질(18조, 외국법법률설) • 외국법의 흠결과 불분명(조리) • 외국법 배제(23조, 공서조항)

■ **법률관계의 성질결정** : 국제적 사법관계가 국제사법상 어떤 성질을 가지는가를 결정

- 신법정지법설: 국제사법상의 법률개념을 법정지 국제사법의 해석문제로 보고, 법정지 국세사법의 정신과 목적, 법정지의 실질법, 그 법과 동일법계에 있는 타국의 실질법 및 타국의 국제사법 등을 비교법적으로 검토하여 개념도출(Maury).

  예 부부중 일방이 사망하여 재산상속이 문제된 경우 A국에서는 부부재산관계로 보고 B국에서는 상속에 관한 문제로 다루어지는데, 이 법률관계의 의미내용을 무엇으로 결정할 것인가의 문제.

■ **선결문제** : 본문제에 앞서서 먼저 해결함을 요하는 문제

- 법정지법설(법정지국제사법설): 법정지의 국제사법규정(Zitelmann).
- 본문제준거법설(준거법소속국국제사법설): 준거법 소속국의 국제사법 규정(Savigny).
- 절충설: 원칙적으로 법정지법설이나 국제사법적 이익을 고려하여 예외적으로 본문제준거법설을 취함(Ehrenzweig).

  예 한국에서 아파트를 남기고 사망한 영국인이 상속에 관한 다툼을 우리나라 법원에서 재판하고 있다. 이 때 사망한 영국인의 양자라고 주장하는 중국인이 자신의 상속권을 주장하고 있다(국제사법상 입양 및 파양은 입양 당시

양친의 본국법에 의하고, 상속은 피상속인의 본국법에 의한다).

① 우선 양자라고 주장하는 중국인의 입양의 유효성문제를 검토해야 한다(선결문제).

② 선결문제 해결에 관한 법정지법설에 따르면 우리나라의 국제사법에 따라 판단한다.

③ 선결문제 해결에 관한 본문제준거법설에 따르면 영국의 국제사법에 따른다.

■ **적응문제** : 하나의 국제적 사법관계가 여러 개의 단위법률관계로 분해되고 그 각각에 대하여 준거법이 지정되는 경우 그 모순을 어떻게 해결할 것인가의 문제.

　例　구섭외사법 제16조 제1항에 의하면 혼인의 효력은 夫의 본국법에 의하고, 제22조에 의하면 친자간의 법률관계는 父의 본국법에 의하고 부가 없는 경우에는 모의 본국법에 의한다. 한국인 성인남자가 미성년자인 중국여자와 혼인하였다. 한국민법에 의하면 혼인으로 인해 미성년자는 친권으로부터 이탈하나 중국민법에 의하면 친권으로부터 이탈되지 않는다. 준거법으로서 한국법과 중국법 사이에 저촉이 일어나게 된다. 미성년자인 중국여자를 성년으로 취급하느냐 않느냐의 문제가 제기된다.

이에 대한 해결방법은 우리 국제사법에 적응문제의 해결에 관한 규정이 없으므로 국제사법규정의 종합적인 고찰과 법률관계의 성질을 고려하여 합리적으로 해결할 수밖에 없다(국제사법적 해결방법). 따라서 위 사안의 경우 부부관계가 부자관계에 우선하므로 한국법에 의해 성년으로 취급한다(서희원, 「국제사법강의」, 119면).

■ **숨은 반정** : 이혼·양자 등에 관하여는 당사자의 주소지에 재판관할권이 있고, 그 지방의 법률이 적용된다고 하는 것이 미국법의 원칙이다. 따라서 재판관할권의 원칙 속에 저촉법의 원칙이 숨어있다고 이해하고, 당사자의 주소가 한국에 있는 것에 의해 반정원칙이 인정될 수 있다고 한다(대법원 2006. 5. 26. 선고 2005므884 판결).

## 【국제적 사법관계 해결 과정 흐름도】

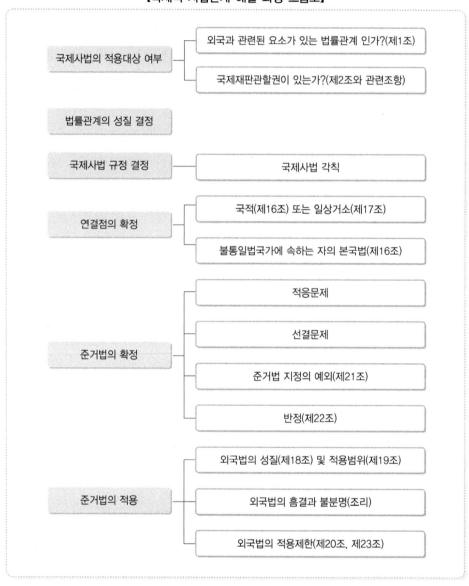

## 3. 조문 해설

국제사법

[시행 2022. 7. 5.] [법률 제18670호, 2022. 1. 4., 전부개정]

### 제 1 장  총   칙

### 제 1 절  목   적

#### 제1조(목적)

이 법은 외국과 관련된 요소가 있는 법률관계에 관하여 국제재판관할과 준거법(準據法)을 정함을 목적으로 한다.

#### ▌ 조문해설

'외국과 관련된 요소가 있는 법률관계'란 법정지의 입장에서 사법관계의 구성요소의 일부가 내국과 외국에 관련되어 있는 법률관계를 의미합니다. 외국적 요소가 있는 법률관계에 적용되는 법률을 준거법이라 하고, 그 법률관계를 다룰 재판 관할이 어느 국가의 법원에 있는지를 따지는 것을 국제재판관할이라고 합니다.

#### ▌ 보충설명

'준거법'이란 해당 법률관계를 규율하는 근거법을 가리키는데, 한 국가의 사법체계 전체(national systems of law)를 의미합니다. 사법체계 하의 특정 법규범(rules of law)은 준거법이 될 수 없습니다. 예를 들면, 한국법, 영국법 등은 준거법이 될 수 있지만, 한국의 민법, 영국의 상법 등은 준거법이 될 수 없습니다.

'법정지'란 좁은 의미로는 소송이 행해지고 있는 장소를 뜻하고, 넓은 의미로는 해당 사건이 아직 소송으로 이행되지는 않았지만, 현재 문제가 되는 장소를 뜻합니다. 제1조의 법정지는 넓은 의미로 해석합니다(신창선, 「국제사법」 2011, 6면).

'사법관계의 구성요소'란 해당 사건의 당사자 국적, 주소, 거소, 현재지, 물건의 소재지, 행위지, 이행지, 사실 발생지 등을 가리킵니다. 이것을 연결점이라고도 부릅니다.

'외국과 관련된 요소가 있는 법률관계'와 관련하여, 문제가 되는 법률관계에 단지 '외국과 관련된 요소'가 있기만 하면 된다는 견해(1설)와, '외국과 관련된 요소'가 있는 것만으로는 부족하고 외국적 성격이 상당한 정도에 이르러 막연히 국내법을 적용하는 것은 부당하고 국제사법을 적용하는 것이 합리적이고 타당할 경우에 한하여 '외국과 관련된 요소가 있는 법률관계'를 인정할 수 있다는 견해(2설)가 대립하고 있습니다. 판례(78다1343, 2004다26454)는, 외국과 관련된 요소가 있다고 하더라도 그것이 단순히 우연적이고 형식적인 의미를 갖는데 그치는 경우에는 섭외사법(현 국제사법)을 적용해서 처리하여야 할 합리적인 이유가 없다고 하여 2설의 입장을 따른 것으로 보입니다.

그러나 해당 법률관계에 단순히 '외국과 관련된 요소'가 있을 뿐이라고 하더라도, 국제사법 제21조에 의해 밀접 관련성을 가진 다른 나라의 법이 있는지를 고려해야 하므로, 1설에 따라 '외국과 관련된 요소가 있는 법률관계'를 넓게 이해하여도 무관하다고 보입니다.

제1조는 해당 사건에 국제사법이 적용될 수 있는지 여부를 판단하기 위한 근거 조문으로, 문제에서 별도로 국제사법의 적용여부를 묻지 않더라도 반드시 검토하고 언급해야 합니다. 왜냐하면 제1조에 의해 국제사법이 적용될 수 없는 경우에는 이후의 문제해결 과정에 국제사법 조문을 이용하는 것이 불가능하기 때문입니다. 따라서 답안 작성시 첫머리에 반드시 외국과 관련된 요소가 있는 법률관계인지 여부를 검토해야 한다는 점을 명심하시기 바랍니다.

### 연관조문

밀접 관련지에 해당하는지와 관련하여 제21조를 참고하기 바랍니다.

### 기출표시

| 1회 ‖ 2회 ‖ 3회 ‖ 4회 ‖ 5회 ‖ 6회 ‖ 7회 ‖ 8회 ‖ 9회 ‖ 10회 ‖ 11회 ‖ 12회 ‖ 13회 ‖ 14회 |

## 제2절 국제재판관할

### 제2조(일반원칙)

① 대한민국 법원(이하 "법원"이라 한다)은 당사자 또는 분쟁이 된 사안이 대한민국과 실질적 관련이 있는 경우에 국제재판관할권을 가진다. 이 경우 법원은 실질적 관련의 유무를 판단할 때에 당사자 간의 공평, 재판의 적정, 신속 및 경제를 꾀한다는 국제재판관할 배분의 이념에 부합하는 합리적인 원칙에 따라야 한다.

② 이 법이나 그 밖의 대한민국 법령 또는 조약에 국제재판관할에 관한 규정이 없는 경우 법원은 국내법의 관할 규정을 참작하여 국제재판관할권의 유무를 판단하되, 제1항의 취지에 비추어 국제재판관할의 특수성을 충분히 고려하여야 한다.

### 조문해설

제2조는 대한민국의 법원이 문제가 되고 있는 사건의 국제재판관할권을 가지기 위

해 일반원칙을 제시합니다. 제2조 제1항은 국제사법이 정한 국제재판관할의 실질적 관련원칙을 선언하였고, 제2항은 그 구체적 기준을 제시하고 있다. '실질적 관련'이 있다는 것은 우리나라 법원이 재판관할권을 행사하는 것을 정당화 할 수 있을 정도로 당사자 또는 분쟁대상이 우리나라와 관련성을 갖는 것을 의미합니다.

실질적 관련원칙의 실질적 관련의 유무를 판단함에 있어 '당사자 간의 공평, 재판의 적정, 신속 및 경제를 꾀한다'는 내용을 추가하였습니다(제1항).

또한 국제재판관할에 관한 규정이 없는 경우에 국내법의 관할 규정을 참작하여 국제재판관할권의 유무를 판단한다는 점을 명확히 하였습니다(제2항).

법원이 제2조 제1항을 근거로 실질적 관련만에 근거하여 국제재판관할을 인정할 여지가 있으나, 개정법이 정치한 재판관할규칙을 도입한 이상 이는 보충적인 규칙이므로 개정법이나 그 밖의 대한민국 법령 또는 조약에 국제재판관할에 관한 규정이 없는 경우에만 적용해야 하고 그에 해당하는 지를 해석함에 있어서도 엄격하게 해석하여야 합니다(석광현,「국제재판관할법」2022, 66면).

## ▌보충설명

법률관계의 당사자간에 전속적 관할합의가 있는 경우에 이를 인정할 것인지 여부는 판례를 따랐으나, 개정국제사법 제8조에 합의관할에 관한 조항이 신설됨으로 해결되었습니다.

## ▌연관조문

국제사법은 총칙 부분인 제2조부터 제15조까지 관할규정을 두고 있으며, 동시에 각칙의 개별 장에 관할과 관련된 특별관할 규정을 두고 있습니다. 정리하면 아래와 같습니다.

### 국제재판관할 정리

| 조문<br>(총칙) | 내용 | 조문<br>(각칙) | 내용 |
|---|---|---|---|
| 제2조 | 일반원칙 | 제24조 | 실종선고 등 사건의 특별관할 |
| 제3조 | 일반관할 | 제25조 | 사원 등에 대한 소의 특별관할 |
| 제4조 | 사무소·영업소 소재지 등의 특별관할 | 제38조 | 지식재산권 계약에 관한 소의 특별관할 |
| 제5조 | 재산소재지의 특별관할 | 제39조 | 지식재산권 침해에 관한 소의 특별관할 |
| 제6조 | 관련사건의 관할 | 제41조 | 계약에 관한 소의 특별관할 |
| 제7조 | 반소관할 | 제42조 | 소비자계약의 관할 |
| 제8조 | 합의관할 | 제43조 | 근로계약의 관할 |
| 제9조 | 변론관할 | 제44조 | 불법행위에 관한 소의 특별관할 |

| | | | |
|---|---|---|---|
| 제10조 | 전속관할 | 제56조 | 혼인관계에 관한 사건의 특별관할 |
| 제11조 | 국제적 소송경합 | 제57조 | 친생자관계에 관한 사건의 특별관할 |
| 제12조 | 국제재판관할권의 불행사 | 제58조 | 입양관계에 관한 사건의 특별관할 |
| 제13조 | 적용 제외 | 제59조 | 부모·자녀 간의 법률관계 등에 관한 사건의 특별관할 |
| 제14조 | 보전처분의 관할 | 제60조 | 부양에 관한 사건의 관할 |
| 제15조 | 비송사건의 관할 | 제61조 | 후견에 관한 사건의 특별관할 |
| | | 제62조 | 가사조정사건의 관할 |
| | | 제76조 | 상속 및 유언에 관한 사건의 관할 |
| | | 제79조 | 어음·수표에 관한 소의 특별관할 |
| | | 제89조 | 선박소유자등의 책임제한사건의 관할 |
| | | 제90조 | 선박 또는 항해에 관한 소의 특별관할 |
| | | 제91조 | 공동해손에 관한 소의 특별관할 |
| | | 제92조 | 선박충돌에 관한 소의 특별관할 |
| | | 제93조 | 해난구조에 관한 소의 특별관할 |

**기출표시**

1회 설문1의 (1), 설문3 ‖ 2회 설문1 ‖ 3회 설문1 ‖ 4회 설문1 ‖ 5회 설문3의 가 ‖ 6회 설문3의 가 ‖ 7회 설문1 ‖ 8회 설문1 ‖ 9회 설문1 ‖ 10회 ‖ 11회 ‖ 13회 ‖ 14회

### 제3조(일반관할)

① 대한민국에 일상거소(habitual residence)가 있는 사람에 대한 소(訴)에 관하여는 법원에 국제재판관할이 있다. 일상거소가 어느 국가에도 없거나 일상거소를 알 수 없는 사람의 거소가 대한민국에 있는 경우에도 또한 같다.

② 제1항에도 불구하고 대사(大使)·공사(公使), 그 밖에 외국의 재판권 행사대상에서 제외되는 대한민국 국민에 대한 소에 관하여는 법원에 국제재판관할이 있다.

③ 주된 사무소·영업소 또는 정관상의 본거지나 경영의 중심지가 대한민국에 있는 법인 또는 단체와 대한민국 법에 따라 설립된 법인 또는 단체에 대한 소에 관하여는 법원에 국제재판관할이 있다.

**조문해설**

　　민사소송법 제2조(보통재판적)에 상응하는 국제재판관할규정을 신설하고자 하였습

니다. 일반관할의 경우 피고와 법정지간의 연관이 강력해서 피고에 대한 모든 종류의 소송에 대하여 재판관할을 인정하고, 특별관할의 경우 어떤 종류의 사안과 법정지 간에 관할의 존재를 정당화할 정도의 관련이 있어 당해소송에 한하여 재판관할을 인정하는 것입니다. 일상거소는 기존에 사용되어 오던 상거소를 알기 쉬운 표현으로의 변경이 필요하다는 의견을 반영하여 수정한 표현입니다. 그리고 여기에서 주된사무소(또는 영업소)는 사실상의 주된사무소(또는 영업소)를 의미합니다(석광현, 71면).

## 기출표시

12회 ‖ 14회

## 제4조(사무소영업소 소재지 등의 특별관할)

① 대한민국에 사무소·영업소가 있는 사람·법인 또는 단체에 대한 대한민국에 있는 사무소 또는 영업소의 업무와 관련된 소는 법원에 제기할 수 있다.
② 대한민국에서 또는 대한민국을 향하여 계속적이고 조직적인 사업 또는 영업활동을 하는 사람·법인 또는 단체에 대하여 그 사업 또는 영업활동과 관련이 있는 소는 법원에 제기할 수 있다.

### 조문해설

민사소송법 제12조(사무소·영업소가 있는 곳의 특별재판적)에 상응하는 국제재판관할규정을 신설하였습니다. 대한민국에 사무소·영업소가 있지 않은 경우에도 그 사람, 법인 또는 단체가 조직적인 사업 또는 영업 활동을 대한민국에서 하고 있거나 외국에서 대한민국을 향하여 하고 있는 경우, 그 사업 또는 영업 활동에 관한 소를 법원에 제기할 수 있습니다(제2항). 이는 대한민국에 사무소 또는 영업소가 있는 경우에 법원의 특별관할을 인정하는 한편, 사무소 또는 영업소가 없는 경우라도 인터넷 홈페이지 등을 이용하여 영업활동을 하는 경우 법원의 특별관할을 인정할 수 있는 효과가 있습니다(법무부, 국제사법 개정이유서).

## 기출표시

12회 ‖ 13회 ‖ 14회

## 제5조(재산소재지의 특별관할)

재산권에 관한 소는 다음 각 호의 어느 하나에 해당하는 경우 법원에 제기할 수 있다.
　1. 청구의 목적 또는 담보의 목적인 재산이 대한민국에 있는 경우

2. 압류할 수 있는 피고의 재산이 대한민국에 있는 경우. 다만, 분쟁이 된 사안이 대한민국과 아무런 관련이 없거나 근소한 관련만 있는 경우 또는 그 재산의 가액이 현저하게 적은 경우는 제외한다.

> **조문해설**
>
> 민사소송법 제11조(재산이 있는 곳의 특별재판적)에 상응하는 국제재판관할 규정입니다. 집행의 신속과 확실성을 위해서입니다.

## 제6조(관련사건의 관할)

① 상호 밀접한 관련이 있는 여러 개의 청구 가운데 하나에 대하여 법원에 국제재판관할이 있으면 그 여러 개의 청구를 하나의 소로 법원에 제기할 수 있다.

② 공동피고 가운데 1인의 피고에 대하여 법원이 제3조에 따른 일반관할을 가지는 때에는 그 피고에 대한 청구와 다른 공동피고에 대한 청구 사이에 밀접한 관련이 있어서 모순된 재판의 위험을 피할 필요가 있는 경우에만 공동피고에 대한 소를 하나의 소로 법원에 제기할 수 있다.

③ 다음 각 호의 사건의 주된 청구에 대하여 제56조부터 제61조까지의 규정에 따라 법원에 국제재판관할이 있는 경우에는 친권자 · 양육자 지정, 부양료 지급 등 해당 주된 청구에 부수되는 부수적 청구에 대해서도 법원에 소를 제기할 수 있다.

1. 혼인관계 사건
2. 친생자관계 사건
3. 입양관계 사건
4. 부모 · 자녀 간 관계 사건
5. 부양관계 사건
6. 후견관계 사건

④ 제3항 각 호에 따른 사건의 주된 청구에 부수되는 부수적 청구에 대해서만 법원에 국제재판관할이 있는 경우에는 그 주된 청구에 대한 소를 법원에 제기할 수 없다.

> **조문해설**
>
> 민사소송법 제25조(관련재판적)에 상응하여 여러 개의 청구가 밀접한 관련이 있는 경우 하나의 청구에 대하여 법원의 국제재판관할이 인정되면 일정한 요건 하에 다른 청구에 대하여도 국제재판관할을 인정하는 규정입니다.

## 제7조(반소관할)

본소(本訴)에 대하여 법원에 국제재판관할이 있고 소송절차를 현저히 지연시키지 아니하는 경우 피고는 본소의 청구 또는 방어방법과 밀접한 관련이 있는 청구를 목적으로 하는 반소

(反訴)를 본소가 계속(係屬)된 법원에 제기할 수 있다.

> **조문해설**
>
> 민사소송법 제269조(반소)에 상응하여 본소에 대해 법원에 국제재판관할이 있는 경우 일정한 요건 하에 반소에 대한 국제재판관할을 인정하는 규정입니다. 이는 재판 진행 과정에서 판결의 모순·저촉을 피하고, 소송경제를 도모할 수 있는 효과가 있습니다.

**기출표시**

12회

## 제8조(합의관할)

① 당사자는 일정한 법률관계로 말미암은 소에 관하여 국제재판관할의 합의(이하 이 조에서 "합의"라 한다)를 할 수 있다. 다만, 합의가 다음 각 호의 어느 하나에 해당하는 경우에는 효력이 없다.

1. 합의에 따라 국제재판관할을 가지는 국가의 법(준거법의 지정에 관한 법규를 포함한다)에 따를 때 그 합의가 효력이 없는 경우
2. 합의를 한 당사자가 합의를 할 능력이 없었던 경우
3. 대한민국의 법령 또는 조약에 따를 때 합의의 대상이 된 소가 합의로 정한 국가가 아닌 다른 국가의 국제재판관할에 전속하는 경우
4. 합의의 효력을 인정하면 소가 계속된 국가의 선량한 풍속이나 그 밖의 사회질서에 명백히 위반되는 경우

② 합의는 서면[전보(電報), 전신(電信), 팩스, 전자우편 또는 그 밖의 통신수단에 의하여 교환된 전자적(電子的) 의사표시를 포함한다]으로 하여야 한다.

③ 합의로 정해진 관할은 전속적인 것으로 추정한다.

④ 합의가 당사자 간의 계약 조항의 형식으로 되어 있는 경우 계약 중 다른 조항의 효력은 합의 조항의 효력에 영향을 미치지 아니한다.

⑤ 당사자 간에 일정한 법률관계로 말미암은 소에 관하여 외국법원을 선택하는 전속적 합의가 있는 경우 법원에 그 소가 제기된 때에는 법원은 해당 소를 각하하여야 한다. 다만, 다음 각 호의 어느 하나에 해당하는 경우에는 그러하지 아니하다.

1. 합의가 제1항 각 호의 사유로 효력이 없는 경우
2. 제9조에 따라 변론관할이 발생하는 경우
3. 합의에 따라 국제재판관할을 가지는 국가의 법원이 사건을 심리하지 아니하기로 하는 경우
4. 합의가 제대로 이행될 수 없는 명백한 사정이 있는 경우

> **조문해설**
>
> 　민사소송법 제29조(합의관할)에 상응하여 국제재판관할에 대한 합의에 관한 규정입니다. 당사자가 일정한 법률관계로 말미암은 소에 관하여 국제재판관할합의를 할 수 있도록 하되, 그 합의가 유효하지 않은 경우를 각호(제1호～제4호)로 유형화합니다(제1항). 합의된 법원이 전속관할을 가지는지는 당사자가 결정할 사항이나 분명치 않은 경우 전속적인 것으로 추정한다(제3항). 추정은 반증에 의하여 깨어집니다. 따라서 비전속적 합의도 유효합니다.

**기출표시**

12회

### 제9조(변론관할)

피고가 국제재판관할이 없음을 주장하지 아니하고 본안에 대하여 변론하거나 변론준비기일에서 진술하면 법원에 그 사건에 대한 국제재판관할이 있다.

> **조문해설**
>
> 　민사소송법 제30조(변론관할)에 상응하여 국제재판관할이 없는 경우에도 국제재판관할을 다투지 않고 본안에 대해 변론 등을 하는 경우 법원에 국제재판관할을 인정하기 위한 규정입니다.

**기출표시**

12회

### 제10조(전속관할)

① 다음 각 호의 소는 법원에만 제기할 수 있다.

1. 대한민국의 공적 장부의 등기 또는 등록에 관한 소. 다만, 당사자 간의 계약에 따른 이전이나 그 밖의 처분에 관한 소로서 등기 또는 등록의 이행을 청구하는 경우는 제외한다.
2. 대한민국 법령에 따라 설립된 법인 또는 단체의 설립 무효, 해산 또는 그 기관의 결의의 유효 또는 무효에 관한 소
3. 대한민국에 있는 부동산의 물권에 관한 소 또는 부동산의 사용을 목적으로 하는 권리로서 공적 장부에 등기나 등록이 된 것에 관한 소
4. 등록 또는 기탁에 의하여 창설되는 지식재산권이 대한민국에 등록되어 있거나 등록이

신청된 경우 그 지식재산권의 성립, 유효성 또는 소멸에 관한 소

5. 대한민국에서 재판의 집행을 하려는 경우 그 집행에 관한 소

② 대한민국의 법령 또는 조약에 따른 국제재판관할의 원칙상 외국법원의 국제재판관할에 전속하는 소에 대해서는 제3조부터 제7조까지 및 제9조를 적용하지 아니한다.

③ 제1항 각 호에 따라 법원의 전속관할에 속하는 사항이 다른 소의 선결문제가 되는 경우에는 제1항을 적용하지 아니한다.

### 조문해설

분쟁의 성질상 법원에 전속적인 국제재판관할을 인정하여야 할 필요성이 있는 경우 법원의 전속관할을 인정하기 위한 규정입니다. 제1항 제3호와 관련하여, 원고가 부동산소재지법에 따라 매매계약에 기하여 소유권을 이미 취득하였음을 주장하는 경우에 이는 부동산상의 물권에 관한 소이므로 부동산 소재지국이 전속관할을 가집니다. 반면에 원고가 채권계약인 매매계약에 기하여 부동산소유권이전청구 또는 소유권이전등기청구를 하는 경우에 이는 부동산에 관한 채권의 소이므로 전속관할에 속하지 않습니다. 또한 부동산소유권이전등기를 구한다면 이도 등기에 관한 소이므로 제1호에 의해 전속관할을 인정할 여지가 있으나 제1호 단서에 의해 전속관할에 속하지 않습니다(석광현, 138면). 제1호 공적장부에는 부동산등기부, 법인등기부, 가족관계등기부, 지재권등록부, 선박등기부 등도 포함합니다.


## 제11조(국제적 소송경합)

① 같은 당사자 간에 외국법원에 계속 중인 사건과 동일한 소가 법원에 다시 제기된 경우에 외국법원의 재판이 대한민국에서 승인될 것으로 예상되는 때에는 법원은 직권 또는 당사자의 신청에 의하여 결정으로 소송절차를 중지할 수 있다. 다만, 다음 각 호의 어느 하나에 해당하는 경우에는 그러하지 아니하다.

1. 전속적 국제재판관할의 합의에 따라 법원에 국제재판관할이 있는 경우

2. 법원에서 해당 사건을 재판하는 것이 외국법원에서 재판하는 것보다 더 적절함이 명백한 경우

② 당사자는 제1항에 따른 법원의 중지 결정에 대해서는 즉시항고를 할 수 있다.

③ 법원은 대한민국 법령 또는 조약에 따른 승인 요건을 갖춘 외국의 재판이 있는 경우 같은 당사자 간에 그 재판과 동일한 소가 법원에 제기된 때에는 그 소를 각하하여야 한다.

④ 외국법원이 본안에 대한 재판을 하기 위하여 필요한 조치를 하지 아니하는 경우 또는 외국법원이 합리적인 기간 내에 본안에 관하여 재판을 선고하지 아니하거나 선고하지 아니할 것으로 예상되는 경우에 당사자의 신청이 있으면 법원은 제1항에 따라 중지된 사건의 심리를 계속할 수 있다.

⑤ 제1항에 따라 소송절차의 중지 여부를 결정하는 경우 소의 선후(先後)는 소를 제기한

때를 기준으로 한다.

> **조문해설**
>
> 한국법원과 외국 법원에 동일한 소가 제기된 경우 판결의 모순·저촉을 방지하기 위하여 사건의 처리 등에 관한 규정입니다. 국제적 소송경합은 첫째 같은 당사자 사이일 것, 둘째 동일한 소일 것, 셋째 전소가 계속된 외국법원의 재판이 대한민국에서 승인될 것으로 예상될 것의 세 요건이 충족되는 경우 성립하고, 이 경우 한국법원이 직권 또는 당사자의 신청에 따라서 결정으로 소송절차를 중지할 수 있습니다(제1항).

**기출표시**

> 12회

### 제12조(국제재판관할권의 불행사)
① 이 법에 따라 법원에 국제재판관할이 있는 경우에도 법원이 국제재판관할권을 행사하기에 부적절하고 국제재판관할이 있는 외국법원이 분쟁을 해결하기에 더 적절하다는 예외적인 사정이 명백히 존재할 때에는 피고의 신청에 의하여 법원은 본안에 관한 최초의 변론기일 또는 변론준비기일까지 소송절차를 결정으로 중지하거나 소를 각하할 수 있다. 다만, 당사자가 합의한 국제재판관할이 법원에 있는 경우에는 그러하지 아니하다.
② 제1항 본문의 경우 법원은 소송절차를 중지하거나 소를 각하하기 전에 원고에게 진술할 기회를 주어야 한다.
③ 당사자는 제1항에 따른 법원의 중지 결정에 대해서는 즉시항고를 할 수 있다.

> **조문해설**
>
> 법원에 국제재판관할이 있다하더라도, 외국에 더 적절한 법정지가 있고 그 곳에서 재판하는 것이 훨씬 더 적합한 경우 엄격한 요건 하에 법원의 관할권 행사를 유보할 수 있는 근거 규정입니다.

### 제13조(적용 제외)
제24조, 제56조부터 제59조까지, 제61조, 제62조, 제76조제4항 및 제89조에 따라 국제재판관할이 정하여지는 사건에는 제8조 및 제9조를 적용하지 아니한다.

> **조문해설**
>
> 사건의 성격 상 합의관할(제8조), 변론관할(제9조)을 인정하기 어려운 사건에 대하여 적용을 제외하는 규정입니다.

제24조, 제56조부터 제59조까지, 제61조, 제62조, 제76조제4항 및 제89조에 따라 법원에 국제재판관할이 정하여지는 사건에는 제8조 및 제9조를 적용하지 않습니다.

이는 당사자의 의사와 관계없이 법원의 개입이 요구되는 가사사건 및 정책적 차원에서 특별한 취급이 필요한 선박소유자 등의 책임제한 사건에 관하여 합의 또는 변론에 의한 국제재판관할의 창설을 배제함으로써 당사자의 의사에 의한 무분별한 관할 확대를 방지하기 위함입니다(법무부, 국제사법 개정이유서).

## 제14조(보전처분의 관할)

① 보전처분에 대해서는 다음 각 호의 어느 하나에 해당하는 경우 법원에 국제재판관할이 있다.
1. 법원에 본안에 관한 국제재판관할이 있는 경우
2. 보전처분의 대상이 되는 재산이 대한민국에 있는 경우
② 제1항에도 불구하고 당사자는 긴급히 필요한 경우에는 대한민국에서만 효력을 가지는 보전처분을 법원에 신청할 수 있다.

### 조문해설

강제집행 가능성을 확보하거나 권리관계의 확정시까지 현재의 위험을 제거하기 위하여 법원이 잠정적으로 취하는 임시조치인 보전처분의 특성을 고려하여 보전처분에 관한 국제재판관할 규정입니다.

## 제15조(비송사건의 관할)

① 비송사건의 국제재판관할에 관하여는 성질에 반하지 아니하는 범위에서 제2조부터 제14조까지의 규정을 준용한다.
② 비송사건의 국제재판관할은 다음 각 호의 구분에 따라 해당 규정에서 정한 바에 따른다.
1. 실종선고 등에 관한 사건: 제24조
2. 친족관계에 관한 사건: 제56조부터 제61조까지
3. 상속 및 유언에 관한 사건: 제76조
4. 선박소유자 등의 책임제한에 관한 사건: 제89조
③ 제2항 각 호에서 규정하는 경우 외에 개별 비송사건의 관할에 관하여 이 법에 다른 규정이 없는 경우에는 제2조에 따른다.

### 조문해설

비송사건의 특성을 고려하여 소송사건의 국제재판관할과 비송사건의 국제재판관할의 관계를 명확히 하기 위한 규정입니다.

# 제3절 준거법

## 제16조(본국법)

① 당사자의 본국법에 따라야 하는 경우에 당사자가 둘 이상의 국적을 가질 때에는 그와 가장 밀접한 관련이 있는 국가의 법을 그 본국법으로 정한다. 다만, 국적 중 하나가 대한민국일 경우에는 대한민국 법을 본국법으로 한다.

② 당사자가 국적을 가지지 아니하거나 당사자의 국적을 알 수 없는 경우에는 그의 일상거소가 있는 국가의 법[이하 "일상거소지법"(日常居所地法)이라 한다]에 따르고, 일상거소를 알 수 없는 경우에는 그의 거소가 있는 국가의 법에 따른다.

③ 당사자가 지역에 따라 법을 달리하는 국가의 국적을 가질 경우에는 그 국가의 법 선택 규정에 따라 지정되는 법에 따르고, 그러한 규정이 없는 경우에는 당사자와 가장 밀접한 관련이 있는 지역의 법에 따른다.

### 조문해설

제16조는 '본국법'에 대해 규정합니다.

당사자가 중국적자(重國籍子)인 경우 그의 여러 국적 중에서 ① 대한민국 국적이 있는 경우에는 대한민국 법을, ② 그렇지 않은 경우에는 그와 가장 밀접한 관련이 있는 국가의 법을 본국법으로 합니다(제1항).

무국적자(無國籍子)나 국적이 불분명한 자의 경우에는 ① 그의 일상거소지가 있는 국가의 법이나 ② 거소가 있는 국가의 법을 본국법으로 합니다(제2항).

지역에 따라 법을 달리하는 국가를 '불통일법 국가'라고도 합니다. 예를 들어서 미국의 경우, 각 주별로 법이 달라 당사자에게 어떤 주의 법을 적용할 것인지가 문제됩니다. 이러한 불통일법 국가의 경우, ① 그 국가의 법 선택규정(그 국가의 통일적인 준국제사법이라고 합니다) 따라 지정되는 법이나, ② 준국제사법이 없는 경우에는 당사자와 가장 밀접한 관련이 있는 지역의 법을 본국법으로 합니다(제3항). * 미국의 경우 통일적인 준국제사법이 없고 각주의 준국제사법만 존재함. **연결점이 본국법인 경우 적용됨(연결점이 본국법이 아닌 경우 불통일법국 주법이 직접적용될 수 있음).

### 기출표시

| 13회 ‖ 14회 |
| --- |

## 제17조(일상거소지법)

당사자의 일상거소지법에 따라야 하는 경우에 당사자의 일상거소를 알 수 없는 경우에는 그의 거소가 있는 국가의 법에 따른다.

## 제18조(외국법의 적용)

법원은 이 법에 따라 준거법으로 정해진 외국법의 내용을 직권으로 조사·적용하여야 하며, 이를 위하여 당사자에게 협력을 요구할 수 있다.

## 제19조(준거법의 범위)

이 법에 따라 준거법으로 지정되는 외국법의 규정은 공법적 성격이 있다는 이유만으로 적용이 배제되지 아니한다.

### 조문해설

준거법 소속국의 강행규정은 공법적 성격이 있다는 이유만으로 배제되지 않습니다. 이는 소극적인 규정방법을 취한 것입니다. 외국법이 비록 공법적 성격을 가지더라도, 당해 사법적 법률관계에 영향을 미치는 한 적용될 수 있습니다.

### 연관조문

제19조는 준거법소속국의 국제적 강행법규이며, 제20조는 법정지의 국제적 강행법규입니다.

## 제20조(대한민국 법의 강행적 적용)

입법목적에 비추어 준거법에 관계없이 해당 법률관계에 적용되어야 하는 대한민국의 강행규정은 이 법에 따라 외국법이 준거법으로 지정되는 경우에도 적용한다.

### 조문해설

국제사법 규정에 의해서 외국법이 준거법으로 지정된다고 하더라도, 입법목적에 비추어 그 준거법과 관계없이 대한민국의 강행규정은 배제되지 않습니다. 이때의 강행규정은 국제적 강행법규를 의미합니다.

'강행법규'란 당사자가 합의에 의하여 적용을 배제할 수 없는 것이고,

'국제적 강행법규'란 이에 더하여 준거법이 외국법인 경우에도 배제되지 않는 것을 가리킵니다. 예를 들어 대외무역법이나 외국환거래법 등이 이에 해당합니다(법무부, 39면).

### 연관조문

공서양속을 보호하는 취지의 제23조도 함께 보시기 바랍니다.

**기출표시**

8회 설문1

## 제21조(준거법 지정의 예외)

① 이 법에 따라 지정된 준거법이 해당 법률관계와 근소한 관련이 있을 뿐이고, 그 법률관계와 가장 밀접한 관련이 있는 다른 국가의 법이 명백히 존재하는 경우에는 그 다른 국가의 법에 따른다.

② 당사자가 합의에 따라 준거법을 선택하는 경우에는 제1항을 적용하지 아니한다.

### 조문해설

'그 법률관계와 가장 밀접한 관련이 있는 다른 국가의 법'을 줄여서 밀접 관련지법이라고 부르기도 합니다.

예를 들어 외국과 관련된 요소가 있는 법률관계를 넓게 본다는 전제하에 한국 국적을 가진 양당사자가 일본 여행 중 일정한 법률관계에 있어 문제가 생긴 경우, 국제사법 규정에 의해 일본법이 준거법으로 지정되지만, 당사자 모두 여행을 마치고 한국에 돌아와서 그 문제를 소송에 의해 해결하려는 경우, 법률관계가 형성된 장소가 일본이었다는 우연한 사정을 제외하면 한국의 법을 적용하는 것이 여러모로 합리적이고 편리하므로 한국의 법에 의하도록 합니다. 이때의 한국법을 밀접 관련지법이라고 할 수 있습니다.

당사자간 합의에 의해 준거법을 지정한 경우에는 제1항을 적용하지 않습니다(제2항). 이는 당사자 합의를 우선으로 하는 국제사법의 원칙에 부합합니다.

### 보충설명

제2항의 '당사자가 합의에 의하여 준거법을 선택하는 경우'란 제45조(당사자 자치)에 의하는 경우를 가리키는데, 준거법은 ① 합의에 의해 지정하는 것을 우선으로 하고, ② 합의가 없는 경우는 국제사법의 규정에 의해 지정됩니다. 두 번째 경우를 객관적 지정 혹은 객관적 준거법이라고 합니다.

### 연관조문

실제의 사례에서는 편의치적의 경우에 주로 제21조가 적용됩니다. 편의치적과 관련하여서는 제10장에서 후술합니다.

**기출표시**

**9회** 설문2의 가

## 제22조(외국법에 따른 대한민국 법의 적용)

① 이 법에 따라 외국법이 준거법으로 지정된 경우에 그 국가의 법에 따라 대한민국 법이 적용되어야 할 때에는 대한민국의 법(준거법의 지정에 관한 법규는 제외한다)에 따른다.

② 다음 각 호의 어느 하나에 해당하는 경우에는 제1항을 적용하지 아니한다.

1. 당사자가 합의로 준거법을 선택하는 경우

2. 이 법에 따라 계약의 준거법이 지정되는 경우

3. 제73조에 따라 부양의 준거법이 지정되는 경우

4. 제78조제3항에 따라 유언의 방식의 준거법이 지정되는 경우

5. 제94조에 따라 선적국법이 지정되는 경우

6. 그 밖에 제1항을 적용하는 것이 이 법의 준거법 지정 취지에 반하는 경우

### 조문해설

'반정'의 문제는 아래와 같이 단계적으로 차근차근히 살펴보는 편이 이해에 도움이 됩니다.

1. 먼저, 법정지를 A국이라고 하겠습니다.

2. 이때 A국의 국제사법 규정에 의하여 B국의 법이 준거법으로 지정되었다고 해 봅시다.

3. 그리고 B국의 법에 의하면 해당 법률관계는 A국의 법에 의하도록 규정되어 있다고 가정합니다.

4. 그렇다면, A국의 법의 일부인 A국의 국제사법 규정에 의하면 다시 B국의 법이 준거법으로 지정되어야 합니다.

결국 위의 경우에는 끝없는 순환의 문제가 발생하게 됩니다. 따라서 위의 3번 단계에서 순환을 멈추고 A국의 법을 준거법으로 인정할 필요가 있고, 이를 반정(직접반정)이라고 합니다(반정의 유형은 아래에서 보충 설명합니다).

국제사법은 법정지가 대한민국인 경우의 직접반정을 인정합니다. 다만, 제2항 각호에서 직접반정이 인정되지 않는 경우를 제시합니다. 6호는 선택적 연결, 종속적 연결 등의 경우를 가리킵니다.

### 보충설명

위에서 단계별로 제시한 '반정'의 경우를 간단히 도식화하여 A → B → A로 표시할

수 있습니다. 이를 '직접반정'이라고 합니다. 전술한 바와 같이 국제사법은 직접반정을 인정합니다.

A → B → C로 표시되는 경우를 '전정(轉定)' 혹은 '재정(再定)'이라고 합니다. 즉, 법정지인 A국의 국제사법 규정에 의해 지정되는 준거법이 B국의 법인데 B국법에 의하면 C국의 법을 적용하도록 하는 경우를 가리킵니다. 제80조 단서를 제외하고, 국제사법은 전정을 인정하지 않습니다.

#### 연관조문

제2항 각호의 경우는 해당 조문에서 후술합니다.

---

### 기출표시

**2회** 설문2

---

### 제23조(사회질서에 반하는 외국법의 규정)

외국법에 따라야 하는 경우에 그 규정의 적용이 대한민국의 선량한 풍속이나 그 밖의 사회질서에 명백히 위반될 때에는 그 규정을 적용하지 아니한다.

#### 조문해설

제23조는 배척조항 혹은 공서조항이라고 칭합니다. 대한민국의 '선량한 풍속 그 밖의 사회질서' 즉, 공서양속이 국제사법 규정에 의해 지정되는 외국법보다 우선함을 선언한 조항입니다(사법적 질서).

다시 말해서, 준거법으로 지정되는 외국법이 적용된 결과가 대한민국의 공서양속에 반하는 경우 그 외국법을 적용하지 않고, 대신에 대한민국의 내국법으로 이를 보충해야 한다는 것입니다.

#### 보충설명

제23조에서 말하는 '선량한 풍속 그 밖의 사회질서'는 민법 제103조의 '선량한 풍속 기타 사회질서'보다 좁게 보아야 합니다. 예를 들어, 성년이 되는 연령, 시효기간, 물권법정주의 등은 민법 제103조에 의해 보호되는 민법상 강행규정에 해당합니다. 하지만 이들을 규율하는 외국법을 모두 배척할 경우 국제사법의 존재의의가 상실됩니다.

즉, 내국적 입장에서 본 공서양속은 국내적 질서에 대한 것과 국제적 질서에 대한 것이 있는데, 국내적 질서에 대한 공서양속은 준거법인 외국법에 대하여 양보되어야 하지만, 국제적 질서에 대한 공서양속은 준거법인 외국법에 우선합니다. 전술한 성년연령, 시효기간, 물권법정주의 등은 국내적 질서에 대한 강행규정입니다. 이와는 달리 준거법인 외국법을 적용한 결과 일부다처제를 인정해야 하는 경우, 이는 우리나라의 일부일처제와 충돌하는, 국제적 질서에 대한 공서양속입니다(신창선, 179면). 따라서 일부일처제는 외국법의 적용을 배척하여 보호하여야 합니다.

**기출표시**

10회

# 제 2 장  사    람

## 제 1 절  국제재판관할

### 제24조(실종선고 등 사건의 특별관할)

① 실종선고에 관한 사건에 대해서는 다음 각 호의 어느 하나에 해당하는 경우 법원에 국제재판관할이 있다.

1. 부재자가 대한민국 국민인 경우
2. 부재자의 마지막 일상거소가 대한민국에 있는 경우
3. 부재자의 재산이 대한민국에 있거나 대한민국 법에 따라야 하는 법률관계가 있는 경우. 다만, 그 재산 및 법률관계에 관한 부분으로 한정한다.
4. 그 밖에 정당한 사유가 있는 경우

② 부재자 재산관리에 관한 사건에 대해서는 부재자의 마지막 일상거소 또는 재산이 대한민국에 있는 경우 법원에 국제재판관할이 있다.

> **조문해설**
>
> 구법(제12조)은 실종선고에 관하여 외국인에 대한 예외적 관할권만을 규정하고 원칙적 관할이 명확하지 않아서, 법원이 원칙적으로 국제재판관할을 가지는 경우를 분명하고 구체적으로 규정하였습니다. 여기서 대한민국 법에 의하여야 하는 법률관계가 있는 경우란, 국제사법 규정에 의하여 한국법이 지정되는 경우를 의미합니다. 실종선고만을 언급하던 구법과는 달리 개정법은 실종선고와는 별도로 부재자의 재산관리에 관한 규정을 두면서 그에 대하여는 부재자의 마지막 상거소 또는 재산이 한국에 있는 경우 우리나라 법원의 국제 재판관할을 인정합니다. 그러한 경우 우리 법원이 개입할 필요가 있기 때문입니다.

### 제25조(사원 등에 대한 소의 특별관할)

법원이 제3조제3항에 따른 국제재판관할을 가지는 경우 다음 각 호의 소는 법원에 제기할 수 있다.

1. 법인 또는 단체가 그 사원 또는 사원이었던 사람에 대하여 소를 제기하는 경우로서 그 소가 사원의 자격으로 말미암은 것인 경우
2. 법인 또는 단체의 사원이 다른 사원 또는 사원이었던 사람에 대하여 소를 제기하는 경우로서 그 소가 사원의 자격으로 말미암은 것인 경우
3. 법인 또는 단체의 사원이었던 사람이 법인·단체의 사원에 대하여 소를 제기하는 경우로서 그 소가 사원의 자격으로 말미암은 것인 경우

### 조문해설

법인 또는 단체의 주된 사무소, 정관상의 본거지 또는 경영의 중심지가 대한민국 안에 있거나 법인 또는 단체가 대한민국 법에 따라 설립되어 제3조에 따른 국제재판관할(일반관할)이 인정되는 경우 사원의 자격으로 말미암은 소에 대해서도 국제재판관할(특별관할)을 인정합니다. 민사소송법 제15내지 제17조(사원 등에 관한 특별재판적)에 상응하여 만든 규정입니다.

## 제2절 준거법

### 제26조(권리능력)

사람의 권리능력은 그의 본국법에 따른다.

### 조문해설

제26조의 '권리능력'은 일반적 권리능력을 의미합니다.

### 보충설명

제26조는 '그의 본국법에 의한다'고 규정하는데, 이 같은 방식으로 표현되는 규정을 쌍방적 저촉규정 혹은 일반적 저촉규정이라고 합니다. '본국'이 대한민국이면 한국법이, 다른 외국이면 그 외국법이 적용되도록 하여 내국법과 외국법의 구별없이 일반적으로 준거법을 지정하기 때문입니다.

이와는 달리 '대한민국 법에 의한다'고 표현되는 규정은 일방적 저촉규정 혹은 개별적 저촉규정이라고 합니다. 단지 내국법인 대한민국 법이 지정되는 경우만을 규정하기 때문입니다.

개별적 권리능력은 그 권리 자체의 준거법에 의합니다. 예컨대 특정인이 토지 소유권자가 될 수 있느냐는 토지 자체의 준거법 즉 목적물의 소재지법에 의합니다.

## 제27조(실종과 부재)

① 실종선고 및 부재자 재산관리는 실종자 또는 부재자의 본국법에 따른다.

② 제1항에도 불구하고 외국인에 대하여 법원이 실종선고나 그 취소 또는 부재자 재산관리의 재판을 하는 경우에는 대한민국 법에 따른다.

### 조문해설

　제27조의 '실종선고'는 제26조의 일반적 권리능력을 박탈하는 제도입니다. 실종선고 및 부재자 재산관리의 원칙적 준거법은 실종자 또는 부재자의 본국법에 따릅니다(제1항). 그럼에도 불구하고 외국인에 대하여 법원이 실종선고나 그 취소 또는 부재자 재산관리를 재판을 하는 경우(제24조에 의해 외국인의 마지막 일상거소나 재산이 한국에 있는 경우 혹은 외국인의 재산이 한국법에 따라야 하는 법률관계가 있는 경우 혹은 그 밖에 정당한 사유 있는 경우 등)에는 예외적으로 대한민국법에 따릅니다(제2항).

### 보충설명

　제27조 제1항은 원칙적으로 외국인의 실종선고는 그 외국인의 본국법에 의해야 합니다. 제27조 제2항은 외국인에 대하여 일정한 요건하에 대한민국의 법원이 관할이 있는 경우 대한민국의 법에 의하여 실종선고를 할 수 있는 예외를 규정하는 것입니다.

　제27조는 ① 실종선고를 할 수 있는지, 즉 실종선고의 요건의 측면과 ② 실종선고로 발생하는 효과, 즉 실종선고의 효력의 측면에서 각각 생각해보아야 합니다. 특히 실종선고의 효과는 사망이 추정 혹은 간주되는 '직접적 효과'와 사망의 추정으로 인한 '혼인관계의 소멸'이나 '상속의 개시'와 같은 '간접적 효과'의 양 측면도 모두 고려해야 합니다.

　원칙적으로 실종선고의 요건과 직접적 효력의 준거법은 본국법이고, 간접적 효력의 준거법은 해당 법률관계(혼인 혹은 상속)의 준거법입니다(제1항).

　그런데 제27조 제2항은 대한민국의 '예외적' 준거법을 인정하여 대한민국과 관련이 있는 불안정한 법률관계를 확정하기 위함이므로, 요건과 직간접 효력의 준거법 모두 대한민국법으로 봄이 타당합니다. 따라서 제27조에 의한 실종선고는 상속 개시의 원인이 됩니다. 다만, 상속 개시 후의 법률관계인 상속 순위 혹은 상속분 등의 문제는 실종선고의 간접적 효과의 범위를 벗어나는 문제이므로 대한민국법을 준거법으로 해서는 안 되고, 상속의 준거법(제77조)에 의함에 주의해야 합니다.

## 제28조(행위능력)

① 사람의 행위능력은 그의 본국법에 따른다. 행위능력이 혼인에 의하여 확대되는 경우에도 또한 같다.

② 이미 취득한 행위능력은 국적의 변경에 의하여 상실되거나 제한되지 아니한다.

**조문해설**

    제28조의 '행위능력'은 재산적 행위능력을 의미합니다. 단, 어음행위 혹은 수표행위는 포함되지 않습니다.


## 제29조(거래보호)

① 법률행위를 한 사람과 상대방이 법률행위의 성립 당시 동일한 국가에 있는 경우에 그 행위자가 그의 본국법에 따르면 무능력자이더라도 법률행위가 있었던 국가의 법에 따라 능력자인 때에는 그의 무능력을 주장할 수 없다. 다만, 상대방이 법률행위 당시 그의 무능력을 알았거나 알 수 있었을 경우에는 그러하지 아니하다.

② 제1항은 친족법 또는 상속법의 규정에 따른 법률행위 및 행위지 외의 국가에 있는 부동산에 관한 법률행위에는 이를 적용하지 아니한다.

**조문해설**

    제2항의 '친족상속법에 의한 법률행위'는 혼인행위능력(제63조 제1항) 또는 유언능력(제78조 제1항) 등을 의미합니다.

    제29조는 행위능력에만 한정되는 것이 아니라 권리능력의 제한의 경우에도 의미를 가집니다.


## 제30조(법인 및 단체)

법인 또는 단체는 그 설립의 준거법에 따른다. 다만, 외국에서 설립된 법인 또는 단체가 대한민국에 주된 사무소가 있거나 대한민국에서 주된 사업을 하는 경우에는 대한민국 법에 따른다.

**조문해설**

    법인 또는 단체의 일반적 권리능력에 대한 준거법을 법인의 속인법이라고도 합니다. 제30조는 설립 당시의 준거법 소속국의 법을 법인의 속인법으로 하되(전단), 대한민국 내의 거래의 안정을 위하여 대한민국 법을 준거법으로 할 수 있는 요건을 제시합니다(후단).

    이 일반적 권리능력에는 법인의 설립, 내부조직, 대표권(행위능력), 소멸, 당사자능력 등도 포함됩니다.

    법인의 개별적 권리능력은 해당 권리 자체의 준거법에 의하고, 불법행위능력은 불법행위가 발생한 곳의 법(불법행위지법)에 의합니다(반대설도 있음). 그리고 법인의 소송능력에 대하여는 '소송절차는 법정지법에 의한다'는 원칙에 따라 법정지법을 준거법으로 합니다.

# 제 3 장  법률행위

## 제31조(법률행위의 방식)

① 법률행위의 방식은 그 행위의 준거법에 따른다.

② 행위지법에 따라 한 법률행위의 방식은 제1항에도 불구하고 유효하다.

③ 당사자가 계약체결 시 서로 다른 국가에 있을 때에는 그 국가 중 어느 한 국가의 법에서 정한 법률행위의 방식에 따를 수 있다.

④ 대리인에 의한 법률행위의 경우에는 대리인이 있는 국가를 기준으로 행위지법을 정한다.

⑤ 제2항부터 제4항까지의 규정은 물권이나 그 밖에 등기하여야 하는 권리를 설정하거나 처분하는 법률행위의 방식에는 적용하지 아니한다.

### 조문해설

제31조는 법률행위의 방식의 준거법을 정합니다. 법률행위는 방식과 실질로 구성됩니다. 그리고 제1항은 '법률행위의 방식은 그 법률행위의 실질의 준거법에 의한다.'와 같이 읽는 것이 정확한 이해에 도움이 됩니다. 법률행위의 실질의 준거법은 각종의 법률행위에 있어서 그 준거법에 의합니다.

제1항과는 별도로 행위지법도 준거법이 될 수 있다(제2항)고 하여 당사자의 준거법 선택을 허용하고 있습니다. 이를 선택적 연결이라고도 합니다.

제5항의 '물권 그 밖에 등기하여야 하는 권리를 설정하거나 처분하는 법률행위'를 간단히 물권행위라고 칭하기도 합니다. 부동산 매매계약 체결은 이 물권행위에 포함되지 않습니다. 물권행위(혹은 처분행위)와 채권행위(혹은 의무부담행위)의 구별을 이해한다면 이는 자명합니다. 예컨대 부동산소유권이전등기의 준거법은 등기를 방식으로 보아 부동산의 소재지법에 의합니다(제33조).

### 보충설명

전술한 바와 같이 법률행위는 방식과 실질로 구성됩니다. 그리고 법률행위의 실질은 성립의 문제(법률요건)와 효력의 문제(법률효과)로 구성됩니다. 그리고 법률행위의 성립요건은 당사자, 목적, 의사표시로, 법률행위의 효력요건은 당사자의 행위능력, 목적의 확정성·가능성·적법성·타당성, 의사표시의 흠결·하자 여부로 이루어집니다(이는 민법총칙의 내용과 동일합니다). 효력요건 중 행위능력은 제28조에서 별도로 준거법을 규정하므로 법률행위의 실질에서 제외됩니다. 이외의 실질에 관하여는 국제사법 각칙의 각 규정에 의한 해당 법률행위의 준거법에 의합니다.

법률행위의 방식이란 당사자가 그 의사를 표현하는 외부적 방식을 의미합니다. 예를 들어서 유언의 방식인 자필증서·녹음·공정증서·비밀증서·구수증서의 다섯 가지,

그리고 증여의 방식인 구두·서면 등이 법률행위의 방식에 해당합니다. 그러나 법률행위가 유효하기 위한 외부적 요건(타인의 동의 등), 의사표시의 증거방법(일반적인 녹음 테이프, 공정증서 등), 법률행위의 방식의 형식(문서의 서식 등) 등은 법률행위의 방식에 해당하지 않습니다. 법률행위의 방식에 대하여는 제31조가 일반원칙에 해당합니다.

다만 특정 법률행위에 대하여 방식의 준거법을 별도로 규정하기도 합니다. 혼인의 방식(제63조 제2항), 유언의 방식(제78조 제3항), 어음·수표행위의 방식(제82조), 소비자계약의 경우(제47조 제3항) 등이 그렇습니다. 이들 별도 규정들은 제31조의 일반원칙에 대한 특칙에 해당합니다.

### 연관조문

제5항의 물권행위의 준거법은 제33조에 의합니다.

### 제32조(임의대리)

① 본인과 대리인 간의 관계는 당사자 간의 법률관계의 준거법에 따른다.

② 대리인의 행위로 인하여 본인이 제3자에 대하여 의무를 부담하는지 여부는 대리인의 영업소가 있는 국가의 법에 따르며, 대리인의 영업소가 없거나 영업소가 있더라도 제3자가 알 수 없는 경우에는 대리인이 실제로 대리행위를 한 국가의 법에 따른다.

③ 대리인이 본인과 근로계약 관계에 있고, 그의 영업소가 없는 경우에는 본인의 주된 영업소를 그의 영업소로 본다.

④ 본인은 제2항 및 제3항에도 불구하고 대리의 준거법을 선택할 수 있다. 다만, 준거법의 선택은 대리권을 증명하는 서면에 명시되거나 본인 또는 대리인이 제3자에게 서면으로 통지한 경우에만 그 효력이 있다.

⑤ 대리권이 없는 대리인과 제3자 간의 관계에 관하여는 제2항을 준용한다.

### 조문해설

본인과 대리인의 관계는 보통 위임계약 혹은 고용계약으로 이루어지므로 채권(제45조 혹은 제46조) 혹은 근로계약(제48조)의 준거법에 의합니다(제1항).

본인과 상대방의 관계는 제2항 및 제3항을 따릅니다.

대리인과 상대방의 관계는 아래에서 별도로 보충설명합니다.

대리의 준거법은 일정한 요건하에 당사자가 선택할 수 있습니다(제4항). 이는 당사자 자치의 원칙에서 비롯됩니다. 즉, 제2, 3항에 따른 대리인과 상대방의 관계에 있어서만 준거법 선택이 가능하고, 대리인과 본인의 관계에 있어서는 제1항에 따릅니다.

### 보충설명

대리행위에는 본인, 상대방(혹은 제3자), 대리인이 관련됩니다. 본인과 대리인의 관계는 제1항에, 본인과 제3자의 관계는 제2항에 규정되어 있으나 대리인과 상대방의 관계는 별도로 규정하고 있지 않습니다. 대리인과 상대방의 관계는 통상의 법률행위의 준거법의 규율을 받기 때문입니다.

무권대리의 대리인과 상대방의 관계에 대하여는 제5항에 규정되어 있는데, 이는 무권대리의 경우 대리인이 본인으로 취급받아 본인과 상대방의 관계에 대한 제2항을 준용하기 때문입니다.

법정대리의 경우는 제18조의 규율범위에 해당하지 않습니다. 법정대리는 대리권이 법률 규정에 의하여 발생하므로, 대리권 발생의 원인이 되는 법률관계의 준거법을 따르면 됩니다.

**기출표시**

12회

# 제 4 장 물 권

## 제33조(물권)
① 동산 및 부동산에 관한 물권 또는 등기하여야 하는 권리는 그 동산·부동산의 소재지법에 따른다.
② 제1항에 규정된 권리의 취득·상실·변경은 그 원인된 행위 또는 사실의 완성 당시 그 동산·부동산의 소재지법에 따른다.

### 조문해설
제33조 제1항은 ① 동산에 관한 물권, ② 부동산에 관한 물권, ③ 등기하여야 하는 권리 등의 '물권 자체'의 준거법을, 제2항은 물권의 득실변경, 즉 물권변동의 준거법을 정합니다. 두 경우 모두 물권의 목적물의 소재지법에 의한다고 정하고 있습니다. 다만 제2항은 물권의 변동이 있는 경우 목적물의 소재지를 정하는 시점을 '원인된 행위(물권행위) 또는 사실의 완성 당시(시효취득의 경우 시효 완성)'로 규정합니다(채권행위라는 반대설 있음). 예컨대 프랑스에 있는 물건에 관하여 미국인 A가 한국인 B에게 매도하고 대금을 수령하였으나, 물건인도 전에 독일로 물건소재지가 변경되었다. 프랑스법은 인도없이 소유권이 이전되는 의사주의이고, 물권행위의 완료시점이 프랑스이므로 B는 소유권을 취득합니다.

### 보충설명
제1항의 물권에는 물권의 객체(물건), 종류, 내용, 효력, 존속기간 등이 포함됩니다.

또한 물권을 취득할 수 있는 능력인 물권적 권리능력도 포함됩니다. 다만, 물권적 행위 능력은 제28조의 규율을 받습니다.

담보물권은 법정담보물권(유치권)과 약정담보물권(질권, 저당권)이 있습니다. 법정 담보물권은 일정한 피담보채권에 대하여 법률에 의해 인정하는 물권이므로, 피담보채 권의 효력의 문제인 동시에 법정담보물권의 물권 자체의 문제이기도 합니다. 따라서 해당 채권의 준거법과 제33조에 의한 준거법을 누적적으로 적용해야 합니다. 누적적으 로 적용한다는 것은 두 경우의 준거법 모두를 검토하여야 한다는 의미입니다.

반면에 약정담보물권은 채권의 준거법을 함께 검토할 필요가 없습니다. 왜냐하면 약 정담보물권은 채권의 효력에 의하여 인정되는 물권이 아니라 합의에 의하여 설정되는 물권이기 때문입니다. 따라서 오로지 물권의 측면에서만 검토하면 됩니다. 다만, 담보 권의 목적물이 유형의 물건인 경우와 채권 기타 권리인 경우를 나누어 생각해야 합니 다. 유형의 물건에 대한 담보물권은 제33조에 따라 그 물건의 소재지법에 의합니다. 문제는 채권 기타 권리에 대한 담보물권의 경우인데, 제37조에 따라 그 채권 혹은 권 리 자체의 준거법에 따르는 것이 타당합니다.

물권적 청구권에 대하여는 제33조에 따라 목적물의 소재지법에 의한다는 것이 통설 입니다. 물권적 청구권과 관련된 손해배상청구권, 대금상환청구권, 비용상환청구권 등 에 대하여는 제33조에 의한다는 견해와 발생원인인 권리의 성질에 따른 준거법에 의한 다는 견해(다수설)의 대립이 있습니다(김연·박정기·김인유, 「국제사법」 2012, 281- 283면).

다음으로 제1항의 '등기하여야 하는 권리'란 등기를 함으로써 물권과 동일한 효력이 발생하는 권리를 말합니다. 부동산 환매권이나 부동산 임차권 등이 이에 해당합니다. 특허권이나 상표권과 같은 무체재산권은 본조의 규율대상이 아닙니다.

### 기출표시

**5회** 설문3의 나

### 제34조(운송수단)

항공기에 관한 물권은 그 항공기의 국적이 소속된 국가의 법에 따르고, 철도차량에 관한 물권은 그 철도차량의 운행을 허가한 국가의 법에 따른다.

### 제35조(무기명증권)

무기명증권에 관한 권리의 취득·상실·변경은 그 원인된 행위 또는 사실의 완성 당시 그 무기명증권의 소재지법에 따른다.

## 제36조(이동 중의 물건)

이동 중인 물건에 관한 물권의 취득 · 상실 · 변경은 그 목적지가 속하는 국가의 법에 따른다.

## 제37조(채권 등에 대한 약정담보물권)

채권 · 주식, 그 밖의 권리 또는 이를 표창하는 유가증권을 대상으로 하는 약정담보물권은 담보대상인 권리의 준거법에 따른다. 다만, 무기명증권을 대상으로 하는 약정담보물권은 제35조에 따른다.

### 조문해설

제33조에서 설명한 바와 같이 채권 또는 권리에 대한 약정담보물권의 경우 담보의 목적인 권리의 준거법에 의합니다.

# 제 5 장   지식재산권

## 제 1 절  국제재판관할

## 제38조(지식재산권 계약에 관한 소의 특별관할)

① 지식재산권의 양도, 담보권 설정, 사용허락 등의 계약에 관한 소는 다음 각 호의 어느 하나에 해당하는 경우 법원에 제기할 수 있다.
1. 지식재산권이 대한민국에서 보호되거나 사용 또는 행사되는 경우
2. 지식재산권에 관한 권리가 대한민국에서 등록되는 경우
② 제1항에 따른 국제재판관할이 적용되는 소에는 제41조를 적용하지 아니한다.

### 조문해설

지식재산권이 대한민국에서 보호, 사용 또는 행사되는 경우, 지식재산권에 관한 권리가 대한민국에 등록된 경우에 지식재산권의 양도, 담보권 설정, 사용허락 등의 계약에 관한 소를 법원에 제기할 수 있습니다(제1항).

## 제39조(지식재산권 침해에 관한 소의 특별관할)

① 지식재산권 침해에 관한 소는 다음 각 호의 어느 하나에 해당하는 경우 법원에 제기할 수 있다. 다만, 이 경우 대한민국에서 발생한 결과에 한정한다.
1. 침해행위를 대한민국에서 한 경우
2. 침해의 결과가 대한민국에서 발생한 경우
3. 침해행위를 대한민국을 향하여 한 경우
② 제1항에 따라 소를 제기하는 경우 제6조제1항을 적용하지 아니한다.

③ 제1항 및 제2항에도 불구하고 지식재산권에 대한 주된 침해행위가 대한민국에서 일어난 경우에는 외국에서 발생하는 결과를 포함하여 침해행위로 인한 모든 결과에 관한 소를 법원에 제기할 수 있다.

④ 제1항 및 제3항에 따라 소를 제기하는 경우 제44조를 적용하지 아니한다.

### 조문해설

지식재산권 침해행위가 대한민국에서 행해지거나 침해의 결과가 대한민국에서 발생한 경우 법원에 지식재산권 침해에 관한 소를 제기할 수 있습니다(제1항 본문). 침해행위 자체는 외국에서 발생하였으나 침해의 결과발생지가 대한민국인 경우 또는 침해행위가 대한민국을 향하여 행하여진 경우(인터넷에 의한 지재권침해와 지향된 활동), 대한민국과 외국 모두에서 지식재산권 침해에 의한 피해가 발생하더라도, 대한민국에서 발생한 피해에 관하여만 법원에 소를 제기할 수 있도록 하여 관할 범위를 제한하고 있습니다(제1항 단서). 제1항 제2호 및 제3호의 경우 법원이 다른 국가에서 발생한 침해에 대하여 관련사건의 관할(제6조 제1항)을 근거로 국제재판관할을 가질 수 없습니다(제2항). 다만 제1항 각 호 외의 부분 단서 및 제2항에도 불구하고 지식재산권에 대한 주된 침해행위가 대한민국에서 있는 경우에는 외국에서 발생한 피해를 포함하여 침해행위로 인한 모든 피해에 관한 소를 법원에 제기할 수 있습니다(제3항)(법무부, 국제사법 개정이유서).

### 기출표시

14회

## 제 2 절 준 거 법

### 제40조(지식재산권의 보호)

지식재산권의 보호는 그 침해지법에 따른다.

### 조문해설

제40조는 보호국법주의의 입장에 따른 규정입니다. 보호국이란 그의 영토 내에서 문제가 된 지식재산권을 방어하고자 하는 국가를 말합니다. 침해지란 지식재산권이 침해된 곳, 침해의 결과가 발생한 곳(결과발생지)을 뜻합니다.

### 보충설명

지식재산권의 침해는 불법행위에 해당하지만 제52조가 아닌 본조를 따릅니다. 즉, 제40조는 제52조의 특칙에 해당합니다.

**연관조문**

불법행위에 대한 일반규정은 제52조입니다. 행동지 + 결과발생지를 의미.

**기출표시**

5회 설문2의 나 ‖ 14회

# 제 6 장   채      권

## 제 1 절  국제재판관할

### 제41조(계약에 관한 소의 특별관할)

① 계약에 관한 소는 다음 각 호의 어느 하나에 해당하는 곳이 대한민국에 있는 경우 법원에 제기할 수 있다.

1. 물품공급계약의 경우에는 물품인도지
2. 용역제공계약의 경우에는 용역제공지
3. 물품인도지와 용역제공지가 복수이거나 물품공급과 용역제공을 함께 목적으로 하는 계약의 경우에는 의무의 주된 부분의 이행지

② 제1항에서 정한 계약 외의 계약에 관한 소는 청구의 근거인 의무가 이행된 곳 또는 그 의무가 이행되어야 할 곳으로 계약당사자가 합의한 곳이 대한민국에 있는 경우 법원에 제기할 수 있다.

**조문해설**

각 계약 유형 별로 그 의무의 특징적 이행지가 대한민국 내에 있는 경우 각 계약에 관한 소를 법원에 제기할 수 있습니다(제1항).

제1항 이외의 계약에 관한 소는 청구의 근거인 의무가 이행된 장소 또는 그 의무가 이행되어야 할 장소로 합의한 장소가 대한민국에 있는 경우 법원에 제기할 수 있도록 하고 있습니다(제2항). 여기에서의 의무라 함은 문제가 된 의무 혹은 다툼이 있는 의무를 의미합니다(민소법 제8조).

**기출표시**

12회

## 제42조(소비자계약의 관할)

① 소비자가 자신의 직업 또는 영업활동 외의 목적으로 체결하는 계약으로서 다음 각 호의 어느 하나에 해당하는 경우 대한민국에 일상거소가 있는 소비자는 계약의 상대방(직업 또는 영업활동으로 계약을 체결하는 자를 말한다. 이하 "사업자"라 한다)에 대하여 법원에 소를 제기할 수 있다.

1. 사업자가 계약체결에 앞서 소비자의 일상거소가 있는 국가(이하 "일상거소지국"이라 한다)에서 광고에 의한 거래 권유 등 직업 또는 영업활동을 행하거나 소비자의 일상거소지국 외의 지역에서 소비자의 일상거소지국을 향하여 광고에 의한 거래의 권유 등 직업 또는 영업활동을 행하고 그 계약이 사업자의 직업 또는 영업활동의 범위에 속하는 경우
2. 사업자가 소비자의 일상거소지국에서 소비자의 주문을 받은 경우
3. 사업자가 소비자로 하여금 소비자의 일상거소지국이 아닌 국가에 가서 주문을 하도록 유도한 경우

② 제1항에 따른 계약(이하 "소비자계약"이라 한다)의 경우에 소비자의 일상거소가 대한민국에 있는 경우에는 사업자가 소비자에 대하여 제기하는 소는 법원에만 제기할 수 있다.

③ 소비자계약의 당사자 간에 제8조에 따른 국제재판관할의 합의가 있을 때 그 합의는 다음 각 호의 어느 하나에 해당하는 경우에만 효력이 있다.

1. 분쟁이 이미 발생한 후 국제재판관할의 합의를 한 경우
2. 국제재판관할의 합의에서 법원 외에 외국법원에도 소비자가 소를 제기할 수 있도록 한 경우

### 조문해설

　　소비자가 자신의 직업 또는 영업활동 외의 목적으로 체결하는 다음 각 호의 계약(이하 '소비자계약'이라고 함)의 경우에 대한민국에 일상거소가 있는 소비자는 상대방(직업활동 또는 영업활동으로 계약을 체결하는 자를 말함. 이하 '사업자'라고 함)에 대하여 법원에 소를 제기할 수 있습니다(제1항). 제1항 각호에 해당하는 경우의 소비자, 즉 수동적 소비자(일반 개인 소비자)를 대상으로 합니다. 제1항 각호의 내용을 살펴보면, 판매자의 광고 등의 직업·영업활동과 소비자의 계약체결 준비행위가 모두 소비자의 일상거소지국에서 이루어진 경우(1호), 판매자가 소비자의 일상거소지국에서 소비자의 직접 주문을 받은 경우(2호), 판매자가 소비자의 외국에서의 주문을 유도한 경우(3호)입니다. 제1호는 인터넷쇼핑을 포함하고, 제3호는 외국으로 쇼핑주선 등을 의미합니다.

　　소비자계약상 사업자가 소비자를 상대로 제기하는 소는 소비자의 일상거소지가 대한민국인 경우에만 법원에 제기할 수 있고(제2항), 소비자계약에 관한 국제재판관할합의를 허용하되, 소비자의 보호를 위해 원칙적으로 사후적 관할합의만을 허용하고(제3항 제1호), 예외적으로 사전적 합의일 경우에는 소비자에게 유리한 추가적 합의만을

인정하도록 하고 있습니다(제3항 제2호).

13회

## 제43조(근로계약의 관할)

① 근로자가 대한민국에서 일상적으로 노무를 제공하거나 최후로 일상적 노무를 제공한 경우에는 사용자에 대한 근로계약에 관한 소를 법원에 제기할 수 있다. 근로자가 일상적으로 대한민국에서 노무를 제공하지 아니하거나 아니하였던 경우에 사용자가 그를 고용한 영업소가 대한민국에 있거나 있었을 때에도 또한 같다.

② 사용자가 근로자에 대하여 제기하는 근로계약에 관한 소는 근로자의 일상거소가 대한민국에 있거나 근로자가 대한민국에서 일상적으로 노무를 제공하는 경우에는 법원에만 제기할 수 있다.

③ 근로계약의 당사자 간에 제8조에 따른 국제재판관할의 합의가 있을 때 그 합의는 다음 각 호의 어느 하나에 해당하는 경우에만 효력이 있다.

1. 분쟁이 이미 발생한 경우
2. 국제재판관할의 합의에서 법원 외에 외국법원에도 근로자가 소를 제기할 수 있도록 한 경우

### 조문해설

근로자가 사용자를 상대로 제기하는 소는 일상노무제공지 또는 영업소 소재지가 대한민국인 경우에 법원에 제기할 수 있습니다(제1항). 사용자가 근로자에 대하여 제기하는 근로계약에 관한 소는 근로자의 일상거소가 대한민국에 있거나 근로자가 대한민국에서 일상적으로 노무를 제공하는 경우에만 법원에 제기할 수 있습니다(제2항).

근로계약에 관한 국제재판관할합의를 허용하되, 근로자의 보호를 위해 원칙적으로 사후적 관할합의만을 허용하고(제3항 제1호), 예외적으로 사전적 합의일 경우에는 근로자에게 유리한 추가적 합의만을 인정합니다(제3항 제2호). 이는 소비자계약과 동일합니다.

11회 설문3의 가

### 제44조(불법행위에 관한 소의 특별관할)

불법행위에 관한 소는 그 행위가 대한민국에서 행하여지거나 대한민국을 향하여 행하여지는 경우 또는 대한민국에서 그 결과가 발생하는 경우 법원에 제기할 수 있다. 다만, 불법행위의 결과가 대한민국에서 발생할 것을 예견할 수 없었던 경우에는 그러하지 아니하다.

#### 조문해설

불법행위에 관한 소는 불법행위지와 불법행위 결과발생지가 대한민국인 경우 법원에 제기할 수 있고 행위가 대한민국을 향하여 행하여지는 경우(인터넷상의 불법행위 등)에도 같으나, 불법행위의 결과는 대한민국에서 발생할 것을 예견할 수 없었던 경우에는 제기할 수 없습니다.

#### 기출표시

12회 ‖ 13회

## 제 2 절 준 거 법

### 제45조(당사자 자치)

① 계약은 당사자가 명시적 또는 묵시적으로 선택한 법에 따른다. 다만, 묵시적인 선택은 계약내용이나 그 밖의 모든 사정으로부터 합리적으로 인정할 수 있는 경우로 한정한다.
② 당사자는 계약의 일부에 관하여도 준거법을 선택할 수 있다.
③ 당사자는 합의에 의하여 이 조 또는 제46조에 따른 준거법을 변경할 수 있다. 다만, 계약체결 후 이루어진 준거법의 변경은 계약 방식의 유효 여부와 제3자의 권리에 영향을 미치지 아니한다.
④ 모든 요소가 오로지 한 국가와 관련이 있음에도 불구하고 당사자가 그 외의 다른 국가의 법을 선택한 경우에 관련된 국가의 강행규정은 적용이 배제되지 아니한다.
⑤ 준거법 선택에 관한 당사자 간 합의의 성립 및 유효성에 관하여는 제49조를 준용한다.

#### 조문해설

국제사법은 당사자 자치를 원칙으로 합니다. 따라서 준거법을 당사자들이 합의에 의하여 정할 수 있습니다(제1항). 그리고 계약의 일부에 대하여도 준거법을 정할 수 있는데(제2항), 이는 하나의 계약에 대하여 둘 이상의 준거법을 지정할 수 있도록 함으로써 준거법의 분열을 인정하는 규정입니다. 이미 지정된 준거법을 변경할 수도 있습니다(제3항).

제4항의 '모든 요소가 오로지 한 국가와 관련이 있'는 경우란 외국적 요소가 없는 법률관계를 의미하므로 국제사법의 적용대상이 아닙니다(제1조). 그럼에도 불구하고

당사자간 합의로 외국법을 준거법으로 지정할 수 있습니다(실질법적 지정). 그러나 이 경우에도 '관련'된 국가의 강행규정은 배제할 수 없습니다. 여기에서 말하는 강행규정은 단순한 의미의 강행규정입니다. 제20조의 국제적 강행규정과는 구별됨에 주의해야 합니다.

제5항의 '준거법 선택에 관한 당사자의 합의'는 특정 국가의 법을 준거법으로 지정하는 계약을 의미합니다.

### 보충설명

준거법의 결정과 관련하여, 당사자 의사와 관계없이 객관적으로 결정된다는 객관주의와, 당사자 자치의 원칙에 입각한 주관주의의 두 가지 입장이 있습니다. 국제사법은 제45조에서 당사자 자치를 우선으로 하고, 당사자간 합의가 없는 경우에는 제46조에 의해 객관적 지정을 인정합니다. 제45조에 의해 지정되는 준거법을 주관적 준거법이라고 하고, 제46조에 의해 지정되는 준거법을 객관적 준거법이라고 합니다.

준거법의 지정은 다시 두 가지로 나뉩니다. 우선 준거법 자체를 당사자가 지정하는 경우로 이를 저촉법적 지정이라고 합니다. 이 경우 객관적 준거법은 그 적용이 배제됩니다.

이와는 달리 법률행위의 객관적 준거법이 허용하는 범위 내에서 준거법 소속국 이외의 국가의 실질법을 지정하는 것을 실질법적 지정이라고 합니다. 당사자들이 자신들의 법률행위에 대해 실질법적 지정을 한다는 것은, 객관적 준거법은 별도로 존재하되, 다른 국가의 특정 법규범을 선택하여 그것을 자신들의 계약의 내용의 일부로 편입시킨다는 뜻입니다(석광현, 『국제사법해설』 2013, 304면).

앞서 언급한 바와 같이, 준거법은 한 국가의 사법체계 전체(systems of law)를 의미하고 그 국가의 특정 법규범(rules of law)은 준거법이 될 수 없습니다. 그런데 실질법적 지정의 실질법은 한 국가의 특정 법규범에 해당하므로 엄밀히 말하면 실질법적 지정에 의해 지정된 실질법은 준거법이 될 수 없습니다. 따라서 국제사법상 당사자 자치의 원칙에 따른 준거법의 지정은 저촉법적 지정을 의미한다고 하겠습니다.

제4항은 실질법적 지정의 경우로서 단순한 주의규정에 지나지 않는다고 하겠습니다(반대설 있음).

### 기출표시

1회 설문1의 (2)  ‖  **2회** 설문3  ‖  **4회** 설문2  ‖  **5회** 설문1  ‖  **10회**  ‖
**14회**

## 제46조(준거법 결정시의 객관적 연결)

① 당사자가 준거법을 선택하지 아니한 경우에 계약은 그 계약과 가장 밀접한 관련이 있는 국가의 법에 따른다.

② 당사자가 계약에 따라 다음 각 호의 어느 하나에 해당하는 이행을 하여야 하는 경우에는 계약체결 당시 그의 일상거소가 있는 국가의 법(당사자가 법인 또는 단체인 경우에는 주된 사무소가 있는 국가의 법을 말한다)이 가장 밀접한 관련이 있는 것으로 추정한다. 다만, 계약이 당사자의 직업 또는 영업활동으로 체결된 경우에는 당사자의 영업소가 있는 국가의 법이 가장 밀접한 관련이 있는 것으로 추정한다.

1. 양도계약의 경우에는 양도인의 이행

2. 이용계약의 경우에는 물건 또는 권리를 이용하도록 하는 당사자의 이행

3. 위임 · 도급계약 및 이와 유사한 용역제공계약의 경우에는 용역의 이행

③ 부동산에 대한 권리를 대상으로 하는 계약의 경우에는 부동산이 있는 국가의 법이 가장 밀접한 관련이 있는 것으로 추정한다.

### 조문해설

당사자간 준거법의 지정에 대한 합의가 없고, 당사자간 계약에 특정한 이행이 수반되는 경우 이행의무자인 당사자의 상거소가 있는 국가의 법이, 이행의무자가 법인 · 단체인 경우에는 주된 사무소가 있는 국가의 법이, 영업에 의한 계약인 경우에는 그 당사자의 영업소가 있는 국가의 법이 준거법이 됩니다(제2항).

당사자간 준거법의 지정에 대한 합의가 없고, 당사자간 계약에 특정한 이행이 수반되지 않는 경우는 제1항에 의합니다.

제3항의 부동산에 대한 권리를 대상으로 하는 계약의 경우 부동산 소재지법을 준거법으로 합니다.

### 보충설명

특정한 이행은 제2항 각호에 정하고 있는데, 1호는 매매 계약의 매도인의 이행을, 2호는 임대차 계약의 임대인의 이행을, 3호는 위임 계약의 수임인 혹은 도급 계약의 수급인의 이행을 각각 떠올리면 됩니다.

항공운송 계약은 도급계약으로 봅니다(제2항 3호). 보험계약은 혼합계약으로 보아 제1항을 적용합니다.

### 기출표시

1회 설문1의 (2) ‖ 4회 설문3 ‖ 7회 설문3 ‖ 8회 설문2의 가 ‖ 11회 설문1의 가 ‖ 12회 ‖ 14회

## 제47조(소비자계약)

① 소비자계약의 당사자가 준거법을 선택하더라도 소비자의 일상거소가 있는 국가의 강행규정에 따라 소비자에게 부여되는 보호를 박탈할 수 없다.

② 소비자계약의 당사자가 준거법을 선택하지 아니한 경우에는 제46조에도 불구하고 소비자의 일상거소지법에 따른다.

③ 소비자계약의 방식은 제31조제1항부터 제3항까지의 규정에도 불구하고 소비자의 일상거소지법에 따른다.

### 조문해설

제47조는 준거법에 대하여 살펴봅니다. 소비자계약 역시 준거법을 당사자가 스스로 선택할 수 있음은 당연합니다(제45조). 그러나 소비자는 판매자보다 약자의 입장에 있으므로 소비자의 상거소가 있는 국가의 소비자 보호를 위한 강행규정은 선택된 준거법과 상관없이 그대로 적용됩니다(제47조 제1항).

반면, 당사자가 준거법을 지정하지 않은 경우에는 소비자의 상거소지법이 객관적 준거법이 됩니다(제47조 제2항). 제46조에 의하지 않음에 주의해야 합니다.

계약의 방식에 대하여서도 소비자의 상거소지법이 준거법이 됩니다(제3항). 제31조에 의하지 않습니다.

### 보충설명

일반적으로 운송 계약은 본조의 소비자계약으로 보지 않습니다(석광현, 328면). 왜냐하면 하나의 판매자(운송 서비스 공급자)에 대하여 소비자가 다수인 경우가 많고, 그에 따라 일상거소지도 다수여서, 소비자의 일상거소지가 하나로 특정되지 않아 법률관계가 지나치게 복잡해질 수 있기 때문입니다.

### 기출표시

3회 설문3  ‖  6회 설문3의 가, 나  ‖  10회  ‖  13회

## 제48조(근로계약)

① 근로계약의 당사자가 준거법을 선택하더라도 제2항에 따라 지정되는 준거법 소속 국가의 강행규정에 따라 근로자에게 부여되는 보호를 박탈할 수 없다.

② 근로계약의 당사자가 준거법을 선택하지 아니한 경우 근로계약은 제46조에도 불구하고 근로자가 일상적으로 노무를 제공하는 국가의 법에 따르며, 근로자가 일상적으로 어느 한 국가 안에서 노무를 제공하지 아니하는 경우에는 사용자가 근로자를 고용한 영업소가 있는 국가의 법에 따른다.

**조문해설**

근로 계약 역시 준거법을 당사자가 스스로 선택할 수 있음은 당연합니다(제45조). 그러나 근로자는 사용자보다 약자의 입장에 있으므로 근로자의 일상적 노무 제공 국가 혹은 고용인의 영업소가 있는 국가의 근로자 보호를 위한 강행규정은 선택된 준거법과 상관없이 그대로 적용됩니다(제1항).

반면, 당사자가 준거법을 지정하지 않은 경우에는 근로자의 일상적 노무 제공 국가 혹은 사용자의 영업소가 있는 국가의 법이 객관적 준거법이 됩니다(제2항). 제46조에 의하지 않음에 주의해야 합니다.

**보충설명**

제48조는 개별적 근로계약에 한하여 적용되며 단체협약에는 적용되지 않습니다.

선원의 경우에는 선적국을 일상적 노무 제공지로 볼 수 있지만(판례), 항공 승무원의 경우에는 기적국을 일상적 노무 제공 국가로 보지 않습니다.

**기출표시**

1회 설문3 ‖ 7회 설문1의 가, 나 ‖ 9회 설문2의 가 ‖ 11회 설문3의 나

### 제49조(계약의 성립 및 유효성)

① 계약의 성립 및 유효성은 그 계약이 유효하게 성립하였을 경우 이 법에 따라 적용되어야 하는 준거법에 따라 판단한다.

② 제1항에 따른 준거법에 따라 당사자의 행위의 효력을 판단하는 것이 모든 사정에 비추어 명백히 부당한 경우에는 그 당사자는 계약에 동의하지 아니하였음을 주장하기 위하여 그의 일상거소지법을 원용할 수 있다.

**조문해설**

제2항은 제1항과는 달리 계약의 성립에만 적용되고, 유효성에는 적용되지 아니한다.

**기출표시**

5회 설문1 ‖ 11회 설문1의 가

### 제50조(사무관리)

① 사무관리는 그 관리가 행하여진 곳의 법에 따른다. 다만, 사무관리가 당사자 간의 법률

관계에 근거하여 행하여진 경우에는 그 법률관계의 준거법에 따른다.
② 다른 사람의 채무를 변제함으로써 발생하는 청구권은 그 채무의 준거법에 따른다.

### 조문해설

　제50조는 준거법 지정에 우선순위가 있음을 염두에 두고 보아야 합니다.

　우선, 사무관리가 당사자간 법률관계에 의하여 이루어졌다면 그 법률관계의 준거법에 의합니다(제1항 단서). 사무관리가 당사자간 법률관계 없이 이루어졌으나, 그것이 타인의 채무를 변제한 행위이고 그 행위로 인해 청구권이 발생한 경우에는 그 타인의 채무의 준거법에 의합니다(제2항). 이외의 경우에는 사무관리가 이루어진 행위지법에 의합니다(제1항 본문).

　그러나 제53조를 먼저 검토해야 합니다. 왜냐하면 대한민국의 법을 준거법으로 하는 사후적 합의가 제50조 내지 제52조에 우선하기 때문입니다.

### 보충설명

　제50조와 같이 여러 준거법 사이에 우선순위가 있어 당사자가 임의로 선택을 할 수 없는 경우를 가리켜 '종속적 연결'이라고 합니다. 이와는 달리 당사자가 여러 준거법 중에서 어느 하나를 선택할 수 있는 경우를 가리켜 '선택적 연결'이라고 합니다. 선택적 연결의 예로는 앞의 제31조를 들 수 있습니다.

### 기출표시

　**9회** 설문3

### 제51조(부당이득)

부당이득은 그 이득이 발생한 곳의 법에 따른다. 다만, 부당이득이 당사자 간의 법률관계에 근거한 이행으로부터 발생한 경우에는 그 법률관계의 준거법에 따른다.

### 조문해설

　제51조도 종속적 연결을 인정합니다.

　앞서 본 바와 같이 제53조를 먼저 검토한 후 제51조를 적용합니다. 그리고, 단서가 우선 적용되고, 그 이외의 경우에 본문에 의합니다.

　제51조의 부당이득은 급부부당이득만을 의미합니다.

### 제52조(불법행위)

① 불법행위는 그 행위를 하거나 그 결과가 발생하는 곳의 법에 따른다.

② 불법행위를 한 당시 동일한 국가 안에 가해자와 피해자의 일상거소가 있는 경우에는 제1항에도 불구하고 그 국가의 법에 따른다.

③ 가해자와 피해자 간에 존재하는 법률관계가 불법행위에 의하여 침해되는 경우에는 제1항 및 제2항에도 불구하고 그 법률관계의 준거법에 따른다.

④ 제1항부터 제3항까지의 규정에 따라 외국법이 적용되는 경우에 불법행위로 인한 손해배상청구권은 그 성질이 명백히 피해자의 적절한 배상을 위한 것이 아니거나 그 범위가 본질적으로 피해자의 적절한 배상을 위하여 필요한 정도를 넘을 때에는 인정하지 아니한다.

### 조문해설

불법행위에 관하여 행위지법과 결과지법 모두의 준거법을 인정하고 있습니다(제1항). 제52조 역시 종속적 연결을 인정하므로, 우선순위에 따라 조문을 보아야 합니다.

전2조의 경우와 마찬가지로 제53조를 먼저 고려하여 당사자간에 대한민국 법을 준거법으로 하는 사후적 합의가 있으면 대한민국 법에 의합니다.

준거법에 대한 사후적 합의가 없다면, ① 가해자와 피해자 간의 법률관계가 존재하고, ② 그것이 불법행위로 인하여 침해된다면 그 법률관계의 준거법에 의합니다(제52조 제3항).

가해자와 피해자 사이에 법률관계가 없지만, 양자의 상거소가 동일한 국가에 있다면 그 국가의 법에 의합니다(제52조 제2항).

위의 어떤 경우에도 속하지 않는다면 불법행위가 이루어진 행위지법에 의합니다(제52조 제1항). 여기서 행위지란 행동지와 결과발생지를 포함합니다(피해자가 유리한 곳 선택).

위의 검토순서를 도식화하면 다음과 같습니다.

제53조 → 제52조 제3항 → 제52조 제2항 → 제52조 제1항 (★답안지 현출하는 것이 좋습니다.)

국제사법은 불법행위에 대하여 징벌적 손해 배상을 인정하지 않습니다(제4항).

### 기출표시

1회 설문2 ‖ 3회 설문3 ‖ 5회 설문2의 가 ‖ 6회 설문3의 나, 설문4의 가 ‖ 7회 설문2 ‖ 8회 설문3 ‖ 9회 설문3 ‖ 11회 설문2 ‖ 12회 ‖ 13회

### 제53조(준거법에 관한 사후적 합의)

당사자는 제50조부터 제52조까지의 규정에도 불구하고 사무관리 · 부당이득 · 불법행위가 발생한 후 합의에 의하여 대한민국 법을 그 준거법으로 선택할 수 있다. 다만, 그로 인하여

제3자의 권리에 영향을 미치지 아니한다.

### 조문해설

제53조는 제50조 내지 제52조에서 이미 설명하였습니다.

### 기출표시

1회 설문2 ‖ 3회 설문3 ‖ 5회 설문2의 가 ‖ 6회 설문3의 나, 설문4의 가
‖ 7회 설문2 ‖ 8회 설문3 ‖ 9회 설문3

### 제54조(채권의 양도 및 채무의 인수)

① 채권의 양도인과 양수인 간의 법률관계는 당사자 간의 계약의 준거법에 따른다. 다만, 채권의 양도가능성, 채무자 및 제3자에 대한 채권양도의 효력은 양도되는 채권의 준거법에 따른다.
② 채무인수에 관하여는 제1항을 준용한다.

### 조문해설

제54조는 채권의 양도와 면책적 채무인수의 준거법을 정합니다.

양도인과 양수인 간의 법률관계는 당사자간의 양도계약의 준거법에 의합니다(제1항 본문).

채권의 양도 가능성과 채무자·제3자에 대한 채권 양도의 효력은 그 채권의 준거법에 의합니다(제1항 단서). 예컨대, 미국인 채권자 A와 한국인 채무자 B는 20만불의 금전소비대차계약을 체결하면서 그 준거법을 영국법으로 지정하였고, 그 후 A는 위 채권을 중국인 C에게 채권양도하였을 때, 이 채권양도의 대항요건의 준거법은 영국법이 될 것입니다.

★ 제2항의 채무인수인과 채무자 간의 법률관계는 당사자간의 계약의 준거법에 의합니다. 다만, 채무인수 가능성, 채권자 및 제3자에 대한 채무인수의 효력은 인수된 채무의 준거법에 의합니다.

### 보충설명

이해하기 어려운 조문은 절대 아닙니다. 다만, 문제에서 묻는 것이 양도인과 양수인의 법률관계인지, 채권의 양도가능성에 대한 것인지, 채무자 혹은 제3자에 대한 채권양도의 효력인지를 제대로 파악하는 것이 중요합니다.

**기출표시**

2회 설문3 ‖ 10회

### 제55조(법률에 따른 채권의 이전)

① 법률에 따른 채권의 이전은 그 이전의 원인이 된 구(舊)채권자와 신(新)채권자 간의 법률관계의 준거법에 따른다. 다만, 이전되는 채권의 준거법에 채무자 보호를 위한 규정이 있는 경우에는 그 규정이 적용된다.

② 제1항과 같은 법률관계가 존재하지 아니하는 경우에는 이전되는 채권의 준거법에 따른다.

**조문해설**

제55조 제1항의 '법률에 의한 채권의 이전'이란 신채권자가 구채권자를 법정대위하여 그 채권이 신채권자에게 이전하는 것을 의미합니다. 이 경우 신채권자와 구채권자의 법률관계의 준거법이 채권의 이전의 준거법이 됩니다(제1항 본문). 채무자 보호를 위하여 이전되는 채권의 준거법상의 채무자 보호규정은 그대로 적용됩니다(단서).

법률관계가 따로 없는 경우, 즉 임의대위의 경우에는 이전되는 채권의 준거법에 의합니다(제2항).

보증인이 보증계약에 따라 채무를 변제하거나 또는 보험회사가 보험계약에 따라 보험수익자에게 보험금을 지불한 경우에 보증인 또는 보험회사가 채권자의 권리를 대위하는지 여부는 (보증계약) 또는 (보험계약)의 준거법에 의해서 해결합니다(법무부, 127면).

**보충설명**

채무자의 책임재산을 보호하기 위하여 채권자로 하여금 채무자가 아닌 제3자에 대해 채권의 효력으로서의 법률효과를 미칠 수 있도록 하는 채권자 대위와 채권자 취소에 대하여 국제사법은 별도의 규정을 두고 있지 않습니다.

채권자 취소권에 대하여는 채권자의 채무자에 대한 피보전채권의 준거법과 채무자와 제3자의 법률관계의 준거법을 누적적으로 적용해야 한다는 견해(통설)가 있었으나, 최근의 판례(대법원 2016. 12. 29. 선고 2013므4133 판결)에서 피보전채권은 채권자의 권리행사의 근거가 될 뿐이므로 그 채권의 준거법을 적용할 필요는 없고 다만 사해행위의 준거법(채무자와 제3자)에 의해야 한다고 판시하였습니다.

채권자 대위권을 행사할 수 있는지에 대하여도 채권자의 채무자에 대한 피보전채권의 준거법과 채무자의 제3자에 대한 피대위권리의 준거법이 누적적으로 적용되어야 한다는 견해(통설)가 있으나, 아직 이에 대한 판례는 나온 바 없습니다.

**기출표시**

6회 설문4의 나 ‖ 8회 설문2의 나

# 제 7 장  친    족

## 제 1 절  국제재판관할

### 제56조(혼인관계에 관한 사건의 특별관할)

① 혼인관계에 관한 사건에 대해서는 다음 각 호의 어느 하나에 해당하는 경우 법원에 국제재판관할이 있다.

1. 부부 중 한쪽의 일상거소가 대한민국에 있고 부부의 마지막 공동 일상거소가 대한민국에 있었던 경우
2. 원고와 미성년 자녀 전부 또는 일부의 일상거소가 대한민국에 있는 경우
3. 부부 모두가 대한민국 국민인 경우
4. 대한민국 국민으로서 대한민국에 일상거소를 둔 원고가 혼인관계 해소만을 목적으로 제기하는 사건의 경우

② 부부 모두를 상대로 하는 혼인관계에 관한 사건에 대해서는 다음 각 호의 어느 하나에 해당하는 경우 법원에 국제재판관할이 있다.

1. 부부 중 한쪽의 일상거소가 대한민국에 있는 경우
2. 부부 중 한쪽이 사망한 때에는 생존한 다른 한쪽의 일상거소가 대한민국에 있는 경우
3. 부부 모두가 사망한 때에는 부부 중 한쪽의 마지막 일상거소가 대한민국에 있었던 경우
4. 부부 모두가 대한민국 국민인 경우

### 조문해설

혼인관계사건의 재판관할 규칙은 현대사회에서 자연인의 이동성과 법적안정성을 확보하기 위하여 다양한 관할근거를 명시합니다(제56조). 제1항 제4호는 한국인이 외국인과 혼인한 뒤 배우자인 외국인의 소재불명 등으로 재판할 수 없게되는 사안을 고려하여 혼인관계 해소만을 위한 것이라면 가족관계등록부를 정리할 수 있게 하려는 것입니다. 이 경우에는 제6조 제3항이 정한 관련성에 근거한 관할은 허용되지 않습니다(석광현, 「국제재판관할법」 2022, 253면). 그리고 부부모두를 상대로 하는 혼인관계사건은 제3자가 혼인의 무효 취소 또는 이혼무효의 소를 제기하는 경우를 의미합니다.

**기출표시**

14회

### 제57조(친생자관계에 관한 사건의 특별관할)

친생자관계의 성립 및 해소에 관한 사건에 대해서는 다음 각 호의 어느 하나에 해당하는 경우 법원에 국제재판관할이 있다.

1. 자녀의 일상거소가 대한민국에 있는 경우
2. 자녀와 피고가 되는 부모 중 한쪽이 대한민국 국민인 경우

**조문해설**

친생자관계의 성립 및 해소에 관한 사건에 대하여 자녀의 일상거소가 대한민국에 있는 경우, 자녀 및 피고가 되는 부모 중 한쪽이 대한민국 국민인 경우 법원에 국제재 판관할이 있습니다.

### 제58조(입양관계에 관한 사건의 특별관할)

① 입양의 성립에 관한 사건에 대해서는 양자가 되려는 사람 또는 양친이 되려는 사람의 일상거소가 대한민국에 있는 경우 법원에 국제재판관할이 있다.

② 양친자관계의 존부확인, 입양의 취소 또는 파양(罷養)에 관한 사건에 관하여는 제57조를 준용한다.

**조문해설**

양친자관계의 존부확인, 입양의 취소 또는 파양에 관한 사건에 대하여는 개정안 제 57조(친생자관계에 관한 사건의 특별관할)을 준용합니다(제2항).

### 제59조(부모 · 자녀 간의 법률관계 등에 관한 사건의 특별관할)

미성년인 자녀 등에 대한 친권, 양육권 및 면접교섭권에 관한 사건에 대해서는 다음 각 호의 어느 하나에 해당하는 경우 법원에 국제재판관할이 있다.

1. 자녀의 일상거소가 대한민국에 있는 경우
2. 부모 중 한쪽과 자녀가 대한민국 국민인 경우

**조문해설**

미성년인 자녀에 대한 친권, 양육권 및 면접교섭권에 관한 사건에 대하여는 자녀의 일상거소가 대한민국에 있는 경우, 부모 중 한쪽과 자녀가 대한민국 국적을 가지는 경

우 법원에 국제재판관할이 있습니다.

## 제60조(부양에 관한 사건의 관할)
① 부양에 관한 사건에 대해서는 부양권리자의 일상거소가 대한민국에 있는 경우 법원에 국제재판관할이 있다.
② 당사자가 부양에 관한 사건에 대하여 제8조에 따라 국제재판관할의 합의를 하는 경우 다음 각 호의 어느 하나에 해당하면 합의의 효력이 없다.
1. 부양권리자가 미성년자이거나 피후견인인 경우. 다만, 해당 합의에서 미성년자이거나 피후견인인 부양권리자에게 법원 외에 외국법원에도 소를 제기할 수 있도록 한 경우는 제외한다.
2. 합의로 지정된 국가가 사안과 아무런 관련이 없거나 근소한 관련만 있는 경우
③ 부양에 관한 사건이 다음 각 호의 어느 하나에 해당하는 경우에는 제9조를 적용하지 아니한다.
1. 부양권리자가 미성년자이거나 피후견인인 경우
2. 대한민국이 사안과 아무런 관련이 없거나 근소한 관련만 있는 경우

### 조문해설
부양에 관한 사건에 대하여 부양권리자의 일상거소가 대한민국에 있는 경우 법원에 국제재판관할이 있습니다(제1항). 부양에 관한 사건에 대하여 제8조에 따라 국제재판관할합의를 할 수 있도록 하되(제2항 본문), 일정한 경우에는 관할합의를 제한하고 있습니다(제2항 단서). 또한 변론관할(제9조) 제한사유도 규정하고 있습니다(제3항).

## 제61조(후견에 관한 사건의 특별관할)
① 성년인 사람의 후견에 관한 사건에 대해서는 다음 각 호의 어느 하나에 해당하는 경우 법원에 국제재판관할이 있다.
1. 피후견인(피후견인이 될 사람을 포함한다. 이하 같다)의 일상거소가 대한민국에 있는 경우
2. 피후견인이 대한민국 국민인 경우
3. 피후견인의 재산이 대한민국에 있고 피후견인을 보호하여야 할 필요가 있는 경우
② 미성년자의 후견에 관한 사건에 대해서는 다음 각 호의 어느 하나에 해당하는 경우 법원에 국제재판관할이 있다.
1. 미성년자의 일상거소가 대한민국에 있는 경우
2. 미성년자의 재산이 대한민국에 있고 미성년자를 보호하여야 할 필요가 있는 경우

### 조문해설
피후견인의 보호 등을 위해 후견사건을 성년 후견과 미성년 후견으로 나누어 각각

의 특성을 고려하여 신설하였습니다.

## 제62조(가사조정사건의 관할)

제56조부터 제61조까지의 규정에 따라 법원에 국제재판관할이 있는 사건의 경우에는 그 조정사건에 대해서도 법원에 국제재판관할이 있다.

### 조문해설

가사조정사건의 관할을 명확히 하였습니다.

## 제 2 절 준거법

## 제63조(혼인의 성립)

① 혼인의 성립요건은 각 당사자에 관하여 그 본국법에 따른다.
② 혼인의 방식은 혼인을 한 곳의 법 또는 당사자 중 한쪽의 본국법에 따른다. 다만, 대한민국에서 혼인을 하는 경우에 당사자 중 한쪽이 대한민국 국민인 때에는 대한민국 법에 따른다.

### 조문해설

제1항은 혼인의 실질(실질적 성립요건)에 대하여, 제2항은 혼인의 방식(형식적 성립요건)에 대하여 규정합니다.

혼인이 유효하게 성립하기 위해서는 각 당사자의 본국법의 혼인의 성립요건을 각각 충족해야 합니다(제1항).

혼인의 방식에 대하여, ① 당사자 일방이 대한민국 국민이고, ② 혼인이 대한민국에서 거행되는 경우에는 대한민국 법이 준거법이 됩니다(제2항 단서).

이외의 경우에는 혼인거행지법 혹은 당사자 일방의 본국법에 의합니다(제2항 본문).

### 보충설명

제1항에 따르면 혼인의 성립요건에 있어 당사자 쌍방의 본국법 모두가 준거법이 됩니다. 양당사자의 국적이 서로 다른 경우 준거법이 2개 존재하게 되는 것입니다.

혼인의 성립요건으로는 혼인 연령, 부모의 동의(이상 적극적 요건), 중혼 금지, 근친혼 금지(이상 소극적 요건) 등이 있습니다. 혼인 연령과 부모의 동의는 각 당사자에 대하여 그 자신의 본국법에 의해 각각(편면적으로) 요건을 충족하기만 하면 됩니다. 이와는 달리 중혼 금지와 근친혼 금지의 경우 각 당사자에 대하여 쌍방의 본국법 모두의 요건을 동시에(누적적으로) 충족해야 합니다. 이와 같은 맥락에서 혼인 연령과 부모의 동의를 일면적 장애로, 중혼 금지와 근친혼 금지를 쌍면적 장애라고 칭하기도 합니다(신창선, 320면).

제2항의 경우 혼인거행지법 혹은 당사자 일방의 본국법 중에서의 선택을 인정하므로 선택적 연결로 봅니다. 따라서 단서는 내국법에 대한 특혜를 규정한 취지로 이해함이 타당합니다.

혼인과 달리 약혼에 대하여 국제사법은 별도의 규정을 두고 있지 않습니다. 다만, 약혼을 제74조의 '친족관계 및 친족관계에서 발생한 권리의무에 관하여 이 법에 특별한 규정이 없는 경우'로 보아 각 당사자의 본국법에 의하는 것으로 볼 수 있습니다. 물론 약혼을 혼인과 유사한 것으로 이해하여 제63조를 유추 적용도 가능합니다.

## 기출표시

6회 설문1 ‖ 14회

### 제64조(혼인의 일반적 효력)

혼인의 일반적 효력은 다음 각 호의 법의 순위에 따른다.
1. 부부의 동일한 본국법
2. 부부의 동일한 일상거소지법
3. 부부와 가장 밀접한 관련이 있는 곳의 법

#### 조문해설

제64조는 부부 재산제(제65조)를 제외한 혼인의 모든 효력을 그 적용대상으로 합니다. 혼인의 일반적 효력에 대하여 각호의 순위에 의하여(이를 단계적 연결이라고 합니다) 준거법이 지정됩니다. 1호의 '동일한 본국법'의 경우, 부부 중 일방이 중국적자(重國籍子)인 경우에는 그 국적 중 하나가 타방의 국적과 일치하더라도 본국법이 동일한 경우에 해당하지 않을 수 있음에 주의해야 합니다. 즉, 중국적자의 경우 동일한 본국법이 있기 위해서는 제16조 제1항에 따라 결정된 본국법과 상대방의 본국법이 일치해야 하나, 공통 본국법이란 여러 국적 중 상대방과 공통되는 국적이 있을 경우 그 본국법을 의미한다.

#### 보충설명

먼저, 본조의 적용범위에 대해서 보충 설명합니다.

동거의무의 유무와 그 내용은 제64조에 의합니다. 그러나 동거의무 위반이 이혼의 원인이 되는지는 이혼의 준거법(제66조)에 의합니다.

부양의무는 제73조에 일반규정을 두고 있지만, '부부간의 부양의무'는 제64조의 적용을 받습니다(제73조 적용가능하다는 반대설 있음).

처(妻)의 행위능력제한과 혼인으로 인해 성년으로 의제되는 문제는 행위능력의 문제이므로 제28조에 의합니다. 전자는 행위능력으로 보기보다는 혼인의 일반적 효력으로 보아 제64조를 적용한다는 견해도 있습니다.

부부간 계약의 효력 혹은 일상가사대리권은 제64조를 적용합니다.

다음으로, '단계적 연결'과 '종속적 연결'의 차이에 대해 보충 설명합니다.

특정 법률관계에 대하여 수개의 준거법을 지정할 수 있고, 그 수개의 준거법에 순위가 주어진다는 점에서는 동일합니다. 다만, 단계적 연결이 단순히 준거법을 여러 개 제시하고 준거법 사이의 순위를 정하는 데 반하여, 종속적 연결은 우선 순위에 있는 준거법이 지정되기 위한 특정한 요건도 함께 제시합니다.

본조와 본조를 준용하는 제66조는 단계적 연결을 인정한 예이고, 제50조 내지 제52조는 종속적 연결을 인정한 예입니다.

참고로 '선택적 연결'은 수개의 준거법을 제시하지만 준거법 간의 우선순위가 없이 어떤 것이라도 선택할 수 있도록 합니다. 예로는 제31조, 제67조, 제69조, 제78조 제3항 등이 있습니다.

### 연관조문

제1항의 '동일한 본국법'의 의미는 제73조 제1항 단서의 '공통 본국법'과 비교하여 보아야 합니다. 이에 대하여는 후술합니다.

### 기출표시

13회

### 제65조(부부재산제)

① 부부재산제에 관하여는 제64조를 준용한다.

② 부부가 합의에 의하여 다음 각 호의 어느 하나에 해당하는 법을 선택한 경우 부부재산제는 제1항에도 불구하고 그 법에 따른다. 다만, 그 합의는 날짜와 부부의 기명날인 또는 서명이 있는 서면으로 작성된 경우에만 그 효력이 있다.

1. 부부 중 한쪽이 국적을 가지는 법
2. 부부 중 한쪽의 일상거소지법
3. 부동산에 관한 부부재산제에 대해서는 그 부동산의 소재지법

③ 대한민국에서 행한 법률행위 및 대한민국에 있는 재산에 관하여는 외국법에 따른 부부재산제로써 선의의 제3자에게 대항할 수 없다. 이 경우 외국법에 따를 수 없을 때에 제3자와의 관계에서 부부재산제는 대한민국 법에 따른다.

④ 제3항에도 불구하고 외국법에 따라 체결된 부부재산계약을 대한민국에서 등기한 경우

에는 제3자에게 대항할 수 있다.

부부재산제에 관하여도 당사자 자치의 원칙이 적용됩니다(제2항). 다만, ① 제2항 각호의 법을 준거법으로 하기로 합의하고(본문 및 각호), ② 그 합의가 일자와 부부의 기명날인 혹은 서명이 포함된 서면으로 작성되어야(단서) 합니다.

당사자간 준거법에 대한 합의가 없는 경우에는 제1항에 따라 제64조를 준용합니다.

당사자가 외국법을 준거법으로 하여 부부재산계약을 체결한 경우, 이를 대한민국에서 등기하였다면 그 계약을 제3자에게 주장할 수 있습니다(제4항). 그러나 등기하지 않았다면 그 계약에 포함된 재산에 관하여 선의(부부재산계약이 외국법을 준거법으로 하고 있음에 대한 선의)의 제3자에게는 그 부부재산계약을 주장할 수 없습니다(제3항).

제2항 각호에 수개의 준거법이 규정되어 있고, 제64조의 단계적 연결도 준용함에 따라 준거법 지정에 다소간 불명확성이 존재하는데, 이로 인하여 내국 거래를 보호할 필요성이 크다 하겠습니다. 제3항 및 제4항은 내국 거래를 보호하기 위하여 등기의무를 부여하고 미등기시 선의의 제3자에게 대항할 수 없도록 정하고 있습니다.

## 제66조(이혼)

이혼에 관하여는 제64조를 준용한다. 다만, 부부 중 한쪽이 대한민국에 일상거소가 있는 대한민국 국민인 경우 이혼은 대한민국 법에 따른다.

부부 일방의 국적이 대한민국이고 대한민국에 상거하는 경우 이혼의 준거법은 대한민국 법입니다(단서). 이외의 경우에는 제64조에 의합니다.

이혼의 준거법이 적용되는 범위에 대해서 보충 설명합니다.

유책 배우자의 배상책임이 '이혼' 그 자체로 인한 것일 경우에는 이혼의 준거법에 의합니다. 그러나 이혼의 원인이 된 유책배우자의 '특정 행위'로 인한 배상책임의 경우에는 제52조에 의함이 타당합니다.

이혼을 하게 되면 부부재산제가 소멸하게 됩니다. 그러나 이 소멸은 이혼의 효과가 아닌 부부재산제 자체의 소멸의 문제이므로 제65조에 의합니다. 이와는 달리 이혼으로 인한 재산분할은 이혼의 효과에 해당하므로 본조의 적용을 받습니다(신창선, 338면).

이혼한 부부간의 부양 문제는 제73조 제2항에 별도로 규정되어 있습니다.

이혼한 경우 미성년자인 자에 대한 친권의 문제를 이혼의 효과(본조)로 볼 것인지 아니면 친자간의 법률관계(제72조)로 볼 것인지 견해대립이 있습니다. 제72조를 따르는 것이 타당해 보입니다.

    미성년자인 부부 일방이 혼인으로 인하여 성년의제된 후 이혼한 경우 성년의 지위를 유지하는지 미성년자의 지위로 돌아가는지는 이혼의 효과로 보기보다는 일반적 행위능력의 문제로 보아 제28조에 의하는 것이 타당합니다.

### 연관조문

    부부재산제(제65조), 부양(제73조 제2항), 친자간의 법률관계(제72조)와 함께 보아야 합니다.

### 기출표시

| 3회 설문2의 가 ‖ 13회 |

### 제67조(혼인 중의 부모 · 자녀관계)

① 혼인 중의 부모 · 자녀관계의 성립은 자녀의 출생 당시 부부 중 한쪽의 본국법에 따른다.
② 제1항의 경우에 남편이 자녀의 출생 전에 사망한 때에는 남편의 사망 당시 본국법을 그의 본국법으로 본다.

### 조문해설

    부부(夫婦) 중 일방의 본국법이라 함은, 부(夫)의 본국법과 부(婦)의 본국법 중 어느 하나를 의미합니다. 즉, 자의 불안정한 법적 지위를 조속히 안정시키기 위하여 선택적 연결을 인정하고 있습니다. 다만 신분관계의 형성에 일정한 고정성을 부여하고자 '출생당시'로 그 시점을 고정하였습니다(제1항).

    그런데 자의 출생 당시 부가 이미 사망한 경우도 있을 수 있으므로 사망 당시의 본국법을 보조적 준거법으로 인정하고 있습니다(제2항). 자의 출생 이전에 모가 이미 사망한 경우는 상정하기 어려워 별도로 규정하지 않습니다.

### 제68조(혼인 외의 부모 · 자녀관계)

① 혼인 외의 부모 · 자녀관계의 성립은 자녀의 출생 당시 어머니의 본국법에 따른다. 다만, 아버지와 자녀 간의 관계의 성립은 자녀의 출생 당시 아버지의 본국법 또는 현재 자녀의 일상거소지법에 따를 수 있다.
② 인지는 제1항에서 정하는 법 외에 인지 당시 인지자의 본국법에 따를 수 있다.
③ 제1항의 경우에 아버지가 자녀의 출생 전에 사망한 때에는 사망 당시 본국법을 그의 본국법으로 보고, 제2항의 경우에 인지자가 인지 전에 사망한 때에는 사망 당시 본국법을 그의 본국법으로 본다.

모가 혼인외의 자를 인지할 경우 적용될 수 있는 준거법은 제68조 제1항에 따라, 자의 출생 당시 모의 본국법 또는 제68조 제2항에 따라 인지 당시 인지자(母)의 본국법에 의할 수 있습니다.

부가 혼인외의 자를 인지할 경우 적용될 수 있는 준거법은 제68조 제1항에 따라, 자의 출생 당시 모의 본국법 또는 제68조 제1항 단서로 자의 출생당시 부의 본국법 또는 현재 자의 상거소지법에 의할 수 있고, 또는 제68조 제2항에 따라 인지 당시 인지자(父)의 본국법에 의할 수 있습니다.

## 제69조(혼인외의 출생자)

① 혼인 외의 출생자가 혼인 중의 출생자로 그 지위가 변동되는 경우에 관하여는 그 요건인 사실의 완성 당시 아버지 또는 어머니의 본국법 또는 자녀의 일상거소지법에 따른다.
② 제1항의 경우에 아버지 또는 어머니가 그 요건인 사실이 완성되기 전에 사망한 때에는 아버지 또는 어머니의 사망 당시 본국법을 그의 본국법으로 본다.

준정이란 혼인외의 출생자가 생부와 생모의 혼인으로 인하여 혼인중의 출생자의 신분을 얻는 것을 말합니다. '그 요건인 사실'이란 생부와 생모의 혼인을 의미합니다. 따라서 생부모의 혼인 당시의 부의 본국법, 혼인 당시의 모의 본국법 혹은 혼인 당시의 자의 상거소지법이 준거법이 됩니다(선택적 연결). 다만, 혼인 거행시가 아닌 혼인 사실의 완성시를 기준으로 해야 함에 주의하기 바랍니다.

## 제70조(입양 및 파양)

입양 및 파양은 입양 당시 양부모의 본국법에 따른다.

양부모의 본국법이라 함은 양부(養父)의 본국법과 양모(養母)의 본국법 각각을 의미합니다. 따라서 그 일방의 본국법이 양자제도를 인정하고 있지 않는 경우 부부공동입양은 성립하지 않습니다. 이 경우 타방의 본국법 단독입양을 인정하는 때에는 단독입양할 수 있습니다. 그러나 그 타방의 본국법이 부부공동이 아니면 양자를 삼을 수 없다고 정한 때는 공동입양도 단독입양도 불가능합니다. 하지만 일방의 본국법이 부부공동입양의 원칙을 택하고 있고, 타방의 본국법이 단독입양을 인정할 때에 그 타방은 단독입양할 수 있습니다(신창선, 352면).

### 제71조(동의)

제68조부터 제70조까지의 규정에 따른 부모·자녀관계의 성립에 관하여 자녀의 본국법이 자녀 또는 제3자의 승낙이나 동의 등을 요건으로 할 때에는 그 요건도 갖추어야 한다.

#### 조문해설

'친자관계의 성립'은 제68조 내지 제69조 및 제70조의 입양 부분에 규정되어 있습니다. 따라서 제71조는 입양의 성립이 아닌 입양의 효력이나 파양의 경우에는 적용되지 않음에 주의해야 합니다.

그리고 제71조의 자녀의 본국법은 제68조 내지 제70조의 준거법에 대하여 누적적으로 적용되어야 함에도 주의해야 합니다.

### 제72조(부모·자녀 간의 법률관계)

부모·자녀 간의 법률관계는 부모와 자녀의 본국법이 모두 동일한 경우에는 그 법에 따르고, 그 외의 경우에는 자녀의 일상거소지법에 따른다.

#### 조문해설

친자간의 법률관계는 원칙적으로 자의 일상거소지법에 의합니다. 부모와 자의 본국법이 동일한 경우에만 그 본국법에 의합니다. 따라서 부모와 자의 본국법이 동일한지 여부를 우선적으로 검토하여야 합니다(종속적 연결).

입양의 효력이란 양친과 양자 간의 친자관계의 발생만을 의미하는 것이며, 이렇게 해서 확정된 친양자관계가 어떠한 내용을 가지는가는 국제사법 제72조에 의하게 됩니다.

#### 보충설명

친자 사이의 신분관계, 재산관계, 친권 등은 모두 본조에 의합니다.

부모의 미성년자인 자에 대한 부양의무는 본조에 의한다는 견해(소수설)와 제73조에 의한다는 견해(다수설)가 대립합니다. 그러나 성년인 자와 부모 사이의 부양의무는 제73조에 의합니다.

*** 제73조는 이혼한 남녀간의 부양의무를 제외하고 모두 부양의무가 적용된다는 것으로 해석하는 것이 체계상 편하다고 판단됩니다.

### 제73조(부양)

① 부양의 의무는 부양권리자의 일상거소지법에 따른다. 다만, 그 법에 따르면 부양권리자가 부양의무자로부터 부양을 받을 수 없을 때에는 당사자의 공통 본국법에 따른다.

② 대한민국에서 이혼이 이루어지거나 승인된 경우에 이혼한 당사자 간의 부양의무는 제1

항에도 불구하고 그 이혼에 관하여 적용된 법에 따른다.

③ 방계혈족 간 또는 인척 간의 부양의무와 관련하여 부양의무자는 부양권리자의 청구에 대하여 당사자의 공통 본국법에 따라 부양의무가 없다는 주장을 할 수 있으며, 그러한 법이 없을 때에는 부양의무자의 일상거소지법에 따라 부양의무가 없다는 주장을 할 수 있다.

④ 부양권리자와 부양의무자가 모두 대한민국 국민이고, 부양의무자가 대한민국에 일상거소가 있는 경우에는 대한민국 법에 따른다.

### 조문해설

제73조는 조문 구조가 복잡합니다. 최대한 간략하게 설명합니다.

부양권리자·의무자가 대한민국 국민으로 부양의무자가 대한민국에 상거하는 경우
　　→ 대한민국법(제4항)

대한민국에서 이혼하거나 이혼이 승인된 당사자간의 부양의무
　　→ 이혼의 준거법(제2항)

부양권리자의 일상거소지법에 의해 부양을 받을 수 없는 경우
　　→ 부양권리자·의무자의 공통 본국법(제1항 단서)

그 외의 경우
　　→ 부양권리자의 일상거소지법(제1항 본문)

제3항은 부양의무자가 부양의무를 부인할 수 있는 근거를 제시합니다. ① 방계혈족 간 혹은 인척간의 부양의무의 경우에 한하여, ② 당사자의 공통본국법 혹은 부양의무자의 일상거소지법에 의하여 부양의무의 부인이 가능합니다.

### 연관조문

부양에 관하여는 반정(反定)이 불허됨을 반드시 기억해야 합니다(제22조 제2항 3호).

### 기출표시

3회 설문2의 나

### 제74조(그 밖의 친족관계)

친족관계의 성립 및 친족관계에서 발생하는 권리의무에 관하여 이 법에 특별한 규정이 없는 경우에는 각 당사자의 본국법에 따른다.

### 제75조(후견)

① 후견은 피후견인의 본국법에 따른다.

② 법원이 제61조에 따라 성년 또는 미성년자인 외국인의 후견사건에 관한 재판을 하는 때

에는 제1항에도 불구하고 다음 각 호의 어느 하나에 해당하는 경우 대한민국 법에 따른다.

1. 피후견인의 본국법에 따른 후견개시의 원인이 있더라도 그 후견사무를 수행할 사람이 없거나, 후견사무를 수행할 사람이 있더라도 후견사무를 수행할 수 없는 경우
2. 대한민국에서 후견개시의 심판(임의후견감독인선임 심판을 포함한다)을 하였거나 하는 경우
3. 피후견인의 재산이 대한민국에 있고 피후견인을 보호하여야 할 필요가 있는 경우

### 조문해설

후견사건의 특별관할이 더 이상 거소를 후견의 관할 판단기준으로 삼고 있지 않은 점 등을 고려하여 제2항을 제61조에 따라 법원이 성년 또는 미성년 자녀인 외국인의 후견사건에 관한 재판을 하는 경우로 개정하였습니다.


# 제 8 장  상      속

## 제 1 절  국제재판관할

### 제76조(상속 및 유언에 관한 사건의 관할)

① 상속에 관한 사건에 대해서는 다음 각 호의 어느 하나에 해당하는 경우 법원에 국제재판관할이 있다.

1. 피상속인의 사망 당시 일상거소가 대한민국에 있는 경우. 피상속인의 일상거소가 어느 국가에도 없거나 이를 알 수 없고 그의 마지막 일상거소가 대한민국에 있었던 경우에도 또한 같다.
2. 대한민국에 상속재산이 있는 경우. 다만, 그 상속재산의 가액이 현저하게 적은 경우에는 그러하지 아니하다.

② 당사자가 상속에 관한 사건에 대하여 제8조에 따라 국제재판관할의 합의를 하는 경우에 다음 각 호의 어느 하나에 해당하면 합의의 효력이 없다.

1. 당사자가 미성년자이거나 피후견인인 경우. 다만, 해당 합의에서 미성년자이거나 피후견인인 당사자에게 법원 외에 외국법원에도 소를 제기하는 것을 허용하는 경우는 제외한다.
2. 합의로 지정된 국가가 사안과 아무런 관련이 없거나 근소한 관련만 있는 경우

③ 상속에 관한 사건이 다음 각 호의 어느 하나에 해당하는 경우에는 제9조를 적용하지 아니한다.

1. 당사자가 미성년자이거나 피후견인인 경우
2. 대한민국이 사안과 아무런 관련이 없거나 근소한 관련만 있는 경우

④ 유언에 관한 사건은 유언자의 유언 당시 일상거소가 대한민국에 있거나 유언의 대상이 되는 재산이 대한민국에 있는 경우 법원에 국제재판관할이 있다.

⑤ 제1항에 따라 법원에 국제재판관할이 있는 사건의 경우에는 그 조정사건에 관하여도 법원에 국제재판관할이 있다.

### 조문해설

　재산법적 성격이 강한 상속 등 사건의 특성을 고려하여 상속과 유언에 관한 재판관할규정을 신설하였습니다.

## 제2절 준거법

### 제77조(상속)
① 상속은 사망 당시 피상속인의 본국법에 의한다.
② 피상속인이 유언에 적용되는 방식에 의하여 명시적으로 다음 각호의 법 중 어느 것을 지정하는 때에는 상속은 제1항의 규정에 불구하고 그 법에 의한다.
1. 지정 당시 피상속인의 상거소가 있는 국가의 법. 다만, 그 지정은 피상속인이 사망시까지 그 국가에 상거소를 유지한 경우에 한하여 그 효력이 있다.
2. 부동산에 관한 상속에 대하여는 그 부동산의 소재지법

### 조문해설

　상속(유증도 포함)에도 제한적이지만 당사자 자치의 원칙이 인정됩니다. 피상속인인 당사자의 의사가 반영된다는 뜻인데, 이는 피상속인인 당사자가 상속에 관하여 유언을 통해 그 의사가 반영되도록 하는 것을 의미합니다. 따라서 제2항을 먼저 검토해야 합니다.

　① 유언의 방식이 제78조 제3항에 의해 유효하고, ② 당사자가 본조 제2항 각호의 법을 선택하였다면, 그 선택한 법이 상속의 준거법이 됩니다.

　이외의 경우에는, 사망 당시 피상속인의 본국법이 상속의 준거법이 됩니다(제1항).

　한편 상속에 있어서 "개별준거법은 총괄준거법을 깨뜨린다"라는 의미는 피상속인의 재산이 총괄적으로 상속인에게 이전되나 그 유산을 구성하는 구체적인 재산의 준거법이 이를 인정하지 않으면 실현할 수 없다는 의미입니다(신창선, 365면). 예를 들면, 부부재산제에 있어서 부부재산, 후견에 있어서 피후견인의 재산, 상속에 있어서의 상속재산 등은 그것을 구성하는 개개재산과는 달리 포괄적 재산으로 각각 그 준거법에 의해서 결정됩니다. 따라서 그 재산이 물권인 경우에도 목적물의 소재지법에 의하지 않고 포괄재산의 물권법상의 문제는 포괄재산의 준거법이 적용됩니다. 그러나 개개재산이 포괄재산의 구성 부분이 될 수 있느냐 없느냐는 개개재산의 속성에 관한 문제이므로 개개재산의 준거법에 의해서 결정됩니다. 가령, (상속)의 준거법이 어떤 물권, 토지소유권을 상속재산 중에 인정한다 하여도 그 물권의 준거법, 즉 그 토지소재지법이 상속

성을 부정하는 경우에 그 물권은 상속의 대상이 되지 아니합니다.

### 보충설명

상속의 개시에 관하여 제1항에 의해 피상속인의 본국법이 적용됩니다. 그러나 한국 법원이 외국인에 대하여 실종의 선고를 한 경우 한국에 있는 그의 재산의 상속 개시 여부와 시기에 대하여는 제27조에 의해 한국의 법이 준거법이 됩니다.

상속인의 지위, 상속능력, 상속결격, 상속순위 등은 상속인의 문제로서 피상속인의 본국법에 의합니다. 그러나 상속인이 되기 위한 전제에 해당하는 피상속인과의 친자관계, 혼인관계, 친족관계 등은 상속의 선결문제로 각각 친자관계, 혼인, 친족관계의 준거법에 의합니다.

상속인이 존재하지 않는 경우 상속재산의 귀속 문제는 법률관계의 성질결정의 문제로 귀결됩니다. 만일 상속의 문제로 본다면 제77조에 따르고, 무주물의 소유권 취득의 문제로 본다면 제33조에 의한다는 견해도 있지만 상속인이 없는 재산에는 채권 등 물권이외의 재산도 있으므로 재산소재지국의 공익보호를 위해 조리에 의해 재산소재지법에 의한다는 견해가 타당한 듯 보입니다(신창선, 366면).

### 연관조문

제78조 제3항과 함께 보아야 합니다.

### 기출표시

6회 설문2

### 제78조(유언)

① 유언은 유언 당시 유언자의 본국법에 따른다.
② 유언의 변경 또는 철회는 그 당시 유언자의 본국법에 따른다.
③ 유언의 방식은 다음 각 호의 어느 하나의 법에 따른다.
1. 유언자가 유언 당시 또는 사망 당시 국적을 가지는 국가의 법
2. 유언자의 유언 당시 또는 사망 당시 일상거소지법
3. 유언 당시 행위지법
4. 부동산에 관한 유언의 방식에 대해서는 그 부동산의 소재지법

### 조문해설

제1항의 '유언'은 유언의 성립과 효력을 의미합니다. 여기에는 유언능력, 유언의 의사표시의 하자, 유언의 구속력, 유언의 효력발생시기 등이 포함됩니다. 그러나 유언의

내용은 그 내용의 법률관계의 준거법에 의함에 주의해야 합니다.

유언의 방식에 대하여는 제3항 각호에서 선택적 연결을 인정하였습니다. 이는 유언이 방식의 흠결로 인하여 무효화되는 것을 최대한 방지하기 위함입니다.

### 보충설명

유언의 내용은 그 내용의 법률관계의 준거법에 의한다고 하였는데, 예를 들면, 유언의 내용이 인지에 관한 것이면 제68조, 후견인 지정에 관한 것이면 제75조, 유증에 관한 것이면 제77조에 의한다는 뜻입니다.

### 연관조문

제3항의 유언의 방식은 제77조 제2항과 함께 보아야 합니다.

유언의 방식에 관하여는 반정(反定)이 불허됨을 반드시 기억해야 합니다(제22조 제2항 4호).

### 기출표시

2회 설문2

# 제 9 장  어음 · 수표

## 제 1 절  국제재판관할

### 제79조(어음 · 수표에 관한 소의 특별관할)

어음 · 수표에 관한 소는 어음 · 수표의 지급지가 대한민국에 있는 경우 법원에 제기할 수 있다.

### 조문해설

이는 민사소송법 제9조(어음 · 수표 지급지의 특별재판적)에 상응하여 어음 · 수표의 특별관할을 정하는 규정입니다.

## 제 2 절  준 거 법

### 제80조(행위능력)

① 환어음, 약속어음 및 수표에 의하여 채무를 부담하는 자의 능력은 그의 본국법에 따른다. 다만, 그 국가의 법이 다른 국가의 법에 따르도록 정한 경우에는 그 다른 국가의 법에 따른다.

② 제1항에 따르면 능력이 없는 자라 할지라도 다른 국가에서 서명을 하고 그 국가의 법에 따라 능력이 있을 때에는 그 채무를 부담할 수 있는 능력이 있는 것으로 본다.

**조문해설**

어음·수표 행위능력에 관하여 전정(轉定)이 인정됩니다(제1항 단서). 그리고 제22조에 따라 직접반정도 인정됨은 자명합니다.

**보충설명**

이하 제9장의 어음·수표에 대하여는 조문을 이해하는 데 큰 어려움이 없으므로 별도의 해설을 생략합니다. 시험에 출제될 가능성이 매우 낮기도 합니다.

### 제81조(수표지급인의 자격)

① 수표지급인이 될 수 있는 자의 자격은 지급지법에 따른다.
② 지급지법에 따르면 지급인이 될 수 없는 자를 지급인으로 하여 수표가 무효인 경우에도 동일한 규정이 없는 다른 국가에서 한 서명으로부터 생긴 채무의 효력에는 영향을 미치지 아니한다.

### 제82조(방식)

① 환어음·약속어음의 어음행위 및 수표행위의 방식은 서명지법에 따른다. 다만, 수표행위의 방식은 지급지법에 따를 수 있다.
② 제1항에서 정한 법에 따를 때 행위가 무효인 경우에도 그 후 행위지법에 따라 행위가 적법한 때에는 그 전 행위의 무효는 그 후 행위의 효력에 영향을 미치지 아니한다.
③ 대한민국 국민이 외국에서 한 환어음·약속어음의 어음행위 및 수표행위의 방식이 행위지법에 따르면 무효인 경우에도 대한민국 법에 따라 적법한 때에는 다른 대한민국 국민에 대하여 효력이 있다.

### 제83조(효력)

① 환어음의 인수인과 약속어음의 발행인의 채무는 지급지법에 따르고, 수표로부터 생긴 채무는 서명지법에 따른다.
② 제1항에 규정된 자 외의 자의 환어음·약속어음에 의한 채무는 서명지법에 따른다.
③ 환어음, 약속어음 및 수표의 상환청구권을 행사하는 기간은 모든 서명자에 대하여 발행지법에 따른다.

## 제84조(원인채권의 취득)

어음의 소지인이 그 발행의 원인이 되는 채권을 취득하는지 여부는 어음의 발행지법에 따른다.

## 제85조(일부인수 및 일부지급)

① 환어음의 인수를 어음 금액의 일부로 제한할 수 있는지 여부 및 소지인이 일부지급을 수락할 의무가 있는지 여부는 지급지법에 따른다.
② 약속어음의 지급에 관하여는 제1항을 준용한다.

## 제86조(권리의 행사 · 보전을 위한 행위의 방식)

환어음, 약속어음 및 수표에 관한 거절증서의 방식, 그 작성기간 및 환어음, 약속어음 및 수표상의 권리의 행사 또는 보전에 필요한 그 밖의 행위의 방식은 거절증서를 작성하여야 하는 곳 또는 그 밖의 행위를 행하여야 하는 곳의 법에 따른다.

## 제87조(상실 및 도난)

환어음, 약속어음 및 수표의 상실 또는 도난의 경우에 수행하여야 하는 절차는 지급지법에 따른다.

## 제88조(수표의 지급지법)

1. 수표가 일람출급(一覽出給)이 필요한지 여부, 일람 후 정기출급으로 발행할 수 있는지 여부 및 선일자수표(先日字手標)의 효력
2. 제시기간
3. 수표에 인수, 지급보증, 확인 또는 사증을 할 수 있는지 여부 및 그 기재의 효력
4. 소지인이 일부지급을 청구할 수 있는지 여부 및 일부지급을 수락할 의무가 있는지 여부
5. 수표에 횡선을 표시할 수 있는지 여부 및 수표에 "계산을 위하여"라는 문구 또는 이와 동일한 뜻이 있는 문구의 기재의 효력. 다만, 수표의 발행인 또는 소지인이 수표면에 "계산을 위하여"라는 문구 또는 이와 동일한 뜻이 있는 문구를 기재하여 현금의 지급을 금지한 경우에 그 수표가 외국에서 발행되고 대한민국에서 지급하여야 하는 것은 일반 횡선수표의 효력이 있다.
6. 소지인이 수표자금에 대하여 특별한 권리를 가지는지 여부 및 그 권리의 성질
7. 발행인이 수표의 지급위탁을 취소할 수 있는지 여부 및 지급정지를 위한 절차를 수행할 수 있는지 여부
8. 배서인, 발행인, 그 밖의 채무자에 대한 상환청구권 보전을 위하여 거절증서 또는 이와 동일한 효력을 가지는 선언이 필요한지 여부

## 제 10 장  해    상

## 제 1 절  국제재판관할

### 제89조(선박소유자등의 책임제한사건의 관할)

선박소유자 · 용선자(傭船者) · 선박관리인 · 선박운항자, 그 밖의 선박사용인(이하 "선박소유 자등"이라 한다)의 책임제한사건에 대해서는 다음 각 호의 어느 하나에 해당하는 곳이 대한 민국에 있는 경우에만 법원에 국제재판관할이 있다.

1. 선박소유자등의 책임제한을 할 수 있는 채권(이하 "제한채권"이라 한다)이 발생한 선박 의 선적(船籍)이 있는 곳
2. 신청인인 선박소유자등에 대하여 제3조에 따른 일반관할이 인정되는 곳
3. 사고발생지(사고로 인한 결과 발생지를 포함한다)
4. 사고 후 사고선박이 최초로 도착한 곳
5. 제한채권에 의하여 선박소유자등의 재산이 압류 또는 가압류된 곳(압류에 갈음하여 담 보가 제공된 곳을 포함한다. 이하 "압류등이 된 곳"이라 한다)
6. 선박소유자등에 대하여 제한채권에 근거한 소가 제기된 곳

> **조문해설**
>
> 선박소유자등의 책임제한 사건에 관해 국제재판관할을 명확히 하고, 관할의 범위를 합리적으로 제한하고자 하였습니다.

### 제90조(선박 또는 항해에 관한 소의 특별관할)

선박소유자 등에 대한 선박 또는 항해에 관한 소는 선박이 압류등이 된 곳이 대한민국에 있는 경우 법원에 제기할 수 있다.

> **조문해설**
>
> 국제적 기준에 따라 선박 또는 항해에 관한 소의 재판관할을 신설하였습니다.

### 제91조(공동해손에 관한 소의 특별관할)

공동해손(共同海損)에 관한 소는 다음 각 호의 어느 하나에 해당하는 곳이 대한민국에 있 는 경우 법원에 제기할 수 있다.

1. 선박의 소재지
2. 사고 후 선박이 최초로 도착한 곳
3. 선박이 압류 등이 된 곳

> **조문해설**
>
> 공동해손과 관련된 다양한 이해관계자 사이의 통일적인 분쟁해결 가능성을 고려하여 재판관할규정을 신설하였습니다.

## 제92조(선박충돌에 관한 소의 특별관할)

선박의 충돌이나 그 밖의 사고에 관한 소는 다음 각 호의 어느 하나에 해당하는 곳이 대한민국에 있는 경우 법원에 제기할 수 있다.

1. 가해 선박의 선적지 또는 소재지
2. 사고 발생지
3. 피해 선박이 사고 후 최초로 도착한 곳
4. 가해 선박이 압류 등이 된 곳

> **조문해설**
>
> 선박충돌과 관련된 다양한 이해관계자 사이의 통일적인 분쟁해결 가능성을 고려하여 재판관할규정을 신설하였습니다.

## 제93조(해난구조에 관한 소의 특별관할)

해난구조에 관한 소는 다음 각 호의 어느 하나에 해당하는 곳이 대한민국에 있는 경우 법원에 제기할 수 있다

1. 해난구조가 있었던 곳
2. 구조된 선박이 최초로 도착한 곳
3. 구조된 선박이 압류 등이 된 곳

> **조문해설**
>
> 민사소송법 제19조(해난구조에 관한 특별재판적)에 상응하여 재판관할규정을 신설하였습니다.

## 제2절 준거법

## 제94조(해상)

해상에 관한 다음 각 호의 사항은 선적국법에 따른다.

1. 선박의 소유권 및 저당권, 선박우선특권, 그 밖의 선박에 관한 물권
2. 선박에 관한 담보물권의 우선순위
3. 선장과 해원(海員)의 행위에 대한 선박소유자의 책임범위

4. 선박소유자등이 책임제한을 주장할 수 있는지 여부 및 그 책임제한의 범위
5. 공동해손
6. 선장의 대리권

### 조문해설

‘선적’이란 선박의 국적을 의미합니다. 우리나라는 선박법상 선박 소유자의 국적을 표준으로 하지만, 편의치적(便宜置籍)을 금지하지 않고 있습니다. 이에 대하여는 아래에서 보충 설명합니다.

1호의 ‘선박우선특권’이란 선박에 관하여 생긴 법정채권(상법 제777조)을 담보하기 위하여 해상법상 인정되는 법정담보물권으로 채권자가 선박, 속구, 부속물로부터 다른 채권자들보다 우선하여 변제받을 수 있는 권리를 의미합니다. ‘저당권’은 선박저당권을 의미하며 이는 약정담보물권에 해당합니다.

그리고 1호의 ‘선박에 관한 물권’이란 선박 자체에 관한 물권을 의미합니다. 선박 내의 동산에 대하여는 여러 견해의 대립이 있습니다. 이에 대하여도 선적국법을 준거법으로 보아도 크게 문제되지 않습니다.

4호의 선박소유자 등은 **선박소유자·용선자(傭船者)·선박관리인·선박운항자**, 그 밖의 **선박사용인을 의미합니다.** 그중 용선(用船)자에 대해서는, 먼저 선박에 특유한 이용관계를 이해할 필요가 있습니다. 이에 관하여는 아래에서 보충 설명합니다.

5호의 ‘공동해손(海損)’이란 선박과 적하(積荷)에 위험이 발생한 경우 선장이 그 위험을 면하기 위해서 선박 또는 적하에 대한 처분을 하여 생긴 손해나 비용을 의미합니다(상법 865조). 공동해손의 법률관계의 성질은 부당이득으로 봅니다. 본조 5호는 제51조에 대한 특별규정에 해당합니다.

### 보충설명

먼저 편의치적(便宜置籍)에 대하여 봅니다.

편의치적이란 일정한 편의(便宜)를 위하여 선박의 국적(籍)을 선박 소유자의 국적이 있는 국가가 아닌 다른 국가에 두는(置) 것을 말합니다. 주로 파나마, 라이베리아, 마샬군도 등에 편의치적을 두는 경우가 많은데, 이들이 유명한 조세회피처임을 생각하면 어떠한 편의를 얻고자 하는지가 명백해집니다.

예를 들어서 선박 소유자의 국적, 선장과 대부분의 선원의 국적이 대한민국이고, 선박 운영회사의 주된 영업소가 대한민국에 있으며, 선박의 항해지와 근거지 모두 대한민국인 경우에도 선적은 파나마에 둘 수 있습니다. 이 경우, 제8조가 적용되어 선적국법이 아닌 대한민국 법이 준거법으로 지정될 수 있습니다.

다음으로 용선(用船)에 대하여 봅니다.

타인 소유의 선박을 빌려 쓰기 위해 체결하는 계약을 용선계약이라고 합니다. 용선

계약은 선주와 용선자 사이에 체결되는데, 선주는 선박소유자와 선박임차인을 통칭합
니다. 용선계약에는 선박임대차계약(선체용선계약, 상법 제847조), 정기용선계약(상법
제842조), 항해용선계약(상법 제827조) 등이 있습니다.

정기용선계약은 선원과 항해장비를 갖춘 선박을 일정기간 동안 용선자가 사용하고
그 기간에 따른 용선료를 지급하기로 하는 계약입니다. 이 경우 선박의 점유, 선장·
해원에 대한 임면권, 선박에 대한 지배관리권이 모두 선주에게 있습니다. (항해용선계
약은 일정한 항해를 위해 선박을 사용하게 할 것을 약정하는 것)

이와는 달리 선박임대차계약(선체용선계약)은 선박 자체의 이용만을 그 내용으로
하고, 용선자 스스로 선장·해원의 임면권을 가지고 인도받은 선박에 대한 지배관리권
을 가지고 운항하는 것을 의미합니다. 선주가 선장·해원을 공급하는 경우에도 용선자
가 그들에 대한 지배관리권을 가집니다(채이식, 「상법강의(하)」 2003, 637면; 김인현
「해상법」 2007, 36면).

### 연관조문

본조 각호와 관련된 이해관계자들의 준거법 지정에 대한 예측가능성을 높이기 위해
반정이 배제됩니다(제22조 제2항 5호).

부당이득의 준거법은 제51조에 규정되어 있습니다.

### 기출표시

**9회** 설문2의 가

### 제95조(선박충돌)

① 개항(開港)·하천 또는 영해에서의 선박충돌에 관한 책임은 그 충돌지법에 따른다.
② 공해에서의 선박충돌에 관한 책임은 각 선박이 동일한 선적국에 속하는 경우에는 그 선
적국법에 따르고, 각 선박이 선적국을 달리하는 경우에는 가해선박의 선적국법에 따른다.

### 조문해설

선박충돌의 법적 성질은 가해자와 피해자가 있는 불법행위에 해당합니다. 그렇지만
제52조를 따르지 않고 본조를 따릅니다. 본조는 제52조에 대하여 특별규칙에 해당합
니다.

### 연관조문

불법행위의 준거법은 제52조에 규정되어 있습니다.

**기출표시**

9회 설문3

## 제96조(해난구조)

해난구조로 인한 보수청구권은 그 구조행위가 영해에서 있는 경우에는 행위지법에 따르고, 공해에서 있는 때에는 구조한 선박의 선적국법에 따른다.

**조문해설**

해난구조(海難救助)는 항해선이나 그 적하 기타 물건이 어떠한 수면에서 위난에 조우한 경우에 그것을 의무없이 구조하는 것을 의미합니다. 따라서 해양사고구조는 사무관리의 성질을 갖습니다. 그러나 제50조에 의하지 않고 본조에 의합니다. 본조는 제50조에 대하여 특별규정에 해당합니다.

**연관조문**

사무관리의 준거법은 제50조에 규정되어 있습니다.

**기출표시**

9회 설문3

## 부칙 〈제18670호, 2022.1.4.〉

**제1조(시행일)** 이 법은 공포 후 6개월이 경과한 날부터 시행한다.

**제2조(계속 중인 사건의 관할에 관한 경과조치)** 이 법 시행 당시 법원에 계속 중인 사건의 관할에 대해서는 종전의 규정에 따른다.

**제3조(준거법 적용에 관한 경과조치)** 이 법 시행 전에 생긴 사항에 적용되는 준거법에 대해서는 종전의 규정에 따른다. 다만, 이 법 시행 전후에 계속(繼續)되는 법률관계에 대해서는 이 법 시행 이후의 법률관계에 대해서만 이 법의 규정을 적용한다.

# 국제물품매매계약에 관한 국제연합협약

## 1. 협약의 개요

우리 민법은 채무불이행을 이행지체, 이행불능과 채권자지체라는 유형으로 규정하는 데 비하여, 협약은 이를 계약위반의 문제로서 일원적으로 해결한다. 협약은 다만 본질적 계약위반과 그 밖의 계약위반을 구별하여 양자의 효과에 차별을 둔다. 협약은 계약위반이 요건으로 고의·과실의 존재를 요구하지 않는 무과실 책임주의를 취한다. 매수인은 매도인의 의무불이행이 있으면 협약 제46조에서 제52조에서 정한 권리를 행사할 수 있고 제74조에서 제77조에서 정한 손해배상을 청구할 수 있다. 협약 제61조에서 제65조는 매수인이 계약을 위반한 경우 매도인이 가지는 구제수단을 규정한다. 손해배상 역시 청구할 수 있다. 손해배상은 불가항력(제79조)인 경우 면책될 수 있다.

## 2. 협약의 문제해결 구조

| | |
|---|---|
| **협약 적용여부 판단** | – 직접적용 여부: 1조 1항 가호, 3가지 요건<br>– 간접적용 여부: 1조 1항 나호, 5가지 요건<br>– 물품매매계약 해당 여부: 2조, 3조<br>– 협약 배제 여부: 6조, 95조 |
| **계약 성립여부 판단** | – 청약 성립: 14~17조<br>– 승낙 성립: 18~22조<br>– 계약 성립: 23조 |
| **계약 위반여부 판단** | – 매도인의 위반: 2장 1절, 2절<br>– 매수인의 위반: 3장 1절, 2절<br>– 본질적 계약 위반: 25조<br>– 계약 일부 위반: 51조, 73조 |
| **구제수단 검토** | – 매수인의 구제수단: 2장 3절<br>– 매도인의 구제수단: 3장 3절<br>– 손해배상은 위 구제수단과 별도 |
| **위험이전 검토** | – 위험이전의 시점: 67조~69조<br>– 위험이전 후 멸실 · 훼손: 66조 단서(채무불이행+불법행위)<br>– 위험이전 후 부적합: 36조 2항 1문(채무불이행) |
| **손해배상 검토** | – 손해배상: 74조~76조<br>– 경감: 77조<br>– 면책: 79조 |
| **반환의무 및<br>보관의무 검토** | – 반환의무: 82조, 해제의사표시 시 멸실 · 훼손 없어야 함<br>– 보관의무: 86조, 해제의사표시 후 멸실 · 훼손 있는 경우 보관의무 위반 |
| **최종규정 검토** | – 협약의 간접적용 배제: 95조<br>– 비서면주의 배제: 96조<br>– 발효일 기준 협약 적용 여부: 100조 |

# 3. 조문 해설

## 국제물품매매계약에 관한 국제연합협약

United Nations Convention on Contract for the International Sale of Goods

[발효일 1988. 1. 1.] [다자조약, 제1711호, 2005. 2. 28.]

**조문해설**

'국제물품매매계약에 관한 국제연합협약'은 줄여서 'CISG' 혹은 '협약'이라고 칭합니다. 이하에서는 '협약'이라 합니다.

이하 조문 번호 우측의 괄호 안의 조문 제목은 원래의 협약 문언에는 없습니다. 학생들의 이해를 돕기 위하여 추가하였습니다.

## 제1편  적용범위와 총칙

## 제1장  적용범위

### 제1조(적용의 기본원칙)

(1) 이 협약은 다음의 경우에, 영업소가 서로 다른 국가에 있는 당사자간의 물품매매계약에 적용된다.

　(가) 해당 국가가 모두 체약국인 경우, 또는

　(나) 국제사법 규칙에 의하여 체약국법이 적용되는 경우

(2) 당사자가 서로 다른 국가에 영업소를 가지고 있다는 사실은, 계약으로부터 또는 계약체결 전이나 그 체결시에 당사자간의 거래나 당사자에 의하여 밝혀진 정보로부터 드러나지 아니하는 경우에는 고려되지 아니한다.

(3) 당사자의 국적 또는 당사자나 계약의 민사적·상사적 성격은 이 협약의 적용 여부를 결정하는 데에 고려되지 아니한다.

**조문해설**

제1조는 협약이 적용되기 위한 요건을 제시하고 있습니다. 협약은 직접적용되는 경우와 간접적용되는 경우로 나뉩니다. 각 경우에 대한 요건은 다음과 같습니다.

　1. 공통요건

　① 인식 가능한 국제성을 가진 물품매매계약일 것

　② 협약 제6조의 배제합의가 없을 것

2. 직접적용 요건

③ 양당사자의 영업소가 모두 체약국에 있을 것

3. 간접적용 요건

③ 양당사자 중 적어도 일방의 영업소가 비체약국에 있을 것

④ 법정지의 국제사법에 의해 체약국의 법이 준거법으로 지정될 것

⑤ 위의 체약국이 제95조의 유보선언을 하지 않았을 것

여기에서 '간접적용'된다고 함은, 법정지의 국제사법 규정을 거쳐 간접적으로 적용된다는 뜻입니다.

**보충설명**

국제물품매매계약의 법률관계를 규율하기 위하여 협약이 제정되었습니다. 계약의 양당사자의 영업소가 모두 체약국에 위치한 경우에는 양당사자가 협약 제6조에 따라서 협약을 적용하지 않기로 합의하지 않는 한, 협약이 직접적·자동적으로 적용됩니다.

당사자 중 일방 혹은 양방 모두의 영업소가 체약국에 위치하지 않는 경우에 협약은 바로 적용될 수 없고, 이 경우에는 법정지의 국제사법 규정에 따라 지정된 계약의 준거법이 적용되어야 하고, 이때 지정된 준거법의 소속국이 협약의 체약국인 경우, 그 체약국이 협약 제95조에 의한 유보선언을 하지 않은 한, 협약이 간접적용될 수 있습니다.

양당사자가 협약을 적용하기로 합의한 경우에는 요건 충족여부와 상관없이 당연히 협약이 적용됩니다.

**연관조문**

협약 제1조 제1항 (나)호의 '국제사법 규칙'은 법정지가 한국일 경우 국제사법 제25조와 제26조를 가리킵니다.

협약의 적용을 배제하는 협약 제6조, 협약 제1조 제1항 (나)호를 배제하는 협약 제95조도 함께 검토하여야 합니다.

**기출표시**

| 직접적용: | 1회 | 2회 | 3회 | 4회 | 5회 | 7회 | 10회 | 11회 |
| --- | --- | --- | --- | --- | --- | --- | --- | --- |
| 간접적용: | 6회 | 7회 | 8회 | 9회 | 13회 | 14회 | | |

**제2조(적용의 제한 및 배제)**

이 협약은 다음의 매매에는 적용되지 아니한다.

(가) 개인용·가족용 또는 가정용으로 구입된 물품의 매매

다만, 매도인이 계약체결 전이나 그 체결시에 물품이 그와 같은 용도로 구입된 사실을 알

지 못하였고, 알았어야 했던 것도 아닌 경우에는 그러하지 아니하다.

(나) 경매에 의한 매매

(다) 강제집행 그 밖의 법령에 의한 매매

(라) 주식, 지분, 투자증권, 유통증권 또는 통화의 매매

(마) 선박, 소선(小船), 부선(浮船), 또는 항공기의 매매

(바) 전기의 매매

### 조문해설

　(가)목은 매수인 입장에서 판단해야 하고, 단서에 해당하는 경우 협약이 적용됩니다.

　(나)목의 경매는 사경매를 의미하며, 이 경우 계약체결직전까지 당사자가 확정되지 않으므로 협약이 적용되지 않습니다.

　(다)목의 경우 강제집행 등은 당사자간의 협의 혹은 계약에 의하지 않기 때문에 협약이 적용되지 않습니다.

　(라)목의 경우, 선하증권 혹은 창고증권 등은 물품에 준하므로 협약이 적용됨에 주의해야 합니다.

　(마)목의 경우에는 국가별로 별도의 등록제도가 갖춰져 있기 때문에 협약이 적용되지 않습니다.

　(바)목의 경우 전기의 매매는 국가별 특별법으로 규율하기 때문에 협약이 적용되지 않습니다. 이와는 달리 원유, 가스, 우라늄 등 에너지 자원의 매매에는 협약이 적용됨에 주의해야 합니다(법무부, 「국제물품매계약에 관한 유엔협약해설」 2005, 13면).

### 기출표시

14회

## 제3조(동전; 주문생산계약 및 혼합계약)

(1) 물품을 제조 또는 생산하여 공급하는 계약은 이를 매매로 본다. 다만, 물품을 주문한 당사자가 그 제조 또는 생산에 필요한 재료의 중요한 부분을 공급하는 경우에는 그러하지 아니하다.

(2) 이 협약은 물품을 공급하는 당사자의 의무의 주된 부분이 노무 그 밖의 서비스의 공급에 있는 계약에는 적용되지 아니한다.

### 조문해설

　제1항은 제조·생산 및 공급계약의 경우에 적용되고, '중요한 부분'에 해당하는지 여부는 통상적으로 15%(전체 재료의 가액 중 매수인이 공급한 재료의 가액비율)를 기

준으로 판단합니다.

제2항은 물품공급 계약과 노무·서비스공급 계약이 혼합된 이른바 혼합계약의 경우에 적용되고, '주된 부분'에 해당하는지 여부는 통상적으로 50%(노무 또는 서비스의 가액이 물품의 가액과 같거나 초과하는 경우를 의미)를 기준으로 판단합니다. 그리고 혼합계약이 물품공급 계약과 노무·서비스공급 계약으로 분리 가능한 경우(당사자의 의사)에는 물품공급 계약에 대해서는 협약이 적용됩니다(석광현, 「국제물품매매계약의 법리」 2010, 46-48면).

### 기출표시

| 5회 ‖ 6회 |

### 제4조(동전; 계약의 유효성, 소유권의 이전)

이 협약은 매매계약의 성립 및 그 계약으로부터 발생하는 매도인과 매수인의 권리의무만을 규율한다. 이 협약에 별도의 명시규정이 있는 경우를 제외하고, 이 협약은 특히 다음과 관련이 없다.

(가) 계약이나 그 조항 또는 관행의 유효성

(나) 매매된 물품의 소유권에 관하여 계약이 미치는 효력

#### 조문해설

협약은 매매계약의 성립 여부와 매매계약상의 채권관계, 즉 양당사자간의 권리의무만을 규율합니다. 따라서 계약이 실질적으로 유효한지 여부(의사표시의 하자 등) 혹은 계약이 목적물의 소유권에 미치는 영향(의사주의, 형식주의) 등은 협약의 규율대상이 아닙니다.

### 제5조(동전; 제조물 책임)

이 협약은 물품으로 인하여 발생한 사람의 사망 또는 상해에 대한 매도인의 책임에는 적용되지 아니한다.

#### 조문해설

제조물 책임에 대해서는 국가별로 별도의 상이한 법령을 가지고 있기 때문에 협약이 적용되지 않습니다. 단, 인적 손해에 대한 책임에 대해서만 적용이 배제될 뿐, 물적 손해에 대해서는 협약의 적용이 배제되지 않습니다.

## 제6조(동전; 당사자의 협의에 의한 배제 및 제한)

당사자는 이 협약의 적용을 배제할 수 있고, 제12조에 따를 것을 조건으로 하여 이 협약의 어떠한 규정에 대하여도 그 적용을 배제하거나 효과를 변경할 수 있다.

### 조문해설

당사자간의 합의에 의해서 협약의 적용을 전부 배제할 수 있습니다. 또한 협약을 적용하면서 일부 규정만을 배제하거나 그 효과를 변경하는 것도 가능합니다. 다만, 이 경우에 제12조는 절대 배제할 수 없습니다.

### 연관조문

협약 제11조는 계약 방식의 자유, 즉 비요식성을 규정하고 있어, 협약은 방식자유를 원칙으로 하고 있습니다.

협약 제12조는 방식자유원칙을 배제할 수 있도록 하는 예외를 규정하고 있습니다.

### 기출표시

14회

# 제 2 장 총 칙

## 제7조(협약의 해석원칙)

(1) 이 협약의 해석에는 그 국제적 성격 및 적용상의 통일과 국제거래상의 신의 준수를 증진할 필요성을 고려하여야 한다.

(2) 이 협약에 의하여 규율되는 사항으로서 협약에서 명시적으로 해결되지 아니하는 문제는, 이 협약이 기초하고 있는 일반원칙, 그 원칙이 없는 경우에는 국제사법 규칙에 의하여 적용되는 법에 따라 해결되어야 한다.

### 조문해설

제1항은 협약의 해석원칙으로, 국내법에 대한 고려없이 국제적 성격만을 독자적으로 고려해야 하고, 적용상의 통일을 위해 다른 체약국의 판례도 참조해야 하며, 신의칙 역시 해석의 주요한 원칙임을 표명하고 있습니다.

제2항은 일반원칙으로 신의칙, 계약유지의 원칙, 관행존중, 신뢰보호 등을 의미합니다.

**기출표시**

8회

## 제8조(계약의 해석방법 및 구두증거 배제의 원칙)

(1) 이 협약의 적용상, 당사자의 진술 그 밖의 행위는 상대방이 그 당사자의 의도를 알았거나 모를 수 없었던 경우에는 그 의도에 따라 해석되어야 한다.

(2) 제1항이 적용되지 아니하는 경우에 당사자의 진술 그 밖의 행위는, 상대방과 동일한 부류의 합리적인 사람이 동일한 상황에서 이해하였을 바에 따라 해석되어야 한다.

(3) 당사자의 의도 또는 합리적인 사람이 이해하였을 바를 결정함에 있어서는 교섭, 당사자간에 확립된 관례, 관행 및 당사자의 후속 행위를 포함하여 관련된 모든 사항을 적절히 고려하여야 한다.

### 조문해설

제1항의 '의도'는 당사자의 주관적 의사를 의미합니다. 따라서 당사자의 주관적 의도를 상대방이 알았거나 모를 수 없는 경우에는 그 주관적 의사가 첫 번째 계약 해석의 원칙임을 규정합니다.

제2항은 당사자의 주관적 의사를 상대방이 몰랐거나 알 수 없었던 경우에는 객관적 해석이 이루어져야 함을 규정합니다.

제3항은 구두증거배제의 원칙을 적용하지 않음을 표명하고 있습니다.

### 보충설명

구두증거 배제의 원칙(parol evidence rule)이란 계약당사자가 그들의 합의의 종국적이고 완전한 표현으로서 서면으로 계약을 체결한 경우, 계약의 내용은 그것으로 완결되고, 그 체결에 앞선 교섭과정에서 또는 동시에 행해진 합의는 구두이든 서면이든 고려될 수 없다는 원칙이다.

협약 제8조의 제3항은 이를 배제함으로써, 계약 성립 이전의 당사자간의 교섭, 관례뿐만 아니라 후속행위까지 모두 고려할 수 있도록 정하고 있습니다.

## 제9조(관행 및 관례의 적용)

(1) 당사자는 합의한 관행과 당사자간에 확립된 관례에 구속된다.

(2) 별도의 합의가 없는 한, 당사자가 알았거나 알 수 있었던 관행으로서 국제거래에서 당해 거래와 동종의 계약을 하는 사람에게 널리 알려져 있고 통상적으로 준수되고 있는 관행은 당사자의 계약 또는 그 성립에 묵시적으로 적용되는 것으로 본다.

### 조문해설

　제1항의 '합의한 관행'과 '확립된 관례'는 협약보다 우선하여 적용됩니다.

　'관행'이란 관련된 거래자들에 의해 일반적으로 준수되는 거래행태를 의미하며, '관례'는 일반적이지는 않지만 당사자들 간에 준수되는 거래행태를 의미합니다.

　제2항은 이른바 규범적 관행에 대한 것으로, '당사자가 알았거나 알 수 있었'고(주관적 요건) '널리 알려져 있고 통상적으로 준수되고 있'었던(객관적 요건) 관행 역시 '묵시적'으로 합의된 것으로 보아 협약보다 우선하여 적용됨을 규정합니다(법무부, 35면). 제1항과 제2항의 충돌시 제1항이 우선합니다.

## 제10조(복수의 영업소)

이 협약의 적용상,

(가) 당사자 일방이 둘 이상의 영업소를 가지고 있는 경우에는, 계약체결 전이나 그 체결시에 당사자 쌍방에 알려지거나 예기된 상황을 고려하여 계약 및 그 이행과 가장 밀접한 관련이 있는 곳이 영업소로 된다.

(나) 당사자 일방이 영업소를 가지고 있지 아니한 경우에는 그의 상거소를 영업소로 본다.

### 조문해설

　'영업소'라 함은, 계약의 체결 및 그 이행이 일반적으로 가능한 곳을 의미합니다.

### 기출표시

　14회

## 제11조(계약 방식의 자유, 비요식성)

매매계약은 서면에 의하여 체결되거나 입증될 필요가 없고, 방식에 관한 그 밖의 어떠한 요건도 요구되지 아니한다. 매매계약은 증인을 포함하여 어떠한 방법에 의하여도 입증될 수 있다.

### 조문해설

　협약의 기본원칙은 방식자유원칙입니다.

### 연관조문

　제96조는 서면주의의 입장을 가진 체약국이 협약의 방식자유 원칙을 배제할 수 있도록 하는 예외를 규정하고 있습니다.

제29조는 계약의 변경이나 해제를 서면에 의하지 않고, 합의만으로 할 수 있도록 정하고 있습니다.

## 제12조(비요식성 배제 인정, 강행규정)

매매계약, 합의에 의한 매매계약의 변경이나 종료, 청약·승낙 그 밖의 의사표시를 서면 이외의 방법으로 할 수 있도록 허용하는 이 협약 제11조, 제29조 또는 제2편은 당사자가 이 협약 제96조에 따라 유보선언을 한 체약국에 영업소를 가지고 있는 경우에는 적용되지 아니한다. 당사자는 이 조를 배제하거나 그 효과를 변경할 수 없다.

### 조문해설

계약의 당사자 중 일방 혹은 쌍방이 협약 제96조에 따라 유보선언을 한 체약국에 영업소를 둔 경우 방식자유원칙을 표방하는 협약의 제11조, 제29조, 제2편은 적용되지 않습니다. 다만, 이 경우 바로 서면주의가 적용되는 것이 아님에 주의해야 합니다. 법정지의 국제사법에 의해 지정되는 방식의 준거법에 따르게 됩니다(석광현, 82면).

### 연관조문

제96조

### 기출표시

5회

## 제13조(서면의 범위)

이 협약의 적용상 『서면』에는 전보와 텔렉스가 포함된다.

### 조문해설

예시적인 것이고 팩스, EDI 등도 포함합니다.

# 제 2 편   계약의 성립

## 제14조(청약의 요건)

(1) 1인 또는 그 이상의 특정인에 대한 계약체결의 제안은 충분히 확정적이고, 승낙시 그에 구속된다는 청약자의 의사가 표시되어 있는 경우에 청약이 된다. 제안이 물품을 표시하고, 명시적 또는 묵시적으로 수량과 대금을 지정하거나 그 결정을 위한 조항을 두고 있는 경우에, 그 제안은 충분히 확정적인 것으로 한다.

(2) 불특정 다수인에 대한 제안은 제안자가 반대 의사를 명확히 표시하지 아니하는 한, 단지 청약의 유인으로 본다.

**조문해설**

제1항의 1문은 세 가지의 청약의 성립요건을 정하고 있습니다.

① 특정인에 대한 것일 것, ② 제안이 확정적일 것, ③ 구속의 의사표시 있을 것

2문은 제안이 확정적인지를 판단하는 요건 세 가지를 정하고 있습니다.

① 물품, ② 수량, ③ 대금이 정해지거나 결정하기 위한 조항이 있어야 합니다.

**기출표시**

13회

## 제15조(청약의 효력발생 및 회수)

(1) 청약은 상대방에게 도달한 때에 효력이 발생한다.
(2) 청약은 철회될 수 없는 것이더라도, 회수의 의사표시가 청약의 도달 전 또는 그와 동시에 상대방에게 도달하는 경우에는 회수될 수 있다.

**조문해설**

제1항은 청약의 도달주의를 규정하고 있습니다.

제2항은 청약의 회수가 청약보다 먼저, 적어도 청약과 동시에 상대방에게 도달해야 효력이 있음을 정합니다.

**연관조문**

제2항의 청약이 '철회될 수 없는' 경우는 제16조 제2항에 정하고 있습니다.

**기출표시**

13회

## 제16조(청약의 철회 및 구속)

(1) 청약은 계약이 체결되기까지는 철회될 수 있다. 다만, 상대방이 승낙의 통지를 발송하기 전에 철회의 의사표시가 상대방에게 도달되어야 한다.
(2) 그러나 다음의 경우에는 청약은 철회될 수 없다.

(가) 승낙기간의 지정 그 밖의 방법으로 청약이 철회될 수 없음이 청약에 표시되어 있

는 경우, 또는

(나) 상대방이 청약이 철회될 수 없음을 신뢰하는 것이 합리적이고, 상대방이 그 청약을 신뢰하여 행동한 경우

### 조문해설

청약이 상대방에게 도달한 후에는 제15조의 회수는 불가능하고 철회만 가능합니다. 청약의 철회는 청약 도달 후, 상대방의 승낙 발송 전, 또한 계약 체결 전(제18조 제3항)까지 가능합니다.

제2항은 청약이 철회될 수 없는 경우를 정하고 있습니다.

### 기출표시

8회

## 제17조(청약의 거절)

청약은 철회될 수 없는 것이더라도, 거절의 의사표시가 청약자에게 도달한 때에는 효력을 상실한다.

### 조문해설

거절한 상대방은 다시 승낙할 수 없음에 주의해야 합니다.

### 연관조문

청약이 '철회될 수 없는' 경우는 제16조 제2항에 정하고 있습니다.

## 제18조(승낙의 의의 및 효력발생)

(1) 청약에 대한 동의를 표시하는 상대방의 진술 그 밖의 행위는 승낙이 된다. 침묵 또는 부작위는 그 자체만으로 승낙이 되지 아니한다.

(2) 청약에 대한 승낙은 동의의 의사표시가 청약자에게 도달하는 시점에 효력이 발생한다. 동의의 의사표시가 청약자가 지정한 기간 내에, 기간의 지정이 없는 경우에는 청약자가 사용한 통신수단의 신속성 등 거래의 상황을 적절히 고려하여 합리적인 기간 내에 도달하지 아니하는 때에는, 승낙은 효력이 발생하지 아니한다. 구두의 청약은 특별한 사정이 없는 한 즉시 승낙되어야 한다.

(3) 청약에 의하여 또는 당사자간에 확립된 관례나 관행의 결과로 상대방이 청약자에 대한 통지없이, 물품의 발송이나 대금지급과 같은 행위를 함으로써 동의를 표시할 수 있는 경우에는, 승낙은 그 행위가 이루어진 시점에 효력이 발생한다. 다만, 그 행위는 제2항

에서 정한 기간 내에 이루어져야 한다.

**┃ 조문해설 ┃**

　제2항은 승낙에도 도달주의 원칙이 적용됨을 규정합니다. 다만, 구두 청약은 즉시 승낙해야 합니다.

　제3항에 따라, 행위에 의한 승낙은 성질상 도달주의의 원칙이 적용되지 않고 행위 즉시 성립함에 주의해야 합니다.

**기출표시**

9회 ‖ 10회 ‖ 11회 ‖ 13회

### 제19조(변경을 가한 승낙)

(1) 승낙을 의도하고 있으나, 부가, 제한 그 밖의 변경을 포함하는 청약에 대한 응답은 청약에 대한 거절이면서 또한 새로운 청약이 된다.

(2) 승낙을 의도하고 있고, 청약의 조건을 실질적으로 변경하지 아니하는 부가적 조건 또는 상이한 조건을 포함하는 청약에 대한 응답은 승낙이 된다. 다만, 청약자가 부당한 지체 없이 그 상위(相違)에 구두로 이의를 제기하거나 그러한 취지의 통지를 발송하는 경우에는 그러하지 아니하다. 청약자가 이의를 제기하지 아니하는 경우에는 승낙에 포함된 변경이 가하여진 청약 조건이 계약 조건이 된다.

(3) 특히 대금, 대금지급, 물품의 품질과 수량, 인도의 장소와 시기, 당사자 일방의 상대방에 대한 책임범위 또는 분쟁해결에 관한 부가적 조건 또는 상이한 조건은 청약 조건을 실질적으로 변경하는 것으로 본다.

**┃ 조문해설 ┃**

　청약을 그대로 승낙하지 않고 부가, 제한, 변경을 가한 승낙을 하는 경우, 이는 승낙이 아닌 거절인 동시에 새로운 청약으로 보는 것이 원칙입니다(제1항). 다만 그러한 부가, 제한, 변경이 청약의 조건을 실질적으로 변경시키는 것이 아닌 경우에는 이를 승낙으로 보고, 승낙의 내용이 계약의 내용이 됩니다(제2항). 다만 변경을 가한 승낙이 승낙이 되기 위한 요건을 제2항 2문과 제3항에 정하고 있습니다.

　① 청약자의 이의가 없을 것(제2항 2문)

　② 대금, 대금지급, 물품의 품질과 수량, 인도의 장소와 시기, 책임범위 또는 분쟁해결에 관한 부가, 제한, 변경이 아닐 것(제3항 반대해석)

**보충설명**

경상의 원칙(혹은 Mirror image rule)은 영미법상 계약법의 원칙 중 하나로, 상대방의 승낙이 청약의 내용과 완전히 같아야만 승낙으로써 유효하다는 것을 의미합니다.

**기출표시**

4회 ‖ 9회 ‖ 10회 ‖ 11회 ‖ 13회

### 제20조(승낙기간의 산정)

(1) 청약자가 전보 또는 서신에서 지정한 승낙기간은 전보가 발송을 위하여 교부된 시점 또는 서신에 표시되어 있는 일자, 서신에 일자가 표시되지 아니한 경우에는 봉투에 표시된 일자로부터 기산한다. 청약자가 전화, 텔렉스 그 밖의 동시적(同時的) 통신수단에 의하여 지정한 승낙기간은 청약이 상대방에게 도달한 시점으로부터 기산한다.

(2) 승낙기간중의 공휴일 또는 비영업일은 기간의 계산에 산입한다. 다만, 기간의 말일이 청약자의 영업소 소재지의 공휴일 또는 비영업일에 해당하여 승낙의 통지가 기간의 말일에 청약자에게 도달될 수 없는 경우에는, 기간은 그 다음의 최초 영업일까지 연장된다.

### 제21조(연착된 승낙)

(1) 연착된 승낙은 청약자가 상대방에게 지체 없이 승낙으로서 효력을 가진다는 취지를 구두로 통고하거나 그러한 취지의 통지를 발송하는 경우에는 승낙으로서의 효력이 있다.

(2) 연착된 승낙이 포함된 서신 그 밖의 서면에 의하여, 전달이 정상적이었다면 기간 내에 청약자에게 도달되었을 상황에서 승낙이 발송되었다고 인정되는 경우에는, 그 연착된 승낙은 승낙으로서의 효력이 있다. 다만, 청약자가 상대방에게 지체 없이 청약이 실효되었다는 취지를 구두로 통고하거나 그러한 취지의 통지를 발송하는 경우에는 그러하지 아니하다.

**조문해설**

도달주의 원칙상 연착된 승낙은 승낙으로서 효력이 없는 것이 원칙입니다(제18항 제2항 2문). 제21조는 그에 대한 예외를 규정합니다.

승낙이 연착되었지만 청약자가 이를 승낙으로 인정한다는 통고 혹은 통지를 하는 경우 승낙으로서 효력이 있고(제1항), 승낙이 연착되었지만 특별한 사정이 없었다면 기간 내에 도착했을 것으로 인정되는 경우에도 승낙으로서 효력이 있으나, 청약자는 청약의 실효를 통고 또는 통지할 수 있습니다(제2항).

이 경우 승낙의 효력은 연착된 승낙의 도달시점에 발생함에 주의해야 합니다.

결국 승낙이 연착된 경우, 그 연착에 특별한 사정이 있는지 없는지를 불문하고 승낙의 효력발생 여부는 청약자의 선택에 달려있다고 볼 수 있습니다.

### 연관조문

제18항 제2항 2문

## 제22조(승낙의 회수)

승낙은 그 효력이 발생하기 전 또는 그와 동시에 회수의 의사표시가 청약자에게 도달하는 경우에는 회수될 수 있다.

### 연관조문

제15조 제2항, 청약의 회수와 비교해서 보면 좋습니다.

## 제23조(계약의 성립)

계약은 청약에 대한 승낙이 이 협약에 따라 효력을 발생하는 시점에 성립된다.

### 조문해설

'승낙이 이 협약에 따라 효력을 발생하는 시점'은 다음의 네 가지로 정하고 있습니다.
① 제18조 제2항 1문, 승낙의 도달시점
② 제18조 제2항 3문, 구두청약에 대한 즉시승낙 시점
③ 제18조 제3항, 행위시점
④ 제21조, 연착된 승낙의 도달시점

## 제24조(도달의 의미)

이 협약 제2편의 적용상, 청약, 승낙 그 밖의 의사표시는 상대방에게 구두로 통고된 때 또는 그 밖의 방법으로 상대방 본인, 상대방의 영업소나 우편주소에 전달된 때, 상대방이 영업소나 우편주소를 가지지 아니한 경우에는 그의 상거소에 전달된 때에 상대방에게 "도달"된다.

### 조문해설

상대방이 도달된 의사표시를 실제로 인식할 것을 요하지는 않음에 주의해야 합니다.

# 제3편 물품의 매매

## 제1장 총 칙

### 제25조(본질적 계약위반)

당사자 일방의 계약위반은, 그 계약에서 상대방이 기대할 수 있는 바를 실질적으로 박탈할 정도의 손실을 상대방에게 주는 경우에 본질적인 것으로 한다. 다만, 위반 당사자가 그러한 결과를 예견하지 못하였고, 동일한 부류의 합리적인 사람도 동일한 상황에서 그러한 결과를 예견하지 못하였을 경우에는 그러하지 아니하다.

#### 조문해설

계약위반이 본질적인 것에 해당하기 위한 요건을 다음의 세 가지로 정하고 있습니다.
① 일방의 계약위반이 있을 것
② 상대방의 기대를 실질적으로 박탈할 정도의 손실에 이를 것
③ 위반당사자가 예견했거나 혹은 합리적인 사람이 그러한 결과를 예견할 수 있었을 것

이 경우, 예견가능성의 시점은 원칙적으로 계약체결시이고, 예견가능성의 대상은 계약위반 자체가 아니라 상대방 기대의 실질적 박탈이라는 계약위반의 결과임에 주의해야 합니다(법무부, 65면).

#### 연관조문

제49조

#### 기출표시

| 1회 || 2회 || 4회 || 5회 || 6회 || 8회 || 9회 || 12회 || |
| 13회 || 14회 | | | | | | | |

### 제26조(계약해제의 통지)

계약해제의 의사표시는 상대방에 대한 통지로 행하여진 경우에만 효력이 있다.

#### 기출표시

| 7회 |

## 제27조(의사표시의 전달위험, 발신주의)

이 협약 제3편에 별도의 명시규정이 있는 경우를 제외하고, 당사자가 이 협약 제3편에 따라 상황에 맞는 적절한 방법으로 통지, 청구 그 밖의 통신을 한 경우에, 당사자는 통신의 전달 중에 지연이나 오류가 있거나 또는 통신이 도달되지 아니하더라도 그 통신을 주장할 권리를 상실하지 아니한다.

### 조문해설

제27조는 원칙적으로 발신주의로 제3편 물품의 매매에 대하여만 적용됨에 주의해야 합니다. 다만, 제79조 제4항의 경우에 도달주의가 적용됩니다(제48조 제4항, 제63조 제2항, 제65조 제2항 등).

### 연관조문

제79조 제4항은 계약 불이행 당사자의 면책 통지에 대한 조항입니다.

## 제28조(특정이행 및 법계의 타협)

당사자 일방이 이 협약에 따라 상대방의 의무이행을 요구할 수 있는 경우에도, 법원은 이 협약이 적용되지 아니하는 유사한 매매계약에 관하여 자국법에 따라 특정이행을 명하는 판결을 하여야 하는 경우가 아닌 한, 특정이행을 명하는 판결을 할 의무가 없다.

### 조문해설

제28조는 다음과 같이 읽는 것이 이해하기 쉽습니다.

소송이 제기된 곳이 손해배상을 원칙으로 하는 국가의 법원은 특정 의무이행을 명하는 판결을 할 의무가 없다. 다만, 법원은 이 협약이 적용되지 아니하는 유사한 매매계약에 관하여 자국법에 따라 특정의무이행을 명하는 판결을 하어야 하는 경우에는 특정의무이행을 명하는 판결을 하여야 한다.

### 보충설명

계약 위반이 있는 경우 영미법계와 대륙법계의 대응방식은 상이합니다. 영미법계는 손해배상을 원칙으로 하지만, 대륙법계는 계약상의 의무이행을 원칙으로 합니다. 영미법계 국가와 대륙법계 국가가 공히 협약에 가입하고 있으므로, 협약은 위의 두 입장에 대한 일정한 타협이 필요합니다. 따라서 손해배상을 원칙으로 하는 국가의 법원은 반드시 의무이행 판결을 해야 하는 것은 아니라는 뜻을 위 조항에서 밝힌 것입니다.

### 연관조문

특정이행의무는 제30조(매도인의 의무)와 제53조(매수인의 의무)에 규정되어 있습니다.

특정이행청구권은 제46조 제1항(매수인의 특정이행청구권)과 제62조(매도인의 특정이행청구권)에 규정되어 있습니다.

### 제29조(합의에 의한 계약의 변경 및 해제)

(1) 계약은 당사자의 합의만으로 변경 또는 종료될 수 있다.
(2) 서면에 의한 계약에 합의에 의한 변경 또는 종료는 서면에 의하여야 한다는 규정이 있는 경우에, 다른 방법으로 합의 변경 또는 합의 종료될 수 없다. 다만, 당사자는 상대방이 자신의 행동을 신뢰한 한도까지는 그러한 규정을 원용할 수 없다.

#### 조문해설

계약의 변경 및 종료는 반드시 서면에 의하여야 한다는 조항이 계약서에 포함된 경우에는 합의에 의한 계약의 변경 및 종료는 서면으로써만 가능합니다. 이외의 경우에는, 당사자의 합의 외에는, 계약을 변경 혹은 종료하기 위해 다른 어떤 것도 필요하지 않습니다.

#### 보충설명

제29조를 제대로 이해하기 위해서는 영미법계의 Consideration(약인; 約因)이라는 개념을 알고 있어야 합니다. 대륙법계에서는 계약이 유효하게 성립하기 위해서는 당사자간의 의사표시의 합치만 있으면 충분합니다. 이와는 달리 영미법계에서는 의사표시의 합치뿐만 아니라 Consideration도 반드시 필요합니다. 이는 강제이행(Enforcement)을 가능하게 하기 위한 장치로써 그 의미가 있습니다. Consideration은 영미법계에 특유한 개념이므로, 대륙법계 국가들도 가입한 협약에서 이를 강제하기는 곤란합니다. 따라서 제29조는 의사표시의 합치만으로 계약의 변경 및 종료를 가능하도록 규정한 것입니다.

#### 기출표시

5회

## 제 2 장 매도인의 의무

### 제30조(매도인의 의무)

매도인은 계약과 이 협약에 따라 물품을 인도하고, 관련 서류를 교부하며 물품의 소유권을 이전하여야 한다.

　　매도인은 계약상 ① 물품인도 의무, ② 서류교부 의무, ③ 소유권이전 의무, 세 가지의 의무를 부담합니다.

　　매수인은 매도인에게 위의 의무이행을 청구할 권리를 가집니다.

　　제53조는 매수인의 계약상의 의무를 규정합니다.

　　제46조 제1항은 매수인의 이행청구권을, 제62조는 매도인의 이행청구권을 규정합니다.

　　제28조도 함께 보는 것이 좋습니다.

## 기출표시

12회 ∥ 13회

## 제1절 물품의 인도와 서류의 교부

### 제31조(물품 인도의무의 내용과 장소)

매도인이 물품을 다른 특정한 장소에서 인도할 의무가 없는 경우에, 매도인의 인도의무는 다음과 같다.

(가) 매매계약에 물품의 운송이 포함된 경우에는, 매수인에게 전달하기 위하여 물품을 제1 운송인에게 교부하는 것.

(나) (가)호에 해당되지 아니하는 경우로서 계약이 특정물에 관련되거나 또는 특정한 재고 품에서 인출되는 불특정물이나 제조 또는 생산되는 불특정물에 관련되어 있고, 당사자 쌍방이 계약 체결시에 그 물품이 특정한 장소에 있거나 그 장소에서 제조 또는 생산 되는 것을 알고 있었던 경우에는, 그 장소에서 물품을 매수인의 처분 하에 두는 것.

(다) 그 밖의 경우에는, 계약 체결시에 매도인이 영업소를 가지고 있던 장소에서 물품을 매 수인의 처분 하에 두는 것.

　　당사자간에 합의가 있다면 합의된 장소에서 물품을 인도하면 됩니다. 제31조 본문의 '다른 특정한 장소에서 인도할 의무가' 있는 경우가 바로 당사자간 합의가 있는 경우를 뜻합니다. 인도 장소에 대한 합의가 없는 경우에 제31조가 적용됩니다. (다)호에 따라 매도인의 영업소가 원칙적인 인도 장소입니다. 만약, 물품매매계약에 운송이 포함되어 있다면 (가)호에 따르고, 운송이 포함되어 있지 않은 경우에는 (나)호에 따르면 됩니다.

'교부'는 매수인이 아니라 운송인에게 교부함으로써 이루어집니다. 즉, 운송인에게 물품의 점유를 이전하는 것을 뜻합니다. 여기서 운송인이란 독립적으로 운송을 실행하는 자를 말합니다.

'처분하에 두는 것'이란 매수인이 물품을 점유할 수 있도록 매도인이 필요한 모든 행위를 하는 것을 의미합니다. 아직 점유가 이전되기 전 단계임에 주의해야 합니다.

연관조문

인도의 의무는 위험의 이전과 관계됩니다. 제67조, 제68조, 제69조와 함께 보아야 합니다.

## 제32조(물품인도에 수반하는 의무)

(1) (특정 의무) 매도인이 계약 또는 이 협약에 따라 물품을 운송인에게 교부한 경우에, 물품이 하인(荷印), 선적서류 그 밖의 방법에 의하여 그 계약의 목적물로서 명확히 특정되어 있지 아니한 때에는, 매도인은 매수인에게 물품을 특정하는 탁송통지를 하여야 한다.

(2) (운송주선 의무) 매도인이 물품의 운송을 주선하여야 하는 경우에, 매도인은 상황에 맞는 적절한 운송수단 및 그 운송에서의 통상의 조건으로, 지정된 장소까지 운송하는 데 필요한 계약을 체결하여야 한다.

(3) (부보정보제공 의무) 매도인이 물품의 운송에 관하여 부보(附保)할 의무가 없는 경우에도, 매도인은 매수인의 요구가 있으면 매수인이 부보하는 데 필요한 모든 가능한 정보를 매수인에게 제공하여야 한다.

연관조문

제1항의 특정 의무는 제67조 제2항, 제68조, 제69조와 관련되므로 함께 보아야 합니다.

## 제33조(물품인도의 시기)

매도인은 다음의 시기에 물품을 인도하여야 한다.

(가) 인도기일이 계약에 의하여 지정되어 있거나 확정될 수 있는 경우에는 그 기일

(나) 인도기간이 계약에 의하여 지정되어 있거나 확정될 수 있는 경우에는 그 기간 내의 어느 시기. 다만, 매수인이 기일을 선택하여야 할 사정이 있는 경우에는 그러하지 아니하다.

(다) 그 밖의 경우에는 계약 체결후 합리적인 기간 내.

## 제34조(서류교부 의무)

매도인이 물품에 관한 서류를 교부하여야 하는 경우에, 매도인은 계약에서 정한 시기, 장소 및 방식에 따라 이를 교부하여야 한다(서류교부 의무). 매도인이 교부하여야 할 시기 전에 서류를 교부한 경우에는, 매도인은 매수인에게 불합리한 불편 또는 비용을 초래하지 아니하는 한, 계약에서 정한 시기까지 서류상의 부적합을 치유할 수 있다(매도인의 서류 부적합 치유권). 다만, 매수인은 이 협약에서 정한 손해배상을 청구할 권리를 보유한다.

### 조문해설

매도인이 서류의 부적합 치유권을 행사하기 위해서는 두 가지 요건이 충족되어야 합니다. ① 서류를 교부해야 할 시기 전에 교부하였어야 하고, ② 매수인에게 불합리한 불편 또는 비용을 초래하지 아니하여야 합니다.

### 보충설명

부적합은 크게 보아 물품과 서류에 존재할 수 있습니다. 서류의 부적합 치유권은 제34조 2문에 규정되어 있고, 물품의 부적합 치유권은 제37조에 규정되어 있습니다. 이 경우의 물품과 서류의 부적합 치유권은 물품의 인도 혹은 서류의 교부가 정해진 시기 이전에 이루어진 경우를 규율합니다.

이와는 달리 물품과 서류의 인도 및 교부가 정해진 기일 이후에 이루어진 경우는 제48조 제1항에 함께 규정하고 있습니다.

### 연관조문

이행기 전 인도 및 교부시
- 물품 부적합 치유권: 제37조
- 서류 부적합 치유권: 제34조 2문

이행기 후 인도 및 교부시
- 물품 및 서류 부적합 치유권: 제48조 제1항

### 기출표시

12회

## 제2절 물품의 적합성과 제3자의 권리주장

## 제35조(물품의 적합성)

(1) 매도인은 계약에서 정한 수량, 품질 및 종류에 적합하고, 계약에서 정한 방법으로 용기에 담겨지거나 포장된 물품을 인도하여야 한다.

(2) 당사자가 달리 합의한 경우를 제외하고, 물품은 다음의 경우에 계약에 적합하지 아니한 것으로 한다.

  (가) 동종 물품의 통상 사용목적에 맞지 아니한 경우.

  (나) 계약 체결시 매도인에게 명시적 또는 묵시적으로 알려진 특별한 목적에 맞지 아니한 경우. 다만, 그 상황에서 매수인이 매도인의 기술과 판단을 신뢰하지 아니하였거나 또는 신뢰하는 것이 불합리하였다고 인정되는 경우에는 그러하지 아니하다.

  (다) 매도인이 견본 또는 모형으로 매수인에게 제시한 물품의 품질을 가지고 있지 아니한 경우.

  (라) 그러한 물품에 대하여 통상의 방법으로, 통상의 방법이 없는 경우에는 그 물품을 보존하고 보호하는 데 적절한 방법으로 용기에 담겨지거나 포장되어 있지 아니한 경우.

(3) 매수인이 계약 체결시에 물품의 부적합을 알았거나 또는 모를 수 없었던 경우에는, 매도인은 그 부적합에 대하여 제2항의 (가)호 내지 (라)호에 따른 책임을 지지 아니한다.

### 조문해설

매매의 목적이 되는 물품의 수량, 품질, 종류, 용기 및 포장 등에 대하여 당사자간 합의된 기준이 계약에 있는 경우 그 기준에 따라 적합한 물품을 인도하여야 합니다(제1항). 이 경우에 물품의 적합성이 충족되었다고 합니다.

물품이 계약에 적합한 것인지 달리 합의된 기준이 없는 경우는 제2항의 각호 기준에 따라 판단해야 합니다.

### 기출표시

| 4회 ‖ 9회 ‖ 10회 ‖ 11회 ‖ 13회 |

### 제36조(물품의 적합성 판단 시점)

(1) 매도인은 위험이 매수인에게 이전하는 때에 존재하는 물품의 부적합에 대하여, 그 부적합이 위험 이전 후에 판명된 경우라도, 계약과 이 협약에 따라 책임을 진다.

(2) 매도인은 제1항에서 정한 때보다 후에 발생한 부적합이라도 매도인의 의무위반에 기인하는 경우에는 그 부적합에 대하여 책임을 진다. 이 의무위반에는 물품이 일정 기간 통상의 목적이나 특별한 목적에 맞는 상태를 유지한다는 보증 또는 특정한 품질이나 특성을 유지한다는 보증에 위반한 경우도 포함된다.

### 조문해설

위험이 이전하기 이전에 존재하는 물품의 부적합은 매도인의 책임이고(제1항), 위험이 이전한 후에 발생한 물품의 부적합은 원칙적으로 매수인의 책임이고, 다만, 매도인의 계약상 의무 위반 혹은 보증 위반의 경우에만 매도인의 책임입니다(제2항). 즉, 물품의 적합성을 판단하는 시점은 위험이 이전하는 시점입니다.

[참고, 시험↓] 매수인이 물품의 수령시 계약부적합을 지적하거나 또는 제39조에 따라 부적합 통지를 한 경우에는 매도인이 계약적합성을 증명해야 하나, 반면에 매수인이 이의 없이 물품을 수령한 경우 매수인은 계약부적합의 존재를 증명하여야 한다.

### 연관조문

위험 이전에 대하여는 제66조 내지 제70조와 함께 보는 것이 좋습니다.

특히, 제2항의 '매도인의 의무위반에 기인하는 경우'는 제66조 단서와 함께 보아야 합니다.

### 기출표시

3회 ‖ 5회 ‖ 6회 ‖ 8회 ‖ 14회

### 제37조(인도기일전 인도시의 부적합 치유권)

매도인이 인도기일 전에 물품을 인도한 경우에는, 매수인에게 불합리한 불편 또는 비용을 초래하지 아니하는 한, 매도인은 그 기일까지 누락분을 인도하거나 부족한 수량을 보충하거나 부적합한 물품에 갈음하여 물품을 인도하거나 또는 물품의 부적합을 치유할 수 있다. 다만, 매수인은 이 협약에서 정한 손해배상을 청구할 권리를 보유한다.

### 조문해설

제34조의 해설과 설명을 참조하시기 바랍니다.

### 연관조문

이행기 전 인도 및 교부시
 - 물품 부적합 치유권: 제37조
 - 서류 부적합 치유권: 제34조 2문
이행기 후 인도 및 교부시
 - 물품 및 서류 부적합 치유권: 제48조

### 제38조(매수인의 물품검사 의무)

(1) 매수인은 그 상황에서 실행가능한 단기간 내에 물품을 검사하거나 검사하게 하여야 한다.

(2) 계약에 물품의 운송이 포함되는 경우에는, 검사는 물품이 목적지에 도착한 후까지 연기
될 수 있다.

(3) 매수인이 검사할 합리적인 기회를 가지지 못한 채 운송중에 물품의 목적지를 변경하거
나 물품을 전송(轉送)하고, 매도인이 계약 체결시에 그 변경 또는 전송의 가능성을 알
았거나 알 수 있었던 경우에는, 검사는 물품이 새로운 목적지에 도착한 후까지 연기될
수 있다.

### 조문해설

제38조의 검사는 물품의 적합성을 판단하기 위한 검사의무이고, 제58조 제3항의 검
사는 매수인의 대금지급의무 발생여부의 기준이 되는 피상적 검사권을 의미하므로 구
분하여 이해해야 합니다.

제38조와 제39조는 매수인의 검사 및 통지 의무로 함께 보는 것이 좋습니다.

제38조는 독자적인 의무가 아니라 제39조의 부적합 통지에 영향을 미칠 뿐입니다
(석광현, 149면). 즉 검사를 하지 않았더라도 부적합한 통지를 제대로 했다면 검사를
하지 않은 것은 문제가 되지 않습니다.

### 연관조문

제39조, 제58조 제3항

### 기출표시

13회

### 제39조(매수인의 부적합 통지 의무)

(1) 매수인이 물품의 부적합을 발견하였거나 발견할 수 있었던 때로부터 합리적인 기간 내
에 매도인에게 그 부적합한 성질을 특정하여 통지하지 아니한 경우에는, 매수인은 물품
의 부적합을 주장할 권리를 상실한다.

(2) 매수인은 물품이 매수인에게 현실로 교부된 날부터 늦어도 2년 내에 매도인에게 제1항
의 통지를 하지 아니한 경우에는, 물품의 부적합을 주장할 권리를 상실한다. 다만, 이
기간제한이 계약상의 보증기간과 양립하지 아니하는 경우에는 그러하지 아니하다.

### 조문해설

간접의무: 불이행의 경우에도 소 또는 강제집행에 의하여 실현당하거나 손해배상의
무를 부담하지 않는 의무. 제2항의 통지의무 이행기간은 제척기간으로 봅니다. 만약
계약상의 보증기간이 2년을 넘는 경우 이는 그 보증기간에 의합니다(법무부, 101면).

### 연관조문

제1항의 '물품의 부적합'은 제35조 및 제36조에 의해 판단합니다.

매수인의 제38조와 제39조의 의무 미이행을 매도인이 원용할 수 없는 경우는 제40조에서 규정합니다.

## 기출표시

1회 ‖ 3회 ‖ 6회 ‖ 8회 ‖ 9회 ‖ 13회

## 제40조(매도인의 제38조, 제39조 원용권 상실)

물품의 부적합이 매도인이 알았거나 모를 수 없었던 사실에 관한 것이고, 매도인이 매수인에게 이를 밝히지 아니한 경우에는, 매도인은 제38조와 제39조를 원용할 수 없다.

### 조문해설

물품의 부적합을 매도인이 ① 알았거나, ② 모를 수 없었거나 하는 경우에 매도인은 매수인의 제38조, 제39조의 검사 및 통지의무 해태를 원용할 수 없습니다.

### 연관조문

물품 자체의 부적합에 대한 매수인의 검사 및 통지의무는 제38조 및 제39조에 규정하고 있는 반면에, 물품에 대한 제3자의 권리주장이 있는 권리부적합에 대한 통지의무는 제43조 제1항에 규정되어 있습니다.

마찬가지로, 전자에 대한 매도인의 원용권 상실은 제40조에 규정하고 있는 반면에, 후자에 대한 매도인의 원용권 상실은 제43조 제2항에 규정하고 있습니다.

더 자세한 비교설명은 제43조에서 후술합니다.

## 제41조(지식재산권 이외의 제3자의 권리의 대상인 물품)

매수인이 제3자의 권리나 권리주장의 대상이 된 물품을 수령하는 데 동의한 경우를 제외하고, 매도인은 제3자의 권리나 권리주장의 대상이 아닌 물품을 인도하여야 한다. 다만, 그러한 제3자의 권리나 권리주장이 공업소유권 그 밖의 지식재산권에 기초하는 경우에는, 매도인의 의무는 제42조에 의하여 규율된다.

### 조문해설

매매의 목적물인 물품이 제3자의 권리의 대상이 되거나 제3자가 자신의 권리를 주장하는 경우, 계약의 목적이 달성되기 곤란할 수 있으므로 부적합이 있는 것으로 보고,

이 경우를 편의상 '권리의 부적합'이라고 칭합니다.

　매도인은 자신이 매도하려는 물품이 제3자의 권리의 목적인지, 혹은 제3자의 권리주장의 대상인지를 미리 확인하여 그러한 권리의 부적합이 없는 물품을 인도할 의무를 부담합니다.

　제3자가 주장하는 권리가 공업소유권, 지식재산권에 관련된 경우는 제42조에서 별도로 규정하고 있습니다.

### 보충설명

　권리의 부적합 사실을 매도인이 알았든 몰랐든 상관없이 매도인은 그 부적합에 대한 책임을 부담합니다. 또한 제3자의 권리주장이 정당한 것인지 여부도 불문합니다. 즉, 사후적으로 제3자의 권리가 없었음이 밝혀지더라도 상관없음에 주의해야 합니다.

### 연관조문

　공업소유권 또는 지식재산권과 관련된 권리부적합은 제42조에 규정되어 있습니다.

## 제42조(제3자의 지식재산권의 대상인 물품)

(1) 매도인은, 계약 체결시에 자신이 알았거나 모를 수 없었던 공업소유권 그 밖의 지식재산권에 기초한 제3자의 권리나 권리주장의 대상이 아닌 물품을 인도하여야 한다. 다만, 제3자의 권리나 권리주장이 다음 국가의 법에 의한 공업소유권 그 밖의 지식재산권에 기초한 경우에 한한다.
　(가) 당사자 쌍방이 계약 체결시에 물품이 어느 국가에서 전매되거나 그 밖의 방법으로 사용될 것을 예상하였던 경우에는, 물품이 전매되거나 그 밖의 방법으로 사용될 국가의 법
　(나) 그 밖의 경우에는 매수인이 영업소를 가지는 국가의 법
(2) 제1항의 매도인의 의무는 다음의 경우에는 적용되지 아니한다.
　(가) 매수인이 계약 체결시에 그 권리나 권리주장을 알았거나 모를 수 없었던 경우
　(나) 그 권리나 권리주장이 매수인에 의하여 제공된 기술설계, 디자인, 방식 그 밖의 지정에 매도인이 따른 결과로 발생한 경우

### 조문해설

　공업소유권이나 기타 지식재산권은 등록된 국가의 법에 의해 보호되므로, 물품이 장차 전매되거나 사용될 것으로 계약체결시 당사자 쌍방이 예상했던 국가(제1항 가호), 또는 매수인의 영업소가 위치한 국가(제1항 나호)의 법에 의해 보호되는 공업소유권이나 지식재산권의 경우만 제42조가 적용됩니다.

　즉, 매도인은, 제3자가 위의 국가의 법에 의해 보호되는 공업소유권 혹은 지식재산

권에 기초하여 자신의 권리를 주장하는 권리의 부적합이 없는 물품을 인도할 의무를 부담합니다.

다만, 제41조와는 달리, 제42조의 경우에는 매도인의 책임이 다소 완화됩니다. 즉, 매도인이 계약체결시에 그러한 권리의 부적합을 몰랐고, 알 수 없었던 경우에는 부적합에 대한 책임을 부담하지 않습니다.

제2항 각호의 경우에는 매도인은 권리의 부적합이 없는 물건을 공급할 의무가 없습니다.

**기출표시**

3회

## 제43조(매수인의 제3자 권리주장 통지의무, 매수인의 제41조, 제42조 원용권 상실 및 그 예외)

(1) 매수인이 제3자의 권리나 권리주장을 알았거나 알았어야 했던 때로부터 합리적인 기간 내에 매도인에게 제3자의 권리나 권리주장의 성질을 특정하여 통지하지 아니한 경우에는, 매수인은 제41조 또는 제42조를 원용할 권리를 상실한다.

(2) 매도인이 제3자의 권리나 권리주장 및 그 성질을 알고 있었던 경우에는 제1항을 원용할 수 없다.

### 조문해설

매수인은 권리의 부적합을 알게 된 경우 합리적 기간 내에 매도인에게 그 사실을 통지해야 할 의무를 부담합니다. 이를 해태한 경우에는 제41조와 제42조의 매도인의 의무 불이행을 원용할 수 없습니다(제1항).

그러나 매도인이 권리의 부적합을 알고 있던 경우에 매도인은 매수인의 위의 통지의무 불이행을 원용할 수 없습니다(제2항). 즉, 매도인이 권리의 부적합을 몰랐다면 매수인의 통지의무 미이행을 원용할 수 있습니다.

### 보충설명

물품 부적합에 대하여 제40조는 '매도인이 알았거나 모를 수 없었던' 경우 매도인의 원용권 상실을 규정하고, 권리 부적합에 대하여 제43조 제2항은 매도인이 '알고 있었던 경우' 매도인의 원용권 상실을 규정합니다.

즉, 물품 부적합의 경우와는 달리 권리 하자의 경우에는 비록 매도인이 그 하자를 중과실로 몰랐다고 하더라도 매도인은 매수인의 하자통지의무 위반을 주장할 수 있습니다.

물품 부적합 통지의무를 규정한 제39조, 매수인의 물품 부적합 검사 및 통지의무 원용권 상실을 규정한 제40조

## 제44조(매수인의 통지의무 미이행에 합리적 이유가 있는 경우)

제39조 제1항과 제43조 제1항에도 불구하고, 매수인은 정하여진 통지를 하지 못한 데에 합리적인 이유가 있는 경우에는 제50조에 따라 대금을 감액하거나 이익의 상실을 제외한 손해배상을 청구할 수 있다.

보충설명

제44조는 매수인이 전문지식 부족 등의 이유(즉, '합리적인 이유')로 인하여 물품 혹은 권리의 부적합 사실을 인지하지 못한 경우에도 대금감액 청구권이나 손해배상 청구권을 보유하도록 하려는 취지의 규정입니다.

**기출표시**

3회

## 제3절 매도인의 계약위반에 대한 구제

### 제45조(매수인의 구제권)

(1) 매도인이 계약 또는 이 협약상의 의무를 이행하지 아니하는 경우에 매수인은 다음을 할 수 있다.
   (가) 제46조 내지 제52조에서 정한 권리의 행사
   (나) 제74조 내지 제77조에서 정한 손해배상의 청구
(2) 매수인이 손해배상을 청구하는 권리는 다른 구제를 구하는 권리를 행사함으로써 상실되지 아니한다.
(3) 매수인이 계약위반에 대한 구제를 구하는 경우에, 법원 또는 중재판정부는 매도인에게 유예기간을 부여할 수 없다.

조문해설

제1항의 매도인이 계약 또는 이 협약상의 의무를 이행하지 않음에 있어 매도인의 고의나 과실 여부는 불문합니다.

**연관조문**

매도인의 구제권은 제61조에 규정되어 있습니다.

**기출표시**

5회 ‖ 6회 ‖ 12회 ‖ 13회

### 제46조(매수인의 계약이행청구권)

(1) (특정의무이행청구권) 매수인은 매도인에게 의무의 이행을 청구할 수 있다. 다만, 매수인이 그 청구와 양립하지 아니하는 구제를 구한 경우에는 그러하지 아니하다.

(2) (대체물인도청구권) 물품이 계약에 부적합한 경우에, 매수인은 대체물의 인도를 청구할 수 있다. 다만, 그 부적합이 본질적 계약위반을 구성하고, 그 청구가 제39조의 통지와 동시에 또는 그 후 합리적인 기간 내에 행하여진 경우에 한한다.

(3) (부적합치유청구권) 물품이 계약에 부적합한 경우에, 매수인은 모든 상황을 고려하여 불합리한 경우를 제외하고, 매도인에게 수리에 의한 부적합의 치유를 청구할 수 있다. 수리 청구는 제39조의 통지와 동시에 또는 그 후 합리적인 기간 내에 행하여져야 한다.

**조문해설**

매도인이 아직 물품인도의무를 이행하기 전이나 그 밖의 급부를 이행하지 않은 경우에 제1항의 청구권을 행사할 수 있습니다.

제2항의 대체물인도청구권과 제3항의 부적합치유청구권은 매도인의 인도의무가 이미 이행된 것을 전제로 인도된 그 물품에 부적합이 있는 경우에 매수인이 물품의 대체 혹은 부적합의 치유를 청구할 수 있도록 하고 있습니다. 다만, 대체물인도청구권은 ① 부적합이 본질적 계약위반(제25조)에 해당하고, ② 부적합 통지(제39조)를 한 후 합리적 기간 내에, ③ 물품반환의무(제82조)를 준수한 경우에만 행사할 수 있습니다.

인도된 물품의 부적합이 본질적 계약위반(제25조)에 이르지 않는 경미한 것일 경우에는 제3항의 부적합치유청구권을 행사할 수 있습니다. 이 경우에도 마찬가지로 부적합 통지(제39조)를 한 후 합리적 기간 내에 행사하여야 합니다.

제1항 단서의 '그 청구와 양립하지 아니하는 구제'의 예로는 계약해제 주장이 있습니다.

**보충설명**

매도인이 의무를 이행하지 않는 경우 매수인은 매도인에게 의무의 이행을 청구할 수 있습니다. 앞서 본 바와 같이 매도인의 의무는 물품인도의무, 서류교부의무, 소유권

이전의무 등이 있습니다(제30조).

　제2항과 제3항은 '물품이 계약에 부적합한 경우'를 전제로 하지만, 제1항은 그러한 전제가 없는 것으로 보아, 제2항과 제3항은 인도된 물품의 부적합을, 제1항은 물품이 인도되지 않은 경우와 서류교부의무를 포함한 그 밖의 급부의무를 이행하지 않은 경우를 규율하는 것으로 보아야 합니다.

　제46조 제2항 제3항은 물품의 부적합에 대하여만 규정하고 있지만 권리부적합의 경우 학설의 대립이 있습니다. 권리의 부적합에 대하여도 제46조 제2항 제3항을 적용할 수 있다는 견해의 경우와 제1항만 적용할 수 있다는 의견으로 나뉩니다(법무부, 114면). 제46조 제2항 및 제3항은 문언상 물품에 관한 것이므로 제1항을 적용하는 것이 타당한 것으로 보아, 본서는 이 견해를 따르는 것으로 합니다.

　매매계약의 목적물이 특정물인 경우와 종류물인 경우를 구별하는 견해도 있으나, 특정물의 경우에도 경제적으로 상응하고 매수인의 이행이익을 충족할 수 있는 것이 있는 경우 대체물청구가 가능하므로 본서에서는 따로 구별하지 않고 제46조가 적용되는 것으로 봅니다.

　제46조 조문 적용의 구조를 간단히 도식화하면 다음과 같습니다.

1. 물품 인도 전: 제1항
2. 물품 인도 이후
　① 본질적 계약위반에 해당하는 경우: 제2항
　② 그렇지 않은 경우: 제3항

### 연관조문

　본질적 계약위반에 해당하는지는 제25조, 매수인의 부적합 통지 의무는 제39조, 매수인의 보관의무는 제82조를 참조합니다.

### 기출표시

| 1회 ‖ 6회 ‖ 8회 ‖ 9회 ‖ 13회 |
| --- |

### 제47조(매수인의 부가기간지정권)

(1) 매수인은 매도인의 의무이행을 위하여 합리적인 부가기간을 정할 수 있다.

(2) 매도인으로부터 그 부가기간 내에 이행을 하지 아니하겠다는 통지를 수령한 경우를 제외하고, 매수인은 그 기간중 계약위반에 대한 구제를 구할 수 없다. 다만, 매수인은 이행지체에 대한 손해배상을 청구할 권리를 상실하지 아니한다.

**조문해설**

　　매수인은 매도인의 의무이행을 위한 부가기간을, 계약에서 정한 의무 이행 기간에 부가하여 지정할 수 있습니다. 여기에는 모든 의무위반이 포함됩니다. 부가기간 지정의 중요한 효과는 매도인이 인도의무를 불이행한 경우에 본질적 계약위반이 없어도 계약 해제권이 발생하는 것으로 나타납니다(제49조 제1항 나호).

**보충설명**

　　제47조는 제46조에 규정된 매수인의 이행청구권을 보충하고 있습니다.

**연관조문**

　　제49조 제1항 (나)호와의 연관성은 후술합니다.

**기출표시**

4회　∥　5회

**제48조(매도인의 추완권)**

(1) 제49조를 따를 것을 조건으로, 매도인은 인도기일 후에도 불합리하게 지체하지 아니하고 매수인에게 불합리한 불편 또는 매수인의 선급 비용을 매도인으로부터 상환받는 데 대한 불안을 초래하지 아니하는 경우에는, 자신의 비용으로 의무의 불이행을 치유할 수 있다. 다만, 매수인은 이 협약에서 정한 손해배상을 청구할 권리를 보유한다.

(2) 매도인이 매수인에게 이행의 수령 여부를 알려 달라고 요구하였으나 매수인이 합리적인 기간 내에 그 요구에 응하지 아니한 경우에는, 매도인은 그 요구에서 정한 기간 내에 이행을 할 수 있다. 매수인은 그 기간 중에는 매도인의 이행과 양립하지 아니하는 구제를 구할 수 없다.

(3) 특정한 기간 내에 이행을 하겠다는 매도인의 통지는 매수인이 그 결정을 알려야 한다는 제2항의 요구를 포함하는 것으로 추정한다.

(4) 이 조 제2항 또는 제3항의 매도인의 요구 또는 통지는 매수인에 의하여 수령되지 아니하는 한 그 효력이 발생하지 아니한다.

**조문해설**

　　제48조는 매수인의 구제권을 규정한 것이 아니라, 매도인의 인도기일 후의 추완권을 규정합니다. 제1항은 추완권을 행사하기 위한 요건을 다음과 같이 제시합니다. ① 제49조를 따를 것, ② 매도인의 인도기일 후 불합리한 지체가 없을 것, ③ 매수인에게 불합리한 불편을 초래하지 않을 것, ④ 매수인이 매도인으로부터 선급비용을 상환받는

데 대한 불안을 초래하지 않을 것, ⑤ 매도인의 비용으로 치유할 것 등입니다. 위에 언급되지 않은 매수인의 동의는 매도인의 추완권 행사의 요건이 아닙니다. 그러나 만일, 매수인이 매도인의 추완에 동의한 경우라면 위의 요건들은 충족되지 않아도 상관없습니다.

제1항의 '의무의 불이행'은 계약상의 모든 의무 불이행에 해당합니다. 다시 말하면, 서류의 부적합과 물품의 부적합을 모두 가리킵니다.

제2항 내지 제4항은 추완 제의에 대해 매수인으로부터 아무 응답이 없을 경우에 어떻게 할 것인가를 정한 것입니다.

제2항과 제3항은 제1항의 요건이 구비되지 않은 경우 의미가 있습니다(석광현, 190면).

### 보충설명

제49조의 매수인의 계약해제권이 제48조의 매도인의 추완권보다 우선하는 것처럼 보입니다. 하지만, 물품 또는 서류의 부적합이 객관적으로 치유 가능하다면 이는 본질적 계약위반에 해당하지 않으므로 제49조의 계약해제권은 발생하지 않음에 주의해야 합니다.

### 연관조문

기일 전에 교부한 서류의 부적합 치유권은 제34조 2문에, 기일 전에 인도한 물품의 부적합 치유권은 제37조에 각각 규정되어 있습니다.


### 제49조(매수인의 계약해제권)

(1) (해제권 발생 요건) 매수인은 다음의 경우에 계약을 해제할 수 있다.
　(가) 계약 또는 이 협약상 매도인의 의무 불이행이 본질적 계약위반으로 되는 경우.
　(나) 인도 불이행의 경우에는, 매도인이 제47조 제1항에 따라 매수인이 정한 부가기간 내에 물품을 인도하지 아니하거나 그 기간 내에 인도하지 아니하겠다고 선언한 경우.
(2) (해제권 행사 기한) 그러나 매도인이 물품을 인도한 경우에는, 매수인은 다음의 기간 내에 계약을 해제하지 아니하는 한 계약해제권을 상실한다.
　(가) 인도지체의 경우, 매수인이 인도가 이루어진 것을 안 후 합리적인 기간 내
　(나) 인도지체 이외의 위반의 경우, 다음의 시기로부터 합리적인 기간 내
　　（ⅰ) 매수인이 그 위반을 알았거나 또는 알 수 있었던 때
　　（ⅱ) 매수인이 제47조 제1항에 따라 정한 부가기간이 경과한 때 또는 매도인이 그 부가기간 내에 의무를 이행하지 아니하겠다고 선언한 때
　　（ⅲ) 매도인이 제48조 제2항에 따라 정한 부가기간이 경과한 때 또는 매수인이 이행을 수령하지 아니하겠다고 선언한 때

**조문해설**

제1항은 해제권이 발생하기 위한 요건을 정합니다.

제1항은 의무 불이행이 발생했고 그것이 본질적 계약 위반에 해당한다면 곧바로 매수인에게 해제권이 발생하고(가호), 물품이 인도되지 않았지만 그것이 본질적 계약 위반에 이르지는 않은 경우라면, 매수인이 정한 부가기간 내에도 이행되지 않은 경우에 한하여 매수인에게 해제권이 발생합니다.

제2항은 매수인의 해제권의 행사 기한을 정하여, 매수인이 그 기한 내에 해제권을 행사하지 않는 경우에는 해제권을 상실하도록 정하고 있습니다. 반드시 염두에 두어야 할 점은, 제2항이 인도가 이루어졌음과 해제권이 이미 발생하였음을 전제로 한다는 것입니다. 인도가 이루어졌는데도 해제권이 발생하였다는 것으로 미루어 보아, 가호는 ① 기일을 넘긴 인도 자체가 본질적 계약 위반이 되는 경우(예를 들어 확정기 매매)와 ② 기일을 넘긴 인도가 그 자체로 본질적 계약위반은 되지 않으나 부가기간 내에 이행되지 않은 경우를, 그리고 나호는 ③ 인도 의무 이행 이외의 위반이나 부적합이 본질적 계약위반에 해당하는 경우를 각각 규율함을 알 수 있습니다.

가호는 '인도'가 지체된 경우를, 나호는 '인도지체 이외'의 위반이 있는 경우를 각각 규율합니다. '인도'가 지체되었다고 하는 것은 물품이 인도되었으나 인도 기일을 넘긴 경우를 가리키고, '인도지체 이외'의 위반이라 함은, 인도 기일 내에 인도가 이루어졌으나 부적합 또는 하자가 있거나, 기타의 계약상의 의무 위반이 있는 경우를 가리킵니다(법무부, 124면). 이 경우, 가호 및 나호의 (i), (ii), (iii)목에서 정한 기간 내에 해제권을 행사해야 합니다.

제49조의 구조를 도식화하면 아래 표와 같습니다.

### A. 해제권의 발생 (제49조 제1항)

| 매도인의 계약 위반의 내용 | 본질적 계약 위반에 해당하는 경우 | 본질적 계약위반에 해당하지 않는 경우 |
|---|---|---|
| 인도 의무 위반 | 가호 | 나호, 부가기간 내 미인도시 해제권 발생 |
| 기타 의무 위반 및 부적합 | | 해제권 미발생 |

### B. 해제권의 행사 기한 (미준수시 해제권 상실, 제49조 제2항)

| 매도인의 계약 위반의 내용 | | 본질적 계약 위반에 해당하는 경우 | 본질적 계약위반에 해당하지 않는 경우 |
|---|---|---|---|
| 인도 의무 위반 | 끝내 인도되지 않은 경우 | 해당 없음(인도되지 않았으므로) | |
| | 지체되어 인도된 경우 | 가호 | |
| 기타 의무 위반 및 부적합 | | 나호 각목 | 해당 없음(해제권 발생하지 않았으므로) |

**연관조문**

본질적 계약위반 해당여부는 제25조에, 매수인의 부가기간 지정은 제47조 제1항에, 매도인의 계약해제권은 제64조에 각각 규정되어 있습니다.

**기출표시**

| 5회 ‖ 6회 ‖ 10회 |
| --- |

## 제50조(매수인의 대금감액권)

물품이 계약에 부적합한 경우에, 대금의 지급 여부에 관계없이 매수인은 현실로 인도된 물품이 인도시에 가지고 있던 가액이 계약에 적합한 물품이 그때에 가지고 있었을 가액에 대하여 가지는 비율에 따라 대금을 감액할 수 있다. 다만, 매도인이 제37조나 제48조에 따라 의무의 불이행을 치유하거나 매수인이 동 조항에 따라 매도인의 이행 수령을 거절한 경우에는 대금을 감액할 수 없다.

**조문해설**

요건: ① 물품을 인도하였으나 물품이 계약에 부적합할 것, ② 매도인이 추완권을 행사하지 않았을 것(제37조, 제48조), ③ 부적합을 매도인에게 통보하였을 것(제39조), ④ 매수인이 대금 감액의 의사표시를 하였을 것.

대금 감액권은 청구권이 아니라 형성권입니다. 따라서 매수인은 위 요건이 충족된 경우, 매도인에게 대금감액을 청구할 필요가 없이, 스스로 대금을 감액할 수 있습니다.

그리고 한 가지 더 주의할 점은 매수인에게 손해가 발생하였을 것을 요건으로 하지 않는다는 점입니다(이는 제79조와 같은 면책사유가 허용되는 경우에 효율적임).

단서로부터 유추할 수 있는 것은, 매도인의 치유권 혹은 추완권이 매수인의 대금감액권보다 우선한다는 것입니다.

**연관조문**

매도인의 이행기 전 물품 부적합 치유권은 제37조에, 이행기 후 물품 및 서류 부적합 추완권은 제48조에 각각 규정되어 있습니다.

**기출표시**

| 1회 ‖ 4회 ‖ 5회 ‖ 8회 ‖ 11회 |
| --- |

## 제51조(물품 일부 인도 혹은 일부 부적합)

(1) 매도인이 물품의 일부만을 인도하거나 인도된 물품의 일부만이 계약에 적합한 경우에, 제46조 내지 제50조는 부족 또는 부적합한 부분에 적용된다.

(2) 매수인은 인도가 완전하게 또는 계약에 적합하게 이루어지지 아니한 것이 본질적 계약 위반으로 되는 경우에 한하여 계약 전체를 해제할 수 있다.

### 조문해설

제51조는 계약상 인도 의무가 1회의 이행으로 완료되는 경우에 적용됩니다.

제2항은 일부만이 인도되었거나 혹은 일부만이 계약에 적합한 경우, 일부의 미인도와 일부의 부적합을 이유로 계약 전체를 해제할 수 있도록 하므로 엄격하게 해석하여야 합니다. 즉, 일부의 미인도와 일부의 부적합이 본질적 계약 위반에 해당하여야만 계약을 해제할 수 있고, 이 경우 불인도 부분, 부적합 인도 부분이 나머지 부분의 사용, 전매에 미치는 영향을 고려하여야 합니다(석광현, 207면).

### 보충설명

인도분/미인도분 혹은 적합분/부적합분을 분리하는 것이 가능할 경우 본질적 계약 위반으로 보지 않는 것이 다수설의 견해입니다.

### 연관조문

하나의 계약에서 2회 이상의 분할 인도를 정한 경우에는 제73조가 적용됩니다.

### 기출표시

5회 ‖ 10회

## 제52조(사전인도 및 초과인도)

(1) 매도인이 이행기 전에 물품을 인도한 경우에, 매수인은 이를 수령하거나 거절할 수 있다.

(2) 매도인이 계약에서 정한 것보다 다량의 물품을 인도한 경우에, 매수인은 초과분을 수령하거나 이를 거절할 수 있다. 매수인이 초과분의 전부 또는 일부를 수령한 경우에는 계약대금의 비율에 따라 그 대금을 지급하여야 한다.

### 조문해설

사전인도분(제1항)과 초과인도분(제2항)에 대하여 매수인은 제39조에 따라 부적합 통지를 하고 이를 거절할 수 있습니다. 그리고 거절권을 행사하는 경우, 매수인은 보관 의무를 부담할 수 있습니다(제86조).

# 제 3 장   매수인의 의무

## 제53조(매수인의 의무)

매수인은 계약과 이 협약에 따라, 물품의 대금을 지급하고 물품의 인도를 수령하여야 한다.

### 조문해설

매수인은 ① 대금지급의무와 ② 인도수령의무, ③ 그 밖의 의무(제7조 등의 신의칙상)를 부담합니다.

매도인은 매수인에게 위 의무의 이행을 청구할 수 있습니다.

### 보충설명

매도인의 의무 중 주된 의무는 물품인도의무로 보는 것이 적당하고(제49조 제1항 나호),

매수인의 의무 중 주된 의무는 대금지급의무와 인도수령의무로 보는 것이 적당합니다(제64조 제1항 나호).

이렇게 보는 이유는 제64조에서 후술합니다.

## 제 1 절  대금의 지급

## 제54조(대금지급의무의 범위)

매수인의 대금지급의무에는 그 지급을 위하여 계약 또는 법령에서 정한 조치를 취하고 절차를 따르는 것이 포함된다.

### 조문해설

'지급을 위하여 계약 또는 법령에서 정한 조치를 취하고 절차를 따르는 것'을 대금지급을 위한 준비 의무라고 할 수 있습니다. 이 준비 의무에는 신용장 개설, 보증, 송금절차 준수 등이 포함될 수 있습니다.

준비 의무 위반 역시 대금지급의무 위반에 해당함은 자명합니다.

## 제55조(대금을 정하지 않은 경우 대금의 결정)

계약이 유효하게 성립되었으나 그 대금을 명시적 또는 묵시적으로 정하고 있지 아니하거나 이를 정하기 위한 조항을 두지 아니한 경우에는, 당사자는 반대의 표시가 없는 한, 계약 체결시에 당해 거래와 유사한 상황에서 매도되는 그러한 종류의 물품에 대하여 일반적으로 청구되는 대금을 묵시적으로 정한 것으로 본다.

### 조문해설

제14조 제1항에 따라 청약이 유효하기 위해서는 대금을 지정하거나 그 결정을 위한 조항을 두고 있어야 합니다. 그리고 청약과 승낙이 유효해야만 계약이 유효하게 성립함은 당연합니다. 그러나 제14조는 임의규정이므로 대금을 미리 정하거나 정하기 위한 조항이 없는 경우라 하여도 계약의 성립을 인정할 수 있으며 이 경우 제55조를 원용할 수 있습니다.

### 보충설명

제14조 제1항의 대금 관련 내용은 당사자의 합의로 배제되는 경우 제55조가 적용됩니다.

### 연관조문

제14조 제1항

## 제56조(순중량에 의한 대금 결정)

대금이 물품의 중량에 따라 정하여지는 경우에, 의심이 있는 때에는 순중량에 의하여 대금을 결정하는 것으로 한다.

### 조문해설

순중량이란 포장 무게를 제외한 물품 자체만의 중량을 의미합니다.

## 제57조(대금 지급의 장소)

(1) 매수인이 다른 특정한 장소에서 대금을 지급할 의무가 없는 경우에는, 다음의 장소에서 매도인에게 이를 지급하여야 한다.
   (가) 매도인의 영업소, 또는
   (나) 대금이 물품 또는 서류의 교부와 상환하여 지급되어야 하는 경우에는 그 교부가 이루어지는 장소
(2) 매도인은 계약 체결후에 자신의 영업소를 변경함으로써 발생하는 대금지급에 대한 부수비용의 증가액을 부담하여야 한다.

### 조문해설

대금 지급의 장소는 다음의 우선순위에 의합니다. ① 특정한 장소에서 대금을 지급하기로 합의한 경우 그 장소(제1항 본문), ② 대금이 물품 및 서류와 상환으로 지급되는 경우 그 동시이행의 장소(제1항 나호), ③ 이외의 경우에는 매도인의 영업소(제1항

가호)

## 제58조(대금지급의 시기)

(1) 매수인이 다른 특정한 시기에 대금을 지급할 의무가 없는 경우에는, 매수인은 매도인이 계약과 이 협약에 따라 물품 또는 그 처분을 지배하는 서류를 매수인의 처분하에 두는 때에 대금을 지급하여야 한다. 매도인은 그 지급을 물품 또는 서류의 교부를 위한 조건으로 할 수 있다.

(2) 계약에 물품의 운송이 포함되는 경우에는, 매도인은 대금의 지급과 상환하여서만 물품 또는 그 처분을 지배하는 서류를 매수인에게 교부한다는 조건으로 물품을 발송할 수 있다.

(3) 매수인은 물품을 검사할 기회를 가질 때까지는 대금을 지급할 의무가 없다. 다만, 당사자간에 합의된 인도 또는 지급절차가 매수인이 검사 기회를 가지는 것과 양립하지 아니하는 경우에는 그러하지 아니하다.

### 조문해설

제1항 1문에 따라 ① 특정한 시기에 대금을 지급하기로 합의한 경우 그 시기에 지급함이 우선이고, ② 그렇지 않은 경우에는 물품 혹은 서류를 매수인의 처분하에 두는 때에 지급하여야 합니다. 매도인은 대금지급을 물품 또는 서류의 교부를 위한 조건으로 할 수 있으며(제58조 제1항 제2문), 이 경우 매도인은 동시이행항변권과 채권적 유치권을 가진다.

제2항은 운송 포함 매매계약의 경우에도 동시이행 조건이 가능함을 정하고 있습니다.

제3항의 매수인의 '검사'는 제38조의 매수인의 '검사' 의무와는 달리 피상적 검사권을 의미합니다. 그리고 제3항 단서는 서류매매의 경우에는 적용되지 않습니다(법무부, 139면). 왜냐하면 서류매매는 물품의 인도가 수반되지 않아 매수인이 검사 기회를 가질 수 없기 때문입니다.

## 제59조(대금지급시기 도래의 효과)

매수인은 계약 또는 이 협약에서 지정되거나 확정될 수 있는 기일에 대금을 지급하여야 하며, 이 경우 매도인의 입장에서는 어떠한 요구를 하거나 절차를 따를 필요가 없다.

### 조문해설

매도인이 '어떠한 요구를 하거나 절차를 따를 필요가 없다'는 것은 매도인의 최고를 요하지 않는다는 의미입니다.

## 제2절 인도의 수령

### 제60조(매수인의 물품수령 의무)
매수인의 수령의무는 다음과 같다.

(가) 매도인의 인도를 가능하게 하기 위하여 매수인에게 합리적으로 기대될 수 있는 모든 행위를 하는 것, 및

(나) 물품을 수령하는 것

#### 조문해설
나호는 수령행위 자체를 가리키고, 가호는 수령을 위한 사전 준비 행위도 수령의무에 포함됨을 뜻합니다. 나호의 수령은 물품의 수령뿐만 아니라 서류의 수령도 포함하는 것으로 보아야 합니다. 매수인은 수령의무도 있지만 사전인도(제52조 제1항) 혹은 초과인도(제52조 제2항)시나 매도인이 본질적 계약위반으로 계약해제(대체물청구 포함)시 수령을 거절할 수 있습니다.

## 제3절 매수인의 계약위반에 대한 구제

### 제61조(매도인의 구제권)
(1) 매수인이 계약 또는 이 협약상의 의무를 이행하지 아니하는 경우에 매도인은 다음을 할 수 있다.

  (가) 제62조 내지 제65조에서 정한 권리의 행사

  (나) 제74조 내지 제77조에서 정한 손해배상의 청구

(2) 매도인이 손해배상을 청구하는 권리는 다른 구제를 구하는 권리를 행사함으로써 상실되지 아니한다.

(3) 매도인이 계약위반에 대한 구제를 구하는 경우에, 법원 또는 중재판정부는 매수인에게 유예기간을 부여할 수 없다.

#### 조문해설
매도인이 구제권을 행사하기 위해서 매수인의 고의나 과실이 있을 것을 요건으로 하지 않음은 매수인의 구제권(제45조)의 경우와 동일합니다.

#### 연관조문
제45조(매수인의 구제권)

### 제62조(매도인의 특정이행청구권)

매도인은 매수인에게 대금의 지급, 인도의 수령 또는 그 밖의 의무의 이행을 청구할 수 있다. 다만, 매도인이 그 청구와 양립하지 아니하는 구제를 구한 경우에는 그러하지 아니하다.

**연관조문**

　　매수인의 특정이행청구권은 제46조 제1항에 규정되어 있습니다.

### 제63조(매도인의 부가기간 지정권)

(1) 매도인은 매수인의 의무이행을 위하여 합리적인 부가기간을 정할 수 있다.

(2) 매수인으로부터 그 부가기간 내에 이행을 하지 아니하겠다는 통지를 수령한 경우를 제외하고, 매도인은 그 기간중 계약위반에 대한 구제를 구할 수 없다. 다만, 매도인은 이행지체에 대한 손해배상을 청구할 권리를 상실하지 아니한다.

**조문해설**

　　매도인은 매수인의 모든 종류의 의무 불이행에 대하여 부가기간을 지정할 수 있습니다. 다만, 대금 지급 의무와 물품 수령 의무의 불이행에 한하여 제64조 제1항 나호에 의하여 해제권이 발생한다는 점에 중요한 의의가 있음에 유의해야 합니다.

**연관조문**

　　매수인의 의무는 제53조, 제54조, 제60조에 규정되어 있고, 매도인의 매수인에 대한 특정 이행 청구권은 제62조에 규정되어 있습니다.

　　매수인의 부가기간 지정권은 제47조를 참고하기 바랍니다.

　　제64조 제1항 나목의 매도인의 해제권 발생 요건과 함께 보아야 합니다.

### 제64조(매도인의 계약해제권)

(1) 매도인은 다음의 경우에 계약을 해제할 수 있다.

　(가) 계약 또는 이 협약상 매수인의 의무 불이행이 본질적 계약위반으로 되는 경우

　(나) 매수인이 제63조 제1항에 따라 매도인이 정한 부가기간 내에 대금지급 또는 물품 수령 의무를 이행하지 아니하거나 그 기간 내에 그러한 의무를 이행하지 아니하겠다고 선언한 경우.

(2) 그러나 매수인이 대금을 지급한 경우에는, 매도인은 다음의 기간 내에 계약을 해제하지 아니하는 한 계약해제권을 상실한다.

　(가) 매수인의 이행지체의 경우, 매도인이 이행이 이루어진 것을 알기 전

　(나) 매수인의 이행지체 이외의 위반의 경우, 다음의 시기로부터 합리적인 기간 내

　　( i ) 매도인이 그 위반을 알았거나 또는 알 수 있었던 때

(ii) 매도인이 제63조 제1항에 따라 정한 부가기간이 경과한 때 또는 매수인이 그 부가기간 내에 의무를 이행하지 아니하겠다고 선언한 때.

## 조문해설

제1항은 매도인의 해제권이 발생하기 위한 요건을 제시합니다.

우선, ① 매수인이 '의무'를 불이행하였고, ② 그것이 본질적 계약 위반(제25조)에 해당하면, 매도인에게 계약해제권이 발생합니다(가호). 가호의 '의무 불이행'에는 매수인의 모든 종류의 의무 불이행이 포함되는 반면, 나호는 매수인의 의무 중에서 대금 지급 의무와 물품 수령 의무가 불이행된 경우만을 규율합니다. 따라서 ① 매수인이 정해진 기일 내에 대금을 지급하지 않았거나 물품을 수령하지 않았고, 그에 따라 ② 매도인이 부가기간을 지정하였음에도 ③ 매수인이 그 이행을 하지 않거나 이행 거부를 선언한 경우에도 매도인에게 해제권이 발생합니다(나호).

제2항은 매도인이 발생한 해제권을 행사하여야 하는 기한을 제시합니다. 매수인이 대금을 지급하였음을 전제로, 매도인이 행사 기한을 준수하지 않으면 발생했던 해제권이 상실됩니다.

가호는 매수인의 '이행지체'의 경우를, 나호는 매수인의 '이행지체' 이외의 위반의 경우를 규율하는데, 여기서 '이행지체'라 함은 제2항의 조문의 맥락상 대금 지급 의무의 지체로 읽는 것이 타당합니다(다른 견해 존재).

나호는 매수인이 물품의 수령의무를 이행하지 않거나 또는 기타의무를 이행하지 않는 경우를 말한다(석광현, 235면). i)목의 '위반'이란 본질적 계약 위반의 경우에 적용되고, ii)목은 본질적 계약위반의 경우에도 적용가능하고, 비본질적 계약위반의 경우에는 해제권이 발생하여야 한다.

## 연관조문

매수인의 해제권에 관하여 규율한 제49조와 함께 비교하여 보면 좋습니다.

## 제65조(매도인의 물품명세 지정권)

(1) 계약상 매수인이 물품의 형태, 규격 그 밖의 특징을 지정하여야 하는 경우에, 매수인이 합의된 기일 또는 매도인으로부터 요구를 수령한 후 합리적인 기간 내에 그 지정을 하지 아니한 경우에는, 매도인은 자신이 보유하는 다른 권리를 해함이 없이, 자신이 알고 있는 매수인의 필요에 따라 스스로 지정할 수 있다.

(2) 매도인은 스스로 지정하는 경우에 매수인에게 그 상세한 사정을 통고하고, 매수인이 그와 다른 지정을 할 수 있도록 합리적인 기간을 정하여야 한다. 매수인이 그 통지를 수령한 후 정하여진 기간 내에 다른 지정을 하지 아니하는 경우에는, 매도인의 지정이 구속력을 가진다.

물품의 명세는 계약상의 합의에 따르는 것이 우선입니다. 매수인이 지정하기로 합의한 경우, 매수인이 그 지정을 하지 않는 경우에는, 매도인은 스스로 지정을 할 수 있습니다(제1항). 다만, 그 지정을 매수인에게 통보하여야 하고, 매수인에게 다시 한번 지정할 수 있는 기회를 부여하여야 합니다. 그럼에도 불구하고 매수인이 지정을 하지 않으면 매도인의 지정이 구속력을 가지게 됩니다.

# 제 4 장  위험의 이전

## 제66조(위험의 이전)
위험이 매수인에게 이전된 후에 물품이 멸실 또는 훼손되더라도 매수인은 대금지급의무를 면하지 못한다. 다만, 그 멸실 또는 훼손이 매도인의 작위 또는 부작위로 인한 경우에는 그러하지 아니하다.

조문해설

제66조 본문은 위험 이전의 일반원칙을 제시합니다. 즉, 물품의 멸실 및 훼손이 위험이 이전된 후에 발생하는 경우에 매수인은 대금을 지급해야 합니다. 즉, 위험 이전 이후의 멸실 및 훼손에 대하여, 원칙적으로 매도인은 책임이 없습니다.

다만, 단서에서 위험이 이전된 후의 멸실 혹은 훼손이 매도인의 '작위 또는 부작위'로 인한 경우에는 '그러하지 아니하다'고 규정하고 있습니다. 여기에서 '작위 또는 부작위'와 '그러하지 아니하다'는 두 부분의 해석에 주의해야 합니다.

먼저 일반적으로 작위 혹은 부작위는 불법행위도 포함하는 개념입니다. 그러나 실질적으로 불법행위에 대하여 협약이 판단하지 않으므로 큰 의미가 없습니다.

더욱 주의해야 할 것은 다음 부분인데, '그러하지 아니하다'는 것을 매수인이 대금을 지급할 의무가 없다는 것이 아니고 대금을 지급할 의무가 없을 수도 있다는 뜻으로 해석되어야 합니다(Roald Martinussen, Overview of International CISG Sales Law, 2006, p.25). 왜냐하면 매도인의 채무불이행의 정도에 따른 매수인의 구제수단에 따라 대금지급을 면할 수도 있고 일부지급을 할 수도 있기 때문입니다.

연관조문

제36조는 물품의 적합성 판단 시점을 규정하는데, 제66조와 함께 보아야 합니다.
위험이 이전하는 시점에 존재하는 물품의 부적합은 매도인의 책임이므로(제1항) 위험 이전 후에 발생한 부적합에 대하여는 매도인이 책임지지 않습니다. 이 부분은 제66조 본문의 내용과 같습니다.

그러나 위험 이전 후의 부적합이 매도인의 '의무위반'으로 인한 것이라면 매도인은 그에 대한 책임을 져야 합니다(제36조 제2항 1문). 이 부분은 제66조의 단서와 그 내용이 일맥상통합니다(Schlechtriem & Schwenzer, Commentary on CISG, Oxford, 2009, p.924). 여기에서 제36조 제2항 1문의 매도인의 '의무위반'과 제66조 단서의 매도인의 '작위 또는 부작위'가 어떻게 다른가 하는 것이 문제됩니다.

그런데 조문해설에 전술한 바와 같이, '작위 또는 부작위'에 불법행위가 포함되는 것은 큰 의미가 없으므로, '의무위반'과 '작위 또는 부작위'는 그 의미가 동일해집니다. 그리고 제36조 제2항 1문에서 매도인은 자신의 의무위반으로 인한 위험 이전 후의 부적합에 대하여 책임을 진다고 규정하므로, 발생한 부적합의 정도 또는 '의무위반'의 정도에 따른 책임만을 부담한다고 봄이 타당합니다.

결론적으로 제66조 단서와 제36조 제2항 1문은 그 내용이 동일한 것으로 보아야 합니다. 다만, 제36조는 부적합을 판단하는 시점에 대한 것이고, 제66조는 위험이전의 일반원칙을 정하는 것으로 그 취지만이 다르다고 하겠습니다.

## 기출표시

5회 ‖ 10회 ‖ 12회

## 제67조(위험 이전의 시기; 운송 포함 계약)

(1) 매매계약에 물품의 운송이 포함되어 있고, 매도인이 특정한 장소에서 이를 교부할 의무가 없는 경우에, 위험은 매매계약에 따라 매수인에게 전달하기 위하여 물품이 제1운송인에게 교부된 때에 매수인에게 이전한다. 매도인이 특정한 장소에서 물품을 운송인에게 교부하여야 하는 경우에는, 위험은 그 장소에서 물품이 운송인에게 교부될 때까지 매수인에게 이전하지 아니한다. 매도인이 물품의 처분을 지배하는 서류를 보유할 권한이 있다는 사실은 위험의 이전에 영향을 미치지 아니한다.

(2) 제1항에도 불구하고 위험은 물품이 하인(荷印), 선적서류, 매수인에 대한 통지 그 밖의 방법에 의하여 계약상 명확히 특정될 때까지 매수인에게 이전하지 아니한다.

## 기출표시

5회 ‖ 10회 ‖ 11회

## 제68조(동전; 운송중인 물품매매계약)

운송중에 매도된 물품에 관한 위험은 계약 체결시에 매수인에게 이전한다. 다만, 특별한 사정이 있는 경우에는, 위험은 운송계약을 표창하는 서류를 발행한 운송인에게 물품이 교부된 때부터 매수인이 부담한다. 그럼에도 불구하고, 매도인이 매매계약의 체결시에 물품이 멸실 또는 훼손된 것을 알았거나 알았어야 했고, 매수인에게 이를 밝히지 아니한 경우에는, 그 멸실 또는 훼손은 매도인의 위험으로 한다.

### 제69조(동전; 현지 매매 및 기타)

(1) 제67조와 제68조가 적용되지 아니하는 경우에, 위험은 매수인이 물품을 수령한 때, 매수인이 적시에 이를 수령하지 아니한 경우에는 물품이 매수인의 처분 하에 놓여지고 매수인이 이를 수령하지 아니하여 계약을 위반하는 때에 매수인에게 이전한다.

(2) 매수인이 매도인의 영업소 이외의 장소에서 물품을 수령하여야 하는 경우에는, 위험은 인도기일이 도래하고 물품이 그 장소에서 매수인의 처분 하에 놓여진 것을 매수인이 안 때에 이전한다.

(3) 불특정물에 관한 계약의 경우에, 물품은 계약상 명확히 특정될 때까지 매수인의 처분하에 놓여지지 아니한 것으로 본다.

#### 조문해설

제66조에서 위험이전의 일반원칙을 정하고, 제67조 내지 제69조에서는 매매계약의 유형에 따른 위험이전의 시점을 제시하고 있습니다.

위험이 이전되는 시점에 대하여, 운송이 포함된 매매계약의 경우는 제67조에, 운송 중인 물품에 대한 매매계약의 경우는 제68조에, 그 외의 경우(운송이 불포함되고 운송 중에 있지도 않은 물품에 대한 매매계약, 즉 현지 매매나 제3자 보관하의 물품매매 등)는 제69조(1항: 매도인 영업소, 2항: 그 외의 장소)에 규정되어 있습니다. 이 규정들은 다른 합의(incoterms)가 없을 때 적용되는 보충적 규정입니다. 제67조 제1항 제1문은 CPT와 제2문은 FOB CIF와 유사합니다. 제68조 특별한 사정은 보험계약이 체결된 경우입니다.

### 제70조(매도인의 본질적 계약위반)

매도인이 본질적 계약위반을 한 경우에는, 제67조, 제68조 및 제69조는 매수인이 그 위반을 이유로 구할 수 있는 구제를 방해하지 아니한다.

#### 조문해설

이 규정은 66조 단서와 달리 매도인의 계약위반이 위험이전 후의 목적물의 멸실 또는 훼손과 아무 관계가 없는 경우에 적용됩니다.

#### 연관조문

매수인의 구제에 대하여는 제45조 이하에 규정되어 있습니다.

기출표시

10회

# 제 5 장  매도인과 매수인의 의무에 공통되는 규정

## 제 1 절  이행이전의 계약위반과 분할인도계약

### 제71조(의무 이행 정지권)

(1) 당사자는 계약체결 후 다음의 사유로 상대방이 의무의 실질적 부분을 이행하지 아니할 것이 판명된 경우에는, 자신의 의무 이행을 정지할 수 있다.

　(가) 상대방의 이행능력 또는 신용도의 중대한 결함

　(나) 계약의 이행 준비 또는 이행에 관한 상대방의 행위

(2) 제1항의 사유가 명백하게 되기 전에 매도인이 물품을 발송한 경우에는, 매수인이 물품을 취득할 수 있는 증권을 소지하고 있더라도 매도인은 물품이 매수인에게 교부되는 것을 저지할 수 있다. 이 항은 매도인과 매수인간의 물품에 관한 권리에 대하여만 적용된다.

(3) 이행을 정지한 당사자는 물품의 발송 전후에 관계없이 즉시 상대방에게 그 정지를 통지하여야 하고, 상대방이 그 이행에 관하여 적절한 보장을 제공한 경우에는 이행을 계속하여야 한다.

### 조문해설

　제1항의 '상대방이 의무의 실질적 부분을 이행하지 아니할 것이 판명된 경우'라 함은 상대방이 아직 그 의무를 이행하기 이전이지만 가목(공장 폐쇄, 파산신청 등)과 나목(원료 미공급 등)에 정한 이유로 의무 이행이 어려울 것으로 판명되는 경우를 가리킵니다. 아직 상대방의 실질적 계약 위반이 발생하지는 않았으나 발생의 가능성이 있다고 판명된 경우에는 자신의 의무 이행을 정지할 권리가 있습니다. 이를 이행 정지권이라고 부르고 당사자 쌍방 모두 행사할 수 있습니다.

　제2항은 매도인의 운송정지권을 규정합니다. 매도인에게 제1항의 이행정지권이 명백하게 발생하지 않은 상태에서 물품을 매수인에게 발송한 이후에 발송한 물품이 매수인에게 교부 혹은 인도되는 것은 저지할 수 있습니다.

　전2항의 이행정지권 및 운송정지권은 행사 즉시 상대방에게 통지하여야 합니다(제3항). 통지하지 않으면 상대방은 손해가 있는 경우 손해배상을 청구할 수 있습니다(제45조 제1항 나호).

### 제72조(이행기 전의 계약해제)

(1) 계약의 이행기일 전에 당사자 일방이 본질적 계약위반을 할 것이 명백한 경우에는, 상대방은 계약을 해제할 수 있다.

(2) 시간이 허용하는 경우에는, 계약을 해제하려고 하는 당사자는 상대방이 이행에 관하여 적절한 보장을 제공할 수 있도록 상대방에게 합리적인 통지를 하여야 한다.

(3) 제2항의 요건은 상대방이 그 의무를 이행하지 아니하겠다고 선언한 경우에는 적용되지 아니한다.

#### 조문해설

제1항의 '명백'의 정도는 제71조 제1항의 '판명'의 정도보다 강하다고 보아야 합니다. 왜냐하면 제71조는 이행을 정지할 권리의 발생요건이지만, 제72조는 이행을 정지하는 것을 넘어 계약을 해제할 권리의 발생요건이기 때문입니다.

제2항에서는 해제권 행사를 위하여 상대방에게 통지할 의무를 규정한 것처럼 보이지만, '시간이 허용하지 않는 경우'에도 통지할 의무가 있다고 볼 수는 없음에 유의해야 합니다.

### 제73조(분할인도 계약의 해제권)

(1) 물품을 분할하여 인도하는 계약에서 어느 분할부분에 관한 당사자 일방의 의무 불이행이 그 분할부분에 관하여 본질적 계약위반이 되는 경우에는, 상대방은 그 분할부분에 관하여 계약을 해제할 수 있다.

(2) 어느 분할부분에 관한 당사자 일방의 의무 불이행이 장래의 분할부분에 대한 본질적 계약위반의 발생을 추단하는 데에 충분한 근거가 되는 경우에는, 상대방은 장래에 향하여 계약을 해제할 수 있다. 다만, 그 해제는 합리적인 기간 내에 이루어져야 한다.

(3) 어느 인도에 대하여 계약을 해제하는 매수인은, 이미 행하여진 인도 또는 장래의 인도가 그 인도와의 상호 의존관계로 인하여 계약 체결시에 당사자 쌍방이 예상했던 목적으로 사용될 수 없는 경우에는, 이미 행하여진 인도 또는 장래의 인도에 대하여도 동시

에 계약을 해제할 수 있다.

### 조문해설

제73조는 물품의 인도를 2회 이상으로 분할하기로 정한 계약 즉, 분할 인도 계약의 해제권 발생에 관하여 규정합니다(법무부, 171면).

제1항은 개별 분할부분에 대한 본질적 계약 위반을 이유로 한 해제권을 규정합니다. 이 경우 개별 분할부분 역시 독자적 계약으로 취급됨에 주의해야 합니다.

제2항은 특정 분할부분에 대한 '의무 불이행'을 이유로 한 장래 분할부분에 대한 해제권을 규정합니다. 여기에서 특정 분할부분에 대한 '의무 불이행'이 본질적 계약 위반에 해당하는지 여부는 불문합니다. 다만, 그 '의무 불이행'으로 인하여 장래 분할부분에 본질적 계약위반이 발생할 것으로 '추단'되면 족합니다.

제3항은 특정 분할부분에 대해 해제권이 발생한 것을 전제로, 그와 관련된 기 인도 분할부분 혹은 장래 분할부분에 대한 해제권을 규정하고 있습니다.

### 연관조문

제51조는 물품을 한번에 전부 인도하기로 정한 계약에서 그 일부가 미인도되거나 인도된 물품의 일부가 계약에 부적합한 경우 그 일부에 대해서 매수인이 구제권(제46조 내지 제50조)을 행사할 수 있음을 정하고 있습니다. (2회 이상 분할인도계약이라 하더라도 각각의 이행분의 일부 이행에 관해서는 제51조 적용 가능)

제51조와는 달리 제73조는 해제권(제49조)만을 규정하고 있어, 분할인도계약의 경우에도 이행청구권(제46조)이나 대금감액권(제50조) 등의 행사가 가능한지 분명하지 않습니다. 이 경우 제51조를 유추적용할 수 있습니다.

### 기출표시

1회 ‖ 6회 ‖ 11회 ‖ 12회 ‖ 13회 ‖ 14회

## 제2절 손해배상액

### 제74조(손해배상의 일반원칙)

당사자 일방의 계약위반으로 인한 손해배상액은 이익의 상실을 포함하여 그 위반의 결과 상대방이 입은 손실과 동등한 금액으로 한다. 그 손해배상액은 위반 당사자가 계약 체결시에 알았거나 알 수 있었던 사실과 사정에 비추어, 계약위반의 가능한 결과로서 발생할 것을 예견하였거나 예견할 수 있었던 손실을 초과할 수 없다.

### 조문해설

손해배상액을 '상대방이 입은 손실과 동등한 금액'으로 정하여 완전 배상을 원칙으로 함을 알 수 있습니다. 다만, 계약 체결시에 예견 가능했던 손실을 한도로 제한됩니다.

### 보충설명

실제 문제 해결 과정에서는 제75조와 제76조를 먼저 적용하여 손해배상액을 산정한 후, 부족액이 있는 경우에 제74조의 완전 배상 원칙을 적용하여 부족액이 포함되도록 합니다.

### 기출표시

| 1회 ‖ | 2회 ‖ | 5회 ‖ | 6회 ‖ | 7회 ‖ | 8회 ‖ | 9회 ‖ | 10회 ‖ |
|---|---|---|---|---|---|---|---|
| 13회 ‖ | 14회 | | | | | | |

### 제75조(대체거래시의 손해배상액)

계약이 해제되고 계약해제 후 합리적인 방법으로, 합리적인 기간 내에 매수인이 대체물을 매수하거나 매도인이 물품을 재매각한 경우에, 손해배상을 청구하는 당사자는 계약대금과 대체거래대금과의 차액 및 그 외에 제74조에 따른 손해액을 배상받을 수 있다.

### 조문해설

대체거래시 손해배상을 구하기 위해서는 ① 계약이 해제된 후에 ② 대체거래가 있었어야 합니다. 상대방이 이행을 거절한 경우에는 계약을 아직 해제하지 않은 상태에서 대체거래를 하였더라도 그 후에 계약을 해제하고 대체거래로 인한 손해배상을 구할 수 있습니다(Schlechtriem & Schwenzer, p.1029).

### 보충설명

매도인의 의무 불이행으로 인하여 매수인이 부득이하게 비싼 가격으로 대체물을 매수한 경우 계약대금을 초과한 부분을 배상받을 수 있고, 반대로 매수인의 의무 불이행으로 인하여 매도인이 물품을 낮은 가격으로 타인에게 매도하는 손해를 감수한 경우 계약대금에 미달하는 부분을 배상받을 수 있습니다.

### 기출표시

| 1회 ‖ | 3회 ‖ | 7회 ‖ | 8회 ‖ | 9회 ‖ | 14회 |
|---|---|---|---|---|---|

## 제76조(시가 변동시의 손해배상액)

(1) 계약이 해제되고 물품에 시가가 있는 경우에, 손해배상을 청구하는 당사자는 제75조에 따라 구입 또는 재매각하지 아니하였다면 계약대금과 계약해제시의 시가와의 차액 및 그 외에 제74조에 따른 손해액을 배상받을 수 있다. 다만, 손해배상을 청구하는 당사자가 물품을 수령한 후에 계약을 해제한 경우에는, 해제시의 시가에 갈음하여 물품 수령시의 시가를 적용한다.

(2) 제1항의 적용상, 시가는 물품이 인도되었어야 했던 장소에서의 지배적인 가격, 그 장소에 시가가 없는 경우에는 물품 운송비용의 차액을 적절히 고려하여 합리적으로 대체할 수 있는 다른 장소에서의 가격을 말한다.

### 조문해설

시가 변동으로 인한 손해를 배상받기 위해서는 ① 계약이 해제되고, ② 대체거래를 하지 않아야 하고, ③ 물품의 시가가 있어야 합니다. 손해배상을 구하는 주체가 매도인인지 매수인인지에 따라 유형을 나누어 살펴보면 다음과 같습니다.

먼저 매도인이 손해배상을 구하는 경우를 보겠습니다. 만일 물품의 시가가 계약상의 가격보다 상승한 경우라면 매도인은 물품을 높아진 가격으로 타에 매도할 수 있으므로 손해가 발생하지 않습니다. 오직 물품의 시가가 계약 가격보다 낮아진 경우에 손해가 발생하게 됩니다. 이 경우 매도인은 계약대금에서 해제시의 시가를 뺀 차액에 대한 손해배상을 구할 수 있습니다.

다음으로 매수인이 손해배상을 구하는 경우를 보겠습니다. 만일 물품의 시가가 계약 가격보다 하락했다면 매수인은 계약가격에 미치지 못하는 낮은 가격(혹은 가치)을 가진 물품을 매수하는 상황을 피한 것이므로 손해가 발생하지 않습니다. 오로지 계약 가격보다 물품의 시가가 상승한 경우에만 매수인에게 손해가 발생하는데, 계약이 해제되지 않았다면 계약 대금보다 높은 가치를 가진 물품을 소유할 수 있었는데 그러지 못하였기 때문입니다. 이 경우 매수인은 해제시의 시가에서 계약대금을 뺀 차액에 대한 손해배상을 구할 수 있습니다.

제1항 단서에 따라 물품이 인도된 후에 계약이 해제된 경우에는 계약해제시의 시가가 아니라 물품 수령시의 시가를 기준으로 함에 주의해야 합니다.

제2항의 해석은 그리 어렵지 않으므로 생략합니다.


## 제77조(손실경감의무)

계약위반을 주장하는 당사자는 이익의 상실을 포함하여 그 위반으로 인한 손실을 경감하기 위하여 그 상황에서 합리적인 조치를 취하여야 한다. 계약위반을 주장하는 당사자가 그 조치를 취하지 아니한 경우에는, 위반 당사자는 경감되었어야 했던 손실액만큼 손해배상액의 감액을 청구할 수 있다.

**보충설명**

이 의무를 위반하면 경감되었을 손해만큼 배상 범위가 감축됩니다.

**연관조문**

제77조의 손실경감의무는 제7조 제2항의 '일반원칙'에 포함된 신의칙으로부터 도출된다고 볼 수 있습니다.

**기출표시**

2회

## 제3절 이 자

### 제78조(이자 청구권)

당사자가 대금 그 밖의 연체된 금액을 지급하지 아니하는 경우에, 상대방은 제74조에 따른 손해배상청구권을 해함이 없이, 그 금액에 대한 이자를 청구할 수 있다.

**보충설명**

제78조는 이자율에 대해서는 언급하고 있지 않습니다. 이자율은 해당 법률관계에 대하여 국제사법에 의해 지정되는 준거법에 의하게 됩니다.

**연관조문**

제78조는 이자의 기산점이 명시되어 있지 않지만, 금전채무 만기시라 볼 수 있습니다. 제84조 제1항이 기산점을 명시하고 있는 것과 다름에 주의해야 합니다.

## 제4절 면 책

### 제79조(손해배상책임의 면책)

(1) 당사자는 그 의무의 불이행이 자신이 통제할 수 없는 장애에 기인하였다는 것과 계약체결시에 그 장애를 고려하거나 또는 그 장애나 그로 인한 결과를 회피하거나 극복하는 것이 합리적으로 기대될 수 없었다는 것을 증명하는 경우에는, 그 의무불이행에 대하여 책임이 없다.

(2) 당사자의 불이행이 계약의 전부 또는 일부의 이행을 위하여 사용한 제3자의 불이행으로 인한 경우에는, 그 당사자는 다음의 경우에 한하여 그 책임을 면한다.

(가) 당사자가 제1항의 규정에 의하여 면책되고, 또한

(나) 당사자가 사용한 제3자도 그에게 제1항이 적용된다면 면책되는 경우

(3) 이 조에 규정된 면책은 장애가 존재하는 기간 동안에 효력을 가진다.

(4) 불이행 당사자는 장애가 존재한다는 것과 그 장애가 자신의 이행능력에 미치는 영향을 상대방에게 통지하여야 한다. 불이행 당사자가 장애를 알았거나 알았어야 했던 때로부터 합리적인 기간 내에 상대방이 그 통지를 수령하지 못한 경우에는, 불이행 당사자는 불수령으로 인한 손해에 대하여 책임이 있다.

(5) 이 조는 어느 당사자가 이 협약에 따라 손해배상 청구권 이외의 권리를 행사하는 것을 방해하지 아니한다.

## 조문해설

제1항은 손해배상책임의 면책을 위한 요건이 제시하고 있습니다. 의무 불이행이 ① '자신이 통제할 수 없는 장애에 기인하였'어야 하고(통제 불능 장애일 것), ② '계약 체결시에 그 장애를 고려'하는 것이 '합리적으로 기대될 수 없었'어야 하고(예견 불능 장애일 것), ③ '그로 인한 결과를 회피하거나 극복하는 것이 합리적으로 기대될 수 없었'어야 합니다(극복 불능 장애일 것). 이 세 요건이 동시에 모두 충족되어야 손해배상 책임이 면책됩니다.

제2항은 의무의 불이행이 당사자가 아닌 독립적인 이행보조자인 제3자에 의해 발생한 경우를 규율합니다. 이 경우에는 당사자도 제1항의 요건을 모두 충족해야 하고(가호), 동시에 제3자도 제1항의 요건을 모두 충족해야 합니다(나호).

제4항은 의무 불이행 당사자의 장애 통지의무를 규정합니다. 중요한 점은 발신주의가 아닌 도달주의가 적용된다는 것입니다. 불이행 당사자가 면책되기 위한 요건으로서의 통지의무이므로 도달주의를 따르는 것이 타당해 보입니다. 참고로 협약 제3편은 발신주의가 원칙입니다(제27조).

마지막으로 제74조에 의해서 면책되는 책임은 손해배상책임에 한정된다는 점에 주의해야 합니다(제5항).

## 보충설명

제2항의 '제3자'는 독립적 이행보조자를 의미합니다. 일반적으로 이행보조자는 독립적 이행보조자와 종속적 이행보조자로 나뉩니다. 그런데 종속적 이행보조자(채무자의 근로자)의 의무 불이행은 당사자의 의무 불이행으로 보므로, 여기서의 '제3자'에는 포함되지 않습니다(석광현, 311면).

1설(多): 채무자가 계약상 이행하여야 하는 의무의 전부 또는 일부의 이행을 위탁한 제3자

2설: 채무자가 계약의 전부 또는 일부의 이행을 위하여 사용한 모든 제3자

Ex.) 1설에 따를 때 제3자에 해당하지 않는 경우를 고르시오. (정답은 다음면 하단)

① 인도의무가 지참채무인 경우에 독립적인 운송인

② 매수인에게 물품을 직접 인도하도록 매도인과 계약을 맺은 물품 생산자

③ 매도인의 물품 생산을 위해 원료나 부품을 공급하는 자

★ 1설을 따르든 2설을 따르든 이해하기 편한 것으로 선택할 필요가 있습니다.

### 기출표시

| 6회 ‖ 12회 |
| --- |

## 제80조(자신이 초래한 상대방의 불이행)

당사자는 상대방의 불이행이 자신의 작위 또는 부작위에 기인하는 한, 상대방의 불이행을 주장할 수 없다.

### 보충설명

제80조는 제79조와 달리 불이행에 따른 모든 구제수단을 행사할 수 없게 됩니다.

### 기출표시

| 11회 ‖ 12회 |
| --- |

## 제5절 해제의 효력

### 제81조(계약해제의 효과)

(1) 계약의 해제는 손해배상의무를 제외하고 당사자 쌍방을 계약상의 의무로부터 면하게 한다. 해제는 계약상의 분쟁해결조항 또는 해제의 결과 발생하는 당사자의 권리의무를 규율하는 그 밖의 계약조항에 영향을 미치지 아니한다.

(2) 계약의 전부 또는 일부를 이행한 당사자는 상대방에게 자신이 계약상 공급 또는 지급한 것의 반환을 청구할 수 있다. 당사자 쌍방이 반환하여야 하는 경우에는 동시에 반환하여야 한다.

### 조문해설

계약해제의 효과는 당사자 쌍방이 계약상의 의무를 면하게 되는 것(제1항)과, 의무의 이행으로써 지급한 것의 반환을 청구할 수 있는 권리를 얻게 되는 것(제2항)입니다. 쌍방의 반환은 동시이행관계에 있습니다(제2항).

제1항 단서에 따라 '계약상의 분쟁해결조항 또는 해제의 결과 발생하는 당사자의 권

리의무를 규율하는 그 밖의 계약조항'은 계약이 해제되더라도 그대로 적용됩니다. 이로 인하여 계약의 해제에 소급효가 없다고 봅니다.

## 기출표시

4회

### 제82조(매수인의 반환의무불능과 계약해제권의 상실)

(1) 매수인이 물품을 수령한 상태와 실질적으로 동일한 상태로 그 물품을 반환할 수 없는 경우에는, 매수인은 계약을 해제하거나 매도인에게 대체물을 청구할 권리를 상실한다.

(2) 제1항은 다음의 경우에는 적용되지 아니한다.

(가) 물품을 반환할 수 없거나 수령한 상태와 실질적으로 동일한 상태로 반환할 수 없는 것이 매수인의 작위 또는 부작위에 기인하지 아니한 경우

(나) 물품의 전부 또는 일부가 제38조에 따른 검사의 결과로 멸실 또는 훼손된 경우

(다) 매수인이 부적합을 발견하였거나 발견하였어야 했던 시점 전에, 물품의 전부 또는 일부가 정상적인 거래과정에서 매각되거나 통상의 용법에 따라 소비 또는 변형된 경우

#### 조문해설

매수인이 계약을 해제하거나(제49조) 대체물을 청구하기(제46조 제2항) 위해서는 물품을 수령 당시와 실질적으로 동일한 상태로 반환하여야 합니다.

원상태로 반환할 수 없게 된 경우에는 해제권 또는 대체물 청구권은 상실됩니다(제1항).

★물품을 원상태로 반환하는 것이 가능한지 여부는,

해제 혹은 대체물청구 의사표시가 발송된 시점을 기준으로 판단.

따라서 의사표시 이전에 원상태로 반환이 불가능했다면 해제권 또는 대체물 청구권이 상실되고, 의사표시 후에 원상태로 반환이 불가능해졌다면 이미 행사한 해제권 또는 대체물 청구권은 그대로 유효하고, 다만 보관의무(제86조)의 위반에 해당되어 매수인이 손해배상책임을 질 뿐입니다(석광현, 330면).

물품을 원상태로 반환하는 것이 불가능하지만 그럼에도 불구하고 해제권 혹은 대체물 청구권이 상실되지 않는 경우가 제2항 각 호에 제시되어 있습니다.

#### 연관조문

제82조 제2항은 제84조 제2항 나호와 연관이 있습니다. 제84조에서 후술합니다.

보관의무와 관련하여 제85조 이하에서 후술합니다.

답: ③   3번도 제2설에 의하면 제3자에 해당

**기출표시**

| 2회 ‖ 6회 ‖ 7회 ‖ 12회 ‖ 13회 |

### 제83조(해제권 및 대체물인도청구권 이외의 구제수단의 존속)

매수인은, 제82조에 따라 계약해제권 또는 대체물인도청구권을 상실한 경우에도, 계약과 이 협약에 따른 그 밖의 모든 구제권을 보유한다.

### 제84조(이자 및 이익 반환 의무)

(1) 매도인은 대금을 반환하여야 하는 경우에, 대금이 지급된 날부터 그에 대한 이자도 지급하여야 한다.

(2) 매수인은 다음의 경우에는 물품의 전부 또는 일부로부터 발생된 모든 이익을 매도인에게 지급하여야 한다.

　(가) 매수인이 물품의 전부 또는 일부를 반환하여야 하는 경우

　(나) 물품의 전부 또는 일부를 반환할 수 없거나 수령한 상태와 실질적으로 동일한 상태로 전부 또는 일부를 반환할 수 없음에도 불구하고, 매수인이 계약을 해제하거나 매도인에게 대체물의 인도를 청구한 경우[1]

#### 조문해설

　계약이 해제되어 매도인이 대금을 반환하는 경우 지급일로부터 기산한 이자도 지급해야 합니다(제1항).

　마찬가지로 물품의 전부 혹은 일부를 수령한 매수인도 계약이 해제되면 받은 물품을 반환함과 동시에 그것으로부터 얻은 모든 이익을 반환하여야 합니다(제2항).

　이때의 모든 이익은 순이익을 뜻하고, 이는 과실과 사용이익을 포함합니다. 받은 것을 동일한 상태로 반환할 수 있는 경우(가호)와, 동일한 상태로 반환이 불가능하지만 해제권이나 대체물 청구권을 (상실하지 않았기 때문에) 행사한 경우(나호) 공히 받은 이익 전부를 반환해야 합니다.

#### 연관조문

　제2항 나호에서 '매수인이 계약을 해제하거나 대체물의 인도를 청구'한다는 것은 '물품의 전부 또는 일부를 반환할 수 없거나 수령한 상태와 실질적으로 동일한 상태로 전부 또는 일부를 반환할 수 없음에도 불구하고' 해제권이나 대체물 청구권을 상실하지 않았다는 것을 의미합니다. 그리고 이는 제82조 제2항과 일치합니다.

---

1) 제82조 제2항의 경우 의미.

## 제6절 물품의 보관

### 제85조(매도인의 물품보관 의무)

매수인이 물품 인도의 수령을 지체하거나 또는 대금지급과 물품 인도가 동시에 이루어져야 함에도 매수인이 대금을 지급하지 아니한 경우로서, 매도인이 물품을 점유하거나 그 밖의 방법으로 그 처분을 지배할 수 있는 경우에는, 매도인은 물품을 보관하기 위하여 그 상황에서 합리적인 조치를 취하여야 한다. 매도인은 매수인으로부터 합리적인 비용을 상환 받을 때까지 그 물품을 보유할 수 있다.

#### 조문해설

매수인이 수령 의무 또는 대금 지급 의무를 이행하지 않고, 매도인이 물품을 점유하거나 처분을 지배하는 경우, 매도인은 물품을 보관할 의무를 부담합니다(1문). 2문은 보관 비용을 담보하기 위한 유치권 행사가 가능함을 정하고 있습니다.

#### 보충설명

제6절의 보관과 관련된 의무는 신의칙(제7조)에 기인합니다.

### 제86조(매수인의 물품보관 의무)

(1) 매수인이 물품을 수령한 후 그 물품을 거절하기 위하여 계약 또는 이 협약에 따른 권리를 행사하려고 하는 경우에는, 매수인은 물품을 보관하기 위하여 그 상황에서 합리적인 조치를 취하여야 한다. 매수인은 매도인으로부터 합리적인 비용을 상환받을 때까지 그 물품을 보유할 수 있다.

(2) 매수인에게 발송된 물품이 목적지에서 매수인의 처분하에 놓여지고, 매수인이 그 물품을 거절하는 권리를 행사하는 경우에, 매수인은 매도인을 위하여 그 물품을 점유하여야 한다. 다만, 대금 지급 및 불합리한 불편이나 경비소요없이 점유할 수 있는 경우에 한한다. 이 항은 매도인이나 그를 위하여 물품을 관리하는 자가 목적지에 있는 경우에는 적용되지 아니한다. 매수인이 이 항에 따라 물품을 점유하는 경우에는, 매수인의 권리

와 의무에 대하여는 제1항이 적용된다.

**조문해설**

　　매수인이 수령한 물품을 '거절'한다는 것은 ① 계약을 해제하거나(제49조), ② 대체물 인도를 청구하거나(제46조 제2항), ③ 사전인도 또는 초과인도를 거절하는(제52조) 경우를 가리킵니다. 이 경우 매수인은 물품을 보관할 의무를 부담하고, 보관비용을 담보하기 위하여 물품을 유치할 수 있습니다(제1항).

　　물품이 '매수인의 처분하에 놓여'졌다면 아직 수령하기 전이므로, 거절권을 행사하는 매수인은 물품에 대한 보관의무가 아닌 잠정적인 점유의무를 부담합니다(제2항 본문). 다만, 이 점유에는 대금지급이 수반되고, 불합리한 불편이나 경비가 소요되는 경우에는 점유하지 않아도 됩니다(단서). 또한 목적지에 매도인을 위한 물품 관리자가 있다면 매수인의 점유의무는 발생하지 않습니다(3문). 매수인이 점유의무에 따라 물품을 점유하는 경우 점유의무는 보관의무로 전이됩니다(4문).

**기출표시**

7회

### 제87조(창고임치)

물품을 보관하기 위한 조치를 취하여야 하는 당사자는 그 비용이 불합리하지 아니하는 한, 상대방의 비용으로 물품을 제3자의 창고에 임치할 수 있다.

### 제88조(자조매각)

(1) 제85조 또는 제86조에 따라 물품을 보관하여야 하는 당사자는 상대방이 물품을 점유하거나 반환받거나 또는 대금이나 보관비용을 지급하는 데 불합리하게 지체하는 경우에는, 상대방에게 매각의사를 합리적으로 통지하는 한, 적절한 방법으로 물품을 매각할 수 있다.

(2) 물품이 급속히 훼손되기 쉽거나 그 보관에 불합리한 경비를 요하는 경우에는, 제85조 또는 제86조에 따라 물품을 보관하여야 하는 당사자는 물품을 매각하기 위하여 합리적인 조치를 취하여야 한다. 이 경우에 가능한 한도에서 상대방에게 매각의사가 통지되어야 한다.

(3) 물품을 매각한 당사자는 매각대금에서 물품을 보관하고 매각하는 데 소요된 합리적인 비용과 동일한 금액을 보유할 권리가 있다. 그 차액은 상대방에게 반환되어야 한다.

> **조문해설**
>
> 제1항은 자조매각을, 제2항은 긴급매각을 규정합니다. 자조매각은 매수인의 권리이지만, 긴급매각은 의무임에 주의해야 합니다. 두 경우 모두 매도인에게 통지해야 합니다(통지의무 위반시 손해배상).

# 제 4 편  최종규정

## 제89조(수탁기관)
국제연합 사무총장은 이 협약의 수탁자가 된다.

> **조문해설**
>
> 제4편의 최종규정에서는 모든 조문을 해설하지는 않습니다. 문언의 의미만으로는 그 내용을 파악하기 어렵거나, 중요도가 높은 조문에 한하여 해설을 합니다.

## 제90조(타 협정과의 관계)
이미 발효하였거나 또는 앞으로 발효하게 될 국제협정이 이 협약이 규율하는 사항에 관하여 규정을 두고 있는 경우에, 이 협약은 그러한 국제협정에 우선하지 아니한다. 다만, 당사자가 그 협정의 당사국에 영업소를 가지고 있는 경우에 한한다.

## 제91조(서명, 비준, 가입)
(1) 이 협약은 국제물품매매계약에 관한 국제연합회의의 최종일에 서명을 위하여 개방되고, 뉴욕의 국제연합 본부에서 1981년 9월 30일까지 모든 국가에 의한 서명을 위하여 개방된다.
(2) 이 협약은 서명국에 의하여 비준, 수락 또는 승인되어야 한다.
(3) 이 협약은 서명을 위하여 개방된 날부터 서명하지 아니한 모든 국가의 가입을 위하여 개방된다.
(4) 비준서, 수락서, 승인서 또는 가입서는 국제연합 사무총장에게 기탁되어야 한다.

## 제92조(제2편과 제3편의 배제)
(1) 체약국은 서명, 비준, 수락, 승인 또는 가입시에 이 협약 제2편 또는 제3편에 구속되지 아니한다는 취지의 선언을 할 수 있다.
(2) 제1항에 따라 이 협약 제2편 또는 제3편에 관하여 유보선언을 한 체약국은, 그 선언이 적용되는 편에 의하여 규율되는 사항에 관하여는 이 협약 제1조 제1항에서 말하는 체

약국으로 보지 아니한다.

## 제93조(연방국가의 경우)

(1) 체약국이 그 헌법상 이 협약이 다루고 있는 사항에 관하여 각 영역마다 다른 법체계가 적용되는 2개 이상의 영역을 가지고 있는 경우에, 그 국가는 서명, 비준, 수락, 승인 또는 가입시에 이 협약을 전체 영역 또는 일부영역에만 적용한다는 취지의 선언을 할 수 있으며, 언제든지 새로운 선언을 함으로써 전의 선언을 수정할 수 있다.

(2) 제1항의 선언은 수탁자에게 통고하여야 하며, 이 협약이 적용되는 영역을 명시하여야 한다.

(3) 이 조의 선언에 의하여 이 협약이 체약국의 전체영역에 적용되지 아니하고 하나 또는 둘 이상의 영역에만 적용되며 또한 당사자의 영업소가 그 국가에 있는 경우에는, 그 영업소는 이 협약의 적용상 체약국에 있지 아니한 것으로 본다. 다만, 그 영업소가 이 협약이 적용되는 영역에 있는 경우에는 그러하지 아니하다.

(4) 체약국이 제1항의 선언을 하지 아니한 경우에 이 협약은 그 국가의 전체영역에 적용된다.

## 제94조(유사법을 가진 국가의 유보)

(1) 이 협약이 규율하는 사항에 관하여 동일하거나 또는 밀접하게 관련된 법규를 가지는 둘 이상의 체약국은, 양당사자의 영업소가 그러한 국가에 있는 경우에 이 협약을 매매계약과 그 성립에 관하여 적용하지 아니한다는 취지의 선언을 언제든지 행할 수 있다. 그러한 선언은 공동으로 또는 상호간에 단독으로 할 수 있다.

(2) 이 협약이 규율하는 사항에 관하여 하나 또는 둘 이상의 비체약국과 동일하거나 또는 밀접하게 관련된 법규를 가지는 체약국은 양당사자의 영업소가 그러한 국가에 있는 경우에 이 협약을 매매계약과 그 성립에 대하여 적용하지 아니한다는 취지의 선언을 언제든지 행할 수 있다.

(3) 제2항에 의한 선언의 대상이 된 국가가 그 후 체약국이 된 경우에, 그 선언은 이 협약이 새로운 체약국에 대하여 효력이 발생하는 날부터 제1항의 선언으로서 효력을 가진다. 다만, 새로운 체약국이 그 선언에 가담하거나 또는 상호간에 단독으로 선언하는 경우에 한한다.

### 조문해설

유사한 법규를 가지는 국가로는 덴마크, 핀란드, 노르웨이, 스웨덴 등이 있습니다.

## 제95조(간접적용의 배제)

어떤 국가든지 비준서, 수락서, 승인서 또는 가입서를 기탁할 때, 이 협약 제1조 제1항 (나)호에 구속되지 아니한다는 취지의 선언을 행할 수 있다.

**조문해설**

　제95조는 체약국으로 하여금 협약의 간접적용을 배제할 수 있도록 하기 위한 조항입니다.

　협약의 간접적용을 배제한다고 하여 그 국가에 영업소를 둔 당사자를 일방으로 하는 물품매매계약에서 바로 협약의 간접적용이 배제되는 것은 아님에 주의해야 합니다. 법정지의 국제사법 규정에 의해 지정되는 준거법의 소속국가인 체약국이 제95조에 의한 간접적용을 배제하는 선언을 한 경우에만 간접적용이 배제됩니다.

　'구속되지 아니한다'의 의미는 법정지의 국제사법에 의해 지정된 체약국이 유보선언을 하였다면 체약국의 국내법이 적용되고 본 협약이 배제되는 의미로 해석합니다.

**연관조문**

　협약의 간접적용의 요건은 제1조에 제시되어 있습니다.

**기출표시**

6회 ‖ 7회 ‖ 8회 ‖ 9회

### 제96조(비서면주의의 배제)

그 국가의 법률상 매매계약의 체결 또는 입증에 서면을 요구하는 체약국은 제12조에 따라 매매계약, 합의에 의한 매매계약의 변경이나 종료, 청약, 승낙 기타의 의사표시를 서면 이외의 방법으로 하는 것을 허용하는 이 협약 제11조, 제29조 또는 제2편의 어떠한 규정도 당사자 일방이 그 국가에 영업소를 가지고 있는 경우에는 적용하지 아니한다는 취지의 선언을 언제든지 행할 수 있다.

**조문해설**

　제96조는 서면주의 원칙을 표방하는 체약국이 협약의 방식자유의 원칙(비서면주의)을 배제할 수 있도록 하기 위하여 마련된 조항입니다. 대표적인 서면주의 체약국으로는 미국이 있습니다.

　특정 체약국이 비서면주의를 배제한다고 하여 그 국가에 영업소를 둔 당사자를 일방으로 하는 물품매매계약에 대하여 서면주의가 바로 적용되는 것은 아님에 주의해야 합니다. 법정지의 국제사법 규정에 의해 지정되는 방식의 준거법에 따라서 서면주의가 적용될 것인지 여부가 결정됩니다.

**연관조문**

제11조, 제29조, 제2편은 비서면주의를 허용하고 있습니다.

**기출표시**

5회

### 제97조(유보선언 발효의 절차)

(1) 서명시에 이 협약에 따라 행한 선언은 비준, 수락 또는 승인시 다시 확인되어야 한다.

(2) 선언 및 선언의 확인은 서면으로 하여야 하고, 또한 정식으로 수탁자에게 통고하여야 한다.

(3) 선언은 이를 행한 국가에 대하여 이 협약이 발효함과 동시에 효력이 생긴다. 다만, 협약의 발효 후 수탁자가 정식으로 통고를 수령한 선언은 수탁자가 이를 수령한 날부터 6월이 경과된 다음달의 1일에 효력이 발생한다. 제94조에 따른 상호간의 단독선언은 수탁자가 최후의 선언을 수령한 후 6월이 경과한 다음달의 1일에 효력이 발생한다.

(4) 이 협약에 따라 선언을 행한 국가는 수탁자에게 서면에 의한 정식의 통고를 함으로써 언제든지 그 선언을 철회할 수 있다. 그러한 철회는 수탁자가 통고를 수령한 날부터 6월이 경과된 다음달의 1일에 효력이 발생한다.

(5) 제94조에 따라 선언이 철회된 경우에는 그 철회의 효력이 발생하는 날부터 제94조에 따라 다른 국가가 행한 상호간의 선언의 효력이 상실된다.

### 제98조(유보의 금지)

이 협약에 의하여 명시적으로 인정된 경우를 제외하고는 어떠한 유보도 허용되지 아니한다.

### 제99조(협약의 발효와 경과규정)

(1) 이 협약은 제6항의 규정에 따를 것을 조건으로, 제92조의 선언을 포함하고 있는 문서를 포함하여 10번째의 비준서, 수락서, 승인서 또는 가입서가 기탁된 날부터 12월이 경과된 다음달의 1일에 효력이 발생한다.

(2) 10번째의 비준서, 수락서, 승인서 또는 가입서가 기탁된 후에 어느 국가가 이 협약을 비준, 수락, 승인 또는 가입하는 경우에, 이 협약은 적용이 배제된 편을 제외하고 제6항에 따를 것을 조건으로 하여 그 국가의 비준서, 수락서, 승인서 또는 가입서가 기탁된 날부터 12월이 경과된 다음달의 1일에 그 국가에 대하여 효력이 발생한다.

(3) 1964년 7월 1일 헤이그에서 작성된 『국제물품매매계약의 성립에 관한 통일법』(1964년 헤이그성립협약)과 『국제물품매매계약에 관한 통일법』(1964년 헤이그매매협약)중의

하나 또는 모두의 당사국이 이 협약을 비준, 수락, 승인 또는 이에 가입하는 경우에는 네덜란드 정부에 통고함으로써 1964년 헤이그매매협약 및/또는 1964년 헤이그성립협약을 동시에 폐기하여야 한다.

(4) 1964년 헤이그매매협약의 당사국으로서 이 협약을 비준, 수락, 승인 또는 가입하는 국가가 제92조에 따라 이 협약 제2편에 구속되지 아니한다는 뜻을 선언하거나 또는 선언한 경우에, 그 국가는 이 협약의 비준, 수락, 승인 또는 가입시에 네덜란드 정부에 통고함으로써 1964년 헤이그매매협약을 폐기하여야 한다.

(5) 1964년 헤이그성립협약의 당사국으로서 이 협약을 비준, 수락, 승인 또는 가입하는 국가가 제92조에 따라 이 협약 제3편에 구속되지 아니한다는 뜻을 선언하거나 또는 선언한 경우에, 그 국가는 이 협약의 비준, 수락, 승인 또는 가입시 네덜란드정부에 통고함으로서 1964년 헤이그성립협약을 폐기하여야 한다.

(6) 이 조의 적용상, 1964년 헤이그성립협약 또는 1964년 헤이그매매협약의 당사국에 의한 이 협약의 비준, 수락, 승인 또는 가입은 이들 두 협약에 관하여 당사국에게 요구되는 폐기의 통고가 효력을 발생하기까지 그 효력이 발생하지 아니한다. 이 협약의 수탁자는 이에 관한 필요한 상호조정을 확실히 하기 위하여 1964년 협약들의 수탁자인 네덜란드 정부와 협의하여야 한다.

### 조문해설

본 협약은 1988년 1월 1일에 협약이 발효되었습니다(제1항).

우리나라는 2004년 2월 17일에 기탁하여 2005년 3월 1일에 발효되었습니다(제2항).

## 제100조(협약의 발효일과 협약의 적용)

(1) 이 협약은 제1조 제1항 (가)호 또는 (나)호의 체약국에게 협약의 효력이 발생한 날 이후에 계약체결을 위한 제안이 이루어진 경우에 한하여 계약의 성립에 대하여 적용된다.

(2) 이 협약은 제1조 제1항 (가)호 또는 (나)호의 체약국에게 협약의 효력이 발생한 날 이후에 체결된 계약에 대하여만 적용된다.

### 조문해설

제1항은 계약의 '성립' 여부에 대하여 본 협약이 적용되기 위한 요건을 제시합니다.

양당사자의 영업소가 모두 협약의 체약국에 위치하여 협약이 직접적용되는 경우(제1조 제1항 가호)에는 양당사자의 영업소가 위치한 각 체약국 모두에서 협약이 발효된 이후에 계약을 위한 제안, 즉 청약의 발송이 이루어진 경우에 한하여 계약의 '성립'에 대하여 본 협약(제1편＋제2편)이 적용됩니다.

또는 양당사자 중 적어도 일방의 영업소가 협약의 비체약국에 위치하여 협약이 간접 적용되는 경우(제1조 제1항 나호)에는 법정지의 국제사법 규정에 의해 지정되는 준거법의 소속국가인 체약국에서 협약이 발효된 이후에 청약이 이루어진 경우에 한하여, 역시 계약의 '성립'에 대하여 본 협약이 적용됩니다.

제2항은 계약의 '효력'에 대하여 본 협약이 적용되기 위한 요건을 제시합니다. 이 경우는 협약의 효력이 발생한 날 이후에 승낙이 도달한 경우를 의미합니다. 협약이 직접 적용되는 경우에는 각 체약국 모두에서 협약이 발효된 이후에 체결된 계약에 한하여 그 계약의 '효력'에 대하여 협약이 적용되고, 협약이 간접적용되는 경우에는 법정지의 국제사법 규정에 의해 지정되는 준거법의 소속국가인 체약국에서 협약이 발효된 이후에 체결된 계약에 한하여 그 계약의 '효력'에 대하여 협약(제1편＋제3편)이 적용됩니다. 이 경우 성립에 관하여 협약이 아닌 국내법이 적용될 경우가 있습니다.

**기출표시**

8회

### 제101조(협약의 폐기)

(1) 체약국은 수탁자에게 서면에 의한 정식의 통고를 함으로써 이 협약 또는 이 협약 제2편 또는 제3편을 폐기할 수 있다.

(2) 폐기는 수탁자가 통고를 수령한 후 12월이 경과한 다음달의 1일에 효력이 발생한다. 통고에 폐기의 발효에 대하여 보다 장기간이 명시된 경우에 폐기는 수탁자가 통고를 수령한 후 그 기간이 경과되어야 효력이 발생한다.

1980년 4월 11일에 비엔나에서 동등하게 정본인 아랍어, 중국어, 영어, 프랑스어, 러시아어 및 스페인어로 각 1부가 작성되었다.

그 증거로서 각국의 전권대표들은 각국의 정부로부터 정당하게 위임을 받아 이 협약에 서명하였다.

# III. 변호사시험 기출문제 및 해설
## (2025년 제14회 ~ 2012년 제1회)

## 해설 활용방법

1. 해설에서 『접근방법』은 답안의 쟁점정리(문제의 소재) 역할을 하고, 『모범답안』 은 답안의 내용을 의미한다. 『핵심쟁점』은 마지막 정리 시 활용할 수 있다.

2. 변호사시험 11회까지는 구 국제사법에 의한 문제이므로, 그것에 따라 풀이하 였다. 그러나 참조사항을 두어 개정국제사법에 의하여도 해설하였다.

# 사례 문제 및 해설

### 제1문

甲은 A국법에 따라 설립되어 A국에만 영업소를 두고 있는 법인으로서, 대한민국, A국, B국에 'MZ‒GIRL'이라는 상표(이하 '이 사건 상표'라 한다)를 등록하고 이 사건 상표를 부착한 의류를 A국에서만 생산·판매하고 있다. 乙은 대한민국 법에 따라 설립되어 대한민국에만 영업소를 두고 있는 법인으로서, 이 사건 상표를 정당한 권한 없이 위조한 상표가 부착된 의류를 A국에서 구입하여 A국에서만 판매하였다. 甲은 乙을 상대로 서울중앙지방법원에 乙이 甲의 A국 상표권을 침해하였음을 이유로 손해배상청구의 소를 제기하였다. 소송절차 진행 중에 甲과 乙은 손해배상청구의 준거법을 B국법으로 합의하였다.

丙은 B국에만 영업소를 두고 있는 개인사업자로서, 甲은 丙이 B국에서 이 사건 상표를 사용하는 것을 허락하고 丙은 그 대가로 甲에게 사용료를 지급하기로 하는 계약(이하 '이 사건 계약'이라 한다)을 체결하였다. 이 사건 계약의 제P조는 "이 계약으로부터 또는 이 계약과 관련하여 발생하는 모든 분쟁은 대한민국 서울중앙지방법원에서만 소송으로써 해결한다."라고 규정하고 제Q조는 "제P조는 B국법에 따라 규율된다."라고 규정하고 있다. 甲과 丙은 제P조와 제Q조를 제외한 이 사건 계약의 준거법에 관하여는 합의에 이르지 못하였다. 丙이 甲에게 이 사건 계약에 따른 사용료를 지급하지 않자 甲은 丙을 상대로 서울중앙지방법원에 사용료 지급을 구하는 소를 제기하였다. 丙은 이 사건 계약의 제P조가 착오로 체결되어 효력이 없다고 주장하는 본안 전 항변을 하였다.

한편 丙은 대한민국과 A국 국적을 가지고 있다. 丙은 2년 전 A국에서 丁과 혼인한 후 계속 대한민국에 함께 거주하고 있다. 丁은 丙과 혼인 당시 A국과 B국 국적을 가지고 A국에 거주하고 있었다. 그런데 丁은 丙과 혼인하기 전에 A국에서 다른 사람과 혼인하였고 그 혼인관계를 계속 유지하고 있다. 이를 알게 된 丙은 丁을 상대로 서울가정법원에 丁의 중혼을 이유로 주위적으로 혼인무효를, 예비적으로 혼인취소를 구하는 소를 제기하였다.

### 전제

1. 아래 문제 1. 나., 2. 나., 3. 나.는 대한민국 법원에 국제재판관할이 있음을 전제로 한다.

2. 중혼은 A국법에 따르면 혼인무효사유이지만 대한민국법과 B국법에 따르면 혼인취소사유이다. 아래 문제 3. 나.에서 제소기간 등 기타 요건은 대한민국법, A국법, B국법 중 어느 것에 따르든 충족됨을 전제로 한다.

### 질문

1. 甲이 乙을 상대로 제기한 소에 관하여,
   가. 서울중앙지방법원에 국제재판관할이 있는지 논하시오. (15점)
   나. 甲의 乙에 대한 청구의 준거법은 무엇인지 논하시오. (15점)

2. 甲이 丙을 상대로 제기한 소에 관하여,
   가. 丙의 본안 전 항변을 판단하는 준거법은 무엇인지 논하시오. (10점)
   나. 甲의 丙에 대한 청구의 준거법은 무엇인지 논하시오. (15점)

3. 丙이 丁을 상대로 제기한 소에 관하여,
   가. 서울가정법원에 국제재판관할이 있는지 논하시오. (10점)
   나. 서울가정법원은 주위적 청구와 예비적 청구 중 무엇을 인용하여야 하는지 논하시오. (15점)

## 제2문

甲은 원유를 시추·추출·유통하는 사업을 영위하는 회사로 대한민국 서울에 본점을 두고 세계 주요 도시에 지점을 두고 있다. 乙은 원유를 수입한 후 이를 정제한 정제유를 유통하는 사업을 영위하는 회사로 대한민국 울산에 본점을 두고 일본 도쿄에 지점을 두고 있다. 甲과 乙은 甲이 乙에게 아래와 같은 조건으로 원유 3만 배럴을 공급하기로 하는 계약(이하 '이 사건 계약'이라 한다)을 체결하였는데, 이 사건 계약의 체결 및 이행은 甲의 영국 런던 지점과 乙의 일본 도쿄 지점에서 담당하였다. 특히 2차 인도분 원유 1만 배럴은 乙이 이를 정제한 정제유를 일본에 영업소를 두고 있는 丙에게 납품할 예정이었고, 丙이 주문한 정제유는 최첨단 중장비에 사용되는 것이므로 품질조건의 준수가 중요하다는 사실을 甲도 잘 알고 있었다.

> 수     량: 원유 3만 배럴
> 대     금: 배럴당 미화 70달러, 총 미화 210만 달러
> 품질조건: 유황화합물이 전체 성분의 1% 미만인 최상급 원유
> 인도조건: FOB 사우디아라비아 제다(인코텀즈 2020)
> 인도시기: 2024. 7.부터 2024. 9.까지 3회로 나누어 매월 원유 1만 배럴 선적
> 선 적 항: 사우디아라비아 제다항
> 도 착 항: 대한민국 부산항
> 지급조건: 도착항 입항 후 10일 이내 송금
> 준 거 법: 대한민국법

甲은 2024. 7. 10. 1차 인도분 원유 1만 배럴을 제다항에서 乙이 지정한 선박에 선적하였고, 동 선박은 2024. 8. 5. 부산항에 입항하였다. 그 즉시 乙은 해당 원유를 검사하였는데, 품질에 특별한 문제가 없어 2024. 8. 8. 해당 대금을 송금하였다. 甲은 2024. 8. 10. 2차 인도분 원유 1만 배럴을 제다항에서 乙이 지정한 선박에 선적하였고, 동 선박은 2024. 9. 5. 부산항에 입항하였다. 그 즉시 乙은 해당 원유를 검사하였는데, 유황화합물이 전체 성분의 5% 이상이어서 최첨단 중장비에 사용되는 경우 부식을 발생시킬 수 있음이 확인되었고, 이 사실을 즉시 甲에게 통지하였다. 甲은 해당 원유를 선적할 당시에는 이상이 없었고 유

황화합물 증가는 선적 이후에 발생하였다고 주장하면서, 2024. 9. 7. 乙에게 2차 인도분 원유 대금 전액의 지급을 청구하였다. 2차 인도분 원유에 대하여 추가로 조사한 결과, 甲이 제다항에서 원유를 선적하기 전에 해당 원유에 X화학물질을 투여하여 장기간 해상운송에도 원유의 품질이 유지되도록 하였어야 함에도 甲의 직원의 실수로 그 과정이 누락되었음이 밝혀졌다. 또한 2차 인도분 원유가 제다항에서 부산항으로 운송되던 중 이를 선적한 선박이 태풍을 만나 40여 시간 동안 정전이 발생하여 유황화합물이 증가하였는데, 甲이 X화학물질을 투여하였다면 유황화합물의 증가를 방지할 수 있었음이 밝혀졌다.

乙은 3차 인도분 원유가 선적되기 전인 2024. 9. 10. 甲에게 1차, 2차, 3차 인도분 원유 전체에 관하여 계약해제를 통지하였다. 乙은 丙에 대한 정제유 납품의무를 이행하기 위하여 다른 원유회사로부터 원유 구매를 추진하였고, 가장 유리한 조건을 제시하는 원유회사로부터 2024. 9. 20. 원유 1만 배럴을 배럴당 미화 80달러에 매입하였으나, 丙에 대한 납기를 맞추지 못하여 丙에게 지체상금으로 미화 7만 달러를 지급하였다. 乙은 甲을 상대로 대한민국 법원에 이 사건 계약 위반을 이유로 손해배상청구의 소를 제기하였다.

### 전제

1. 대한민국과 일본은 「국제물품매매계약에 관한 국제연합협약」(이하 '협약'이라 한다)의 체약국이고, 영국은 협약의 체약국이 아니다.
2. 대한민국과 일본은 협약 제95조에 따른 유보를 선언하지 않았다.
3. FOB 조건(인코텀즈 2020)에 따르면, 매도인은 지정선적항에서 물품을 본선에 적재하여 인도하고, 물품이 본선에 적재된 때 위험이 매수인에게 이전한다.
4. 아래 문제 2.부터 4.까지는 이 사건 계약에 협약이 적용됨을 전제로 한다.

### 질문

1. 이 사건 계약에 협약이 적용되는지 논하시오. (15점)

2. 甲의 乙에 대한 2차 인도분 원유 대금 전액의 지급 청구가 정당한지 논하시오. (20점)

3. 乙의 계약해제권 행사가 정당한지를 1차, 2차, 3차 인도분 각각에 대하여 논

하시오. (25점)

4. 乙이 甲에게 주장할 수 있는 정당한 손해배상액을 논하시오. (20점)

# 01 | 2025년 제14회 변호사 시험 **해설**

## 제1문

### 접근

설문1의 가는 대한민국 법원이 국제재판관할권을 가지는지 묻습니다. 지식재산권 침해에 관한 소의 특별관할은 대한민국 법원이 관할을 갖지 못하지만 분석을 해 주어야 합니다(제2조, 제3조, 제4조, 제39조).

설문1의 나는 지식재산권 침해의 준거법을 묻는 문제입니다. 지식재산권 침해의 준거법은 일반 불법행위 준거법 조항의 특칙규정으로 보아야 합니다(제40조).

설문2의 가는 본안 전 항변의 준거법을 묻는 문제입니다. 사실관계를 잘 파악하고 계약의 일부에 대해 준거법을 선택할 수 있음을 알고 있어야 합니다(제45조 제1항·제2항).

설문2의 나는 채권계약의 준거법을 묻는 문제입니다. 이용계약에 있어 계약의 특징적 이행을 정확하게 이해하고 있어야 합니다(제46조 제1항, 제46조 제2항 제2호).

설문3의 가는 대한민국 법원이 국제재판관할권을 가지는지 묻습니다(제56조 제1항 제1호, 제2조).

설문3의 나는 혼인성립의 준거법을 묻는 문제입니다. 복수국적자의 본국법을 파악해야 하며, 중혼이 무효사유인지 취소사유인지는 전제사실과 엄격법원칙을 가지고 판단해야 합니다(제63조 제1항, 제16조).

### 모범답안

#### 설문1의 가

##### 1. 국제사법적용 여부

A국에만 영업소를 두고 있는 원고 갑이 대한민국에만 영업소를 두고 있는 피고 을을 상대로 손해배상청구소송을 제기한 사안으로 외국과 관련된 요소가 존재하므로(법정지 중심으로 판단, 제1조 해석 참조) 국제사법에 의해 그 준거법 및 국제재판관할을 정해야 합니다(제1조).

##### 2. 관할의 일반원칙

이 사안의 피고 을은 대한민국법에 따라 설립되어 대한민국에만 영업소가 있는 점을 고려하면 대한민국과 실질적 관련성(법원이 재판관할을 행사하는 것을 정당화할 수 있을 정도로 분쟁대상이 관련성을 갖는 것)이 있으므로 대한민국 법원에 국제재판관할권이 있습니다. 다만 개정법이 정치한 국제재판관할규칙을 도입한 이상 이는 보충적인 규정이므로 이에 해당하는지 여부는 엄격하게 해석하여야 합니다(제2조 제1항).

### 3. 지식재산권 침해에 관한 소의 특별관할

이 사안은 을이 갑의 A국 상표권 침해를 이유로 제기한 소이므로 지식재산권 침해에 관한 소의 특별관할 규정을 검토해야 합니다. 국제사법 제39조 제1항에서 침해행위를 대한민국에서 한 경우, 침해의 결과가 대한민국에서 발생한 경우, 또는 침해행위를 대한민국을 향하여 한 경우 대한민국 법원의 재판관할권을 인정합니다. 그러나 사안에서 을의 침해행위는 위 세 가지의 경우에 포함되지 않습니다. 따라서 대한민국법원은 위 지식재산권 침해에 관한 소의 특별관할에 의하여는 재판관할권을 갖지 못합니다.

### 4. 영업소 소재지 특별관할

을은 대한민국에만 영업소를 두고 있는 법인이며, 또한 이 사안의 소는 그러한 영업소 업무와 관련된 것이므로 대한민국 법원은 국제재판관할권을 가집니다(제4조 제1항).

### 5. 국제사법 제3조의 일반관할

을은 대한민국법에 따라 설립된 법인이므로 대한민국 법원은 국제재판관할권을 가집니다(제3조 제3항).

따라서 갑이 을을 상대로 제기한 손해배상청구소송에서 대한민국 법원이 국제재판관할권을 가집니다. 제2조의 관할의 일반원칙과 관련하여 다른 조항에서 관할 있는 경우 원칙적으로 적용하지 않는 것입니다(※ 모의시험 등 기타의 시험에서 배점요소가 될 때가 있으므로 언급은 하는 게 좋을 듯합니다).

### 설문1의 나

#### 1. 지식재산권 침해의 준거법

지식재산권의 침해가 기본적으로 불법행위의 성격을 가진다는 점에서 일반 불법행위에 관련된 조항(제52조)과의 연결여부가 문제됩니다. 그러나 지식재산권 침해에 관한 준거법 조항(제40조)은 불법행위 준거법 조항의 특칙규정으로 보아야 합니다.

국제사법 제40조에서 지식재산권의 보호는 그 침해지법에 따른다고 규정하고 있습니다. 이 사안에서 을이 A국에서 갑의 A국 상표권을 침해하여 위조 상표가 부착한 의류를 판매하였기에 상표권의 침해지는 A국이며 결과발생지도 동일합니다. 따라서 국제사법 제40조에 따라 그 상표권침해로 인한 손해배상의 준거법은 침해지인 A국법입니다.

## 설문2의 가

### 1. 국제사법적용 여부

A국에만 영업소를 두고 있는 원고 갑이 B국에만 영업소를 두고 있는 피고 병을 상대로 사용료지급을 구하는 소를 제기한 사안으로 외국과 관련된 요소가 존재하므로(법정지 중심으로 판단, 제1조 해석 참조) 국제사법에 의해 준거법을 정해야 합니다(제1조).

### 2. 병의 본안 전 항변의 준거법

갑은 병이 B국에서 상표를 사용하도록 허락하고 병은 그 대가로 갑에게 사용료를 지급하기로 하는 계약을 체결하였는데, 이 사건 계약의 분쟁은 서울중앙지방법원에서 해결한다는 관할합의를 하였고(제P조), 이러한 관할합의의 준거법은 B국법으로 합의(제Q조)를 하였습니다. 병은 이 사건 계약의 제P조가 착오로 체결되었다는 본안 전 항변을 한 사안에서 먼저 이 사건 계약 제P조의 관할합의는 전속적 관할합의로 판단됩니다(제P조 및 제8조 제1항·제2항·제3항). 또한 제Q조는 이러한 관할합의 준거법을 B국법으로 합의하였는데 계약은 당사자가 선택한 법에 따르고(제45조 제1항), 이 사안과 같이 계약의 일부에 관하여도 준거법을 선택할 수 있습니다(제45조 제2항).

따라서 병이 제기한 제P조가 착오로 체결되었다는 본안 전 항변은 당사자가 선택한 법인 B국법이 준거법이 됩니다.

## 설문2의 나

### 1. 채권계약의 준거법

국제사법은 계약의 준거법에 당사자자치 원칙을 도입하여, 계약은 당사자가 명시적 또는 묵시적으로 선택한 법에 따르도록 합니다(제45조 제1항). 그리고 당사자가 준거법을 선택하지 않은 경우 계약과 가장 밀접한 관련이 있는 국가의 법이 준거법이 됩니다(제46조 제1항). 사안에서 갑과 병은 사용료지급계약에서 제P조와 제Q조를 제외하고 위 계약의 준거법에 관한 합의는 없습니다. 따라서 제45조의 적용은 없으며, 제46조에 의해 계약의 준거법을 정해야 합니다. 위 계약은 상표권 사용료지급계약으로서 갑이 병에게 상표권 사용을 허락하고 병은 그 대가로 갑에게 사용료를 지급하는 것이 주 내용이므로 이는 국제사법 제46조 제2항 제2호의 이용계약에 해당하고, 이 경우 상표권 이용을 제공하는 자의 영업소가 있는 국가의 법이 가장 밀접한 관련이 있는 것으로 일응 추정됩니다(제46조 제2항 제2호).

따라서 갑의 영업소가 있는 A국법이 위 계약의 준거법이 됩니다.

## 설문3의 가

### 1. 국제사법 적용 여부

혼인 무효/취소 소송의 원고 병은 대한민국과 A국 국적을 가진 복수국적자이며 피고 정 또한 A국과 B국의 국적을 가진 복수국적자로서 이는 외국과 관련된 요소가 존재하므로(법정지 중심으로 판단, 제1조 해석 참조) 국제사법에 의해 그 준거법 및 국제재판관할을 정해야 합니다(제1조).

### 2. 관할의 일반원칙

이 사안의 원고 병은 대한민국과 A국 국적을 가졌으며, 피고 정과의 혼인 후 대한민국에 상거소를 두고 있는 점을 고려하면 대한민국과 실질적 관련성(법원이 재판관할을 행사하는 것을 정당화할 수 있을 정도로 분쟁대상이 관련성을 갖는 것)이 있으므로 대한민국 법원에 국제재판관할권이 있습니다. 다만 개정법이 정치한 국제재판관할규칙을 도입한 이상 이는 보충적인 규정이므로 이에 해당하는지 여부는 엄격하게 해석하여야 합니다(제2조 제1항).

### 3. 혼인관계에 관한 사건의 특별관할

혼인관계에 관한 소는 부부 중 한쪽의 일상거소가 대한민국에 있고 부부의 마지막 공동 일상거소가 대한민국에 있는 경우, 원고가 미성년 자녀 전부 또는 일부의 일상거소가 대한민국에 있는 경우, 부부 모두가 대한민국 국민의 경우, 또는 대한민국 국민으로서 대한민국에 일상거소를 둔 원고가 혼인관계 해소만을 목적으로 제기하는 사건의 경우 대한민국 법원에 제기할 수 있습니다(제56조 제1항).

이 사안에서 병과 정은 혼인 후 2년 동안 대한민국에서 공동 일상거소를 두고 있으며, 이는 부부 중 한쪽의 일상거소가 대한민국에 있고 부부의 마지막 공동 일상거소가 대한민국에 있는 경우로 대한민국법원에 국제재판관할권이 있습니다(제56조 제1항 제1호).

따라서 병이 정을 상대로 제기한 혼인 무효/취소를 구하는 소에 대해 대한민국 법원이 국제재판관할권을 가집니다. 제2조의 관할의 일반원칙과 관련하여 다른 조항에서 관할 있는 경우 원칙적으로 적용하지 않는 것입니다(※ 모의시험 등 기타의 시험에서 배점요소가 될 때가 있으므로 언급은 하는 게 좋을 듯합니다).

## 설문3의 나

### 1. 혼인성립의 준거법

중혼을 이유로 혼인취소/무효소송을 제기하는 것은 혼인성립의 문제로 보아서 국제사법 제63조 제1항이 적용됩니다. 혼인성립요건은 각 당사자의 본국법에 따릅니다(제63조 제1항). 이 사안에서 당사자의 본국법을 보면, 병은 대한민국과 A국이고 정은 A국과 B국입니다. 따라서 당사자의 본국법 판단의 과정을 거쳐야 합니다.

## 2. 당사자의 본국법

병은 대한민국과 A국의 복수국적을 가지므로 그 국적 중 하나가 대한민국인 경우 대한민국 법이 본국법이 됩니다(제16조 제1항 단서). 한편 정은 혼인당시 A국과 B국의 복수국적을 가지므로 밀접한 관련국이 본국법이 됩니다(제16조 제1항). 이 사안에서 정은 혼인당시 A국에 거주했으며, A국이 혼인거행지입니다. A국이 더 밀접한 관련국이라 볼 수 있으므로 정의 본국법은 A국법입니다.

## 3. 주위적 청구 또는 예비적 청구의 인용가능성 판단

중혼의 금지는 쌍방 모두에게 문제가 되는 쌍면적 요건입니다. 병은 정의 중혼을 이유로 주위적으로 혼인무효와 예비적으로 혼인취소를 구하고 있는데, 병은 대한민국법이 본국법이 되어 중혼에 대해서 혼인취소를 인용해야 하며, 반면에 정은 A국법이 되어 혼인무효를 인용해야 할 것입니다(전제사실2). 이와 같이 양 당사자의 본국법이 달라 중혼이 무효사유인지 취소사유인지 대한 판단은 양당사자의 본국법 중 혼인성립의 요건흠결에 대하여 보다 엄격한 효과를 인정하는 법에 의하면 됩니다(엄격법의 원칙).

따라서 서울가정법원은 중혼에 대하여 혼인무효사유로 보아 주위적 청구를 인용해야 합니다.

### 핵심쟁점

### 설문1의 가

1. 외국과 관련된 요소가 있는 법률관계(제1조)
2. 국제재판관할

관할의 일반원칙인 제2조 제1항에 의해 실질적 관련성 존재.
지식재산권 침해에 관한 소의 특별관할(제39조 제1항)은 대한민국 법원에 관할 없음.
영업소 소재지 특별관할(제4조 제1항)은 영업소 소재지와 업무관련성이 대한민국에 있음.
일반관할(제3조)은 영업소가 대한민국에 있음.

따라서 대한민국 법원에 국제재판관할권 있음(※ 제2조의 관할의 일반원칙과 관련하여 다른 조항에서 관할 있는 경우 원칙적으로 적용하지 않는 것이 좋으나, 모의시험 등 기타의 시험에서 배점요소가 될 때가 있으므로 언급은 하는 게 좋을 듯함).

### 설문1의 나

1. 지식재산권 침해의 준거법

지식재산권 침해의 준거법(제40조)은 일반 불법행위의 준거법(제52조)의 특칙.

을이 A국에서 갑의 A국 상표권 침해, 침해지와 결과발생지는 A국.

따라서 상표권 침해로 인한 손해배상의 준거법은 A국법.

## 설문2의 가

### 1. 본안 전 항변의 준거법

전속적 관할합의에 대한 판단(제P조, 제8조 제1항·제2항·제3항)

계약의 일부에 대해서 준거법 선택 가능(제45조 제2항)

계약 당사자가 선택한 준거법에 따름(제45조 제1항)

따라서 본안 전 항변은 당사자가 선택한 법인 B국법이 준거법.

## 설문2의 나

### 1. 채권계약의 준거법

이 사건 계약의 준거법을 선택하지 않음, 객관적 연결규정 분석(제46조 제1항).

상표권사용계약은 이용계약에 해당, 상표권 이용을 제공하는 자의 영업소가 가장 밀접한 관련이 있는 것으로 추정(제46조 제2항 제2호).

따라서 상표권이용제공자 갑의 영업소가 있는 A국법이 준거법.

## 설문3의 가

### 1. 국제재판관할권

관할의 일반원칙인 제2조 제1항에 의해 실질적 관련성 존재.

혼인관계에 관한 소의 특별관할(제56조 제1항 제1호)은 대한민국 법원에 관할 있음.

따라서 대한민국 법원에 국제재판관할권 있음(※ 제2조의 관할의 일반원칙과 관련하여 다른 조항에서 관할 있는 경우 원칙적으로 적용하지 않는 것이 좋으나, 모의시험 등 기타의 시험에서 배점요소가 될 때가 있으므로 언급은 하는 게 좋을 듯함).

## 설문3의 나

### 1. 혼인성립의 준거법

중혼을 이유로 혼인취소/무효소송은 혼인성립의 문제(제63조 제1항), 각 당사자의 본국법.

### 2. 당사자의 본국법

당사자의 복수국적인 경우 본국법 판단(제16조 제1항). 병은 대한민국, 정은 A국법.

### 3. 주위적 청구 또는 예비적 청구의 인용가능성 판단

중혼의 금지는 쌍면적 요건, 혼인무효사유인지 취소사유인지 대립(전제사실2)

양당사자 본국법 중 혼인성립의 요건흠결에 보다 엄격한 효과를 인정하는 법에 따름(엄격법의 원칙).

따라서 서울가정법원은 중혼에 대하여 혼인무효사유로 보아 주위적 청구를 인용.

제2문

접근

설문1은 협약의 적용 여부를 묻는 문제입니다. 당사자의 영업소를 결정해서 국제성에 대한 판단을 먼저 해야 합니다(제1조 제1항 (나)호, 제2조, 제3조, 제6조, 제10조, 제95조).

설문2는 분할인도계약에서 2차 인도분에 대해 매도인이 계약 부적합한 물품을 인도한 경우에 대금지급청구가 정당한지에 대해 묻는 문제입니다. 위험이전, 매수인의 해제권 행사가능에 의해 매도인의 대금지급청구는 정당하지 않습니다(인코텀즈2020 FOB조건, 제36조 제2항 제1문, 제25조, 제73조 제1항).

설문3은 분할인도계약에서 매수인이 1차, 2차, 3차 인도분에 대한 각각의 해제가능 여부를 묻는 문제입니다. 각각의 인도분의 해제가능 여부를 나누어서 기술하는 것이 좋습니다(제73조).

설문4는 매수인이 주장할 수 있는 구체적인 손해배상액을 묻는 질문입니다(제45조 제1항 나호, 제74조, 제75조).

모범답안

### 설문1

#### 1. 갑과 을의 영업소 결정

갑은 대한민국 서울에 본점을 두고 있고, 을은 대한민국 울산에 본점을 두고 있는데, 이 사건 계약의 체결 및 이행은 갑의 영국 런던지점과 을의 일본 도쿄지점에서 담당하였습니다. 위 계약에서 국제성을 판단하기 위해 갑의 영업소 그리고 을의 영업소가 어디인지를 먼저 결정해야 합니다. 협약 제10조에 따르면, 계약 체결시에 당사자 쌍방에 알려진 상황을 고려하여 계약 및 그 이행과 가장 밀접한 관련이 있는 곳이 영업소가 됩니다. 갑과 을은 이 사건 계약의 체결 및 이행을 갑의 런던지점과 을의 도쿄 지점이 담당하였으며, 이러한 사정은 갑과 을 모두 잘 알고 있다고 보입니다. 따라서 영국 런던에 위치한 지점이 갑의 영업소, 일본 도쿄 지점이 을의 영업소라 보는 것이 타당합니다. 그렇다면 갑의 영업소가 있는 국가는 비체약국인 영국이고, 을의 영업소가 있는 국가는 체약국인 일본이므로, 협약 제1조 제1항 (나)호에 의하여 협약의 간접적용이 문제됩니다.

#### 2. 협약의 간접적용 여부

협약 제1조 제1항 (나)호에 따라 협약의 간접적용을 검토해야 합니다. 갑과 을 간의 이 사건 계약에 협약이 적용되기 위해서는 ① 인식 가능한 국제성을 가진 물품매매계약이어야 하고, ② 협약 제6조의 배제합의가 없어야 하고, ③ 법정지의 국제사법에 의해 체약국의 법이 준거법으로 지정되어야 하며, ④ 위의 체약국이 제95조에 따른 유보선언을 하지 않았어야 합니다.

갑과 을은 각각 영업소가 영국과 일본에 위치하고 이 사건 계약의 체결 및 이행을 각각의 영업소가 담당하였기에 국제성은 충분히 인식 가능하고(제1조 제1항·제2항), 원유를 매매하는 계약은 물품매매계약에 해당합니다(제2조, 제3조). 협약의 적용을 배제하는 합의는 없었고(제6조), 사실관계에서 대한민국 법을 준거법으로 하는 합의가 있었으며, 그리고 대한민국은 제95조의 유보선언을 한 바 없습니다(전제사실2).

따라서 갑과 을의 이 사건 계약은 위 요건을 모두 충족하므로, 협약이 간접적용될 수 있습니다.

## 설문2

### 1. 위험이전과 인코텀즈2020의 FOB조건

갑과 을 간의 계약상 인코텀즈2020의 FOB조건에 따라 약정기일에 매도인 갑은 지정 선적항인 사우디아라비아 제다항에서 물품을 본선에 적재하여 인도하고, 물품이 본선에 적재된 때에 위험이 매수인 을에게 이전합니다(계약의 합의내용 및 전제사실3). 한편 협약은 위험이전에 대해 별도로 규정을 하고 있으나(제66조—제70조), 협약은 당사자의 합의에 의해 협약의 적용을 배제할 수 있습니다(제6조). 따라서 이 사안에서 위험이전에 관련해서는 당사자가 합의한 인코텀즈의 FOB조건을 따르게 됩니다. 그렇지만 제66조는 적용됩니다. 단서 규정이 인코텀즈에는 없기 때문입니다.

2차 인도분과 관련하여 매도인 갑은 2024. 8. 10. 원유 1만 배럴을 지정항인 제다항에서 매수인 을이 지정한 선박에 선적한 시점에 위험은 매수인 을에게로 이전합니다.

### 2. 매도인의 의무위반에 기인한 부적합

매도인은 위험이 매수인에게 이전하기 이전에 존재하는 물품의 부적합에 대해 책임지고(제36조 제1항), 위험이 이전한 후에 발생한 물품의 부적합은 원칙적으로 매수인의 책임이고, 다만 매도인의 계약상 의무위반 혹은 보증위반의 경우에는 매도인이 책임을 집니다(제36조 제2항).

이 사안에서 2차 인도분의 계약상 품질 조건에 미달한 물품의 부적합이 발생한 원인이 제다항에서 원유를 선적하기 전 매도인의 의무위반(갑 직원의 실수)에 기인한 것으로 그 부적합에 대해서 매도인이 책임을 집니다(제36조 제2항 제1문). (※ 제66조 단서는 제36조 제2항 제1문과 거의 유사하기 때문에 제66조 단서에서 제73조 제1항과 제25조로 갈 수도 있습니다.)

### 3. 계약의 해제 여부

물품을 여러 차례 나누어 인도하기로 하는 계약, 즉 분할인도계약에 있어서 어느 분할부분에 관한 불이행이 그 분할부분에 관하여 본질적 계약위반이 되는 경우에는 그 분할부분만의 계약해제가 가능합니다(제73조 제1항). 이 사안에서 2차 인도분에 대해 채무불이행이 발생하였고 이러한 불이행이 본질적 계약위반에 해당하는지가 문제가 됩니다. 계약상 요구되는 품질조건에 미달하는 정제유는 최첨단 중장비에 사용하면 부식이 발생하여 사용할 수 없고, 이로 인해 을은 갑과의 계약에서 기대하는 바를 실질적으로 박탈당하게 되고, 정제유의 계약부적합으로 인한 이러한 결과는 갑은 물론 합리적인 일반인에게도 충분히 예상 가능한 바, 이는 본질적 계약 위반에 해당합니다(제25조). 을은 갑의 2차 인도분에 대해서 2024. 9. 10.자 계약해제통지는 적법하고 따라서 해제를 할 수 있습니다.

따라서 갑의 을에 대한 2차 인도분 원유대금 전액의 지급 청구는 정당하지 않습니다.

### 설문3

#### 1. 1차 인도분

분할인도계약에 있어서 어느 분할부분에 관한 불이행이 그 분할부분에 관하여 본질적 계약위반이 되는 경우에는 그 분할부분만의 계약해제가 가능합니다(제73조 제1항). 또한 어느 인도에 대하여 계약을 해제하는 매수인은 이미 행하여진 인도 또는 장래의 인도가 그 인도와의 상호 의존관계로 인하여 계약체결시에 당사자 쌍방이 예상했던 목적으로 사용할 수 없는 경우에는 이미 행하여진 인도 또는 장래의 인도에 대하여도 동시에 계약을 해제할 수 있습니다(제73조 제3항).

이 사안에서 분할인도계약은 하나의 계약 안에 최소한 2회 이상에 걸쳐 물품을 나누어 인도하는데 합의하거나 이를 허용하는 내용의 매매계약을 의미하는데 1차 인도분은 정상적으로 매도인에 의한 인도 및 매수인에 의한 지급이 완료한 상태이므로 불이행의 문제가 발생하지 않아 해제는 불가능합니다(제73조 제1항). 다만 앞서 본 2차 인도분의 해제가 발생하는 전제에 기인도 분할부분(여기서 1차 인도분)과 2차 인도분과의 상호 의존성이 존재한다면 기인도 분할부분에 대해서도 해제가 가능합니다(제73조 제3항). 여기서 기인도 1차 인도분과 2차 인도분과의 상호의존성이 존재한다고 볼 수 없으므로 1차 인도분에 대한 상호관련성에 의한 해제도 불가능합니다. 따라서 을은 갑의 1차 인도분 해제는 불가능합니다.

#### 2. 2차 인도분

설문2에서 보았듯이 분할인도계약에 있어서 어느 분할부분에 관한 불이행이 그 분할부분에 관하여 본질적 계약위반이 되는 경우에는 그 분할부분만의 계약해제가 가능합니다(제73조 제1항). 따라서 매도인의 불이행이 발생하였고, 이러한 불이행이 본질적 계약위반을 구성합니다. 따라서 을은 갑의 2차 인도분에 대해서 2024. 9. 10.자 계약해제통지는 적법하고 따라서 해제를 할 수 있습니다.

### 3. 3차 인도분

어느 분할부분에 대한 불이행이 장래의 분할부분에 대한 본질적 계약위반의 발생을 추단하는데 충분한 근거가 되는 경우에는 장래의 미 이행부분에 대하여 계약을 해제할 수 있습니다(제73조 제2항). 다만 그 해제는 합리적인 기간 내에 이루어져야 합니다(제73조 제2항 단서). 또한 어느 인도에 대하여 계약을 해제하는 매수인은 이미 행하여진 인도 또는 장래의 인도가 그 인도와의 상호 의존관계로 인하여 계약체결시에 당사자 쌍방이 예상했던 목적으로 사용할 수 없는 경우에는 이미 행하여진 인도 또는 장래의 인도에 대하여도 동시에 계약을 해제할 수 있습니다(제73조 제3항).

이 사안에서 을은 3차 인도분이 선적되기 전에 갑에게 해제 통지를 하였습니다. 2차 인도분에 대한 불이행은 갑의 직원의 실수로 X화학물질 투여과정을 누락하여 발생한 것이므로 2차 인도분의 물품부적합이 장래에 인도될 3차 인도분에 대한 본질적 계약위반을 추단할 수 있다고 볼 수 없습니다(제73조 제2항). 또한 앞서 살펴본 2차 인도분 해제의 전제하에 장래의 분할부분(여기서 3차 인도분)과 2차 인도분과의 상호 의존성이 존재한다면 장래의 분할부분에 대해서도 해제가 가능합니다(제73조 제3항). 여기서 장래의 3차 인도분과 2차 인도분과의 상호의존성이 존재한다고 볼 수 없으므로 3차 인도분에 대한 상호관련성에 의한 해제도 불가능합니다. 따라서 을은 갑의 3차 인도분 해제는 불가능합니다.

## 설문4

### 1. 손해배상청구의 근거

매도인이 매매계약상의 의무를 이행하지 아니하는 경우에 매수인은 협약 제74조 내지 제77조에서 정한 손해배상의 청구를 할 수 있습니다(제45조 제1항 나호).

### 2. 손해배상의 범위

계약을 위반한 당사자는, 계약 체결 당시에 예견할 수 있었던 손실에 대하여 완전한 배상을 할 의무를 부담합니다(제74조). 그리고 대체거래가 있었던 경우에, 위반 당사자는 상대방이 대체거래를 위하여 지급한 금액과 원래의 계약액의 차액을 배상해야 합니다(제75조). 대체거래시 손해배상을 구하기 위해서는 ① 계약이 해제된 후에 ② 대체거래가 있었어야 합니다. 이미 청구된 대체거래로 인한 손해배상의 요건으로서 해제권 행사의 통지(제26조)가 반드시 필요합니다.

이 사안에서 갑이 공급한 원유를 을이 정제유로 가공하여 병에게 납품한다는 사실을 계약체결시 갑도 알고 있었습니다. 따라서 갑의 불이행으로 발생한 손실은 충분히 예견가능한 것으로 판단되어 갑은 이에 대해 을에게 완전한 배상을 해야 합니다(제74조). 을은 대체거래로 인한 손해배상을 청구할 수 있습니다(제75조). 대체거래로 인한 손해배상을 청구하기 위해서 반드시 계약이 해제될 것을 요합니다. 이 사안에서 이미 실행된 대체거래로 인한 손해배상을 위해 해제권 행사의 통지(제26조)가 반드시 필요합니다.

따라서 손해배상의 범위는 제75조에 의해 $100,000[($80 − $70)X10,000배럴]을 청구할 수 있고, 제74조에 의해 지체상금으로 지급한 $70,000을 청구할 수 있어, 을이 갑에게 주장할 수 있는 정당한 손해배상액은 $170,000입니다.

### 핵심쟁점

### 설문1

**1. 협약의 적용여부**

당사자의 영업소 소재지 결정, 국제성(제10조).

간접적용 여부(제1조 제1항 나호, 제95조), 물품매매계약(제2조, 제3조), 협약 배제합의 없음(제6조).

따라서 이 사건 계약에 협약이 적용됨.

### 설문2

1. 위험이전에 관해 인코텀즈 FOB조건 따름(제6조, 전제사실3, 계약내용)
2. 매도인의 의무위반(제36조 제2항 제1문), 매도인의 불이행발생
3. 분할인도 계약에서 매수인의 계약해제가능 여부(제73조 제1항), 본질적 계약위반 여부(제25조), 매수인 계약해제가능
4. 따라서 매도인의 2차 인도분 전액지급청구는 부당함

### 설문3

**1. 1차 인도분**

계약 위반 및 불이행 문제 없음(제73조 제1항).

1차 인도분과 2차 인도분과의 상호의존성이 존재하지 않음(제73조 제3항).

을의 해제권 행사 불가능함.

**2. 2차 인도분**

설문2에서 보았듯이 그 분할부분에 본질적 계약위반인 경우에는 계약해제가 가능(제73조 제1항). 매도인의 불이행이 발생, 본질적 계약위반을 구성.

따라서 을은 갑의 2차 인도분에 대해서 해제권 행사 가능.

### 3. 3차 인도분

장래의 분할부분에 대한 본질적 계약위반 추단 근거가 있으면 해제가능(제73조 제2항), 해제는 합리적 기간에 이루어져야 함(제73조 제2항 단서).

미인도 3차 인도분과 2차 인도분과의 상호의존성이 존재하지 않음(제73조 제3항).

본질적 계약위반을 추단할 수도 없으며, 또한 2차 인도분과의 상호 의존성도 존재하지 않음.

따라서 을은 갑의 3차 인도분 해제는 불가능.

### 설문4

1. 손해배상청구의 근거(제45조 제1항 나호)
2. 손해배상의 범위(제74조, 제75조)

제75조에 의해 대체거래로 인한 손해 \$100,000[(\$80 − \$70)X10,000배럴]을 청구.

제74조에 의해 지체상금으로 지급한 \$70,000을 청구.

따라서 을이 갑에게 주장할 수 있는 정당한 손해배상액은 \$170,000.

# 02 | 2024년 시행 제13회 변호사시험

## 제1문

B국 국적을 가진 甲(남)과 A국 국적과 B국 국적을 동시에 가진 乙(여)은 A국에서 혼인하여 10년 정도 살다가 甲의 직장 관계로 미성년 자녀와 함께 대한민국에 이주하여 3년째 살고 있다. 한국어에 능통한 甲은 서울에서 인터넷 검색을 하던 중, 대한민국에 있는 고객을 상대로 주문방법과 대금지급방법 등을 한국어로 설명하는 A국 소재 X회사가 제조한 핸드백 팝업 광고를 보고 서울에 거주하는 乙에게 핸드백을 선물할 생각이었으나, 급한 해외 출장으로 인하여 나중에 다른 물품과 비교해서 결정하기 위하여 X회사의 홈페이지를 즐겨찾기에 추가하였다. 그 후 甲은 B국으로 출장을 갔으며 그곳에서 위 홈페이지에 접속하여 신용카드로 대금을 지급하고 핸드백을 주문하였다. 甲은 핸드백을 구입하면서 "X회사와 구매자 간의 분쟁에 대해서는 A국 법원만을 관할법원으로 하고, 준거법도 A국법으로 한다."라고 규정되어 있는 약관을 읽고 동의한다는 칸을 클릭하였다. X회사는 대한민국에 매장이 전혀 없고 A국에만 매장을 두고 있다.

한편 乙은 甲이 구매하여 선물한 핸드백을 서울에서 사용하다가 핸드백 잠금장치 오작동으로 손가락에 깊은 상처를 입고 병원에서 치료를 받았으나 심한 흉터가 남았다. 그 후 甲과 乙은 핸드백 잠금장치에 제조상 결함이 있어서 X회사가 A국에서 리콜을 실시 중이라는 것을 알게 되었다. 이에 甲은 X회사를 상대로 계약위반에 근거한 손해배상청구소송을 대한민국 법원에 제기하였고, 乙은 X회사를 상대로 불법행위에 근거한 손해배상청구소송을 대한민국 법원에 제기하였다.

이후 乙은 위 부상의 후유증으로 정상적인 생활을 할 수 없게 되었고, 이로 인하여 甲에 대한 乙의 원망이 커져 甲과 乙 사이의 불화가 심해지기 시작하였다. 그러던 중 甲이 乙의 부모를 폭행하는 사건이 벌어지자, 이를 계기로 乙은 이혼을 결심하고 직계존속이 배우자로부터 심히 부당한 대우를 받았다는 이유로 甲을 상대로 이혼을 청구하는 소송을 대한민국 법원에 제기하였다.

전제

1. A국과 B국의 국제사법은 대한민국의 「국제사법」과 동일하다.
2. 乙이 甲을 상대로 제기한 이혼소송에 관하여 대한민국에 국제재판관할이 인정된다.

질문

1. 甲과 乙이 X회사를 상대로 제기한 각 소송에 대하여 대한민국 법원이 국제재판관할권을 가지는지 논하시오. (40점)

2. 甲과 乙이 X회사를 상대로 제기한 각 소송에 대하여 「국제사법」상 적용될 준거법은 무엇인지 논하시오. (27점)

3. 乙이 甲을 상대로 제기한 소송에 대하여 「국제사법」상 적용될 준거법은 무엇인지 논하시오. (13점)

## 제2문

A국에만 영업소를 두고 있는 甲회사는 고기능 자기공명영상장치(이하 'MRI'라 한다)를 제조·판매하는 회사이고, B국에만 영업소를 두고 있는 乙회사는 세계 각처로부터 최신의 복합기능을 갖춘 MRI를 수입하여 이를 여러 대형병원에 납품하는 전문회사이다.

乙회사는 2023. 7. 3. 甲회사에 아래와 같은 내용이 담긴 'MRI 공급요청서'를 이메일로 전송하였고 甲회사는 이를 바로 수령하였다.

---

물      품: 甲회사가 생산하는 MRI 신형 모델 GX-201
수      량: 20대
인      도: 乙회사의 사전 요청에 따라 2023. 9. 15.부터 4회 분할인도
대      금: 1대당 미화 70만 달러(각 회차별 물품 인도 후 즉시 지급)
부수조건: GX-201의 사용방법 숙달을 위한 교육인력 파견

---

甲회사는 乙회사의 이메일을 수령한 후 내부 논의를 거쳐 2023. 7. 15. 乙회사의 제안을 받아들이면서 위 요청서에 아래와 같은 변경 내용을 반영한 '주문승인서'를 乙회사에 이메일로 전송하였다.

---

인      도: 2023. 11. 1. 10대, 2023. 11. 15.과 2023. 12. 1. 각 5대씩 총 3회에 걸쳐 분할인도
부수조건: GX-201 사용방법 숙달을 위한 교육인력 파견은 불가, 사용방법을 안내하는 동영상 제공 및 필요시 화상교육 제공은 가능

---

乙회사는 甲회사의 '주문승인서'를 수령한 후 2023. 7. 21. 甲회사에 이를 받아들이겠다는 내용의 이메일을 전송하였고, 甲회사는 이를 즉시 수령하였다.

甲회사는 2023. 11. 1. GX-201 10대를 乙회사에 인도하였고, 乙회사는 甲회사에 해당 대금을 지급하였다. 甲회사는 2023. 11. 15. 乙회사에 GX-201 5대를 2차분으로 인도하였다. 그런데 乙회사가 2차 인도분을 시험·가동하던 중 5대 모두에서 GX-201 모델에 장착되어 있어야 할 특정센서기능이 없거나 작동하지 않는 것을 확인하였다. 이에 乙회사는 2차 인도분에 대한 대금 지급을 보류하고 이러한 하자를 즉시 甲회사에 통지하면서 2차 인도분 5대를 외부업체

에 맡겨 안전한 보관 조처를 하였다. 甲회사는 乙회사에 계약 내용대로 3차분 인도를 준비하고 있던 중 거래은행으로부터 乙회사의 자금상태가 악화되어 乙회사가 3차분 대금을 지급할 수 없을 것이라는 정보를 입수하고, 乙회사로부터 대금을 받지 못할 것을 우려하여 乙회사에 3차분 인도를 중단한다는 내용의 통지를 하였다. 그러면서 甲회사는 乙회사에 3차분 인도 및 그 밖의 계약 내용을 계속 이행하기 위한 전제 조건으로 3차분 대금에 대하여 거래은행이 발행한 지급보증서를 甲회사에 송부하여 줄 것을 요구하였다. 그러나 乙회사는 지급보증서의 제출을 계속 미루고 있다.

### 전제

1. GX－201은 甲회사가 그동안 제조·판매해왔던 MRI 구형 모델 GX－101에 특정센서기능 등 몇 가지 핵심기능을 추가한 신형 모델이다.
2. A국은 「국제물품매매계약에 관한 국제연합협약」(이하 '협약'이라 한다)의 체약국(협약 제95조를 유보하지 않음)이고, B국은 비체약국이다. 법정지인 A국의 국제사법에 따라 이 사건 계약의 준거법으로 A국법이 결정되었다.

### 질문

1. 甲회사와 乙회사 사이의 계약에 협약이 적용되는지 논하시오. (15점)

2. 甲회사와 乙회사 사이에 매매계약이 성립되었는지, 성립되었다면 그 성립시기와 계약조건에 대하여 논하시오. (20점)

3. 乙회사가 2차 인도분에 관하여 계약을 해제할 수 있는지를 비롯하여 甲회사에 대하여 행사할 수 있는 구제수단에는 어떠한 것이 있는지 논하시오. (30점)

4. 甲회사가 乙회사에 대하여 3차분 인도를 중단한 것이 적법한지 논하시오. (15점)

# 02 │ 2024년 제13회 변호사 시험 **해설**

## 제1문

### 접근

설문1은 갑이 X회사를 상대로 제기한 계약위반에 근거한 손해배상청구소송과 을이 X회사를 상대로 불법행위에 근거한 손해배상청구소송에 대하여 국제재판관할권이 있는지를 판단하는 문제입니다. 국제사법규정을 검토해서 판단하면 됩니다(제1조, 제2조, 제4조, 제8조, 제42조, 제44조).

설문2는 계약 및 불법행위의 준거법을 묻은 문제입니다. 먼저 갑과 X회사 간의 준거법은 소비자계약의 준거법 특칙에 관한 규정(제47조)을 검토하며, 을과 X회사 간의 문제는 불법행위에 관한 준거법 규정(제52조)을 검토합니다.

설문3은 을이 갑을 상대로 제기한 이혼소송의 준거법을 묻는 문제입니다. 이혼의 준거법에 관한 규정(제66조)을 검토합니다.

### 모범답안

#### 설문1

**1. 갑이 X회사를 상대로 제기한 계약위반에 근거한 손해배상청구소송**

**1) 국제사법 적용 여부**

B국적의 원고 갑이 A국에 소재하는 피고 X회사를 상대로 손해배상청구소송을 제기한 사안으로 외국과 관련된 요소가 존재하므로(법정지 중심으로 판단, 제1조 해석 참조) 국제사법에 의해 그 국제재판관할을 정해야 합니다(제1조).

**2) 관할의 일반원칙**

이 사안에서 갑의 일상거소가 대한민국에 있고, X회사가 한국어로 한국 고객을 상대로 광고를 하는 점을 살펴보면 대한민국과 실질적 관련성(법원이 재판관할을 행사하는 것을 정당화할 수 있을 정도로 분쟁대상이 관련성을 갖는 것)이 있으므로 대한민국 법원에 국제재판관할권이 있습니다. 다만 개정법이 정치한 국제재판관할규칙을 도입한 이상 이는 보충적인 규정이므로 이에 해당하는지 여부는 엄격하게 해석하여야 합니다(제2조 제1항).

### 3) 합의관할

갑이 X회사로부터 핸드백을 주문할 때 "X회사와 구매자 간의 분쟁에 대해서는 A국 법원만을 관할법원으로 하는" 약관에 동의한 것은 전속적 관할합의로 판단됩니다(제8조 제3항). X회사는 A국에서 소비자 갑의 일상거소인 대한민국으로 광고에 의한 거래의 권유를 하였으므로 이 사안의 핸드백 구매는 소비자계약에 해당됩니다(제42조 제1항 제1호). 소비자계약에서의 전속적 국제재판관할합의는 사후적 합의의 경우는 유효합니다만 이 사안에서와 같이 사전적 합의의 경우는 효력이 없습니다(제42조 제3항).

따라서 A국 법원은 동 관할합의에 대해서 재판관할권을 갖지 못합니다.

### 4) 소비자계약 특별관할

이 사안의 핸드백 구매는 소비자계약에 해당되며, 소비자계약의 특칙에 의하면 대한민국 법원은 대한민국에 일상거소가 있는 원고 갑이 X회사를 상대로 제기한 이 소송에서 국제재판관할권을 가집니다(제42조 제1항).

### 5) 사무소·영업소 소재지 등의 특별관할

X회사는 대한민국의 고객을 상대로 광고활동을 하는 등 대한민국을 향하여 영업활동을 하는 것으로 볼 수 있으며, 또한 이 사안의 소는 그러한 영업활동과 관련된 것이므로 대한민국 법원은 국제재판관할권을 가집니다(제4조 제2항).

따라서 갑이 X회사를 상대로 계약위반에 근거한 손해배상청구소송은 대한민국 법원이 국제재판관할권을 가집니다. 제2조의 관할의 일반원칙과 관련하여 다른 조항에서 관할이 있는 경우 원칙적으로 적용하지 않는 것입니다(※ 모의시험 등 기타의 시험에서 배점요소가 될 때가 있으므로 언급은 하는 게 좋을 듯합니다).

## 2. 을이 X회사를 상대로 제기한 불법행위에 근거한 손해배상청구소송

### 1) 국제사법 적용 여부

A국적과 B국적의 복수국적자인 원고 을이 A국에 소재하는 피고 X회사를 상대로 손해배상청구소송을 제기한 사안으로 외국과 관련된 요소가 존재하므로(법정지 중심으로 판단, 제1조 해석 참조) 국제사법에 의해 그 국제재판관할을 정해야 합니다(제1조).

### 2) 불법행위 특별관할

이 사안의 제조물책임의 법률관계는 불법행위입니다. X회사는 한국에 있는 고객을 상대로 인터넷 광고를 통해 영업활동을 하는 등 불법행위가 대한민국을 향하고 있으므로 대한민국은 지향지로서 대한민국 법원에 국제재판관할이 인정됩니다(제44조). 또한 국제사법 제44조에 따른 결과발생지 요건을 충족시키기 위해서는 결과발생에 대한 예견가능성이 있어야 합니다. 사안에서 X회사는 대한민국에서 불법행위에 따른 손해가 발생할 것에 대한 예견가능성을 인식할 수 있으므로 을이 X회사를 상대로 불법행위에 근거한 손해배상청구소송은 대한민국 법원에 국제재판관할이 인정됩니다.

3) 사무소·영업소 소재지 등의 특별관할

X회사는 대한민국의 고객을 상대로 광고활동을 하는 등 대한민국을 향하여 영업활동을 하는 것으로 볼 수 있으며, 또한 이 사안의 소는 그러한 영업활동과 관련된 것이므로 대한민국 법원은 국제재판관할권을 가집니다(제4조 제2항).

4) 관할의 일반원칙

이 사안에서 을의 일상거소가 대한민국에 있고, 핸드백 잠금장치 오작동으로 인한 상해의 결과발생지가 대한민국인 점을 살펴보면 대한민국과 실질적 관련성(법원이 재판관할을 행사하는 것을 정당화할 수 있을 정도로 분쟁대상이 관련성을 갖는 것)이 있으므로 대한민국 법원에 국제재판관할권이 있습니다. 다만 개정법이 정치한 국제재판관할규칙을 도입한 이상 이는 보충적인 규정이므로 이에 해당하는지 여부는 엄격하게 해석하여야 합니다(제2조 제1항).

따라서 을이 X회사를 상대로 불법행위에 근거한 손해배상청구소송에서 대한민국 법원이 국제재판관할권을 가집니다. 제2조의 관할의 일반원칙과 관련하여 다른 조항에서 관할이 있는 경우 원칙적으로 적용하지 않는 것입니다(※ 모의시험 등 기타의 시험에서 배점요소가 될 때가 있으므로 언급은 하는 게 좋을 듯합니다).

## 설문2

### 1. 갑이 X회사를 상대로 제기한 계약위반에 근거한 손해배상청구소송

이 사안의 경우 갑이 X회사로부터 핸드백을 주문할 당시 준거법을 A국법으로 합의하였습니다. 따라서 이 사안의 소비자계약의 준거법은 A국법이 됩니다. 다만, 소비자 갑의 일상거소가 있는 대한민국의 강행규정에 따라 부여되는 소비자 보호를 박탈할 수 없습니다(제47조 제1항).

### 2. 을이 X회사를 상대로 제기한 불법행위에 근거한 손해배상청구소송

불법행위의 준거법은 준거법의 사후적 합의, 종속적 연결, 일상거소를 기초로 하는 공통의 속인법, 불법행위지법의 순서에 따라 단계적으로 연결하여 결정합니다(제52조, 제53조).

이 사안에서 을과 X회사 간에 불법행위 후에 사후적으로 준거법을 합의한 바는 없습니다. 또한 을과 X회사 간에 존재하는 법률관계도 없으며, 일상거소지도 서로 다릅니다. 마지막으로 핸드백의 취득지와 사용지 그리고 결과발생지가 대한민국이므로 대한민국법이 준거법이 됩니다(제52조).

## 설문3

### 1. 국제사법 적용 여부

A국적과 B국적의 복수국적자인 원고 을이 B국적자인 갑을 상대로 제기한 이혼소송은

외국과 관련된 요소가 존재하므로(법정지 중심으로 판단, 제1조 해석 참조) 국제사법에 의해 그 국제재판관할을 정해야 합니다(제1조).

### 2. 이혼의 준거법

이 사안의 경우 갑의 본국법은 B국법, 을은 A국적과 B국적을 보유하고 있으므로 밀접한 관련이 있는 국가의 법에 따라 본국법이 결정되는데(제16조 제1항), 을에게 있어 A국은 혼인거행지, 10년간 혼인생활을 한 곳이므로 A국이 밀접한 관련지국으로 판단됩니다.

따라서 이 사안의 경우 갑의 본국법은 B국법, 을은 A국법으로 동일한 본국법이 존재하지 않습니다. 다음으로 갑과 을의 일상거소를 보면 둘 다 대한민국이므로 이혼의 준거법은 대한민국법이 됩니다(제66조, 제64조 제2호).

---

### 핵심쟁점

#### 설문1

#### 1. 갑이 X회사를 상대로 제기한 계약위반에 근거한 손해배상청구소송

1) 외국과 관련된 요소가 있는 법률관계(제1조)

2) 관할의 일반원칙(제2조)

X회사가 갑을 상대로 인터넷 영업활동을 고려하면 대한민국과 실질적 관련성이 있음, 이는 보충적 규정이므로 이에 해당하는지 여부는 엄격하게 해석 요함.

3) 합의관할(제8조)

이 사안에서와 같이 사전적 합의의 경우는 효력이 없음(제42조 제3항). A국 법원은 동 관할합의에 대해서 재판관할권을 갖지 못함.

4) 소비자계약 특별관할(제42조 제1항)

이 사안의 핸드백 구매는 소비자계약에 해당, 소비자계약의 특칙에 의하여 소비자의 일상거소지가 있는 원고 갑이 X회사를 상대로 제기한 소송에서 국제재판관할권을 가짐.

5) 사무소·영업소 소재지 등의 특별관할(제4조 제2항)

X회사는 대한민국의 고객을 상대로 광고활동 또한 영업활동과 관련된 소이므로 대한민국 법원은 국제재판관할권을 가짐.

#### 2. 을이 X회사를 상대로 제기한 불법행위에 근거한 손해배상청구소송

1) 외국과 관련된 요소가 있는 법률관계(제1조)

2) 불법행위 특별관할(제44조)

X회사는 한국에 있는 고객을 상대로 인터넷 영업활동은 대한민국은 지향지로서 대한민국 법원에 국제재판관할이 인정됨.

결과 발생에 대한 예견가능성이 존재해야 함.

을이 X회사를 상대로 한 불법행위에 근거한 손해배상청구소송은 대한민국 법원에 재판관할이 인정.

3) 사무소·영업소 소재지 등의 특별관할(제4조 제2항)

X회사는 대한민국 고객을 상대로 광고활동 또한 영업활동과 관련된 소이므로 대한민국 법원은 국제재판관할권을 가짐.

4) 관할의 일반원칙(제2조)

이 사안에서 상해의 결과발생지가 대한민국인 점을 살펴보면 대한민국과 실질적 관련성이 있음, 대한민국 법원에 국제재판관할권이 있음, 이는 보충적 규정이므로 이에 해당하는지 여부는 엄격하게 해석 요함.

## 설문2

1. 갑이 X회사를 상대로 제기한 계약위반에 근거한 손해배상청구소송(제47조 제1항)

이 사안은 갑이 X회사로부터 핸드백을 주문할 당시 준거법을 A국법으로 합의, 소비자계약의 준거법은 A국법.

2. 을이 X회사를 상대로 제기한 불법행위에 근거한 손해배상청구소송(제52조)

불법행위의 준거법은 준거법의 사후적 합의, 종속적 연결, 일상거소를 기초로 하는 공통의 속인법, 불법행위지법의 순서에 따라 단계적으로 연결하여 결정.

핸드백의 취득지와 사용지 그리고 결과발생지가 대한민국이므로 대한민국법이 준거법.

## 설문3

1. 외국과 관련된 요소가 있는 법률관계(제1조)
2. 이혼의 준거법(제66조, 제64조 제2호)

이 사안은 갑의 본국법은 B국법, 을은 A국법으로 동일한 본국법이 존재하지 않음(제16조 제1항). 다음으로 갑과 을의 일상거소는 모두 대한민국, 이혼의 준거법은 대한민국법.

## 제2문

### 접근

설문1은 협약의 적용관련 공통요건과 장소적 적용요건 중 간접적용에 대해 묻고 있습니다(제1조, 제2조, 제3조, 제6조).

설문2는 갑회사와 을회사 사이에 매매계약이 성립되었는지 및 성립되었다면 그 성립시기와 계약조건을 묻고 있습니다(제14조, 제15조, 제18조, 제19조, 제23조).

설문3은 매수인의 계약해제 여부와 구제수단을 묻는 문제입니다. 매도인의 물품인도의무(제30조, 제35조), 본질적 계약위반(제25조), 매수인의 검사·통지의무(제38조, 제39조), 분할인도계약의 해제(제73조, 제51조 제1항, 제82조), 대체물인도청구권(제46조 제2항, 제82조), 부적합치유청구권(제46조 제3항), 손해배상청구권(제45조 제1항 (나)호, 제74조) 등을 검토해야 합니다.

설문4는 의무이행정지권(제71조)에 대해 검토합니다.

### 모범답안

#### 설문1

##### 1. 협약의 적용 여부

갑회사는 A국에, 을 회사는 B국에 각 영업소를 두고 있어 인식가능한 국제성 요건이 구비되었으며(제1조 제1항·제2항), 이 사안은 매매 물품인 'MRI 20대'를 매매하는 것으로 협약 제2조 및 제3조에 의하여 적용배제되는 물품에 해당되지 않는 물품매매계약이며, 또한 협약을 배제하기로 하는 당사자 간의 합의가 보이지 않습니다(제6조). 다만 A국은 체약국이고 B국은 비체약국이기 때문에 이 사안은 협약의 간접적용을 검토해야 합니다. 법정지의 국제사법에 의해 체약국법이 준거법이 되는 경우 협약이 간접적용됩니다(제1조 제1항 (나)). 전제사실에서 법정지인 A국의 국제사법에 따라 이 사건 계약의 준거법은 체약국법인 A국법으로 결정되었고, A국은 협약 제95조에 따라 유보를 하지 않았으므로 협약 제1조 제1항 (나)호에 따라 협약이 간접적용됩니다.

#### 설문2

##### 1. 계약의 성립여부 및 성립시기

을회사가 갑회사에게 2023.7.3. 이메일로 전송한 공급요청서는 매매물품, 수량 및 대금 등에 대하여 확정적인 제안의 내용을 담고 있으므로 이는 청약에 해당됩니다(제14조).

갑회사가 을회사의 위 요청서를 수령한 후 2023.7.15. 을회사에게 전송한 주문승인서는 인도시기와 횟수, 부수조건에 대하여 청약과 다른 내용으로서 청약조건을 실질적으로 변경하는 것이어서 이는 을회사의 청약에 대한 승낙이 될 수 없습니다(제19조 제3항). 갑의 주문승인서는 을의 청약에 대한 거절인 동시에 새로운 청약이 됩니다(제19조 제1항).

을회사는 갑회사의 주문승인서를 수령한 후 이를 받아들이겠다는 내용의 이메일을 전송하였는데 이는 갑회사의 수정청약에 대한 동의의 표시로서 승낙으로 평가됩니다(제18조 제1항).

따라서 갑회사와 을회사 사이의 이 사안의 매매계약은 을회사가 갑회사의 주문승인서를 받아들인다는 내용의 이메일을 갑회사가 수령한 시점인 2023.7.21. 성립하였습니다(제23조).

### 2. 계약조건

갑회사와 을회사 사이의 이 사안 매매계약의 조건은 갑회사의 2023.7.15.의 주문승인서의 내용과 같이 '3회 분할 인도 및 사용방법 안내 동영상 제공 및 필요시 화상교육 제공' 조건이 됩니다.

## 설문3

### 1. 2차 인도분에 관한 갑회사의 본질적 계약위반

이 사안의 매매계약은 MRI 20대를 3회에 걸쳐 분할인도하는 것을 내용으로 하는 분할인도계약에 해당됩니다. 매도인 갑은 계약에 정한 물품을 인도할 의무를 부담하고 있습니다(제30조). 그러나 갑은 계약에서 정한 해당 모델의 품질에 맞지 않은 제품을 인도함으로써 물품적합성의무를 위반하였습니다(제35조).

매수인 을은 위 매매계약을 통해 특정 센서기능 및 핵심기능이 탑재된 신규모델을 매입하고자 하는 것이므로 매도인 갑의 부적합물품을 인도하는 것으로 인해 매수인 을이 기대하는 바를 실질적으로 박탈할 정도의 손실이 발생한 것으로 볼 수 있으므로 이는 본질적 계약위반으로 판단됩니다(제25조). 또한 매수인 을은 2차 인도분을 수령한 후 즉시 검사하여(제38조 제1항), 발견된 하자에 대하여 즉시 갑회사에게 통지하였으므로 매도인 갑의 계약위반으로 발생하는 을회사의 권리구제수단을 행사하는 것에 방해 받지 않습니다(제39조).

### 2. 매수인 을회사의 해제권 행사

갑회사의 2차 인도분에 대한 물품부적합이 본질적 계약위반에 해당되며 을회사는 2차 인도분에 대해서 계약을 해제할 수 있습니다(제73조 제1항).

### 3. 매수인 을회사의 기타의 구제수단

#### 1) 대체물인도청구권

을회사는 2차 인도분에 대해 갑회사에게 대체물인도청구권을 행사할 수 있습니다(제46조 제2항). 앞에서 보았듯이, 2차 인도분은 본질적 계약위반에 해당되고, 을회사는 하자 있는 제품을 안전하게 보관하고 있어 수령상태와 동일한 상태로 반환할 수 있습니다(제82조 제1항). 따라서 매수인 을회사는 매도인 갑회사에 대해서 2차 인도분에 대해 대체물인도청구권을 행사할 수 있습니다.

#### 2) 부적합치유청구권

매수인 을은 만약 수리로 MRI가 일부 또는 전체가 치유될 수 있다면 수리에 의한 부적합치유청구권도 행사할 수 있을 것입니다(제46조 제3항).

#### 3) 손해배상청구권

2차 인도분으로 인해 을회사가 입은 손해에 대해 갑회사를 상대로 손해배상청구권을 행사할 수 있습니다(제45조 제1항 (나)호, 제74조).

### 설문4

#### 1. 의무이행정지권의 행사

이 사안에서 갑회사는 을회사의 거래은행으로부터 을회사의 자금상태 악화로 3차분 대금지급이 불가능할 것이라는 정보를 입수하였는데, 이는 물품을 인도하기 전 을회사의 신용도에 중요한 문제가 발생하는 경우에 해당되며, 이에 매도인 갑은 자신의 의무이행을 정지하고 이를 통지하였으며, 더 나아가 매수인 을의 거래은행 지급보증서를 요구하였으나 을회사는 이를 제공하지 못하고 있으므로 갑회사가 3차 인도분을 이행 중단한 것은 타당합니다(제71조 제1항·제3항).

---

**핵심쟁점**

### 설문1

#### 1. 협약의 적용 여부

갑회사는 A국에, 을회사는 B국 인식가능한 국제성 요건이 구비.

매매물품인 'MRI 20대'는 제2조 및 제3조에 의하여 적용배제되는 물품 아님.

협약을 배제하기로 하는 당사자 간의 합의가 보이지 않음(제6조).

간접적용을 검토 필요함. 법정지인 A국의 국제사법에 따라 이 사건 계약의 준거법은 A국법(전제사실), A국은 협약 제95조에 따라 유보를 하지 않음.

협약 제1조 제1항 (나)호에 따라 협약이 간접적용됨.

## 설문2

### 1. 계약의 성립여부 및 성립시기

을회사가 갑회사에게 전송한 공급요청서는 확정적 내용임, 청약에 해당됨(제14조).

갑회사가 을회사에게 전송한 주문승인서는 을회사의 청약에 대한 승낙이 될 수 없으며 (제19조 제3항), 갑의 주문승인서는 을의 청약에 대한 거절인 동시에 새로운 청약임(제19조 제1항).

을회사는 갑회사의 주문승인서에 대해 받아들이겠다는 내용의 이메일을 전송, 이는 갑회사의 수정청약에 대한 동의의 표시로서 승낙으로 평가됨(제18조 제1항).

따라서 갑회사와 을회사 매매계약은 을회사가 주문승인서를 받아들인다는 내용의 이메일을 갑회사가 수령한 시점에 성립함(제23조).

### 2. 계약조건

갑회사와 을회사 매매계약의 조건은 갑회사의 주문승인서의 내용임. 즉 '3회 분할 인도 및 사용방법 안내동영상 제공 및 필요시 화상교육 제공' 조건.

## 설문3

### 1. 2차 인도분에 관한 갑회사의 본질적 계약위반

이 사안의 매매계약은 분할인도계약에 해당됨.

매도인 갑은 물품인도 의무를 부담(제30조), 갑은 부적합물품 인도함으로써 물품적합성의무를 위반(제35조).

매수인 을이 기대하는 바를 실질적으로 박탈할 정도의 손실이 발생한 것으로 볼 수 있으므로 이는 본질적 계약위반(제25조).

매수인 을은 2차 인도분을 수령 후 즉시 검사(제38조 제1항), 하자에 대하여 즉시 통지하여 을회사의 권리구제수단을 행사가능(제39조).

### 2. 매수인 을회사의 해제권 행사

갑회사의 물품부적합이 본질적 계약위반에 해당되며 을회사는 2차 인도분에 대해서 계약을 해제할 수 있음(제73조 제1항).

### 3. 매수인 을회사의 기타의 구제수단

#### 1) 대체물인도청구권

을회사는 2차 인도분에 대해 갑회사에게 대체물인도청구권을 행사가능(제46조 제2항).

2차 인도분은 본질적 계약위반, 을회사는 하자있는 제품을 안전하게 보관하고 있어 수령상태와 동일한 상태로 반환가능(제82조 제1항).

매수인 을회사는 2차 인도분에 대해 대체물인도청구권 행사가능.

2) 부적합치유청구권

매수인 을회사는 만약 수리로 치유가 가능하다면 부적합치유청구권도 행사가능(제46조 제3항).

3) 손해배상청구권

을회사가 입은 손해에 대해 손해배상청구권 행사가능(제45조 제1항 (나)호, 제74조).

## 설문4

1. 의무이행정지권의 행사(제71조 제1항 · 제3항)

# 03 | 2023년 시행 제12회 변호사시험

## 제1문

甲은 로봇을 제작하는 회사로서 스위스에 주된 사무소를 두고 있다. 甲은 한국 시장을 향해 계속적이고 조직적인 영업활동을 하기 위해 2019. 5.경 서울에 주된 사무소가 있는 대리상 乙과 대리상계약을 서면으로 체결하면서(이하, '이 사건 계약'), '본 계약과 관련된 모든 분쟁은 싱가포르 국제상사법원에 소를 제기할수 있다'는 비전속적(non-exclusive) 혹은 부가적 관할합의를 하였다. 그러나 싱가포르는 이 사건 계약과 아무런 관련이 없으며, 이 사건 계약의 준거법에 관한별도의 합의도 없었다.

이 사건 계약에 의하면 乙은 甲으로부터 로봇을 주문할 한국 고객사와의 거래를 대리 및 중개하면서 관련 용역을 제공하고 그에 대한 대리상 보수를 받도록 되어 있다. 乙은 2022. 8.경 그간 몇몇 한국 고객사를 甲에게 연결하여 그들 사이에 로봇공급계약이 체결되도록 하였으나, 대리상 보수 미화 30만 달러를 지급받지 못했다고 주장하며 甲을 상대로 싱가포르 국제상사법원에 미지급 보수의지급을 구하는 소를 제기하였다(이하, '이 사건 전소').

한편 甲은 乙이 연결해 준 한국 고객사 X의 주문 의사를 확인하고 로봇 100 대를 납품하기 위해 필요한 원자재 구매 및 설비 확충의 명목으로 미화 100만달러를 지출하였는데, 이는 X와 정식으로 계약을 체결하기도 전에 이루어졌다. 그러나 갑자기 X는 甲과의 연락을 차단하고 잠적하였는데, X는 단순 페이퍼 컴퍼니이고 X의 사업계획은 허위임이 밝혀졌다. 이에 甲은 乙이 X에 대한 허위정보를 제공한 탓에 선지출한 미화 100만 달러의 손해가 발생했다고 주장하며, 乙을 상대로 2022. 12.경 불법행위에 따른 손해배상을 구하는 본소를 서울중앙지방법원에 제기하였다. 그 후 乙은 甲을 상대로 현재 계속 중인 이 사건 전소에서 지급을 구했던 미지급 보수 미화 30만 달러를 청구하는 반소를 제기했다(이하, '이 사건 후소').

한국 인천에 주된 사무소를 둔 고객 丙은 乙로부터 甲의 구형 모델 로봇인

Type A를 공급할 수 있다는 설명을 듣고, 乙에게 Type A 10대를 인천 공장 인도조건으로 주문하였고, 이를 활용할 수 있는 생산설비도 구축하였다. 그러나 甲은 Type A는 더 이상 양산하지 않기에 주문에 응할 수 없다고 하였다. 이에 丙은 생산설비 구축에 투자도 하였고 Type A는 다른 곳에서 구할 수도 없기에 甲을 상대로 서울중앙지방법원에 Type A 10대의 인도를 구하는 소를 제기하였다. 이에 甲은 응소하면서 乙에게 부여한 대리권의 범위에는 Type A는 포함되지 않는다고 항변하였다.

### 전제

1. 아래 문제들에는 2022. 7. 5.부터 시행된 개정 국제사법을 적용한다.
2. 상계로 채권이 소멸하기 위해서는 문제된 양 채권의 준거법상 소멸이 인정되어야 함을 전제로 한다.

### 질문

1. 이 사건 후소에 대해 다음 물음에 답하시오.
   가. 이 사건 후소의 본소에 대해 서울중앙지방법원은 국제재판관할권을 가지는지 논하시오. (25점)
   나. 이 사건 후소의 반소에 대해 법원은 어떻게 처리해야 하는지 논하시오. (10점)

2. 만일 乙이 이 사건 후소에서 반소를 제기하지 않고 이 사건 전소에서 구하는 채권을 자동채권으로 하여 상계를 주장하면서 수동채권인 본소의 손해배상 채권이 소멸된다고 주장하는 경우, 그 상계의 준거법에 대해 논하시오. (20점)

3. 丙이 甲을 상대로 제기한 Type A 10대의 인도청구에 대해 서울중앙지방법원에 국제재판관할권이 존재하는지 여부와 준거법에 대해 논하시오. (25점)

## 제2문

甲회사는 대한민국 인천 인근 영해에서 해상풍력발전 15기를 건설·운영하기 위해 대한민국법에 따라 설립된 회사(이하, '甲')이다. 대만에 영업소를 둔 乙회사는 해상풍력발전기에서 생산되는 전력을 해상 및 육상 변전소로 공급하기 위해 해저 바닥에 설치하는 해상케이블을 제조하는 회사(이하, '乙')이다. 2020. 5. 1. 甲은 발전소 건설을 위해 필요한 500m 길이의 특수 해상케이블 15개를 총 미화 300만 달러에 乙이 공급하고 현장에 설치까지 하는 계약(이하, '이 사건 계약')을 체결하였다.

乙은 분기별로 케이블 5개씩을 '인코텀즈 DAP – 인천 해상 현장' 인도조건으로 2022. 3. 31., 6. 30., 9. 30.에 각 인도하도록 되어 있다. 乙은 자신의 500m 길이 해상케이블로 전력송전 시, 불과 3% 이내의 전력 손실만 발생한다고 계약상 보증하였는데, 이는 甲의 사업성 확보를 위해 중요한 요소였다. 계약 체결 시 甲은 15기의 발전기 공사가 순차적으로 이루어지기 때문에 케이블의 분기별 적시 인도가 중요함을 강조하였다.

乙은 해상케이블 제작을 위해 해저지반 보고서를 검토함이 필수인데, 그 보고서는 甲이 작성하여 乙에게 2021. 12. 31.까지 제공하도록 약정되어 있었다. 그러나 甲은 2022. 3. 10.에서야 보고서를 乙에 제공했는데, 그 이유로는 보고서 작성 업무를 위임받은 업체가 늦게 제출했다는 것이었다. 乙은 보고서를 검토하지 못한 이유로 2022. 3. 31. 1차 인도시기를 맞추지 못하고 2022. 4. 30.에서야 1차 인도분 5개를 인도하였다. 이에 甲은 乙을 상대로 서울중앙지방법원에 이 사건 계약의 지체상금 조항에서 정한 손해배상예정액 미화 100만 달러의 지급을 구하는 소를 제기하였다.

乙은 2022. 6. 30. 2차 인도분인 케이블 5개를 인천 해상 현장에 적시 인도하여 설치하였다. 곧바로 甲이 테스트한 결과 2차 인도분 5개 중 3개의 전력 손실이 10%를 넘어, 甲은 乙에 하자를 통지함과 동시에 문제가 된 3개에 대한 대체물인도청구를 하였다. 그런데 며칠 뒤 3개 중 1개는 乙의 부실한 설치로 조류에 휩쓸려 멸실되었다. 나머지 2개의 전력 손실은 3% 이내였으나, 'DAP – 인천 해상 현장' 인도조건에 따른 인도 이후 甲의 시공자 丙의 과실로 2개 케이블에 경미한 손상이 발생하였다. 이에 甲은 乙에 그 손상에 대한 하자수리를 요구했으나 乙은 응하지 않았고, 甲은 2개에 대한 대금지급을 거절하였다.

한편 대만과 중국과의 분쟁이 격화되어 중국정부는 2022. 8. 15. 최소 석 달 간 대만해협을 봉쇄하는 조치를 전격 단행하였고, 그리하여 대만으로부터 물품 운송이 불가능한 상황이다. 이를 안 甲은 곧바로 공사일정상 乙에 2022. 9. 30. 3차 인도분의 인도를 적절히 보장할 수 있는 조치를 요청했지만 乙은 3주째 묵묵부답이었다. 甲은 2022. 9. 10. 乙에게 이 사건 계약을 해제한다고 통지하였고, 2022. 10. 10. 국내의 다른 업체 丁으로부터 3차 인도분에 상응하는 5개를 미화 130만 달러에 구매하여 설치하였다. 그 후 甲은 丁과의 대체거래금과 3차 인도분 계약대금의 차액인 미화 30만 달러의 손해배상을 청구하였다.

### 전제

1. 서울중앙지방법원은 이 사건에 대한 국제재판관할권을 가지며, 이 사건 계약 은 혼합계약 형태이나 국제물품매매에관한유엔협약(CISG)이 적용된다.
2. '인코텀즈 DAP – 인천 해상 현장' 인도조건은 해상풍력발전기가 건설되는 해 상에서 인도되는 것을 의미한다.

### 질문

1. 甲은 乙을 상대로 1차 인도분 지연에 따른 지체상금을 구할 수 있는지 논하 시오. (15점)

2. 甲은 乙을 상대로 2차 인도분 중 하자있는 3개에 대한 대체물의 인도를 청구 할 수 있는지 논하시오. (25점)

3. 甲은 2차 인도분 중 손상된 2개에 대한 대금지급을 거절할 수 있는지 논하시 오. (15점)

4. 甲의 2022. 9. 10. 계약해제가 가능한지, 그리고 乙을 상대로 제기한 손해배 상청구가 가능한지 논하시오. (25점)

# 03 | 2023년 제12회 변호사 시험 **해설**

## 제1문

### 접근

설문1의 가는 갑이 을을 상대로 불법행위를 원인으로 한 손해배상청구소송에서 국제재판관할권의 판단을 묻는 문제입니다. 국제사법의 규정을 검토해서 판단하면 됩니다(제2조, 제3조 제4조, 제8조, 제44조).

설문1의 나는 국제사법의 관할권 규정 중 반소관할 및 국제적 소송경합을 묻는 문제입니다(제7조, 제11조).

설문2는 계약 및 불법행위의 준거법을 묻는 문제입니다. 상계의 준거법 판단에 앞서 성질결정이 요구되는데 이는 전제사실 2에 의해 해결됩니다(제46조, 제52조).

설문3은 병의 갑에 대한 인도청구소송에서 국제재판관할권 및 준거법을 묻는 문제입니다. 먼저 국제재판관할권은 국제사법규정에 의해 판단을 하면 됩니다(제2조, 제4조, 제9조, 제41조). 그리고 준거법은 인도청구의 준거법(제46조)과 임의대리의 준거법(제32조)을 나누어서 접근하는 것이 필요합니다.

\* 위 지문에서 "을을 상대로 2022.12.경 불법행위에.......반소를 제기했다(이하 '이 사건 후소')."라고 하여 '이 사건 후소'가 을이 갑을 상대로 제기한 미지급 보수청구의 반소만을 가리키는 것처럼 언급되어 있으나, 이 문제의 전체 취지를 보아 갑이 을을 상대로 제기한 손해배상의 본소까지 포함하는 의미로 해석하기로 합니다.

### 모범답안

#### 설문1의 가

#### 1. 국제사법 적용 여부

스위스에 주된 사무소를 두고 있는 원고 갑이 대한민국에 주된 사무소를 두고 있는 피고 을을 상대로 손해배상청구소송을 제기한 사안으로 외국과 관련된 요소가 존재하므로 국제사법에 의해 그 국제재판관할을 정해야 합니다(제1조).

#### 2. 관할의 일반원칙

이 사안의 피고 을은 대한민국 서울에 주된 사무소가 있고, 원고 갑은 주된 사무소는 스위스에 있으나 대한민국 시장을 향해 영업활동을 하고 있으며, 또한 동 소송의 원인이 대한민국 고객사 X의 허위정보 제공인 점 등을 살펴보면 대한민국과 실질적 관련성(법원이 재판관할권을 행사하는 것을 정당화할 수 있을 정도로 분쟁대상이 관련성을 갖는 것)이 있으므로 대한민국 법원에 국제재판관할권이 있습니다. 다만 개정법이 정치한 국제재판관할규칙을 도입한 이상 이는 보충적인 규정이므로 이에 해당하는지 여부는 엄격하게 해석하여야 합니다(제2조 제1항).

### 3. 합의관할

이 사안의 갑과 을 간의 대리상계약에는 분쟁이 발생하는 경우 싱가포르 국제상사법원에 소를 제기할 수 있다는 비전속적 또는 부가적 관할 합의 조항이 있습니다. 국제사법 제8조에서는 전속적 관할합의에 대한 효력을 두고 있는데(제1항, 제2항, 제3항), 관할합의는 전속적인 것으로 추정되나 이는 반증에 의해 깨어질 수 있습니다. 따라서 이 사안에서 갑과 을 간의 관할합의는 비전속적 합의이므로 따라서 대한민국 법원에서 동 소송의 관할권을 행사할 수 있습니다.

### 4. 불법행위 특별관할

을의 불법행위, 즉 X에 대한 허위정보제공이 대한민국에서 이루어진 점에 의해 국제사법 제44조에 따라 대한민국에 관할이 있습니다.

### 5. 국제사법 제4조의 특별관할

동 소송은 대한민국에 사무소가 있는 법인 을의 대한민국에서의 업무와 관련된 소이므로 대한민국 법원이 국제재판관할권을 가집니다(제4조 제1항).

### 6. 국제사법 제3조의 일반관할

피고 을의 주된 사무소가 대한민국에 있으므로 대한민국 법원이 국제재판관할권을 가집니다(제3조 제3항).

따라서 동 소송에 대하여 대한민국 법원이 국제재판관할권을 가집니다.

## 설문1의 나

### 1. 반소관할

갑이 을을 상대로 제기한 본소(손해배상청구)는 앞서 보았듯이 대한민국 법원에 국제재판관권이 있으며, 소송절차를 현저히 지연시키지 아니하는 경우에 해당합니다. 또한 본소와 을의 갑에 대한 반소(보수금청구)는 모두 을의 이 사건 계약에 따라 이루어진 용역제공과 관련이 있어 두 소송은 밀접한 관련이 있는 청구를 목적으로 합니다. 따라서 본소가 진행 중인 법원인 대한민국 법원에 반소를 제기할 수 있습니다(제7조).

### 2. 국제적 소송경합

이 사안은 당사자 을이 갑을 상대로 싱가포르 국제상사법원에 보수금청구를 제기한 후 갑이 서울중앙지방법원에 을을 상대로 제기한 손해배상청구소송에 대하여 을이 갑을 상대로 동일한 내용의 보수금청구의 반소를 서울중앙지방법원에 제기하였는데 이는 동일한 당사자 간에 외국법원에 계속 중인 사건과 동일한 소가 대한민국 법원에 제기된 경우이고 싱가포르 국제상사법원의 판결이 대한민국 법원에서 승인될 것이 예상되는 경우 법원은 소송을 중지할 수 있습니다. 그러나 다음 두 가지 예외, 즉 전속적 국제재판관할의 합의에 따라 대한민국법원에 국제재판관할이 있는 경우와 대한민국 법원에서 해당 사건을 재판하는 것이 명백한 경우에는 소송절차를 중지할 수 없습니다.

이 사안에서 갑이 을을 상대로 제기한 본소인 손해배상청구의 인용 여부에 따라 을의 갑에 대한 반소인 보수금청구의 인용 여부 및 그 정도가 달라지는 점 등을 고려해보면 본소와 반소를 대한민국법원에 함께 재판하는 것이 적절함이 명백한 경우라 할 수 있습니다(제11조 제1항 단서와 제2호).

따라서 서울중앙지방법원은 을이 제기한 반소에 대하여 소송절차를 중지할 수 없으며, 대한민국법원에 국제재판관할권이 있습니다.

## 설문2

### 1. 국제사법 적용 여부

스위스에 주된 사무소를 두고 있는 원고 갑이 대한민국에 주된 사무소를 두고 있는 피고 을을 상대로 손해배상청구소송을 제기한 본소에 대하여 피고 을이 원고 갑을 상대로 제기한 반소에서 상계를 주장하는 이 사안은 외국과 관련된 요소가 존재하므로 국제사법에 의해 그 준거법을 정해야 합니다(제1조).

### 2. 상계의 준거법

상계는 법계에 따라 절차법 또는 실체법상의 제도로 파악하고 있습니다. 이 사안에서는 전제사실 2에서 문제된 양채권의 준거법상 소멸이 인정되어야 하므로, 을이 주장하는 자동채권 및 수동채권의 준거법을 살펴볼 필요가 있습니다.

### 3. 자동채권(보수금채권)의 준거법

갑과 을 간의 대리상계약의 준거법 합의는 존재하지 않기에, 국제사법 제46조에 따라 계약의 준거법을 정해야 합니다. 동 계약은 대리상계약으로 을이 갑을 위해 한국 고객사와의 거래의 대리 또는 중개 등 용역을 제공하는 것이므로 국제사법 제46조 제2항 제3호의 용역계약에 해당하며 용역의 이행당사자인 을의 주된 사무소가 있는 국가의 법이 가장 밀접한 관련이 있는 것으로 추정됩니다. 따라서 을의 주된 사무소가 있는 대한민국법이 준거법이 됩니다(제46조 제2항).

### 4. 수동채권(손해배상채권)의 준거법

갑의 주장에 의하면 을의 불법행위는 한국 고객사 X에 대한 허위정보의 제공입니다.

불법행위의 사후에 준거법을 정한 정황은 보이지 않으며, 이 사안은 가해자와 피해자 간에 존재하는 법률관계가 불법행위에 의하여 침해된 경우에 해당되므로 종속적 연결에 의해 대리상계약의 준거법을 따라야 합니다(제52조 제3항). 따라서 대한민국법이 준거법이됩니다.

따라서 대리상계약에 의해 보수금채권 및 불법행위에 따른 손해배상채권 모두 대한민국법이 준거법으로 되며, 대한민국법에 따라 상계가 처리됩니다.

### 설문3

#### 1. 국제사법적용 여부

스위스에 주된 사무소를 두고 있는 갑과 대한민국 인천에 주된 사무소를 두고 있는 병간의 물품인도소송은 외국과 관련된 요소가 존재하므로 국제사법에 의해 그 준거법 및 국제재판관할을 정해야 합니다(제1조).

#### 2. 국제재판관할

##### 1) 국제사법 제41조의 특별관할

계약에 관한 소에 있어 계약의 유형에 따른 특징적 의무이행지가 대한민국에 있는 경우 대한민국법원에 국제재판관할을 인정합니다(제41조). 이 사안에서 병은 을에게 로봇을 인천공장 인도조건으로 주문하였기에 물품 인도지는 대한민국에 있으므로 대한민국 법원이 국제재판관할권을 가집니다(제41조 제1항 제1호).

##### 2) 국제사법 제4조의 특별관할

이 사안은 한국시장을 향해 계속적이고 조직적인 영업활동을 하는 법인인 갑에 대한 소이며 또한 갑의 로봇제작 사업 및 영업활동과 관련된 소이므로 대한민국 법원이 국제재판관할권을 가집니다(제4조 제2항).

##### 3) 변론관할

이 사안은 병이 갑을 상대로 서울중앙지방법원에 제기한 소에 대하여 갑은 응소하면서 항변을 제출하였기에 본안에 대하여 변론한 것에 해당되어 대한민국 서울중앙지방법원이 국제재판관할권을 가집니다(제9조).

##### 4) 일반원칙

병의 주된 사무소, 이 사건 물품공급계약의 인도장소, 대리상 을의 주된 사무소가 대한민국인 점을 고려해보면 대한민국과 실질적인 관련성이 있으므로 대한민국 법원에 국제재판관할권이 있습니다. 다만 개정법이 정치한 국제재판관할규칙을 도입한 이상 이는 보충적인 규정이므로 이에 해당하는지 여부는 엄격하게 해석하여야 합니다(제2조 제1항).

따라서 병이 갑을 상대로 제기한 Type A 10대의 인도청구에 대해 대한민국 서울중앙지방법원이 국제재판관할권을 가집니다.

### 3. 준거법

#### 1) 물품공급계약상 인도청구의 준거법

이 사안의 소송은 물품공급계약상 인도청구를 하는 것입니다. 비록 동 계약은 대리상 을에 의해 체결된 것이지만 소송의 당사자는 원고 병이 피고 갑에게 물품의 인도를 구하는 것입니다. 따라서 물품인도청구의 준거법은 물품공급계약의 준거법에 따라야 합니다. 당사자 자치원칙이 우선 적용되어 당사자가 합의한 준거법에 의하게 됩니다(제45조). 그러나 준거법에 대한 당사자간 합의가 없으므로, 제46조에 의한 객관적 준거법을 찾아야 합니다. 사안의 물품공급계약은 각 당사자의 영업활동으로 체결되었고(제46조 제2항 단서), 이 경우의 계약상의 특정한 이행은 양도인인 갑의 인도의무의 이행입니다(제46조 제2항 제1호).

따라서 갑의 주된 사무소가 있는 국가인 스위스법이 준거법이 되어야 합니다.

#### 2) 대리인의 대리행위로 본인이 제3자에 대해 의무를 지는지 여부의 준거법

대리인 을의 행위로 인해 본인인 갑이 제3자 병에 대하여 의무를 부담하는지 여부는 대리인 을의 영업소 소재지가 있는 국가의 법에 따라야 합니다. 이 사안에서 을의 경우 대한민국 서울에 주된 사무소를 두고 대리 및 중개 영업을 하고 있으므로 을의 영업소 소재지 국가는 대한민국이며, 따라서 그 준거법은 대한민국법이 됩니다(제32조 제2항).

---

### 핵심쟁점

### 설문1의 가

#### 1. 외국과 관련된 요소가 있는 법률관계(제1조)

#### 2. 국제재판관할

일반원칙인 제2조 제1항에 의해 실질적 관련성 존재.

제8조 제1항·제2항·제3항 비전속적 합의 유효.

제44조 을의 허위정보제공지 대한민국.

제4조 제1항 한국에 사무소 있는 법인(을)이고 업무관련성 있음.

제3조 제3항 주된 사무소(을)가 대한민국.

따라서 대한민국에 국제재판관할 있음.

### 설문1의 나

#### 1. 반소관할

갑이 을을 상대로 제기한 본소(손해배상청구) 또한 을의 갑에 대한 반소(보수금청구)는 두 소송 모두 밀접한 관련이 있는 청구를 목적으로 함.

따라서 본소가 진행 중인 법원인 대한민국 법원에 반소를 제기할 수 있음(제7조).

## 2. 국제적 소송경합

본소와 반소를 대한민국법원에 함께 재판하는 것이 적절함이 명백한 경우라 할 수 있음(제11조 제1항 단서와 제2호).

따라서 서울중앙지방법원은 을이 제기한 반소에 대하여 소송절차를 중지할 수 없으며, 대한민국법원에 국제재판관할이 있음.

## 설문2

### 1. 상계의 준거법(전제사실 2)

### 2. 자동채권(보수금채권)의 준거법

자동채권의 준거법으로 대리상계약은 위임계약(제46조 제2항 제3호).

을의 주된 사무소 있는 대한민국법.

### 3. 수동채권(손해배상채권)의 준거법

수동채권의 준거법으로는 을의 불법행위는 X에 대한 허위정보제공, 종속적 연결(제52조 제3항).

따라서 대리상계약의 준거법인 대한민국법.

## 설문3

### 1. 국제재판관할

국제사법 제41조의 특별관할: 물품인도지 대한민국(제41조 제1항 제1호),

국제사법 제4조의 특별관할: 대한민국(제4조 제2항).

변론관할(제9조)

### 2. 준거법

### 1) 인도청구의 준거법

양도인의 주된 사무소 스위스법(제46조 제2항 제1호).

### 2) 대리인의 대리행위로 본인이 제3자에 대해 의무를 지는지 여부의 준거법

을은 대한민국 서울에 주된 사무소를 두고 대리 및 중개 영업, 따라서 그 준거법은 대한민국법이 됨(제32조 제2항).

## 제2문

### 접근

　설문1은 인도지연에 따른 지체상금을 구할 수 있는지를 묻는 문제로 먼저 매도인의 인도의무불이행에 대하여 협약을 검토하고(제30조, 제33조 가호, 제25조, 제45조 제1항 나호), 채권자행위에 의한 불이행(제80조)을 검토해야 합니다.

　설문2는 갑이 2차 인도분 중 하자있는 3개에 관해 대체물인도청구를 행사할 수 있는지를 묻는 문제입니다. 먼저 물품적합성에 관한 협약을 검토해야 하며(제35조, 제38조, 제39조), 이를 바탕으로 대체물인도청구권에 대하여 검토를 해야 합니다(제46조 제2항, 제25조, 제82조 제1항 및 제2항 가호).

　설문3은 매수인의 대금지급의무와 위험이전에 대해 묻는 문제입니다(제66조 단서).

　설문4는 이행기전 계약해제 여부, 분할인도계약의 해제, 그리고 손해배상청구권과 면책에 대해 묻는 문제입니다. 해제 가능 여부에 대해 협약을 통해 검토를 하고(제72조, 제25조, 제73조 제1항), 면책의 요건을 충족시키는지에 대한 판단을 통해서 손해배상청구가 가능한지를 판단해야 합니다(제45조 제1항 나호, 제79조).

### 모범답안

#### 설문1

##### 1. 매도인의 의무와 본질적 계약위반

　이 사건 계약에 따르면 해상케이블을 분할인도하는 것으로 1차 인도기일은 2022.3.31.로 약정되어 있었으나 매도인 을은 2022.4.30.에 1차분을 인도하였습니다. 매도인 을은 이 사건 계약에서 정한 기일에 물품을 인도할 의무가 있음에도 불구하고 그 이행지체가 발생한 것입니다(제30조, 제33조 가호). 비록 단순한 인도지체는 본질적 계약위반이 아니나, 이 사안에의 인도지체는 본질적 계약위반을 구성합니다(제25조). 그 이유는 이 사건 계약 당시 매수인 갑이 케이블의 분기별 정확한 인도시점이 중요함을 문제의 지문을 통해 알 수 있으며, 이는 인도지체가 발생하면 본질적 계약위반이 발생한다는 것을 의미합니다. 따라서 매수인 갑은 매도인 을이 이 사건 계약상 의무를 이행하지 않아 이에 따른 손해배상청구권이 발생합니다(제45조 제1항 나호).

##### 2. 매수인 행위에 의한 불이행

　이 사안에서 매도인 을의 계약위반은 매수인 갑의 이행보조자인 보고서 작성업체가 보고서의 지체제출로 발생한 것으로 이는 매수인 갑의 부작위에 기인하였으므로, 갑은 을의 불이행을 주장할 수 없습니다(제80조).

따라서 매수인 갑은 매도인 을에 대하여 이 사건 계약불이행을 이유로 한 지체상금 청구를 할 수 없습니다.

### 설문2

#### 1. 매도인의 물품적합성 의무

을이 갑에게 공급한 2차 인도분 중 케이블 3개는 이 사건 계약에서 3% 이내 전력 손실을 계약상 보증하였음에도 불구하고 테스트 결과 전력손실이 10%를 초과하여 계약에서 정한 품질에 부적합합니다(제35조 제1항, 제2항). 이러한 부적합은 지문에서 밝혔듯이 갑의 사업성 확보에 중요한 요소가 되므로 3개의 품질부적합은 갑이 기대하는 바를 실질적으로 박탈할 정도의 손실을 주는 것으로 그 부분은 본질적 계약위반에 해당합니다(제25조, 제46조 제2항)

갑은 2차 인도분에 대한 검사를 인도받은 후 바로 실시를 하여 협약상 검사의무를 다 하였으며(제38조 제1항, 제2항), 또한 물품 부적합에 대해 특정하여 통지의무를 다 하였습니다(제39조 제1항). 따라서 이상과 같이 매수인 갑은 협약상 부적합 통지의무를 다 하였으므로 매도인 을에 대하여 2차 인도분 중 하자 있는 3개의 부적합을 주장할 권리를 가집니다.

#### 2. 매수인의 대체물인도청구권

매수인 갑의 대체물청구인도 청구권을 행사하기 위해서는 3개의 케이블이 이 사건 계약에 부적합하고, 그 부적합이 본질적 계약위반을 구성하며, 대체물인도청구가 부적합통지 후 합리적인 기간 내에 이루어져야 하며(제46조 제2항), 그리고 위 3개를 수령한 상태와 동일한 상태로 반환할 수 있어야 합니다(제82조 제1항).

이 사안에서 하자 있는 케이블 3개 중 1개는 조류에 의해 멸실되어 갑이 수령한 상태와 동일한 상태로 반환할 수 없으나 1개의 케이블의 멸실은 매도인 을의 부실한 설치에 따른 것으로 매수인 갑의 작위 또는 부작위에 기인한 것이 아니므로(제82조 제2항 가호), 멸실된 1개를 반환 할 수 없더라도 대체물인도청구가 가능합니다.

따라서 을은 2차 인도분 중 하자있는 3개 모두에 대해 대체물인도청구권을 행사할 수 있습니다.

### 설문3

#### 1. 위험이전과 매수인의 대금지급의무

2차 인도분 5개중 2개의 훼손은 'DAP – 인천해상 현장' 인도조건으로(incoterms 합의가 우선되므로 제67조에서 69조까지 적용안됨) 이는 해상풍력기가 건설되는 해상에서 인도하는 조건으로 해상에서의 인도 이후, 즉 매수인 갑에게 위험이 이전된 후에 발생한 것으로 갑은 대금지급의무를 면하지 못합니다(제66조 본문). 위험이 매수인에게 이전된 후라도 매도인의 작위 또는 부작위로 인하여 물품이 훼손되었다면 매수인은 대금지급의무를 부담하지 않으나, 이 사안에서 위 2개의 훼손은 매도인 을에 의해서가 아니라 매수인 갑의 시공자 병의 과실에 의한 것 이므로 매수인 갑은 대금지급의무를 면할 수 없습니다(제66조 단서).

따라서 매수인 갑은 매도인 을에게 대금을 지급해야 합니다.

## 설문4

### 1. 이행기전 계약해제와 분할인도계약의 해제

이 사안은 매도인 을이 매수인 갑에게 케이블을 3회에 걸쳐 인도하는 것을 약정하고 있으므로 분할인도계약에 해당합니다. 또한 3차분의 약정기일은 2022. 9. 30.이고 갑이 2022. 9. 10. 3차분에 대해 계약해제를 하고자 하니 이는 이행기전의 계약해제가 문제됩니다. 갑은 이 사안의 봉쇄조치를 인지한 후 즉시 을에게 3차 인도분의 인도를 보장할 수 있는 조치를 요구하는 통지를 하였음에도 불구하고 을은 3주째 침묵으로 일관하고 있어, 이는 계약의 이행기 전에 을이 본질적인 계약위반을 할 것이 명백하며, 따라서 갑은 3차 인도분에 대하여 이행기전 계약해제를 할 수 있습니다(제72조 제1항·제2항, 제73조 제1항).

### 2. 손해배상청구권과 면책

매수인 갑이 매도인 을을 상대로 손해배상청구권을 행사하기 위해서는(제45조 제1항 나호), 매도인의 계약 혹은 협약상의 의무를 위반하였어야 합니다(제45조 제1항). 매도인 을은 약정기일인 2022. 9. 30.까지 3차분 케이블을 인도해야 함에도 불구하고, 기일이 지나도인도하지 못하였으므로, 매도인의 인도의무(제30조)를 위반하였습니다. 따라서 갑은 제45조 제1항 나호에 의하여, 을에게 손해배상을 청구할 수 있습니다.

갑이 을에 대하여 적법하게 손해배상청구권을 행사할 수 있으므로, 을이 위 손해배상의무를 면할 수 있는지가 문제됩니다.

제79조 제1항에 의하면, 계약 위반 당사자의 의무 불이행이 ① 통제 불가능한 장애에 기인하였어야 하고, ② 계약 체결시에 그 장애를 예견할 수 없었어야 하고, ③ 그 장애로 인한 결과를 극복하는 것이 불가능하였어야 합니다. 또한 위반 당사자는 장애 사실을 상대방에게 통지하여야 합니다(동조 제4항). 이 네 요건이 동시에 모두 충족되어야 손해배상책임이 면책됩니다. 먼저 중국정부가 단행한 봉쇄조치는 통제불가능한 장애에 해당되고, 이 사건 계약체결시 중국정부의 봉쇄조치를 예견할 수 없었고, 이러한 결과를 회피하거나 극복하는 것이 합리적으로 기대될 수 없는 것으로 판단되며, 마지막으로 매도인 을은 이러한 장애에 대하여 매수인 갑에게 통지해야 하나 이 사안의 지문을 통해서 채권자인 매수인 갑은 이미 이러한 사정(봉쇄조치)을 알고 있는 것으로 보이기에 을의 갑에 대

한 통지의무는 없습니다.

따라서 중국정부의 봉쇄조치로 인한 인도의무 불이행에 대하여, 을은 갑에 대한 손해배상책임을 면함이 타당합니다.

### 핵심쟁점

#### 설문1

**1. 매도인의 의무와 본질적 계약위반**

매도인 을의 인도지체가 발생함(제30조, 제33조 가호).

이 사안에의 인도지체는 본질적 계약위반임(제25조).

매수인 갑에게 손해배상청구권이 발생함(제45조 제1항 나호).

**2. 매수인 행위에 의한 불이행**

매도인 을의 계약위반은 매수인 갑의 부작위에 기인하므로, 갑은 을의 불이행을 주장할 수 없음(제80조).

따라서 매수인 갑은 매도인 을에 대하여 이 사건 계약불이행을 이유로 한 지체상금 청구를 할 수 없음.

#### 설문2

**1. 매도인의 물품적합성 의무**

을이 갑에게 공급한 2차 인도분 중 케이블 3개는 전력손실이 10%를 초과하여 계약에서 정한 품질에 부적합함(제35조 제1항·제2항).

3개의 품질부적합은 갑이 기대하는 바를 실질적으로 박탈할 정도의 손실을 주는 것으로 그 부분은 본질적 계약위반에 해당함(제25조, 제46조 제2항).

갑은 2차 인도분에 대해 협약상 검사의무를 다 함(제38조 제1항, 제2항), 물품 부적합에 대해 협약상 통지의무를 다 함(제39조 제1항).

매수인 갑은 매도인 을에 대하여 2차 인도분 중 하자 있는 3개의 부적합을 주장할 권리를 가짐.

**2. 매수인의 대체물인도청구권**

매수인 갑의 대체물청구인도청구권 행사요건으로 제품이 계약에 부적합하고, 그 부적합이 본질적 계약위반을 구성하며, 대체물인도청구가 부적합 통지 후 합리적인 기간 내에 이루어져야 하며(제46조 제2항), 그리고 수령한 상태와 동일한 상태로 반환할 수 있어야 함(제82조 제1항).

1개 케이블의 멸실은 매도인 을의 부실한 설치에 따른 것으로 매수인 갑의 작위 또는 부작위에 기인한 것이 아님(제82조 제2항 가호), 멸실된 1개를 반환할 수 없더라도 대체물인도청구가 가능함.

따라서 을은 2차 인도분 중 하자있는 3개 모두 대체물인도청구권 행사 가능함.

## 설문3

### 1. 위험이전과 매수인의 대금지급의무

2차 인도분 5개 중 2개의 훼손은 매수인 갑에게 위험이 이전된 후에 발생한 것으로 갑은 대금지급의무를 면하지 못함(제66조 본문).

이 사안에서 위 2개의 훼손은 매도인 을에 의해서가 아니라 매수인 갑의 시공자 병의 과실에 의한 것 이므로 매수인 갑은 대금지급의무를 면할 수 없음(제66조 단서).

따라서 매수인 갑은 매도인 을에게 대금을 지급해야 함.

## 설문4

### 1. 이행기전 계약해제와 분할인도계약의 해제

이 사안은 계약의 이행기전에 을이 본질적인 계약위반을 할 것이 명백하며, 따라서 갑은 3차 인도분에 대하여 이행기전 계약해제를 할 수 있음(제72조 제1항·제2항, 제73조 제1항).

### 2. 손해배상청구권과 면책

매수인 갑이 매도인 을을 상대로 손해배상청구권을 행사하기 위해서는(제45조 제1항 나호), 매도인이 계약 혹은 협약상의 의무를 위반하였어야 함(제45조 제1항).

매도인의 인도의무(제30조) 위반으로 매수인 갑은 제45조 제1항 나호에 의하여, 을에게 손해배상을 청구할 수 있음.

제79조 제1항에 의하면, 이 사안은 면책사유인 통제불능장애, 예견불능장애, 극복불능장애에 해당. 그리고 매도인 을은 이러한 장애에 대하여 매수인 갑에게 통지해야 하나 지문을 통해서 채권자인 매수인 갑은 이미 이러한 사정(봉쇄조치)을 알고 있는 것으로 보이기에 을이 갑에 대한 통지의무는 없음.

따라서 중국정부의 봉쇄조치로 인한 인도의무 불이행에 대하여, 을은 갑에 대한 손해배상책임을 면함이 타당함.

# 04 2022년 시행 제11회 변호사시험

## 제1문

甲회사는 대한민국 수원에 주된 사무소를 두고 TV를 생산해 수출하는 법인이다. 乙회사는 베트남 호찌민에 주된 사무소를 두고 TV를 수입해 판매하는 법인이다. 매도인 甲회사와 매수인 乙회사는 TV 10,000대(이하 '이 사건 화물')에 대한 매매계약을 체결하였다.

甲회사는 중국 상하이에 주된 사무소를 두고 대한민국 부산에 유일한 영업소를 두고 있는 丙운송회사와 이 사건 화물을 대한민국 부산항에서 베트남 호찌민항까지 운송하기로 하는 해상운송계약을 체결하였다(준거법 지정은 없었음). 또한 甲회사는 일본 도쿄에 주된 사무소를 두고 있는 丁보험회사와 보험목적물을 이 사건 화물로, 보험금액을 미화 100만 달러로, 피보험자를 乙회사로 하는 해상적하보험계약을 체결하였다. 이 해상적하보험계약에는 "본 보험증권에 따라 발생하는 책임에 관한 모든 문제는 영국의 법률과 관습에 따른다."라는 내용의 준거법 약관이 기재되어 있었다. 아울러 甲회사와 乙회사가 丁보험회사에 부보화물의 갑판(甲板)적재 사실을 고지하지 않은 경우 위 해상적하보험계약의 담보범위는 일정하게 축소된다는 내용의 '갑판적재 약관(On-Deck Clause)'이 포함되어 있었다.

丙운송회사는 甲회사의 동의 아래 이 사건 화물을 여러 개의 컨테이너에 적재하여 자사 소유 그랜드 피스호(선적국은 파나마국, 선원의 대부분은 파나마국인들로 구성됨)의 선내가 아닌 갑판에 선적하였다.

乙회사가 베트남 호찌민항에 도착한 이 사건 화물을 검사한 결과 그랜드 피스호의 선장 戊(파나마국 국적이고, 대한민국에 상거소를 둠)의 과실로 컨테이너 1개가 해상에 떨어져 이 사건 화물 중 일부가 멸실된 사실이 밝혀졌다. 이에 乙회사가 丁보험회사를 상대로 피해액에 대한 보험금 지급을 청구하자, 丁보험회사는 甲회사 및 乙회사가 부보화물의 갑판적재 사실을 고지하지 않았다는 이유로 乙회사가 청구한 보험금 전부에 대하여는 지급을 할 수 없다고 항변하였다.

이에 대하여 乙회사는 丁보험회사가 甲회사 및 乙회사에 갑판적재 약관에 관하여 아무런 설명을 하지 않았으므로 위 갑판적재 약관을 위 해상적하보험계약의 내용으로 주장할 수 없는 것이라고 다투었다.

한편 丙운송회사는 선장 戊와 근로계약 체결 당시 근로계약에 관한 분쟁에 대하여 중국 법원을 전속적 관할 법원으로 하는 서면 합의를 하였으나, 준거법은 지정하지 않았다.

## 전제

1. 보험약관의 설명의무에 관한 사항은 약관의 내용이 계약 내용이 되는지 여부에 관한 문제로서 보험계약의 성립의 문제이고, 보험자의 책임에 관한 것은 아니다.
2. 위 해상적하보험계약에서 가장 밀접한 관련이 있는 국가는 일본이다.
3. 1번, 2번 질문에서 대한민국 법원은 국제재판관할권을 가진다.

## 질문

1. 乙회사가 丁보험회사를 상대로 대한민국 법원에 보험금청구소송을 제기하였고, 위 해상적하보험계약에서 갑판적재 약관에 대한 설명이 필요한지 여부가 다투어지고 있다면, 이를 판단하기 위한 준거법은 무엇인지 논하시오. (30점)

2. 甲회사가 丙운송회사를 상대로 선장 戊의 과실을 들어서 불법행위로 인한 손해배상청구소송을 대한민국 법원에 제기하였고, 소제기 이후 甲회사와 丙운송회사가 합의하여 일본법을 불법행위의 준거법으로 선택하였다면, 이에 적용될 준거법은 무엇인지 논하시오. (20점)

3. 甲회사에 손해를 배상한 丙운송회사가 선장 戊를 상대로 근로계약위반을 들어서 대한민국 법원에 손해배상청구소송을 제기하였다면,
   가. 대한민국 법원이 국제재판관할권을 가지는지 논하시오. (15점)
   나. 준거법은 무엇인지 논하시오(변제에 의한 대위는 고려하지 아니함). (15점)

### 제2문

甲은 대한민국법에 따라 설립되어 서울에만 영업소를 두고 전자제품을 제조·판매하는 회사이고, 乙은 중국법에 따라 설립되어 상하이에만 영업소를 두고 '내비게이션'을 수입·판매하는 회사이다.

乙은 2020. 5. 1. "甲이 제조한 내비게이션 20,000개를 개당 100달러에 총 200만 달러로 구매하기로 하며, 인도조건은 FOB 부산항(Incoterms 2020), 10,000개씩 2회에 걸쳐 2020. 7. 1.(1차 인도분)과 2020. 8. 1.(2차 인도분)에 인도하는 것으로 하고, 甲은 중국 소비자의 선호를 고려하여 乙이 제공하는 설계도에 따라 乙의 주문품을 생산하기로 한다."라는 내용의 주문서(Purchase Order)를 甲에 이메일로 송부하였다. 이에 甲은 곧바로 주문승낙서(Order Acknowledgement)를 乙에 송부하면서, "대금은 乙이 각 인도분에 대하여 2020. 6. 20.과 2020. 7. 20. 중국 상하이 은행이 각각 개설하는 일람출급식 신용장에 의하여 지급"하기로 하는 내용을 추가하였다. 乙은 2020. 5. 5. 이에 대하여 동의하는 이메일을 송부하였고, 내비게이션 설계도를 甲에 제공하였다.

1차 인도분에 대하여 乙은 약정기일에 신용장을 개설하였고, 甲은 약정한 인도기일에 물품을 인도하였으며, 乙은 이를 수령하여 거래처에 판매하였다. 그러나 乙은 그 후 현금흐름이 급속히 악화되어 2차 신용장 개설기한인 2020. 7. 20.까지 신용장 개설을 하지 못하였다. 결국 乙은 2020. 7. 25. 중국 파산법원에 기업회생절차를 신청하였으며, 이 사실은 곧바로 甲에 알려졌다. 2차 인도분에 대하여 甲은 약정된 인도기일인 2020. 8. 1.이 도래하였는데도 물품을 인도하지 않았으며, 이 사실을 즉시 乙에 통지하였다.

한편 1차 인도분을 사용하던 乙의 거래처로부터 제품이 오작동되는 불량으로 반품이 증가하자, 乙은 이를 甲에 통지하면서 위 불량이 제조상 결함으로 인한 것이라고 주장하였으나, 조사 결과 위 불량은 쉽게 발견할 수 없는 하자로서 ① 乙이 제공한 설계도의 결함으로 인해 제조 과정에서 발생한 것이고, ② 운송 도중 풍랑으로 해수가 스며들어 생긴 변성으로 인해 심화된 것으로 밝혀졌다.

乙은 甲에 1차 인도분 하자로 인한 대금감액을 주장하여 감액부분의 반환을 청구하였고, 2차 인도분의 인도 지연이 계약위반이라고 주장하였다. 이에 대하여 甲은 2020. 8. 3. 乙에 2차 인도분에 대하여 계약을 해제한다는 의사를 통지하여 이것이 乙에 도달하였다.

### 전제

대한민국과 중국은 「국제물품매매계약에 관한 국제연합 협약」(이하 '협약')의 체약국이다.

### 질문

1. 甲과 乙 사이의 위 계약에 협약이 적용되는지 여부와 계약이 성립하는지 여부, 계약이 성립하였다면 어떤 조건들로 계약이 이루어진 것인지에 대해 논하시오. (30점)

2. 乙의 1차 인도분에 대한 대금감액 주장은 적법한가? (20점)

3. 甲이 2차 인도분을 인도기일에 인도하지 않은 것과 2차 인도분에 대한 계약을 해제한 것은 적법한가? (30점)

# 04 2022년 제11회 변호사 시험 **해설**

## 제1문

### 접근

설문1은 전제1에서 보험약관의 설명의무에 관한 문제는 약관의 내용이 계약 내용이 되는지 여부에 관한 문제로 보험계약 성립의 문제이므로 계약 성립의 준거법을 찾는 문제입니다(제45조, 제46조).

설문2는 불법행위에 기한 손해배상청구소송에서 당사자가 준거법에 대해 사후적 합의를 한 경우는 합의에 의해 정해진 법에 따릅니다(제52조, 제53조).

설문3의 가는 근로계약에서 전속적 관할법원으로 합의한 경우 대한민국 법원이 관할권을 가질 수 있는지 여부를 묻는 질문입니다(제43조, 제29조).

설문3의 나는 당사자가 근로계약에 준거법을 정하지 않은 경우 그에 따른 손해배상청구의 준거법을 찾는 문제입니다(제48조).

### 모범답안

#### 설문1

##### 1. 국제사법 적용 여부

일본 도쿄에 주된 사무소를 둔 정회사를 상대로 베트남 호찌민에 주된 사무소를 둔 을 회사가 제기한 보험금청구소송은 외국과 관련된 요소가 있으므로 국제사법에 의해 그 준거법을 정해야 합니다(제1조).

##### 2. 계약 성립 여부의 준거법

###### 1) 계약 성립 및 유효성의 준거법

전제 1에서 보험약관의 설명의무에 관한 문제는 약관의 내용이 계약 내용이 되는지 여부에 관한 문제로 보고 보험계약 성립의 문제라 명시하고 있어 계약 성립의 준거법을 결정하면 됩니다. 계약의 성립 및 유효성은 그 계약이 유효하게 성립하였을 경우 국제사법에 따라 적용하여야 할 준거법에 따라 판단하면 됩니다(제49조 제1항).

###### 2) 채권계약의 준거법

이 사건 보험계약의 성립에 대한 준거법 합의는 없었기에 제45조의 적용은 없으며, 국제사법 제46조 제1항에 의하여 계약과 가장 밀접한 관련이 있는 국가의 법이 준거법이 됩니다. 전제 2에서 가장 밀접한 관련이 있는 국가의 법을 일본국법이라 하므로 일본법이 이 건 보험계약 성립 여부에 대한 준거법이 됩니다.

따라서 해상적하보험계약에서 갑판적재 약관에 대한 설명이 필요한지 여부에 대한 준거법은 일본국법이 됩니다.

### 설문2

#### 1. 국제사법 적용 여부

대한민국 수원에 주된 사무소를 둔 갑회사와 중국 상하이에 주된 사무소를 둔 병회사 간에 병회사 선장 무의 과실로 인한 불법행위에 따른 손해배상청구소송은 외국과 관련된 요소가 있는 법률관계이므로 국제사법으로 그 준거법을 정해야 합니다(제1조).

#### 2. 불법행위의 준거법

갑과 병은 소제기 이후 일본법을 불법행위의 준거법으로 선택하였으나 대한민국 법이 아닌 일본법을 준거법으로 선택하였으므로 국제사법 제53조의 사후적 합의가 있다고 볼 수 없어 국제사법 제52조가 적용되어야 합니다. 무의 불법행위로 인하여 갑과 병 사이의 운송계약 관계가 침해되었으므로 제52조 제3항에 따라 운송계약의 준거법이 불법행위의 준거법이 됩니다.

#### 3. 운송계약의 준거법

갑과 병은 운송계약상 분쟁에 대하여 준거법을 선택하지 아니하였으므로 제46조 제1항이 적용되고, 이 운송계약은 병의 운송용역 이행이라는 특징적 이행을 요구하는 계약이자 병 운송회사의 직업 또는 영업상 계약에 해당하므로 국제사법 제46조 제2항 제3호와 단서에 따라 병의 영업소가 있는 국가의 법 이 가장 밀접한 관련을 가지는 법으로 추정됩니다.

따라서 갑이 병을 상대로 제기한 불법행위로 인한 손해배상청구소송의 준거법은 병의 영업소가 소재한 대한민국법이 준거법이 됩니다.

### 설문3의 가

#### 1. 국제사법 적용 여부

병은 중국 상하이에 주된 사무소를 둔 법인이고 무는 파나마국에 국적을 두고 있어 외국과 관련된 요소가 있으므로 외국과 관련된 요소가 있는 법률관계이므로 국제사법이 적용됩니다(제1조).

#### 2. 근로계약의 국제재판관할

병은 무와 근로계약 체결 당시 근로계약에 관한 분쟁에 대하여 중국 법원을 전속적 관할법원으로 하는 서면 합의를 하였으나, 이러한 합의는 근로자에게 유리한 추가적 합의일 경우에만 그 효력이 인정되므로(제43조 제3항) 효력이 없습니다. 동조 제2항에 따르면 사용자가 근로자에 대하여 제기하는 근로계약에 관한 소는 근로자가 대한민국에서 일상적으로 노무를 제공하는 경우에는 관할이 인정된다고 할 것이므로 무의 일상거소지인 대한민국 법원에 관할이 인정됩니다.

### 3. 국제재판관할의 일반원칙

법원이 제2조 제1항에 의해 실질적 관련만에 근거하여 국제재판관할을 인정할 수 있습니다. 여기서 실질적 관련은 대한민국 법원이 재판관할권을 행사하는 것을 정당화할 정도로 당사자 또는 분쟁이 된 사항과 관련성이 있는 것을 뜻합니다. 그러나 개정법이 정치한 국제재판관할규칙을 도입한 이상 이는 보충적인 규정이므로 이에 해당하는 지 여부는 엄격하게 해석하여야 합니다.

또한 국제사법 제2조 제1항의 실질적 관련의 유무의 판단으로 관할을 정할 수 있는데, 병회사가 대한민국 부산에 유일한 영업소를 두고 있고 무가 대한민국에 일상거소를 두고 있는 점을 고려하면 대한민국과 실질적인 관련성이 있다고 할 수 있으므로 대한민국 법원에 국제재판관할이 있습니다.

### 설문3의 나

#### 1. 근로계약의 준거법 결정 특칙

병과 무는 준거법을 지정하지 아니하였으므로 제48조 제2항에 따라 근로자가 일상적으로 노무를 제공하는 국가의 법에 따라야 하며, 대법원은 '선원근로계약에 관하여 선적국을 선원이 일상적으로 노무를 제공하는 국가로 볼 수 있다'고 판시하므로 선적국인 파나마국이 준거법이 됩니다.

### 핵심쟁점

#### 설문1

#### 1. 준거법의 분열과 객관적 준거법(제49조 제1항, 제45조1·2항, 제46조 제1항)
책임에 대해서는 영국법, 성립(설명의무 등)에 관한 객관적 준거법(전제1·2)은 일본법.

#### 설문2

#### 1. 불법행위의 준거법(제53조, 제52조 제3항, 제46조 제2항 제3호·단서)
당사자가 준거법에 대해 사후적 합의를 한 경우는 합의에 의해 정해진 법, 종속적 연결, 해상운송계약은 도급계약이므로 제46조 제2항 제3호·단서에 의해 병회사 영업소가 있는 한국법.

### 설문3의 가

#### 1. 근로계약의 국제재판관할(제43조 제2·3항)

사전 합의는 근로자에게 유리한 추가적 합의만 유효(제43조 제3항). 근로자가 대한민국에서 일상적으로 노무를 제공(제43조 제2항) 한국법.

### 설문3의 나

#### 1. 근로계약의 준거법(제48조 제2항)

근로자가 일상적으로 노무를 제공하는 국가의 법에 따름, 선원인 경우 선적국인 파나마국(판례)이므로 파나마국법.

## 제2문

### 접근

설문1은 협약의 적용 여부와 계약의 성립 여부 및 성립한 계약의 조건을 묻고 있습니다.

설문2는 매도인이 인도한 물품이 계약에 부적합한 경우 매수인의 구제수단으로 대금감액권 및 위험이전에 대해 묻고 있습니다.

설문3은 이행기 전 계약위반의 경우 인정되는 의무이행정지권과 매수인의 대금지급의무 위반의 경우 인정되는 분할인도계약의 해제에 대해 묻고 있습니다.

### 모범답안

#### 설문1

##### 1. 협약의 적용 여부

협약 적용의 공통요건 및 장소적 적용요건을 빠뜨리지 말고 기술해야 합니다. 갑과 을의 각 영업소는 대한민국, 중국에 소재함으로써 서로 다른 국가에 있고(국제성), 갑과 을의 계약은 내비게이션에 대한 것으로 물품성도 인정되며(제2조), 갑은 을에게 내비게이션을 제조하여 공급하기로 계약하였는데, 이 제조물공급계약은 매매계약에 해당합니다(제3조 제1항 본문). 또한 갑과 을사이에 별도로 협약을 배제하기로 하는 합의도 없었고(제6조), 갑, 을이 각 영업소를 두고 있는 대한민국과 중국은 모두 체약국이므로 협약이 직접 적용(제1조 제1항 가호)됩니다.

##### 2. 계약의 성립 여부

변경된 승낙의 경우 계약의 성립 및 그 조건이 문제 됩니다. 먼저 2020. 5. 1. 을회사는 자신이 제공하는 설계도에 따라 갑회사가 내비게이션 2만개, 개당 단가 미화 100불에 생산하고 을회사가 매입하는 등의 내용을 기재한 주문서를 송부하였는데, 이는 충분히 확정적인 제안으로서 청약으로 평가됩니다(제14조 제1항). 을회사의 청약에 대해 갑은 대금을 신용장에 의하여 지급하라는 내용을 추가하여 승낙을 하였는데, 이는 청약의 조건을 실질적으로 변경하는 것으로 추정하는 경우에 해당합니다(제19조 제3항). 따라서 갑의 승낙은 변경된 승낙으로서 청약에 대한 거절이면서 새로운 청약이라고 보아야 합니다(제19조 제1항). 을회사는 갑회사의 수정청약을 수령한 후 을회사가 동의하는 이메일을 송부하였는데, 이는 승낙으로 평가됩니다(제18조 제2항).

따라서 갑회사와 을회사의 계약은 을회사의 이메일에 의한 승낙이 도달한 2020. 5. 5.에 성립하였고(제23조), 을회사 주문서의 내용에 갑회사가 제시한 대금지급방법이 계약의 내용이 됩니다.

### 설문2

#### 1. 대금감액권

협약 제50조는 "물품이 계약에 부적합한 경우에, 대금의 지급 여부에 관계없이 매수인은 현실로 인도된 물품이 인도시에 가지고 있던 가액이 계약에 적합한 물품이 그 때에 가지고 있었을 가액에 대하여 가지는 비율에 따라 대금을 감액할 수 있다. 다만, 매도인이 제37조나 제48조에 따라 의무의 불이행을 치유하거나 매수인이 동 조항에 따라 매도인의 이행의 수령을 거절한 경우에는 대금을 감액할 수 없다"고 하여 대금감액권을 규정하고. 제38조, 제39조에 따른 통지요건도 있습니다.

사안에서 조사결과 불량은 쉽게 발견할 수 없는 하자였고 불량으로 반품이 증가하자 갑에게 이를 통지하였으므로, 을은 제39조에 따라 매도인에게 계약위반을 적시하여 통지하였다고 볼 수 있으므로  갑에게 물품부적합에 대한 책임이 있는 경우 을은 대금감액을 행사할 수 있습니다.

#### 2. 설계도 결함으로 인한 물품부적합

1차 인도분의 제품불량은 갑은 을이 제공한 설계도대로 물품을 제작하여 공급하였으나 갑은 을에 대하여 계약에 따른 물품적합의무(제35조 제1항)를 위반한 사실이 있다고 할 것이고, 그러나 그것이 설계도의 결함으로 인해 발생한 것이므로 제품불량은 을의 작위에 기인한 것으로 협약 제80조가 적용되어 갑의 물품적합의무 위반을 주장할 수 없습니다.

#### 3. 운송도중 해수로 인한 변성

협약 제67조 제1항은 "매매계약에 물품의 운송이 포함되어 있고, 매도인이 특정한 장소에서 이를 교부할 의무가 없는 경우에, 위험은 매매계약에 따라 매수인에게 전달하기 위하여 물품이 제1운송인에게 교부된 때에 매수인에게 이전한다"고 규정하고 있으나, 사안에서 계약상 물품의 인도조건은 'FOB 부산항'으로, 갑이 부산항에서 선적 완료시 그 위험이 매수인 을에게 이전된다고 볼 수 있으므로 갑에게 그 책임을 주장할 수 없습니다.

따라서 을의 1차 인도분에 대한 대금감액 주장은 적법하지 않습니다.

### 설문3

#### 1. 의무이행정지권

사안에서 을은 2차 신용장 개설기한인 2020. 7. 20.까지 신용장 개설을 하지 못하였고, 그 후 기업회생절차를 신청하였습니다. 신용장개설의무위반은 위반의 가능성이 아니고 실제로 위반한 것이다. 이 경우는 파산회생신청까지 한 사안으로 본질적 의무를 위반하였습니다. 즉 제72조 제1항에 의해 계약해제가 가능한 사안이다. 계약해제가 가능한 사안은 이행정지가 가능하다고 볼 수 있다. 문제에서 이행정지 가능성을 물었기 때문에 제72조와 71조의 유추적용에 의해서 이행정지가 가능하다. 또 다른 분석으로 제71조만 적용시키기 위해서는 최종 대금지급의무를 의무의 실질적 부분으로 해석하고, 신용장 개설의무 불이행을 제71조 1항 가호의 사유로 본다면 가능하다고 생각됩니다.

### 2. 분할인도계약의 해제

분할인도계약은 하나의 계약상 물품을 분할하여 인도하기로 한 계약으로, 협약 제73조 제1항은 "물품을 분할하여 인도하는 계약에서 어느 분할 부분에 관한 당사자 일방의 의무 불이행이 그 분할부분에 관하여 본질적 계약위반이 되는 경우에는, 상대방은 그 분할 부분에 관하여 계약을 해제할 수 있다"고 규정하여 분할인도계약의 분할 부분에 대한 계약 해제를 인정하고 있으며, 본질적 계약위반의 내용은 협약 제25조에서 규정하고 있습니다.

사안에서 을이 신용장을 개설하지 못한 것은 대금지급의무 위반으로 본질적 계약위반에 해당한다고 할 것이며, 협약 제73조 제1항에 따르면 분할인도계약의 분할 부분에 대한 계약해제가 인정되어 갑은 2차 인도분에 대해서 계약해제가 가능합니다.

따라서 갑이 2차 인도분을 인도기일에 인도하지 않은 것과 2차 인도분에 대한 계약을 해제한 것은 모두 적법하다고 할 것입니다.

### 핵심쟁점

#### 설문1

##### 1. 협약의 직접적용

갑과 을은 모두 협약의 체약국에 영업소를 두고 있으므로, 협약 제1조 제1항 가호의 직접적용 사안.

갑과 을 간의 매매계약에 협약이 적용되기 위해서는 ① 인식가능한 국제성을 가진 물품매매계약이어야 하고(제2조 및 제3조), ② 협약 제6조의 배제합의가 없어야 함.

##### 2. 매매계약의 성립 여부

청약의 확정성(제14조 제1항).

청약의 조건을 실질적으로 변경하는 것으로 추정(제19조 제3항), 이는 청약에 대한 거절이면서 새로운 청약(제19조 제1항). 수정청약에 대한 동의는 승낙(제18조 제2항).

계약의 성립은 승낙이 도달하는 시점이며(제23조), 계약은 을의 주문서 내용에 갑의 주문승낙서 내용이 포함되어 성립함.

### 설문2

#### 1. 대금감액권

협약 제50조의 대금감액권, 협약 제39조의 통지요건 규정.

을은 제39조에 따라 갑에게 계약위반을 적시하여 통지하였다고 볼 수 있으므로 갑에게 물품부적합에 대한 책임이 있는 경우 을은 대금감액권을 행사할 수 있음.

#### 2. 설계도 결함으로 인한 물품부적합

1차 인도분의 제품불량은 을이 제공한 설계도의 결함으로 인하여 발생한 것이므로 갑은 을에 대하여 계약에 따른 물품적합 의무를 위반한 사실이 없다고 주장 가능(제35조 제1항)

협약 제80조 적용, 제품불량은 을의 작위에 기인한 것으로 갑의 물품인도의무 위반을 주장할 수 없음.

#### 3. 운송도중 해수로 인한 변성

계약상 물품의 인도조건은 'FOB 부산항'으로, 갑이 부산항에서 운송을 위한 인도를 한 때 그 위험이 매수인인 을에게 이전된다고 볼 수 있으므로 갑에게 그 책임을 주장할 수 없음.

### 설문3

#### 1. 의무이행정지권

협약 제71조 제1항은 의무이행정지권, 을은 2차 신용장 개설기한까지 신용장 개설을 하지 못하였고, 그 후 기업회생절차를 신청하였는데, 이는 을의 이행능력 또는 신용도에 중대한 결함이 생긴 경우에 해당하므로 갑이 2차분을 인도하지 아니한 것은 협약 제71조의 의무이행정지권 행사.

#### 2. 분할인도계약의 해제

협약 제73조 제1항은 분할인도계약의 분할 부분에 대한 계약해제를 규정하고 있으며, 본질적 계약위반의 내용은 협약 제25조에서 규정.

을이 신용장을 개설하지 못한 것은 대금지급의무 위반으로 본질적 계약위반에 해당한다고 할 것이며, 협약 제73조 제1항에 따르면 분할인도계약의 분할 부분에 대한 계약해제가 인정되어 갑은 2차 인도분에 대해서 계약해제가 가능.

# 05 2021년 시행 제10회 변호사시험

## 제1문

甲은 서울에 거주하고 있는 한국인이다. A국에 영업소를 두고 있는 乙 여행사(이하 '乙'이라 함)는 홈페이지를 통하여 A국 여행 패키지 상품을 광고하고 있었다. 甲은 휴가 기간 중 乙의 홈페이지에 접속하였다가 여행 패키지 상품을 싸게 구매할 수 있다는 내용의 한국어 광고를 보게 되었다. 乙의 홈페이지에는 해당 여행 패키지 상품 구매와 관련된 분쟁은 A국 법원에서만 소를 제기할 수 있다고 기재되어 있는 한편 준거법에 대하여는 아무런 기재가 없었다. 甲은 乙의 홈페이지에 게시된 구매 조건에 동의한다는 부분에 체크하고 여행 패키지 상품을 홈페이지를 통하여 구매하였다(이하 '이 사건 여행계약'이라 함).

甲이 이 사건 여행계약에 따라 乙이 제공한 항공편을 이용하여 A국에 도착한 후 乙의 직원이 운전하는 차량으로 乙이 지정한 丙 호텔(이하 '丙'이라 함)로 이동하던 중 乙의 직원의 관리 소홀로 인하여 甲이 위탁한 짐 가방 1개가 분실되었다.

甲은 丙의 카지노에서 도박을 하다가 자신이 소지한 여행 경비를 도박자금으로 모두 탕진하였다. 이에 甲은 丙으로부터 도박자금을 빌리는 내용의 신용대부계약을 체결하고(A국법을 준거법으로 선택함) 차용한 자금으로 도박을 하였다. 甲은 빌린 도박자금을 도박으로 모두 잃게 되자 丙의 카지노 보안요원의 감시를 피하여 호텔을 몰래 나와 한국으로 귀국하였다.

甲이 乙에게 짐 가방 분실에 관하여 이 사건 여행계약 위반을 이유로 손해배상을 구함에 대하여, 乙은 丙의 카지노에서 甲이 도망한 사실을 언급하며 거절하였다. 이에 甲은 위 손해배상채권을 한국에 영업소를 두고 있는 채권추심업체인 丁에게 양도하면서 한국법을 준거법으로 합의하였다. 丁은 乙을 상대로 대한민국 법원에 甲으로부터 양수한 손해배상채권의 지급을 구하는 소를 제기하였다. 한편 丙은 甲을 상대로 대한민국 법원에 신용대부금의 지급을 구하는 소를 제기하였다.

**전제**

1. 이 사건 여행계약의 관할합의의 서면성 요건은 충족되었다.
2. A국법에 의하면 도박을 위한 금전대여로 인한 채권의 유효성과 법적 절차를 통한 강제회수가 인정된다.
3. A국법에 의하면 채권양도는 채무자가 승낙하지 아니하면 채무자에게 대항하지 못한다.
4. 甲의 丁에 대한 채권양도는 대한민국법에 의한 대항요건을 갖추었다.
5. 대한민국 민법상 불법의 원인으로 인하여 재산을 급여하거나 노무를 제공한 때에는 그 이익의 반환을 청구할 수 없다.

**질문**

1. 丁의 乙에 대한 위 소송에 관하여,
   가. 대한민국 법원이 국제재판관할권을 가지는지를 논하고, (20점)
   나. 丁이 甲으로부터 양수한 손해배상채권의 지급을 구하는 청구의 준거법을 논하고, (20점)
   다. 甲과 丁 사이의 손해배상채권 양도의 준거법을 논하고, 乙이 손해배상채권의 양도에 대하여 동의한 바가 없어 청구에 응할 수 없다고 주장한다면 이는 정당한지 논하시오. (20점)

2. 丙의 甲에 대한 신용대부금 청구의 준거법은 무엇이고, 丙의 청구가 인용될 수 있는지를 논하시오(단, 위 소송에 관하여 대한민국 법원에 국제재판관할권이 인정됨을 전제로 함). (20점)

## 제2문

甲은 대한민국에 영업소를 두고 있는 통신기기 판매업자이고, 乙은 멕시코국 (이하 '멕시코'라 함)에 영업소를 둔 통신기기 도매업자이다. 乙은 멕시코에 영업 소를 두고 있는 전기통신사업자인 丙에게 Ⅴ-1 휴대전화 3,000대를 2020. 11. 20.까지 납품하기로 약정하였다. 이에 따라 乙은 2020. 10. 15. 甲에게 "품목과 수량: Ⅴ-1 휴대전화 3,000대, 원산지: 대한민국, 가격: 대당 미화 400달러"로 된 주문서(purchase order)를 이메일로 송부하였다. 甲은 위 주문서를 수령한 다 음날 乙에게 아래 표와 같은 내용의 주문확인서(acknowledgement of order)를 이메일로 발송하였다.

① 매매물품: Ⅴ-1 휴대전화 3,000대
② 인도조건: 2차로 분할하여 2020. 11. 1.에 1,000대, 2020. 11. 10.에 2,000대를 A 항공사에 각 인도
③ 원산지: 대한민국
④ 가격: 휴대전화 1대당 미화 420달러

乙은 2020. 10. 17. 甲의 주문확인서를 수령한 후, 甲에게 이를 수용하되 인 도기일을 꼭 지켜주어야 한다는 점을 강조하는 내용의 이메일을 바로 발송하였 다. 甲은 2020. 11. 1. 계약 물품 중 1,000대를 인천국제공항에서 A항공사에 인 도하였으며, 위 물품은 2020. 11. 5. 멕시코 멕시코시티에 도착, 乙에게 인도되 었다. 위 물품을 인수한 乙은 즉시 물품의 검수 절차를 밟았는데, 물품의 검수 결과 인수한 물품 중 100대가 내장 APU의 결함으로 작동이 불가능한 상태임을 확인하였다. 이에 따라 乙은 위와 같은 사실을 2020. 11. 7. 甲에게 이메일로 통지하였다.

한편 甲은 2020. 11. 10. 계약 물품 중 나머지 2,000대를 인천국제공항에서 A항공사에 인도하였다. 위 물품은 A항공사에 의하여 항공운송되어 미국 휴스턴 국제공항에 도착한 후 멕시코로 환적되기 위하여 잠시 공항 내 보세창고에 입고 되어 있던 중 공항직원이 가담한 절도행위로 인하여 전부 도난되었고, 최종적으 로 전량 회수불가능으로 판명되었다.

乙은 2020. 11. 15. 甲에게 계약 전부를 해제한다는 의사표시를 이메일로 발

송한 후, 타처로부터 그 당시 시가였던 대당 미화 450달러에 V−1 휴대전화 2,100대를 구매하여 약정기한에 가까스로 맞추어 丙에게 납품하였다.

### 전제

1. 대한민국과 멕시코는 모두 「국제물품매매계약에 관한 국제연합협약(이하 '협약'으로 약칭함)」의 체약국이다.
2. 甲이 2020. 11. 10. 인도한 2,000대의 휴대전화에는 아무런 하자가 없었다.
3. 모든 일자는 대한민국 시각을 기준으로 한다.

### 질문

1. 甲과 乙 사이의 계약에 협약이 적용되는가? (15점)

2. 甲과 乙 사이에 계약이 성립하였는지를 논하고, 만약 성립하였다고 할 경우 그 성립시기는 언제이며, 계약조건은 어떠한가? (20점)

3. 가. 乙은 대한민국 법원에 甲의 계약위반으로 인하여 대체거래를 함으로써 손해를 입었다고 주장하면서 미화 6만3천달러(2,100대×30달러)를 청구하고 있다. 乙의 계약해제와 손해배상청구에 관한 주장은 정당한가? (30점)

   나. 또한 乙은 운송 중 도난당한 2,000대의 휴대전화에 대하여 자신은 물품을 인도받지 못하였으므로 대금을 지급할 의무가 없다고 주장한다. 이에 대하여 甲은, 자신은 물품의 도난과 무관하므로 乙은 계약대금 전액을 지급할 의무가 있다고 주장한다. 甲의 주장은 정당한가? (15점)

# 05 | 2021년 제10회 변호사 시험 **해설**

## 제1문

### 접근

설문1의 가는 여행계약을 체결한 소비자의 채권을 양수한 신채권자가 여행계약 위반을 이유로 한 손해배상채권의 지급을 구하는 소를 제기하는 사안에서 관할권을 묻는 문제입니다(제2조, 제42조).

설문1의 나는 계약의 준거법을 묻는 것이고 계약이 소비자계약의 특성이 있으므로 당사자가 준거법을 정하지 않은 경우 소비자의 일상거소지법이 준거법이 됩니다(제45조, 제46조, 제47조 제2항).

설문1의 다는 소비자가 손해배상채권을 채권추심업체에게 양도한 경우, 그 양도의 준거법 및 채무자에 대한 채권양도의 효력을 주장할 수 있는지 여부의 준거법을 묻고 있습니다(제54조 제1항).

설문2는 신용대부계약에 근거한 대부금 청구의 준거법 및 준거법이 외국법으로 되는 경우, 우리나라 사회질서에 반하여 그 규정을 적용하지 않을 수 있는지 여부를 묻고 있습니다(제23조).

### 모범답안

#### 설문1의 가

##### 1. 국제사법 적용 여부

이 건 채권양도의 대상이 된 소비자계약상의 소비자인 갑의 국적은 대한민국이며, 채권회수업체인 정의 영업소는 대한민국에 있으며, 또한 소비자의 상대방인 을은 영업소가 A국에 있습니다. 따라서 이 사건 양수금청구의 소는 외국과 관련된 요소가 있으므로 국제사법에 의해 국제재판관할권을 정하여야 합니다(제1조).

##### 2. 소비자계약의 특칙에 따른 국제재판관할권

###### 1) 소비자계약

갑은 을 여행사가 A국에서 한국어로 행한 인터넷 홈페이지 광고를 보고 대한민국에서 이 사건 여행계약의 필요한 행위를 하였으며, 을이 대한민국 외의 지역에서 인터넷 등을 통하여 대한민국을 향하여 광고에 의한 권유 등 직업 또는 영업활동을 행하고, 소비자가 대한민국에서 계약체결에 필요한 행위를 한 경우이므로, 이 사건 여행계약은 소비자계약에 해당합니다(제42조 제1항 제1호).

### 2) A국 법원을 전속으로 하는 재판관할합의의 유효성 여부

소비자계약의 당사자는 서면에 의하여 국제재판관할에 관한 합의를 할 수 있지만, 그 합의는 분쟁이 이미 발생한 경우이거나(제42조 제3항 제1호), 소비자에게 이 조에 의한 관할법원에 추가하여 다른 법원에 제소하는 것을 허용하는 경우(제42조 제3항 제2호)에 한하여 효력이 있습니다. 이 사안의 경우 갑이 동의한 A국 법원에서만 소를 제기할 수 있다는 조건은 전속적 국제재판관할합의로서, 사전합의며, 전속적 관할합의이므로 A국은 위 관할합의에 의해서는 재판관할권을 갖지 못합니다(제42조 제3항).

### 3) 소비자계약의 특칙에 따른 국제재판관할권

국제사법 제42조 제1항에 의해 소비자인 갑은 그의 일상거소가 있는 대한민국에서 소송을 제기할 수 있습니다. 그러나 주의해야 할 것이 이 건 소송의 원고는 갑이 아니라 갑으로부터 손해배상청구권을 양수한 정입니다. 이 경우 첫째, 양도되는 채권이 소비자계약상의 채권인 이상 동일하게 소비자계약의 국제재판관할의 특칙이 적용되어야 한다는 견해와, 둘째 동 특칙은 소비자를 보호하기 위한 보호적 관할을 규정한 것으로 당사자 갑에서 정으로 달라진 경우 소비자계약의 특칙을 적용할 수 없다는 견해가 있을 수 있습니다. 따라서 각 견해에 따라 국제사법 제42조 제1항의 적용여부가 결정될 것으로 보입니다.

## 3. 국제사법 제2조에 의한 국제재판관할

법원은 당사자 또는 분쟁이 된 사안이 대한민국과 실질적 관련성이 있는 경우에 국제재판관할권을 가지고 이 경우 법원은 실질적 관련의 유무를 판단함에 있어 국제재판관할 배분의 이념에 부합하는 합리적인 원칙에 따라야 한다(제2조 제1항). 법원은 국내법의 관할 규정을 참작하여 국제재판관할권의 유무를 판단하되, 국제재판관할의 특수성을 충분히 고려하여야 합니다(제2조 제2항).

따라서 사안에서 채권양도인인 갑의 국적과 양수인 정의 영업소 소재지가 대한민국인 점, 을이 그 홈페이지를 통하여 한국어로 여행상품을 광고하고 갑이 대한민국에서 주문을 하여 계약이 체결된 점 등을 고려하면 당사자 또는 분쟁이 된 사안이 대한민국과 실질적 관련성이 있으므로 대한민국 법원에 국제재판관할권이 인정됩니다.

## 설문1의 나

### 1. 계약의 준거법과 소비자계약의 특칙

이 사건 여행상품계약은 소비자계약에 해당하므로(제42조 제1항 제1호), 소비자계약의 당사자가 준거법을 선택하지 않은 경우에는 계약과 관련된 준거법의 일반원칙인 국제사법 제46조에 의하지 아니하고, 소비자계약의 특칙을 규정한 국제사법 제47조 제2항에 따라 소비자의 일상거소지법에 의합니다. 따라서 소비자 갑의 일상거소지법인 대한민국법이 준거법이 됩니다.

## 설문1의 다

### 1. 갑과 정 사이의 채권양도의 준거법

채권의 양도인과 양수인 간의 법률관계는 당사자간 계약의 준거법에 의한다(제54조 제1항 본문). 계약은 당사자가 명시적 또는 묵시적으로 선택한 법에 의하므로(제45조), 양도인 갑과 양수인 정 사이의 손해배상채권 양도의 준거법은 당사자인 갑과 정이 준거법으로 합의한 대한민국법이 됩니다.

### 2. 채무자 을에 대한 채권양도 효력의 준거법

채권의 양도가능성, 채무자 및 제3자에 대한 채권양도의 효력은 양도되는 채권의 준거법에 의한다(제54조 제1항 단서). 이 사안에서 양도되는 채권은 이 사건 여행계약에 기한 손해배상채권이며, 이 사건 여행계약의 준거법은 대한민국법이므로, 채무자 을에 대한 채권양도 효력의 준거법도 대한민국법이 됩니다. 을의 주장, 즉 채권양도에 동의한 바가 없어 청구에 응할 수 없다는 주장은 채권양도의 효력을 다투는 것으로 그 준거법은 대한민국법입니다. 따라서 전제사실에서 알 수 있듯이, 대한민국법에 의하면 갑의 정에 대한 채권양도는 대한민국법에 의한 대항요건을 갖추었으므로, 을이 손해배상채권의 양도에 대하여 동의한 바가 없어 청구에 응할 수 없다고 주장하는 것은 부당합니다.

## 설문2

### 1. 국제사법 적용 여부

A국에 영업소를 두고 있는 병이 대한민국 국적의 갑에 대한 신용대부금청구는 외국과 관련된 요소가 있으므로 국제사법에 의하여 준거법을 정하여야 합니다(제1조).

### 2. 신용대부계약의 준거법

계약은 당사자가 명시적 또는 묵시적으로 선택한 법에 의하므로(제45조), 병과 갑 사이의 신용대부계약의 준거법은 원칙적으로 당사자인 병과 갑이 준거법으로 합의한 A국법이 됩니다.

### 3. 공서규정의 적용 여부

국제사법규정에 의하여 외국법을 준거법으로 적용한 결과가 내국의 사법질서를 파괴할 염려가 있는 경우에는 그 외국법을 배척할 필요가 있는데, 이에 관한 논의를 '공서'라 하고, 그 구체적인 국제사법규정을 '공서조항'이라 합니다. 우리 국제사법은 이를 제23조에서 규정하고 있습니다. 국제사법 제23조는 "외국법에 따라야 하는 경우에 그 규정의 적용이 대한민국의 선량한 풍속이나 그 밖의 사회질서에 명백히 위반될 때에는 그 규정을 적용하지 아니한다."라고 규정하고 있습니다.

A국법에 의하면 도박채권의 유효성과 법적 절차를 통한 강제회수가 인정되는 반면에 법정지국인 대한민국 민법에 의하면 불법원인으로 인하여 재산을 급여하거나 노무를 제공한 것은 불법원인급여로서 그 회수가 부정됩니다. 준거법인 A국법을 적용하여 도박채권의 유효성을 인정하고 법적 절차를 통한 강제회수를 허용하는 것은 도박행위를 엄격하게 제한하는 대한민국의 공서에 명백히 위반됩니다. 따라서 이 신용대부금청구에 관하여 A국법을 적용할 수 없으며, 병의 이 사건 신용대부금청구는 인용될 수 없을 것으로 보입니다.

### 핵심쟁점

## 설문1의 가

### 1. A국 법원을 전속으로 하는 재판관할합의의 유효성 여부

갑과 을의 전속재판관할합의는 사전합의임, 전속관할합의는 무효임.

소비자계약의 특칙 적용 여부는 견해 대립 있음(원고가 소비자 갑이 아니고 정임).

### 2. 일반적 국제재판관할권(제2조)

갑의 국적과 정의 영업소소재지가 대한민국, 갑이 대한민국에서 계약을 체결한 점 등을 고려하면 당사자 또는 분쟁이 된 사안이 대한민국과 실질적 관련성이 있음.

## 설문1의 나

### 1. 계약의 준거법과 소비자계약의 특칙

이 사건 여행상품계약은 소비자계약에 해당, 소비자계약의 당사자가 준거법을 선택하지 않은 경우 소비자계약의 특칙에 따라 소비자의 일상거소지법에 의함.

## 설문1의 다

### 1. 갑과 정 사이의 채권양도의 준거법

채권의 양도인과 양수인 간의 법률관계는 당사자간 계약의 준거법에 의함.

계약은 당사자가 명시적 또는 묵시적으로 선택한 법에 의하므로, 양도인 갑과 양수인 정 사이의 손해배상채권 양도의 준거법은 당사자인 갑과 정이 합의한 준거법임.

### 2. 채무자 을에 대한 채권양도 효력의 준거법

채권의 양도가능성, 채무자 및 제3자에 대한 채권양도의 효력은 양도되는 채권의 준거법에 의함.

이 사안에서 양도되는 채권은 이 사건 여행계약에 기한 손해배상채권이며, 이 사건 여행계약의 준거법은 대한민국법이며, 채무자 을에 대한 채권양도 효력의 준거법도 대한민국법임.

을의 주장은 채권양도의 효력을 다투는 것으로 따라서 그 준거법은 대한민국법임.

## 설문2

### 1. 신용대부계약의 준거법
계약은 당사자가 명시적 또는 묵시적으로 선택한 법에 의함.

### 2. 공서규정의 적용 여부
국제사법규정에 의하여 외국법을 준거법으로 적용한 결과가 내국의 사법질서를 파괴할 염려가 있는 경우에는 그 외국법을 배척할 필요가 있음(제23조).

내국법보충설에 의해 한국법이 적용되어 신용대부금 청구는 인용될 수 없음.

### 제2문

#### 접근

설문1은 협약의 적용 여부를 묻습니다(제1조, 제2조, 제3조, 제6조).

설문2는 매매계약의 성립 여부, 성립 시기 및 계약조건을 묻고 있습니다(제14조, 제15조, 제18조, 제23조).

설문3의 가는 매도인의 인도의무 불이행에 따른 매수인의 계약해제 및 손해배상에 대해 묻고 있습니다(매도인의 인도 의무: 제30조, 제35조, 제31조, 제33조/ 계약해제: 제29조 제1항(가)호, 제51조, 제73조, 제25조, 제26조, 제81조 제1항/ 손해배상: 제74조, 제75조).

설문3의 나는 매도인의 인도의무와 매수인의 대금지급의무, 그리고 위험이전에 대해 묻고 있습니다(매도인 인도의무: 제30조, 제31조, 제33조/ 매수인 대금지급의무: 제53조/ 위험이전: 제66조, 제67조).

#### 모범답안

#### 설문1

##### 1. 협약의 적용 여부

갑과 을은 모두 협약의 체약국에 영업소를 두고 있으므로, 협약 제1조 제1항 가호의 직접적용 사안입니다. 갑과 을 간의 매매계약에 협약이 적용되기 위해서는 ① 인식 가능한 국제성을 가진 물품매매계약이어야 하고(제2조 및 제3조), ② 협약 제6조의 배제합의가 없어야 합니다.

사안의 경우 매수인 을은 멕시코에 영업소가 있고 매도인 갑은 대한민국에 영업소가 있어 협약이 직접적용되며, 계약물품이 'V-1 휴대폰'으로 협약 제2조 및 제3조에 의해 배제되는 물품에 해당되지 않으며, 협약의 적용을 배제한다는 당사자 간의 합의도 없습니다(제6조). 따라서 이 사안은 협약이 직접적용됩니다.

#### 설문2

##### 1. 매매계약의 성립 여부

을이 갑에게 이메일로 송부한 주문서의 내용은 물품, 수량 및 대금 등에 대한 확정적인 제안으로서 청약으로 볼 수 있습니다(제14조 제1항). 을의 주문서를 수령한 다음날 갑이 을에게 이메일로 보낸 주문확인서에서 가격과 인도조건을 변경하여 원 청약조건을 실질적으로 변경한 것(제19조 제3항)으로 볼 수 있어 이는 을의 청약에 대한 승낙이 될 수 없습니다. 따라서 갑의 주문확인서상의 의사표시는 을의 청약에 대한 거절인 동시에 새로운 청약이 됩니다. 그 후 을은 갑의 주문확인서를 수령하고 이를 수용하면서 인도기일을 엄수해줄 것을 요청하였기에, 이는 갑의 수정청약에 대한 동의의 표시로서 승낙으로 평가됩니다(제18조 제2항). 따라서 계약은 성립하였습니다(제23조).

### 2. 계약의 성립시기 및 조건

이 사안의 매매계약은 을이 갑의 주문확인서를 수령하고 이를 수용한다는 이메일을 발송한 시점인 2020. 10. 17. 성립하였고, 그 계약의 조건은 갑의 주문확인서와 같이 'V – 1 휴대전화, 1대당 미화 420달러, 2차로 분할하여 운송인인 A항공사에 인도'하는 조건이 됩니다.

### 설문3의 가

#### 1. 매수인 을의 계약해제 및 손해배상청구

갑과 을은 이 건 매매계약에 따라 2차에 걸쳐 분할인도가 이루어졌고, 2020. 11. 1.의 휴대전화 1,000대의 인도분 중 100대가 하자였으며, 2020. 11. 10.의 휴대전화 2,000대의 인도분은 하자가 없는 물품이었으나 전량 도난당하였으므로 양자를 구분하여 살펴보아야 합니다.

#### 1) 1차인도분의 해제와 손해배상

1차인도분은 인도시기에 정상적으로 인도되었으나, 그중 10%에 해당하는 100대의 휴대전화에 중대한 하자가 있습니다(제35조 제1항 (가)호). 이 경우 100대는 본질적 계약위반에 해당되기에 그에 한하여 계약을 해제할 수 있습니다(제73조 제1항, 제51조 제1항, 제49조 제1항 (가)호). 그러나 이러한 사정이 1차인도분 전체에 대한 본질적 계약위반이 된다고 볼 수 있는 사정이 없으므로 이 건 계약전체는 물론이고 1차인도분 전체에 대한 계약해제도 불가능합니다(제73조 제1항).

#### 2) 2차인도분의 해제

2차인도분 역시 인도시기에 정상인도 되었으나, 그 후 전량 도난된 경우입니다. 매도인 갑은 자신의 인도 의무를 이행한 것이고, 이에 본질적 계약위반도 존재하지 않습니다. 따라서 을의 계약해제는 부당합니다.

#### 2. 을의 손해배상청구 여부

앞서 살펴보았지만, 갑의 계약위반은 1차 인도분 중 100대의 휴대전화에 한정된 것으로 을은 이 부분에 한하여 계약을 해제하고 손해의 배상(계약해제 후 합리적인 기간 내 대체구매한 가격(450달러) – 원래의 계약가격(420달러) * 100대 = 3,000달러)을 청구할 수 있습니다. 따라서 을의 주장은 일부분 정당합니다.

### 설문3의 나

#### 1. 매도인의 인도의무와 인도장소

매도인은 계약과 이 협약에 따라 물품을 인도할 의무가 있으며(제30조), 매도인이 특정장소에서 물품을 인도할 의무가 없는 경우, 매매계약에서 물품의 운송이 포함된 경우에는 매수인에게 전달하기 위하여 물품을 제1운송인에게 교부함으로써 인도의무를 이행합니다(제31조 제1항 1문).

#### 2. 매수인의 대금지급의무와 위험 이전

매수인은 계약과 협약에 따라 물품의 대금을 지급하여야 합니다(제53조). 또한 운송이 포함된 매매에 있어서 위험 이전의 경우는 매도인이 특정한 장소에서 이를 교부할 의무가 없는 경우 위험은 매매계약에 따라 매수인에게 전달하기 위하여 물품을 제1운송인에게 교부된 때에 매수인에게 이전합니다(제67조 제1항 1문).

#### 3. 사안에의 적용

갑은 2차인도분을 인도기일인 2020. 11. 10.에 하자없는 2,000대의 휴대전화를 계약에 따라 제1운송인인 A항공사에 인도함으로써 매도인의 인도의무를 이행함과 동시에 물품에 대한 위험은 매수인 을에게 이전되었습니다. 매수인 을은 매도인 갑에게 매매대금을 지급할 의무가 있고, 그 후 공항에서 도난이 있었다고 하여 결과는 달라지지 않습니다. 따라서 갑은 을에게 2차 인도분 2,000대의 휴대전화에 대한 대금을 청구할 수 있습니다. 갑의 주장은 정당합니다.

---

> 핵심쟁점

### 설문1

#### 1. 협약의 직접적용

갑과 을은 모두 체약국이므로, 협약의 직접적용 사안(제1조 제1항 가호).

갑과 을 간의 매매계약에 협약이 적용되기 위해서는 ① 인식 가능한 국제성을 가진 물품매매계약이어야 하고(제2조 및 제3조), ② 협약 제6조의 배제합의가 없어야 함.

### 설문2

#### 1. 매매계약의 성립 여부

을이 갑에게 송부한 주문서는 확정적인 제안으로서 청약임(제14조 제1항, 제15조 제1항).

갑이 을에게 보낸 주문확인서는 원 청약조건을 실질적으로 변경한 것, 을의 청약에 대한 거절인 동시에 새로운 청약임(제19조 제1항, 제2항, 제3항).

을이 수정청약에 대한 동의의 표시는 승낙이며, 도달시 효력발생, 따라서 계약은 성립하였음(제18조 제1항・제2항, 제23조).

## 2. 계약의 성립 시기 및 조건

매매계약은 을이 이메일을 발송한 시점인 2020. 10. 17.을 도달시점으로 봄(제18조 제1항・제2항).

계약조건은 'V-1 휴대전화, 1대당 미화 420달러, 2차로 분할하여 A항공사 인도조건'.

# 설문3의 가

## 1. 물품적합성 준수의무

물품적합성(제35조, 제36조), 부적합통지의무(제38조, 제39조)

1차인도분 중 10%에 해당하는 100대의 휴대전화에 중대한 하자가 있음(제35조 제1항).

## 2. 1차 인도분 해제와 손해배상

1차 인도분 중 100대는 본질적 계약위반에 해당하여 계약해제 가능(제73조 제1항, 제51조 제1항). 그러나 1차 인도분 전체에 대한 계약해제는 불가능함(제73조 제1항). 손해배상(제75조).

## 3. 2차 인도분의 해제

인도시기에 정상인도 되었으나, 위험이전 후(제67조) 전량 파손은 매수인 책임, 따라서 을의 계약해제는 부당함.

# 설문3의 나

## 1. 매수인의 대금지급의무와 위험 이전

운송인인 A항공사에 인도됨으로써 매수인에게 위험이전(제67조 제1항), 매수인 을은 매도인 갑에게 매매대금을 지급할 의무 있음(제53조, 제66조 본문), 그리고 그러한 멸실 및 훼손이 매도인의 작위 또는 부작위로 인한 경우 아님(제66조 단서), 따라서 매도인은 매수인에게 2차 인도분 2,000대의 휴대전화에 대한 대금을 청구할 수 있음.

# 06 2020년 시행 제9회 변호사시험

## 제1문

대한민국법에 의하여 설립되고 부산에 주된 사무소를 두고 있는 법인 甲은 대한민국 K은행으로부터 대출을 받아, 경남 통영 소재 조선소에서 선박 카카오호를 건조한 다음 파나마국 서류상의 회사(이른바 페이퍼컴퍼니)인 乙의 소유로 편의치적(便宜置籍) 하였다. 甲은 파나마국 선박등록 당시 K은행의 대출금을 담보하기 위해 카카오호에 선박저당권을 설정하였다. 甲은 형식상 선주인 乙과 카카오호에 대하여 선체용선(선박임대차) 계약을 체결하고, 사단법인 한국선급으로부터 선급(船級)을 받았다.

甲과 부산과 중국 상하이에 사무소를 두고 있는 한·중합작법인 丙은 甲이 카카오호를 5년간 丙으로 하여금 항해에 사용하게 하고, 丙이 甲에게 용선료를 지급하는 정기용선계약을 체결하였다. 이 정기용선계약서에는 "이 계약으로부터 또는 이 계약과 관련하여 발생하는 분쟁은 모두 영국법원에만 제기하여야 한다" 라고 규정되어 있었다. 위 정기용선계약에 따라 丙은 주로 부산항에서 필리핀 세부항을 비롯한 동남아 항로를 오가는 카카오호를 이용하여 영업을 해왔다.

甲은 丙과 선원송출에 대한 대리점계약을 체결하였고, 이에 따라 甲은 丙을 통해 카카오호의 선장인 대한민국 국적의 丁과 2015. 5.경 근로계약을 체결한 후, 丁의 의견을 들어 대한민국 국적의 선원 10명 및 필리핀 국적의 선원 2명과 승선근로계약을 체결하였다. 그런데 甲은 丁의 1년분 임금을 지급하지 않았다. 이에 丙은 甲과 체결한 정기용선계약의 안정적인 유지를 위하여 연체된 丁의 임금을 법률상 의무 없이 대신 지급하여 주었다.

네덜란드 국적의 선주 戊 소유 에메랄드호(선적국은 덴마크임)는 제주도 남단 20마일 공해상에서 자선(自船) 우현측에 카카오호를 두고 횡단하는 상태로 카카오호와 조우하였는데, 좌현 대 좌현으로 통과하기 위해서는 우회두해야 함에도 불구하고 좌회두함으로써 양 선박이 충돌하게 되었다. 당시 우연히 주변을 지나가던 말레이시아 법인 己 소유 호찌민호(선적국은 베트남임)가 위난에 빠진 카카오호를 공해상에서 구조하였고, 己와 甲은 사후적으로 구조료청구권의 준거법을 대한민국법으로 합의하였다.

이후 선박충돌 등으로 甲의 경영이 악화되자, 甲의 선박저당권자인 K은행이 카카오호에 대하여 부산지방법원에 임의경매를 신청하였다. 丙도 丁의 임금채권을 피담보채권으로 한 선박우선특권의 대위를 주장하며 임의경매에 참여하여 배당을 신청하였다.

### 질문

1. 甲과 丙 사이의 정기용선계약에서 분쟁이 발생하는 경우 대한민국법원이 국제재판관할권을 가지는지 논하시오. (20점)

2. 선박 카카오호에 대한 임의경매에서,
   가. 丙이 주장한 선박우선특권의 대위의 준거법은 무엇인지 논하시오. (30점)
   나. 丙의 선박우선특권의 실행방법의 준거법은 무엇인지 논하시오. (10점)

3. 甲이 구조료를 지급하지 않자 己가 甲을 상대로 대한민국법원에 구조료지급청구의 소를 제기하였고, 甲도 에메랄드호 선주 戊를 상대로 같은 법원에 손해배상청구의 소를 제기하였다. 양 청구의 각 준거법은 무엇인지 논하시오(대한민국법원이 국제재판관할권을 가지는 것을 전제로 함). (20점)

## 제2문

甲회사는 대한민국에만 영업소가 있는 회사로서, 비철금속 등을 수입하여 그 대로 타 회사에 납품하거나 이를 가공하여 판매하는 회사이다. 甲회사는 영국에 만 영업소를 두고 있는 乙회사로부터 ① 은수저 제작 납품용 은괴 1,000온스(순 도 99% 이상, 온스당 미화 $20), ② 휴대전화기 제작에 사용되는 희토류 300톤(순 도 99.99% 이상, 톤당 미화 $16,000)을 각각 CIF 인천항(인코텀즈 2010) 조건으로 매입하기 위한 주문서(Purchase Order)를 乙회사에 2018. 10. 1. 발송하였고, 乙 회사는 2018. 10. 7. 이를 수령하였다.

乙회사는 甲회사에 주문서의 내용에 대하여 다른 조건은 그대로 하였으나 "준 거법은 대한민국법으로 하고, 전체 물품 중 은괴는 2018. 11. 1.(1차), 희토류는 2018. 12. 1.(2차), 총 2회로 분할하여 영국 리버풀항에서 선적하며, 은괴에 대해 서는 운송 중 습기에 의한 부식을 방지하기 위하여 방수포장을 하고, 대금지급조 건은 신용장으로 한다."는 조건을 추가하는 주문승낙서(Order Acknowledgement) 를 甲회사에 2018. 10. 8. 발송하였고, 甲회사는 2018. 10. 15. 이를 수령하였 다. 이에 甲회사는 乙회사의 주문승낙서의 조건대로 신용장을 발행하여 2018. 10. 22. 乙회사에 제공하였다. 甲회사와 乙회사는 과거 10년간 주문서와 주문승 낙서가 불일치하는 경우에도 이의를 제기하지 않고 매매대금을 신용장방식으로 지급함으로써 계속 거래해 왔다.

乙회사는 은괴에 대해서는 기일에 맞게 甲회사에 계약수량을 인도하였으나, 인도된 은괴 중 800온스는 그 순도가 70%에도 미치지 못하였고, 나머지 200온 스는 순도의 기준은 충족하였으나 乙회사가 공장에서 행한 방수포장의 하자로 해상운송 도중에 습기가 침투하여 부식이 발생하였다. 그 결과 甲회사로부터 1,000온스의 은괴를 납품받은 거래처 丙은 순도미달과 부식으로 은수저를 제작 할 수 없다는 이유로 은괴를 반품하였다. 甲은 乙로부터 은괴를 인도받을 당시 바로 이를 검사하였으나 위의 하자들은 즉시 발견할 수 없는 것으로서 이를 발 견하지 못하였지만, 丙으로부터 은괴를 반품받자마자 그 사실을 명시하여 乙에 게 통지하였다.

한편 희토류의 경우, 희토류의 국제시장가격이 폭등하자, 乙회사는 가격인상 없이는 이를 인도할 수 없다고 그 선적기일 전인 2018. 11. 10. 甲에게 통지하였다. 이러한 통지를 받자마자 甲회사는 중국으로부터 희토류를 톤당 미화 $20,000에 대체구매하여 거래처 丁에 납품하면서 납품지연에 따른 지체상금 미화 $50,000를 지급하였다. 甲회사는 乙회사에 대하여 대한민국법원에 계약위반을 이유로 손해배상을 청구하였다.

### 전제

대한민국은 「국제물품매매계약에 관한 국제연합협약」(이하 '협약'이라고 함)의 체약국이나, 영국은 체약국이 아니다.

CIF 조건(인코텀즈 2010): 매도인이 지정선적항에서 물품을 본선에 적재하여 인도하고, 물품이 본선에 적재된 때 위험이 매수인에게 이전한다. 매도인은 목적항까지 운송계약을 체결하고 운임을 지급하며, 운송 중의 위험에 대하여 보험계약을 체결한다.

### 질문

1. 甲회사와 乙회사 간의 매매계약에 협약이 적용되는가? (10점)

2. 甲회사와 乙회사 간에 매매계약이 성립하였는가? 성립하였다면 그 성립시기는 언제인가? (20점)

3. 협약상, 甲회사는 乙회사에 대하여 은괴의 대체물인도청구를 할 수 있는가? (20점)

4. 협약상, 乙회사의 희토류 인도거부에 대하여 甲회사가 취할 수 있는 법적 조치는 무엇인가? (30점)

# 06 │ 2020년 제9회 변호사 시험 **해설**

## 제1문

### 접근

설문1은 '대한민국 법원이 국제재판관할권을 가지는지' 묻습니다.

설문2의 가는 '선박우선특권의 대위'의 준거법을 묻고 있습니다. 선박우선특권은 채권이 아닌 법정담보물권임에 주의해야 합니다.

설문2의 나는 '선박우선특권의 실행방법의 준거법'을 묻고 있습니다. 선박우선특권이 어떻게 실행되는지 사실관계를 통해 파악해야 합니다.

설문3은 '구조료지급청구'와 '손해배상청구'의 준거법을 묻고 있습니다. '구조료'와 '손해'가 발생하는 근거가 되는 법률관계가 무엇인지 사실관계로부터 찾아야 합니다.

### 모범답안

#### 설문1

#### 1. 국제사법 적용 여부

갑은 대한민국 법에 의해 설립되고 대한민국(부산)에 주된 사무소를 두고 있는 법인입니다. 갑은 대한민국(통영)에서 선박(카카오호)을 건조하여 파나마국에 편의치적하였습니다. 이 선박에는 대한민국 K은행의 선박저당권이 설정되어 있고, 갑은 한국선급으로부터 선급을 받았습니다. 병은 대한민국(부산)과 중국(상하이)에 사무소를 두고 있는 법인입니다. 갑과 병은 정기용선계약을 체결하였고, 병은 이 선박을 이용하여 대한민국(부산)과 필리핀(세부) 사이의 항로에서 영업을 하였습니다.

갑과 병 모두 대한민국에 사무소를 두고 있고, 선박의 주된 기항지 역시 대한민국이므로, 이들 사이에 정기용선계약과 관련한 분쟁이 발생할 경우 대한민국이 법정지가 될 가능성이 높습니다(당사자간 영국법원의 전속적 국제재판관할 합의가 무효임은 후술합니다). 그렇다면 법정지인 대한민국의 입장에서, 갑과 병 사이의 사법관계의 구성요소인 법인의 사무소가 위치한 국가, 용선계약의 목적인 선박의 선적국과 항로상의 기항지 국가 등이 대한민국과 중국, 파나마국 및 필리핀 등에 관련되어, 외국과 관련된 요소가 있는 법률관계(제1조)에 해당하여, 대한민국의 국제사법이 적용될 수 있습니다.

## 2. 전속적 국제재판관할의 유효성 검토

갑과 병은 계약 관련 분쟁에 대하여 영국법원에만 전속적 관할을 인정하기로 합의하였습니다. 이 합의가 유효한지 검토합니다.

해당 사건에 대하여 영국 법원과 대한민국 법원이 관련되어 있고, 당사자간에 영국 법원의 전속적 관할의 합의가 있는 경우, 그 합의가 유효하기 위한 요건은 ① 해당 사건이 대한민국 법원의 전속관할에 속하지 않아야 하고, ② 영국 법원이 영국 법상 해당 사건에 관하여 관할권을 가져야 하며, ③ 해당 사건이 영국 법원에 대하여 합리적 관련성을 가져야 하고, ④ 당사자간의 전속적 관할 합의가 현저하게 불합리하고 불공정하여 공서양속에 반하지 않아야 합니다.

그런데 갑과 병 사이의 정기용선계약 상의 분쟁은 영국과는 아무런 관련이 없음이, 앞서 본 바와 같이, 명백합니다. 따라서 위의 네 가지 요건을 검토하기 위한 전제사실 자체가 충족되지 않으므로, 위 전속관할 합의는 무효입니다. 【개정국제사법 제8조 참조, 합리적 관련성을 요구하지 않으므로 전속적 관할합의는 유효】

## 3. 일반적 국제재판관할권 검토

그렇다면 대한민국의 법원에 국제재판관할권이 발생하는지 검토하기 위해, ① 해당 사건이 대한민국과 실질적 관련이 있는지 확인하고, ② 국내법의 관할규정을 검토하고, ③ 국제재판관할의 특수성도 함께 고려해야 합니다. 갑과 병 사이의 정기용선계약과 관련한 분쟁이 대한민국과 실질적 관련이 있음은 이미 앞에서 보았습니다. 민사소송법의 관할규정을 검토해보면, 제2조와 제5조에 의하여 갑과 병의 각 법인의 사무소가 대한민국에 소재하므로 어느 쪽이 피고가 되든 대한민국의 법원에 관할권이 발생합니다. 뿐만 아니라 대한민국 법원의 관할권을 배제할 만한 특별한 사정도 보이지 않습니다. 따라서 대한민국의 법원에 국제재판관할권이 발생합니다.

## 설문2의 가

### 1. 병의 대위의 법적 성질

병은 갑과 대리점 계약을 체결하고 갑을 대리하여 카카오호의 선장 정과 선원에 대한 근로계약을 체결하였습니다. 그러나 갑이 정에 대한 임금을 지급하지 않아, 법률상 원인 없이 갑을 대신하여 정에게 임금을 지급하였습니다. 이후 선박저당권자인 K은행이 위 카카오호에 대한 임의경매를 신청하자, 병은 정의 갑에 대한 임금채권을 피담보채권으로 한 '선박우선특권'의 대위를 주장하며 위 경매에 참여하여 배당을 신청하였습니다.

여기에서 병이 대위하고자 하는 정의 권리가, 정의 갑에 대한 근로계약에 기한 임금채권인지, 정의 갑에 대한 임금채권을 담보하기 위한 정의 선박우선특권인지 헷갈릴 수 있습니다. 그런데 설문에서 '선박우선특권의 대위'에 관하여 묻고 있으므로, 병이 대위하고

자 하는 정의 권리는 선박우선특권임이 명백합니다. 그리고 선박우선특권은 제94조 제1
호에 규정되어 있으므로 물권으로 취급함이 타당합니다.

(※ 선박우선특권이란, 상법 제777조 제1항 각호에 규정된 채권을 가진 채권자가, 다른
채권자보다 우선하여 자기 채권의 변제를 받을 수 있는 권리로, 민법상 저당권에 관한 규
정을 준용하므로 법정담보물권입니다. 참고로, 근로기준법 제38조 제2항에 따른 임금우선
특권은 최종 3개월분의 임금 등에 대한 채권은 다른 담보물권자나 일반채권자보다 우선
하여 자신의 채권의 변제를 받을 수 있는 권리를 말합니다. 사안에서는 3개월분이 아닌 1
년분의 임금채권 전부가 문제되므로, 임금우선특권보다는 선박우선특권이 문제된다고 보
아야 합니다.)

그렇다면 제55조를 직접적용할 수는 없습니다. 왜냐하면, 설문은 물권의 이전에 관하
여 묻고 있음에 반해, 제55조는 채권의 이전이 문제되는 경우를 규율하기 때문입니다.

## 2. 선박우선특권의 대위의 준거법 결정

선박우선특권은 그것으로 담보되는 채권과 분리되어 존재하거나 이전되기 어렵고, 선
박우선특권의 이전은 그 피담보채권의 이전이 그 전제가 되어야만 하므로, 피담보채권의
준거법이 그 준거법이 되어야 하고, 국제사법 제94조 제1호의 선박우선특권에는 선박우
선특권의 피담보채권의 양도 및 대위는 포함되지 않는다고 판시한 바 있습니다(대법원
2007. 7. 12. 선고 2005다47939 판결).

따라서 선박우선특권의 대위의 준거법은 그 피담보채권인 임금채권의 대위의 준거법에
의해야 하는데, 사안에서 임금채권이 임의변제되었으므로, 임의대위를 규율하는 제55조
제2항에 따라, 이전되는 채권의 준거법인 임금채권의 준거법에 의함이 타당합니다.

임금채권은 근로계약에 의하여 발생한 것이고, 당사자 간에 준거법에 합의한 바 없으
므로, 제48조 제2항에 의하여 근로자인 정의 일상적 노무제공국의 법이 준거법이 됩니다.
선원의 경우 선적국을 일상적 노무제공국가로 보므로, 위 임금채권의 준거법은 카카오호
의 선적국인 파나마국의 법이 준거법이 됩니다.

## 3. 준거법 지정의 예외 검토

그런데 카카오호의 선적이 파나마국에 편의치적되었다는 사실 외에는, 병의 선박우선
특권의 대위에 있어서 파나마국은 어떠한 실질적 관련도 가지고 있지 않습니다. 따라서
제21조 제1항에 따라 해당 사건과 가장 밀접한 관련을 가지는 국가의 법이 준거법이 됨
이 타당합니다.

앞서 살펴본 바와 같이 갑과 병의 관계에 대하여 가장 밀접한 관련을 가지는 국가는
대한민국이고, 정의 국적도 대한민국이므로, 위의 병의 선박우선특권의 대위에 있어 대한
민국이 가장 밀접한 관련을 가진다고 봄이 타당합니다. 따라서 객관적으로 지정된 준거법
인 파나마국의 법이 아니라 대한민국의 법이 준거법이 되어야 합니다.

### 설문2의 나

#### 1. 선박우선특권의 실행방법의 법적 성질

병은 선박우선특권을 실행하기 위하여, K은행이 대한민국의 법원(부산지방법원)에 신청한 임의경매절차에 참여하여 배당을 신청하였습니다. 이는 대한민국의 민사집행법상의 규정에 따른 것이므로 절차적인 문제에 해당합니다.

#### 2. 준거법의 결정

국제사법은 절차의 준거법에 대해 명문으로 규정하고 있지 않지만, 절차는 법정지법에 의한다는 것은 국제사법적 원칙입니다. 따라서 병의 선박우선특권의 실행방법은 법정지인 대한민국의 법에 의합니다.

(※ 제31조는 법률행위의 방식의 준거법을 규정하는데, 경매 참여와 배당신청은 법률행위에 해당하지 않으므로, 제31조가 적용되지 않음에 주의해야 합니다.)

### 설문3

#### 1. 국제사법 적용 여부

먼저, 기의 갑을 상대로 한 구조료지급청구에 관하여 봅니다.

기가 대한민국의 법원에 위 청구의 소를 제기하였으므로 법정지는 대한민국입니다. 기는 말레이시아 법인이고, 갑은 대한민국법에 의해 설립되고 대한민국에 사무소를 둔 법인임은 앞에서 본 바와 같습니다. 법정지인 대한민국의 입장에서 각 당사자의 사법관계의 구성요소가 대한민국과 말레이시아에 관련되어 외국과 관련된 요소가 있는 법률관계에 해당하므로 대한민국의 국제사법이 적용됩니다.

다음으로, 갑의 무를 상대로 한 손해배상청구에 관하여 봅니다.

갑이 대한민국의 법원에 위 청구의 소를 제기하였으므로 법정지는 대한민국입니다. 갑은 대한민국 법인이고, 무는 네덜란드 국적자입니다. 따라서 법정지인 대한민국의 입장에서 각 당사자의 사법관계의 구성요소가 대한민국과 네덜란드에 관련되어 외국과 관련된 요소가 있는 법률관계에 해당하므로 대한민국의 국제사법이 적용됩니다.

#### 2. 기의 구조료지급청구의 준거법 결정

갑의 카카오호와 무의 에메랄드호가 제주도 남단 공해상에서 충돌하여 해난사고가 발생하였는데, 기의 호찌민호가 이를 구조한 후, 갑에게 구조료지급을 청구하고 있습니다. 기가 의무없이 위 해양사고에 대한 구조활동을 한 바, 이는 사무관리(제50조)에 해당합니다. 그러나 해양사고구조로 인한 보수청구권은 제96조에 규정되어 있고, 이는 제50조에 대하여 특별규정에 해당합니다. 따라서 기의 구조가 공해상에서 이루어졌으므로, 제96조에 의하여, 구조한 선박인 호찌민호의 선적국인 베트남의 법이 준거법이 됩니다.

다만, 갑과 기가 사후적으로 대한민국법을 준거법으로 하는 합의를 하였으므로, 이에 대한 검토가 필요합니다. 제53조에 의하면, 사무관리에 대하여도 사후적으로 당사자 자치의 원칙이 적용되는 바, 기가 호찌민호의 선적국이 베트남임에도 불구하고 대한민국법을 준거법으로 하기로 합의하였고, 이 합의에 의해 제3자의 권리가 침해되는 사정도 없으므로, 갑과 기 사이의 준거법 합의는 유효합니다. 따라서 대한민국의 법이 위 구조료지급청구의 준거법이 됩니다.

### 3. 갑의 손해배상청구의 준거법 결정

앞서 본 바와 같이, 갑의 카카오호와 무의 에메랄드호가 제주도 남단 공해상에서 충돌하였는데, 이는 에메랄드호가 우회두해야 함에도 불구하고 좌회두한 과실에 의하여 발생하였습니다. 이는 제52조의 불법행위에 해당합니다. 그러나 위 충돌사고가 공해상에서 선박 간에 발생하였으므로, 제52조에 대한 특별규정인 제95조 제2항에 의해 가해선박인 에메랄드호의 선적국인 덴마크의 법이 준거법이 됩니다. 그리고 갑과 무 사이에 사후적인 준거법 합의는 존재하지 않으므로 제53조는 적용되지 않습니다.

## 핵심쟁점

### 설문1

#### 1. 전속적 국제재판관할의 유효성

갑과 병 사이의 계약상의 분쟁은 영국과는 아무런 관련이 없음. 전속관할 합의는 무효임. 【개정국제사법 제8조 참조】

#### 2. 일반적 국제재판관할권(제2조)

갑과 병 사이의 정기용선계약과 관련한 분쟁이 한국과 실질적 관련 있음. 갑과 병의 사무소가 한국에 위치, 한국 법원에 관할권 발생(민사소송법 제2조와 제5조).

### 설문2의 가

#### 1. 선박우선특권의 대위의 준거법

선박우선특권에 의하여 담보되는 채권 자체의 대위에 관한 사항은 특별한 사정이 없는 한 제55조 제2항(임의대위)에 의한 피담보채권의 준거법(판례 2005다39617). 임금채권은 근로계약에 의해 발생하므로 제48조 제2항에 의거 일상적 노무제공국인 선적국법, 파나마국의 법.

#### 2. 준거법 지정의 예외 검토

파나마국은 편의치적, 이외에는 실질적 관련 없음. 밀접관련지법(제21조 제1항)인 대한민국의 법.

### 설문2의 나

#### 1. 선박우선특권의 실행방법의 준거법

임의경매절차 참여, 배당 신청은 절차적인 문제. 절차는 법정지법에 의함. 법정지인 대한민국의 법

### 설문3

#### 1. 기의 구조료지급청구의 준거법

갑과 무는 공해 상에서 충돌, 기가 구조함. 이는 기의 사무관리(제50조). 해양사고구조보수청구권(제96조)이 특칙, 구조한 선박의 선적국, 베트남의 법.

갑과 기가 사후적 준거법 합의(제53조), 당사자 자치가 우선, 대한민국 법.

#### 2. 갑의 손해배상청구의 준거법

갑과 무의 공해상 충돌은 무의 과실에 의함, 불법행위(제52조). 공해상 선박 간 충돌(제95조 제2항)이 특칙, 가해선박의 선적국, 덴마크의 법.

## 제2문

### 접근

설문1은 협약의 적용 여부(제1조)를 묻습니다.

설문2는 매매계약의 성립 여부와, 그 성립시기를 묻고 있습니다(제14조 내지 제24조).

설문3은 대체물인도청구(제46조 제2항)의 행사 가능성을 묻습니다.

설문4는 인도거부에 대하여 취할 수 있는 구제수단이 무엇인지 묻고 있습니다.

사실관계와 별도로 전제조건을 제시하고 있으므로, 그에 대한 검토가 답안에 빠짐없이 포함될 수 있도록 해야 합니다.

### 모범답안

#### 설문1

##### 1. 협약 적용 여부

갑회사는 대한민국에만 영업소가 있고, 을회사는 영국에만 영업소를 두고 있는데, 대한민국은 협약의 체약국이나 영국은 체약국이 아니므로(전제조건), 협약 제1조 제1항 나호에 따라 협약의 간접적용이 문제됩니다. 갑회사와 을회사 간의 매매계약에 협약이 적용되기 위해서는 ① 인식 가능한 국제성을 가진 물품매매계약이어야 하고, ② 협약 제6조의 배제합의가 없어야 하고, ③ 법정지의 국제사법에 의해 체약국의 법이 준거법으로 지정되어야 하며, ④ 위의 체약국이 제95조의 유보선언을 하지 않았어야 합니다.

갑회사와 을회사는 각각 영업소가 대한민국과 영국에 위치하므로 위 계약의 국제성은 충분히 인식 가능하고, 은괴와 희토류를 매매하는 계약은 물품매매계약에 해당합니다. 협약의 적용을 배제하는 합의는 없었고, 대한민국의 법을 준거법으로 하는 합의가 있었습니다. 그리고 대한민국은 제95조의 유보선언을 한 바 없습니다.

따라서 갑회사와 을회사 간의 매매계약은 위 요건을 모두 충족하므로, 협약이 간접 적용될 수 있습니다.

#### 설문2

##### 1. 매매계약의 성립 여부

갑회사가 을회사에, 은괴 1,000온스를 온스당 미화 20달러에, 희토류 300톤을 톤당 미화 16,000달러에 매입하기 위한 주문서를 발송하여(제14조 제1항), 을회사가 이를 2018. 10. 7. 수령하였으므로(제15조 제1항) 갑회사의 청약은 일응 유효하게 성립하였습니다.

을회사는 갑회사에게 주문승낙서를 발송하여, 갑회사가 이를 2018. 10. 15. 수령하였는데, 을회사가 ① 준거법을 대한민국법으로 하고, ② 은괴를 1차로, 희토류를 2차로 나누어 인도하고, ③ 은괴는 방수포장을 하며, ④ 대금지급을 신용장으로 한다는 조건을 추가하였습니다. 추가된 조건 중 두 번째 조건은 인도의 시기에 대한 것이고, 네 번째 조건은 대금지급에 관한 것이므로, 위 을의 승낙은 갑의 청약에 대한 거절이면서 동시에 갑에 대한 새로운 청약으로 봄이 타당합니다(제19조 제1항 및 제3항). 따라서 을회사의 주문승낙서가 갑회사에 2018. 10. 15. 도달함으로써, 청약이 유효하게 성립하였습니다.

갑회사가 을회사의 주문승낙서에 따라 신용장을 발행하였는데, 이는 양 회사 간의 과거 10년간의 거래관행과도 일치하는 것으로서, 갑의 신용장 발행은 별도의 승낙의 의사표시나 통지 없이도 승낙의 효력이 발생합니다(제18조 제3항). 그리고 2018. 10. 22. 을회사에 제공하였으므로 갑회사의 승낙이 유효하게 성립하였습니다(제18조 제3항).

따라서 갑회사와 을회사 간의 매매계약은 유효하게 성립하였습니다(제23조).

### 2. 매매계약의 성립시점

위 매매계약이 성립한 시점은, 갑회사가 신용장을 발행하여 을회사에게 제공한 2018. 10. 22.이므로, 이 때에 매매계약이 성립하였습니다(제23조, 제18조 제3항).

### 설문3

#### 1. 을회사의 계약 위반 여부

을회사는 기일에 맞추어 은괴 1,000온스를 갑에게 인도하였으나, 그중 800온스는 그 순도가 계약상의 기준인 99%에 미달한 70%에 불과하였고, 나머지 200온스는 방수포장의 하자로 부식이 발생하여(제36조 제2항), 1,000온스 모두 은수저 제작에 부적합하였습니다. 이는 계약에 적합한 물품을 인도하여야 하는 의무(제35조 제1항)를 위반한 것입니다.

#### 2. 대체물인도청구권 발생 여부

매도인인 을회사가 위와 같이 계약을 위반하였으므로 매수인인 갑회사는 협약 제46조의 구제권을 행사할 수 있습니다(제45조 제1항 가호). 특히, 대체물인도청구권(제46조 제2항)은 ① 부적합이 본질적 계약 위반(제25조)에 해당하고, ② 부적합 통지(제39조)를 한 후 합리적 기간 내에, ③ 물품반환의무(제82조)를 준수한 경우에 한하여 행사할 수 있습니다.

요구되는 순도에 미달하거나 부식이 발생한 은괴로는 은수저 제작이 불가능한바, 이로 인해 갑회사는 을회사와의 계약에서 기대하는 바를 실질적으로 박탈당하게 되고, 은괴의 계약부적합으로 인한 이러한 결과는 을회사는 물론 합리적인 일반인에게도 충분히 예상 가능한 바, 이는 본질적 계약 위반에 해당합니다(제25조).

갑회사는 은괴를 인도받은 후 검사(제38조)시에는 부적합 사실을 발견하지 못했지만,

이는 하자의 성질상 발견할 수 없었기 때문이고, 병으로부터 위 부적합을 이유로 은괴를 반품받은 즉시 이를 을회사에 통보하였으므로 부적합통보의무(제39조)를 이행하였습니다.

대체물인도청구의 의사표시를 하기 전에, 위 부적합 외의 다른 멸실·훼손이 발생한 사정이 없으므로 갑회사의 반환의무 위반은 문제되지 않습니다.

따라서 갑회사는 을회사에 대하여 은괴 1,000온스 전부의 대체물인도청구권을 행사할 수 있습니다.

### 설문4

#### 1. 을회사의 계약 위반 여부

을회사는 2018. 12. 1.까지 희토류를 갑회사에 인도하여야 하나, 2018. 11. 10. 일방적으로 가격인상 없이는 인도를 거부한다는 통지를 하였습니다. 이는 매도인의 물품인도의무(제30조)의 위반에 해당하여 제45조 제1항 각호에 따른 구제수단을 행사할 수 있습니다. 단, 계약의 해제에 대하여는, 이행기일 전의 해제에 해당하므로 제49조가 아닌 제72조에 의해야 합니다.

#### 2. 구제수단의 검토

을회사가 이행기가 도래하기 전에 일방적으로 가격인상을 요구하며 인도를 거부하였으므로, 물품의 인도를 전제로 하는 특정이행청구권, 대체물인도청구권, 부적합치유청구권(제46조) 및 대금감액권(제50조) 등의 구제수단은 이 사안에 적용하기 어렵습니다. 마찬가지로, 갑회사가 을회사에 대하여 이행을 위한 부가기간(제47조)을 정하는 실익도 크지 않습니다.

따라서 갑회사가 실질적으로 행사할 수 있는 구제수단은 계약해제권(제72조)과 손해배상청구권(제74조 내지 제77조)인데, 사실관계에서 갑회사가 이미 손해배상청구권을 행사하였음을 알 수 있으므로, 본 설문에서는 계약해제권을 위주로 검토합니다. 다만, 대체거래가 있었으므로, 이로 인한 손해를 배상받기 위해서는 계약이 해제되었을 것을 요하는데(제75조), 이와 관련하여 해제 여부 혹은 그 시점에 대하여 검토가 필요합니다.

먼저, 이행기 전 계약을 해제하기 위해서는, 상대방이 본질적 계약위반을 할 것이 명백해야 하고(제72조 제1항), 해제를 상대방에게 통지하여야 합니다(동조 제2항). 다만, 시간이 허용하지 않는 경우이거나(동조 제2항), 상대방이 의무를 이행하지 않겠다고 선언한 경우(동조 제3항)에는 통지하지 않아도 됩니다.

사안에서 을회사가 희토류의 인도를 거부함으로써, 갑회사가 계약으로부터 기대한 바를 실질적으로 박탈할 가능성이 높고, 인도 거부가 이러한 결과를 가져오리라는 점은 을회사와 합리적 일반인 모두에게 충분히 예상가능하므로, 본질적 계약위반이 발생할 것(제25조)이 명백하고, 을회사가 인도를 거부하고 있으므로 제72조 제2항의 통지는 필요하지 않습니다. 따라서 갑회사는 을회사에 대하여 이행기 전의 계약해제권 행사가 가능합니다.

다만, 이 해제권을 행사하기 위하여, 해제권 행사의 의사를 표시하는 통지는 필요합니다 (제26조).

설문에서 제시된 바와 같이, 갑회사는 이미 대체거래로 인한 손해배상을 청구하였습니다. 대체거래를 이유로 손해배상을 청구하기 위해서는, 계약이 이미 해제된 후에 대체거래가 있었어야 하는데(제75조), 만약 상대방이 계약의 이행을 거절한 경우에는, 계약이 아직 해제되지 않은 상태에서 대체거래가 이루어졌더라도 문제되지 않으나, 그로 인한 손해배상을 청구하기 위하여는 반드시 계약이 해제될 것을 요합니다. 따라서 이미 청구된 대체거래로 인한 손해배상의 요건으로서 해제권 행사의 통지(제26조)가 반드시 필요합니다. 손해배상의 범위는 제75조에 의해 $1,200,000[(20,000-16,000) \times 300톤]$를 청구할 수 있고, 제74조에 의해 지체상금으로 지급한 $50,000를 청구할 수 있습니다.

### 3. 결 론

갑회사는 을회사의 희토류 인도거부에 대하여 이행기 전 계약해제권을 행사할 수 있고, 이를 위하여, 그리고 이미 청구한 대체거래로 인한 손해배상청구를 유효하게 하기 위하여, 을회사에 대하여 즉시 계약해제의 통지를 해야 합니다.

---

### 핵심쟁점

#### 설문1

##### 1. 협약 간접적용 여부

영국이 비체약국, ① 인식 가능한 국제성을 가진 물품매매계약, ② 협약의 배제합의가 없을 것, ③ 법정지의 국제사법에 의해 체약국의 법이 준거법으로 지정, ④ 그 체약국이 제95조의 유보선언을 하지 않을 것. 대한민국의 법을 준거법으로 하는 합의 있음.

#### 설문2

##### 1. 매매계약의 성립 여부 및 시점

변경을 가한 승낙(제19조 제1항 및 제3항). 행위에 의한 승낙(제18조 제3항).

#### 설문3

##### 1. 을회사의 계약 위반 여부

을회사는 기일에 맞추어 은괴 1,000온스를 갑에게 인도하였으나, 그중 800온스는 그 순도가 계약상의 기준인 99%에 미달한 70%에 불과하였고, 나머지 200온스는 방수포장의 하자로 부식이 발생하여(제36조 제2항), 1,000온스 모두 은수저 제작에 부적합하였음. 이는 계약에 적합한 물품을 인도하여야 하는 의무(제35조 제1항)를 위반한 것임.

## 2. 대체물인도청구권 발생 여부

대체물인도청구권(제46조 제2항), ① 본질적 계약 위반(제25조), ② 부적합 통지(제39조), ③ 물품반환의무(제82조) 준수.

## 설문4

### 1. 구제수단의 검토

을회사 인도 거부, 물품의 인도를 전제로 하는 구제수단 적용 불가. 이행을 위한 부가기간(제47조) 지정 실익 없음.

이행기 전 계약해제권(제72조) 행사 가능. 본질적 계약 위반(제72조 제1항), 상대방 이행 거부했으므로 통지(동조 제2항)는 불요. 다만, 해제권 행사의 통지는 필요(제26조).

손해배상청구권(제74조 내지 제77조) 이미 행사. 대체거래 손해배상은 해제를 요건으로 함(제75조). 상대방 이행 거절시, 대체거래 후 계약해제 가능.

# 07 2019년 시행 제8회 변호사시험

## 제1문

대한민국 법률에 의해 설립되고 주된 영업소를 대한민국에 두고 있는 甲회사는 그 소유의 파나마 선적인 로스토치호를 이용하여 남태평양 해상에서 참치를 어획하는 영업을 영위하고 있다. A국에 영업소를 두고 해상운송업을 영위하는 乙회사는 甲회사와, 甲회사가 남태평양에서 어획한 참치를 乙회사가 그 소유의 사이프러스 선적인 카주비호를 이용하여 부산항까지 해상운송하기로 하는 계약을 체결하였으나, 위 운송계약의 준거법에 관해서는 약정하지 아니하였다. 甲회사는 또한 위 참치의 해상운송에 관하여 B국에 영업소를 두고 있는 丙회사와 적하보험계약을 체결하였고, 위 보험계약의 준거법을 영국법으로 약정하였다. 부산항에서 위 참치의 하역작업을 하던 중 甲회사는 위 카주비호의 냉동장치 고장으로 인해 위 참치의 일부가 멸실되었고 나머지 참치도 냉동이 잘못되어 변질된 사실을 발견하였다(이하 '이 사건 보험사고'라 함).

丙회사는 甲회사에 이 사건 보험사고에 대한 보험금을 지급한 후 甲회사가 乙회사에 대하여 가지는 계약위반에 기한 손해배상청구권의 대위를 주장하며 대한민국 법원에 乙회사를 상대로 손해배상청구의 소를 제기하였다.

한편 甲회사는 동남아시아에 소재하는 여러 국적자들을 선원으로 고용하여 참치를 어획하는 업무에 종사하게 하였다. 甲회사와 위 선원들 사이에 체결된 선원근로계약에는 "이 계약의 준거법은 대한민국법으로 한다. 다만 국제사법의 원칙은 적용하지 아니한다"라고 기재되어 있었다.

선원 중 C국 국적인 丁의 어로활동이 미숙하자 위 로스토치호 선장인 戊가 징계를 명목으로 丁을 폭행하고 어창에 감금하여 丁에게 상해를 입혔다.

이에 따라 丁은 대한민국 법원에 甲회사를 상대로 불법행위에 기한 손해배상청구의 소를 제기하였다.

**질문**

1. 대한민국 법원이 위 두 손해배상청구의 소에 대하여 국제재판관할권을 가지는지를 논하시오. (15점)

2. 丙회사가 乙회사를 상대로 제기한 소에서,
   가. 甲회사가 乙회사에 대하여 가지는 계약위반에 기한 손해배상청구권의 준거법은 무엇인지를 논하시오. (15점)
   나. 丙회사가 甲회사에 이 사건 보험사고에 대한 보험금을 지급한 후 甲회사가 乙회사에 대하여 가지는 계약위반에 기한 손해배상청구권을 대위하는 경우, 대위의 준거법은 무엇인지를 논하시오. (15점)

3. 丁이 甲회사에 대하여 가지는 불법행위에 기한 손해배상청구권의 준거법을 논하시오. (35점)

## 제2문

A국에서 영업판촉물을 제작하여 공급하는 乙은 자사 제품의 가격과 제품사양이 기재된 광고카탈로그를 대한민국에 영업소를 둔 甲에게 송부하였다. 마침 고객사은품으로 USB메모리 1,000개가 필요했던 甲은 乙의 위 광고카탈로그에 소개된 제품 중 USB메모리에 관심을 갖게 되었다. 甲은 乙에게 USB메모리의 종류, 수량(1,000개), 가격(1개당 미화 10달러), 인도일과 인도조건 등이 담긴 구매제안서를 우편으로 보냈고 위 제안서는 2018. 3. 1. 乙에게 도달하였다. 乙은 2018. 3. 5. 甲의 구매제안서의 내용을 승낙하는 취지가 담긴 공급명세서를 발송하였다. 甲은 2018. 3. 6. 위 구매제안서를 철회한다는 취지가 담긴 서한을 乙에게 발송하여 위 서한은 같은 달 7일 乙에게 도달하였고, 乙의 공급명세서는 같은 달 10일 甲에게 도달하였다.

乙은 인도일인 2018. 7. 1. 甲에게 USB메모리를 공급하였으나 甲의 검수결과 공급된 물품 1,000개(이하 '이 사건 매매물품'이라 함) 모두 USB메모리의 휴대를 용이하게 하기 위한 끈을 매달 수 있는 구멍이 설치되어 있지 않은 하자가 있었고, 그중 500개의 USB메모리의 경우 자료를 저장하는 기능을 하지 못하였다.

甲은 2018. 7. 8. 乙에게 이 사건 매매물품 중 자료를 저장하는 기능을 하지 못하는 USB메모리 500개에 대한 매매계약의 해제통지를 발송하였고, 위 해제통지는 2018. 7. 12. 乙에게 도달하였다. 한편 甲이 위 USB메모리 500개를 외부침입에 취약한 구조를 가지고 있는 자신의 창고에 보관하던 중, 위 USB메모리를 2018. 7. 15. 외부인에 의해 전부 도난당하였다(이하 '이 사건 도난사고'라 함).

甲은 이 사건 도난사고로 고객사은품의 수량이 부족해지자 USB메모리 500개를 확보하기 위하여, 2018. 8. 1. 丙으로부터 USB메모리 500개(1개당 미화 15달러)를 매수하는 계약을 체결하였다.

甲은 2018. 9. 5. 대한민국 법원에 乙을 상대로 손해배상을 구하는 소를 제기하였다.

### 전제

1. A국에서는 2018. 3. 7. 「국제물품매매계약에 관한 국제연합협약」(이하 '협약'이라 함)이 발효하였다.

2. 甲의 구매제안서에는 "이 매매계약의 준거법은 대한민국법으로 한다"라고 기재되어 있다.

3. 인도 시인 2018. 7. 1. 끈을 매달 수 있는 구멍이 있는 USB메모리는 시장가액이 1개당 미화 20달러이고, 구멍이 없는 USB메모리는 시장가액이 1개당 미화 16달러이다.

4. USB메모리에 끈을 매달 수 있는 구멍이 생략된 원인은, 乙이 甲에게 제공한 위 광고카탈로그에는 이 구멍이 달린 제품의 사진이 게시되어 있었지만 甲이 구매제안서에 이 구멍의 설치를 명확히 요청하지 않았고, 乙은 이를 甲에게 확인하지 않았기 때문이다. 이에 대한 과실비율은 甲 30%, 乙 70%로 판단된다.

**질문**

1. 甲과 乙 사이의 매매계약에 협약이 적용되는지 및 甲과 乙 사이에 매매계약이 성립하는지를 논하시오. (25점)

2. 자료를 저장하는 기능을 하지 못하는 USB메모리 500개에 대하여,
   가. 甲의 乙에 대한 이 사건 매매계약 해제가 적법한지를 논하시오. (15점)
   나. 甲과 乙은 상대방에 대하여 각각 어떠한 손해배상을 구할 수 있는지를 논하시오. (15점)

3. 甲이 정상적 기능을 하는 나머지 USB메모리 500개에 대하여 대금감액을 구하는 경우 얼마만큼의 감액을 구할 수 있는지를 논하시오. (25점)

# 07 2019년 제8회 변호사 시험 **해설**

## 제1문

### 접근

설문1은 '두 손해배상청구'의 소에 대한 '국제재판관할권'에 관하여 묻고 있습니다. 두 건의 손해배상청구라면 하나는 채무불이행으로 인한, 나머지는 불법행위(제52조)로 인한 청구일 가능성이 높다는 점을 염두에 두고 접근하면 좋을 것 같습니다. 채무불이행에 대하여는 사실관계로부터 해당 계약관계의 성격을 파악해야 합니다.

설문2의 가는 '계약위반에 기한 손해배상청구권의 준거법'을 묻습니다. 해당 계약의 성격이 무엇인지 사실관계를 통하여 판단해야 합니다.

설문2의 나는 '보험금을 지급한' 회사(보험회사)가 '계약위반에 기한 손해배상청구권을 대위'할 때, 그 대위의 준거법(제55조)을 묻고 있습니다. 대위의 성격이 법정대위인지 임의대위인지를 판단하여 문제를 해결하여야 합니다.

설문3은 '불법행위에 기한 손해배상청구권의 준거법'을 묻습니다. 제52조를 적용하여 문제를 해결하면 될 것으로 보입니다.

### 모범답안

#### 설문1

**1. 국제사법 적용 여부**

문제되는 소송은, 병회사가 을회사를 상대로 대한민국 법원에 제기한 계약위반에 기한 손해배상청구의 소와, 정이 갑회사를 상대로 대한민국 법원에 제기한 불법행위에 기한 손해배상청구의 소, 두 건입니다.

먼저, 병회사의 을회사에 대한 소송에 대하여 봅니다.

해당 소송이 대한민국 법원에 제기되었으므로 법정지는 대한민국입니다. 병회사는 B국에 영업소를 둔 보험회사이고, 을회사는 A국에 영업소를 두고 있는 해상운송회사입니다. 소송의 목적인 손해배상청구권은 대한민국에 영업소를 둔 갑회사가 가진 을회사에 대한 해상운송계약 위반에 따른 것으로, 그 의무이행지는 갑회사의 영업소가 위치한 대한민국입니다. 그렇다면, 법정지인 대한민국의 입장에서 사법관계의 구성요소인 당사자의 영업소가 위치한 국가와 의무이행지 등이 대한민국, A국, B국에 관련되어, 외국과 관련된 요소가 있는 법률관계(제1조)에 해당하므로, 대한민국의 국제사법이 적용될 수 있습니다.

다음으로, 정의 갑회사에 대한 소송에 대하여 봅니다.

해당 소송 역시 대한민국 법원에 제기되었으므로 법정지는 대한민국입니다. 정은 C국 국적자로서 갑회사와 근로계약 관계에 있고, 갑회사는 대한민국 법률에 의해 설립되어 대한민국에 주된 영업소를 두고 있습니다. 정은 선장인 무로부터 폭행·감금·상해를 당하였는데, 이를 이유로 갑회사를 상대로 불법행위에 기한 손해배상을 청구하였습니다. 그렇다면 법정지인 대한민국의 입장에서 사법관계의 구성요소가 대한민국과 C국에 관련되어 외국과 관련된 요소가 있는 법률관계에 해당하므로, 대한민국의 국제사법이 적용될 수 있습니다.

다만, 정과 갑회사는 근로계약에서 국제사법의 적용을 배제하는 합의를 하였으므로 이에 대한 검토가 필요합니다. 그런데, 국제사법은 대한민국의 강행규정에 해당하는 바, 제20조에 의하여 그 적용이 배제되지 않습니다. 따라서 위의 합의는 그 효력이 없다 하겠습니다.

### 2. 병회사가 제기한 소송의 국제재판관할권

병회사와 을회사 사이에 전속적 국제재판관할에 관한 합의는 없습니다. 따라서 제2조에 따라 ① 그 사건이 대한민국과 실질적 관련이 있는지 검토하고, ② 국내법의 관할규정을 검토해야 하며, ③ 국제재판관할의 특수성도 함께 고려해야 합니다. (여기에서 주의할 점은 병회사가 갑회사를 대위하여 을회사를 상대로 소를 제기하였으므로, 위 요건은 병회사가 아닌 갑회사를 기준으로 판단하여야 한다는 점입니다.) 갑회사는 설립의 근거법률이 대한민국법이고, 주된 영업소를 대한민국에 두고 있습니다. 그리고 을회사가 운송한 어획물이 대한민국에 도착하였으나 을회사의 계약위반으로 인하여 멸실·변질되어 손해가 발생한 장소가 대한민국이고, 그에 따른 손해배상 의무이행지가 갑회사의 영업소가 위치한 대한민국입니다. 따라서 위 사건은 대한민국과의 실질적 관련성이 인정됩니다. 국내법의 규정을 검토해보면, 민사소송법 제8조에 의하여 의무이행지인 대한민국의 법원에 관할이 발생합니다. 그리고 국제재판관할의 특수성을 고려하더라도 대한민국 법원의 재판관할권을 배제할 만한 특별한 사정이 존재하지 않습니다. 따라서 대한민국 법원에 위 사건에 대한 국제재판관할권이 있습니다. 【개정국제사법 제41조 참조】

### 3. 정이 제기한 소송의 국제재판관할권

정과 갑회사 사이에 전속적 국제재판관할에 관한 합의는 없습니다. 따라서 제2조에 따라 ① 그 사건이 대한민국과 실질적 관련이 있는지 검토하고, ② 국내법의 관할규정을 검토해야 하며, ③ 국제재판관할의 특수성도 함께 고려해야 합니다. 먼저 갑회사의 설립의 근거법률이 대한민국의 법이고 갑회사의 주된 영업소가 대한민국에 있으므로 대한민국과의 실질적 관련성이 인정됩니다. 그리고 민사소송법 제2조 및 제5조에 따라 피고인 갑회사의 주된 영업소가 위치한 대한민국의 법원에 관할이 발생합니다. 또한 국제재판관할의 특수성을 고려하더라도 대한민국 법원의 재판관할권을 배제할 특단의 사정이 보이지 않습니다. 따라서 대한민국 법원에 위 사건에 대한 국제재판관할이 인정됩니다. 【개정 국제사법 제44조, 제4조, 제3조 참조】

## 설문2의 가

### 1. 갑회사와 을회사 사이의 계약의 법적 성질

갑회사와 을회사는, 갑회사가 남태평양에서 어획한 참치를 을회사가 부산까지 운송하기로 하는 해상운송계약을 체결하였습니다. 이 계약은 을회사의 특정한 이행인 해상운송이 수반되는 계약으로서, 제46조 제2항 3호의 도급계약에 해당합니다.

### 2. 준거법 결정

갑회사와 을회사는 위 계약의 준거법을 지정한 바 없습니다. 따라서 제45조는 적용되지 않습니다. 앞서 언급한 대로 위 계약은 제46조 제2항 3호에 해당하므로, 그 계약의 준거법은 제2항 단서에 따라 을회사의 영업소가 위치한 국가인 A국의 법이 됩니다.

## 설문2의 나

### 1. 병회사의 대위의 법적 성질

병회사는 갑회사와 적하보험계약을 체결하고, 을회사의 계약위반으로 인한 사고에 대하여 갑회사에 보험금을 지급한 후, 갑회사를 대위하여 을회사를 상대로 손해배상을 청구하는 소를 제기하였습니다. 보험자가 제3자로 인한 손해에 대하여 보험금을 지급한 후 피보험자를 대위하는 것은 법정대위로 보아야 하고(상법 제682조), 이는 제55조 제1항의 법률에 의한 채권의 이전으로 봄이 타당합니다.

### 2. 준거법의 결정

그렇다면 제55조 제1항에 의하여 구채권자인 갑회사와 신채권자인 병회사 사이의 법률관계의 준거법이 위의 대위의 준거법이 됩니다. 갑회사와 병회사의 법률관계는 적하보험계약이므로, 이 보험계약의 준거법이 위 대위의 준거법입니다. 그런데, 사실관계로부터 당사자 간에 영국법을 보험계약의 준거법으로 하는 합의가 있었음을 알 수 있습니다. 따라서 당사자 자치의 원칙(제45조)에 따라 영국법이 위 병회사의 대위의 준거법이 됩니다.

## 설문3

### 1. 불법행위의 법적 성질

선원인 정은 선장 무로부터 폭행·감금을 당해 상해를 입었는데, 이를 이유로 갑회사를 상대로 불법행위에 기한 손해배상을 청구하는 소를 제기하였습니다. 그런데, 정과 갑회사는 근로계약관계에 있음이 명백하지만, 정과 선장 무의 관계와, 선장 무와 갑회사의 관계는 명확하지 않습니다. 따라서 무의 불법행위가 갑회사에 대하여도 불법행위에 해당하는지 검토가 필요합니다.

갑회사가 선박의 소유자로서 선박을 직접 운영하여 영업을 영위하고 있음은 사실관계를 통해 알 수 있습니다. 통상, 선장은 선박 소유자나 용선자가 임면권을 갖습니다. 사안의 경우, 별도의 용선자 없이 선박 소유자가 직접 선박을 운행하므로, 선박 소유자인 갑회사가 직접 선장 무를 선임했다고 봄이 타당합니다. 그렇다면 선장 무는 갑회사에 고용되어 선장으로서의 임무를 위임받았다고 보아야 합니다. 따라서 선장 무의 정에 대한 폭행·감금에 대하여 갑회사는 사용자책임을 부담합니다. 결국, 선장 무의 정에 대한 불법행위는 갑회사의 불법행위이기도 합니다. 따라서 갑회사에 대하여도 제52조를 적용할 수 있습니다.

### 2. 불법행위의 준거법 결정

정과 갑회사 사이에 사후적 준거법 합의는 존재하지 않으므로 제53조는 적용되지 않습니다. 그렇다면 제52조에 의하여 준거법이 결정되어야 합니다.

선장의 폭행과 감금으로 인하여 상해까지 입었다면, 정으로서는 해당 선장의 지휘·감독하에 동일 선박에서 계속 근로를 제공하는 데 큰 어려움을 겪을 수밖에 없습니다. 따라서 정과 갑회사 사이의 근로계약관계가 위 불법행위로 인하여 침해될 가능성이 크다고 보아야 합니다. 그렇다면 이는 제52조 제3항의 경우에 해당하여, 침해되는 법률관계인 정과 갑회사 사이의 근로계약의 준거법이 위 불법행위의 준거법이 됩니다. 갑회사와 정이 근로계약의 준거법을 대한민국의 법으로 합의(제48조 제1항)하였으므로, 대한민국의 법이 위 불법행위에 대하여도 준거법이 됩니다. 그리고 정이 일상적으로 노무를 제공하는 파나마국법(제48조 제2항)의 강행규정이 정에게 부여하는 보호를 박탈할 수 없습니다.

**핵심쟁점**

### 설문1

#### 1. 병회사의 손해배상청구의 국제재판관할(제2조)

피보험자인 갑회사가 한국법에 의해 설립되고 영업소가 한국에 위치함. 피고 을회사는 갑회사의 화물을 부산항까지 운송할 의무 부담. 따라서 한국에 실질적 관련성 인정됨. 【제41조 참조】

#### 2. 정의 손해배상청구의 국제재판관할

갑회사의 설립준거법이 한국법. 원고 정과 피고 갑 사이에 한국법을 준거법으로 선택. 한국에 실질적 관련성 인정됨. 【제3조 참조】

## 설문2의 가

### 1. 운송계약의 준거법

운송계약은 도급계약이므로 제46조 제2항 3호에 해당. 을회사의 영업소가 있는 국가인 A국의 법.

## 설문2의 나

### 1. 법률에 따른 채권의 이전의 준거법(제55조)

구채권자와 신채권자 사이에 보험계약이 존재함. 보험계약의 준거법인 영국법.

## 설문3

### 1. 사용자책임

법정지인 대한민국의 국제사법과 실질법(및 동일 법계에 속하는 다른 국가의 국제사법과 실질법)을 검토해볼 때(신법정지법설), 선장을 선박소유자의 수임인으로 보아 사용자책임을 인정할 수 있음.

### 2. 불법행위(제52조 제3항)

근로계약의 준거법. 주관적 준거법은 한국법 선택. 객관적 준거법은 파나마법.

## 제2문

### 접근

설문1은 협약의 적용 여부와 매매계약의 성립 여부를 묻고 있습니다. 전제사실1에서 A국의 협약의 발효일을 제시하므로 이에 대해 고려해야 합니다(제100조).

설문2의 가는 매매계약 해제가 적법한지를 묻고, 나는 행사 가능한 손해배상을 묻습니다.

설문3은 대금감액권(제50조) 행사시, 가능한 감액의 액수를 묻습니다.

전제사실 4가지를 제시하고 있으므로, 이에 대하여 빠짐없이 검토해야 합니다.

### 모범답안

#### 설문1

##### 1. 협약의 간접적용 여부

갑은 대한민국에 영업소를 두고 있고, 을은 A국에서 영업을 영위하고 있습니다. 대한민국과 A국 모두, 협약의 체약국이므로(전제사실1), 일견 협약의 직접적용이 문제되는 것으로 보일 수 있습니다. 다만, A국에서 협약이 발효된 일자를 2018. 3. 7.로 제시하고 있어(전제사실1), 이에 대한 처리가 필요합니다.

사실관계로부터, 을이 자신의 광고카탈로그를 갑에게 송부한 행위는 단순한 청약의 유인으로 보아야 하고, 갑이 을에게 구매제안서를 보내 2018. 3. 1. 을에게 도달하였으므로, 이에 따라 갑의 청약은 2018. 3. 1.에 이루어진 것으로 보아야 합니다. 그런데, A국에서 협약이 발효된 날짜는 2018. 3. 7.인 바, 청약이 이루어진 시점에는 A국에서 협약이 발효되기 전이므로, A국을 협약의 체약국으로 볼 수 없습니다. 또한, 을이 갑에게 협약의 발효일 이전인 2018. 3. 5.에 승낙 취지를 담은 공급명세서를 발송한 것을 고려하면, 을 역시도 A국이 협약의 체약국이라는 기대는 하지 않았을 것으로 보입니다. 그렇다면, 위 매매계약에 대하여는 A국을 협약의 체약국으로 볼 수 없으므로, 협약의 간접적용 여부가 문제되는 것으로 봄이 타당합니다.

협약이 간접적용되기 위해서는 ① 인식 가능한 국제성을 가진 물품매매계약이어야 하고, ② 협약 제6조의 배제합의가 없어야 하고, ③ 법정지의 국제사법에 의해 체약국의 법이 준거법으로 지정되어야 하며, ④ 그 체약국이 제95조의 유보선언을 하지 않았어야 합니다.

갑의 영업소와 을의 영업소가 각각 대한민국과 A국에 위치하므로 위 계약의 국제성은 충분히 인식 가능하고, USB 메모리를 매매하는 계약은 물품매매계약에 해당함은 자명합니다. 그리고, 갑과 을 사이에 협약을 배제하는 합의가 없으며, 갑과 을 사이에 대한민국의 법을 준거법으로 하는 합의가 있었으며(전제사실2), 대한민국은 협약 제95조의 유보선언을 하지 않았으므로, 협약은 위 갑과 을의 매매계약에 간접적용될 수 있습니다.

## 2. 협약의 발효일의 처리

협약의 발효일에 따른 협약의 적용은 협약 제100조에서 규율합니다. 계약의 성립에 대하여는 각 체약국의 협약의 발효일 이후에 청약이 이루어진 경우에 한하여 협약이 적용될 수 있고, 계약의 효력에 대하여는 각 체약국의 협약의 발효일 이후에 계약이 체결된 경우에 한하여 협약이 적용될 수 있다고 정하고 있습니다. (이때, 체약국이란, 협약의 직접적용이 문제되는 경우에는 양 체약국을 의미함은 자명하고, 간접적용의 경우에는 단순히 체약국을 의미하는 것이 아니라 법정지의 국제사법에 의해서 지정되는 준거법의 소속국인 체약국을 의미한다는 점에 유의해야 합니다.) 갑과 을 사이의 매매계약에 협약이 적용된다는 것은, 그 계약의 성립과 효력 모두에 대한 적용을 의미하므로, 위 계약의 청약이 이루어진 날짜와 체결된 날짜를 먼저 확정할 필요가 있습니다.

앞서 본 바와 같이, 갑이 을에게 구매제안서를 보내 2018. 3. 1. 을에게 도달하였으므로, 이에 따라 갑의 청약은 2018. 3. 1.에 성립한 것으로 보아야 합니다(제15조 제1항). 갑이 위 청약을 철회한다는 서한을 을에게 발송하여 2018. 3. 7. 을에게 도달한 것이 문제되나, 을이 이보다 앞선 2018. 3. 5. 공급명세서를 갑에게 발송하여 승낙의 의사를 표시한 바, 갑의 위 청약의 철회는 유효하지 않습니다(제16조 제1항). 그리고, 을의 공급명세서가 2018. 3. 10. 갑에게 도달함으로써 위 계약이 성립하였습니다(제18조 제1항, 제23조). 따라서 위 계약의 청약일은 2018. 3. 1.이고, 체결일은 2018. 3. 10.입니다.

갑과 을의 매매계약에는 협약이 간접적용되므로, 준거법 소속국인 체약국은 대한민국이고, 대한민국에서 협약이 발효된 날짜는 2005. 3. 1.입니다. 결국, 위 계약의 청약일과 체결일보다 대한민국에서의 협약의 발효일이 선행하므로, 협약이 위 매매계약의 성립과 효력 모두에 적용될 수 있습니다.

## 3. 매매계약의 성립 여부

이는 이미 앞서 본 바와 같이, 갑이 보낸 구매제안서가 을에게 도달한 2018. 3. 1.에 청약이 성립하였고(제15조 제1항), 을의 구매제안서가 2018. 3. 10. 갑에게 도달함으로써 위 계약이 성립하였습니다(제18조 제1항, 제23조).

## 설문2의 가

### 1. 계약해제권의 발생 여부

을이 갑에게 계약에 따라 USB 메모리 1,000개를 전량 인도하였으나, 그중 500개는 자료를 저장할 수 없었습니다. 이는 인도된 물품의 일부가 계약에 부적합(제35조)하여, 그 일부에 대하여 제49조 제1항의 해제권 행사가 가능합니다(제51조 제1항). 다만, 물품이 전량 인도된 경우에 해당하므로, 위의 부적합으로 인해 본질적 계약위반(제25조)이 인정되어야 해제권을 행사할 수 있습니다.

USB 메모리는 자료의 저장을 목적으로 하는 바, 이 기능이 사용 불가능하다면, 갑이 이를 고객에게 사은품으로 제공할 수 없게 되어, 을과의 계약을 통해 기대하는 바를 실질적으로 박탈당하게 되는 것이고, 이러한 결과는 을뿐만 아니라 합리적인 일반인에게도 충분히 예상 가능하므로, 계약에 부적합한 500개의 USB 메모리를 갑에게 공급한 을의 물품 적합성 위반은 본질적 계약위반에 해당되어, 갑은 위 500개에 대하여 계약해제권을 행사할 수 있습니다.

### 2. 계약해제권의 상실 여부

갑이 2018. 7. 8. 을에게 위 500개에 대한 해제통지를 한 후, 이를 창고에 보관하던 중인 2018. 7. 15. 외부인에게 이 500개를 전부 도난당하였습니다. 이는 해제의 의사표시 후의 물품의 멸실에 해당하므로, 반환의무(제82조 제1항)의 위반은 문제되지 않으므로, 이미 발생한 계약해제권은 상실되지 않습니다. (다만, 보관의무(제86조 제1항)의 위반에 해당하므로 갑의 을에 대한 손해배상만이 문제됩니다.)

### 설문2의 나

#### 1. 을의 갑에 대한 손해배상

앞서 본 바와 같이, 자료 저장이 불가능한 500개의 USB 메모리에 대하여, 을이 계약에 적합한 물품을 인도할 의무(제35조)를 위반하였으므로, 을은 갑에 대하여 이로 인한 손해배상책임(제74조 내지 제77조)을 부담합니다. 갑이 대체거래를 하였으므로, 을은 이로 인한 계약액과의 차액을 배상하여야 하고(제75조), 그 외의 손해가 있다면 전부 배상하여야 합니다(제74조). 갑의 대체거래액은 미화 7,500달러(500개 * 15달러)이고, 을과의 계약액은 5,000달러(500개 * 10달러)이므로, 차액은 미화 2,500달러입니다. 따라서 을은 갑에게 2,500달러를 배상해야 합니다. 이외에 갑에게 다른 손해가 있다면 을은 이를 배상하여야 하지만(제74조), 사실관계에 다른 손해가 있는 사정은 주어지지 않았습니다.

#### 2. 갑의 을에 대한 손해배상

앞서 본 바와 같이, 갑은 을에게 위 500개의 USB 메모리에 대한 계약해제의 통지를 하였고, 이를 보관하기 위하여 합리적인 조치를 취할 보관의무(제86조 제1항)를 부담합니다. 그러나 갑은 이를 외부 침입에 취약한 구조를 가진 자신의 창고에 보관 중 도난당하여 이를 을에게 반환할 수 없게 되었습니다. 이는 갑의 보관의무 위반인 동시에, 계약해제로 인한 원상회복의무(제81조 제2항)의 위반에 해당하므로, 갑은 을에 대하여 위의 USB 메모리 500개의 시장가격에 해당하는 손해를 배상할 의무를 부담합니다.

## 설문3

### 1. 대금감액권의 발생

을이 갑에게 인도한 1,000개의 USB 메모리 중 500개는 정상적인 기능을 하지만, 끈을 매달 수 있는 구멍이 생략된 채 인도되었습니다. 을이 제공한 광고카탈로그에 구멍이 달린 제품의 사진이 게시되어 있었고, 이에 대하여 별다른 이의 없이 갑이 을에게 구매제안서를 보냈고, 을 역시 특별한 이의 없이 갑의 구매제안서를 승낙하는 공급명세서를 갑에게 송부한 바, 위 USB 메모리의 구멍에 대하여, 갑과 을 사이에 명시적 혹은 묵시적인 합의가 있다고 볼 수 있습니다. 그렇다면 을이 구멍이 없는 제품을 인도한 것은 제품의 적합성 의무(제35조 제1항)의 위반이라고 볼 수 있습니다.

계약의 일부에 대하여 부적합이 발생하였으므로, 갑은 을에게 제46조 내지 제50조의 구제권을 행사할 수 있습니다(제51조 제1항).

(※ 설문에서 '대금감액을 구하는 경우'를 전제하였으므로, 실제 답안에는 이 부분을 작성하지 않아도 무방합니다.)

### 2. 대금감액권의 행사

을이 현실로 인도한 USB 메모리의 가액은 1개당 미화 16달러이고, 계약에 적합한 제품이 가지고 있었을 가액은 1개당 미화 20달러입니다(전제사실3). 그렇다면 갑은 원래의 계약액인 미화 5,000달러(500개 * 10달러)를 미화 4,000달러((16달러 / 20달러) * 5,000달러)로 감액할 수 있습니다. 즉, 갑이 감액할 수 있는 금액은 미화 1,000달러입니다.

그런데 구멍이 설치되지 않은 부적합이 발생한 데 대한 갑과 을의 과실비율이 각각 30%와 70%이므로(전제사실4), 제81조 제2항, 제84조, 제88조 제3항 등에서 추론되는 일반 원칙(제7조 제2항)에 따라, 갑이 감액할 수 있는 미화 1,000달러의 30%인 300달러는 갑이 스스로 책임지는 것이 타당합니다. 그렇다면 갑이 을에 대하여 감액할 수 있는 금액은 미화 700달러에 한한다고 보는 것이 타당합니다.

### 핵심쟁점

## 설문1

### 1. 협약의 간접적용 여부

A국 체약국으로 볼 수 없음, ① 인식 가능한 국제성을 가진 물품매매계약, ② 협약 배제합의 없을 것, ③ 대한민국법 선택, ④ 제95조 유보선언 없을 것.

### 2. 협약의 발효일의 처리

청약이 한국의 협약 발효일 이후에 이루어졌을 것(제100조 제1항), 계약체결이 한국의 협약 발효일 이후에 이루어졌을 것(제100조 제2항).

### 3. 매매계약의 성립 여부
청약 성립은 2018. 3. 1., 계약 체결은 2018. 3. 10., 대한민국의 협약 발효일은 2005. 3. 1.

## 설문2의 가

### 1. 계약 일부에 대한 매수인의 계약해제권
제51조 제1항, 제49조 제1항, 제25조.

## 설문2의 나

### 1. 매수인의 손해배상
대체거래시 차액배상(제75조), 그 외의 손해배상(제74조).

### 2. 매도인의 손해배상
매수인의 보관의무(제86조 제1항) 위반.

## 설문3

### 1. 대금감액권(제50조)
감액의 비율 16달러 / 20달러, 일반원칙(제7조 제2항)상 과실상계 가능.

# 08 2018년 시행 제7회 변호사시험

제1문

甲회사는 대한민국 법률에 의하여 설립되어 대한민국에만 영업소를 두고 있는 전자회사이고, A국 국적의 乙은 甲회사의 서울 소재 기술개발팀에 소속되어 甲회사의 지휘감독하에 기술개발업무에 종사하는 자이다. 甲회사와 乙 간의 근로계약서에서는 준거법에 대하여 규정하지 않고 있으며 당사자 간에 분쟁이 발생할 경우에는 甲회사 전자제품의 주된 시장인 B국에서만 소를 제기할 수 있다고 규정하고 있다. 乙은 기술개발팀에 근무하면서 전자제품에 사용될 청색발광다이오드에 관한 발명을 완성하였다. 乙은 해당 기술에 대하여 대한민국에 특허등록을 하였고 甲회사에 전용실시권을 설정하였다. 그 후 甲회사에 설정한 전용실시권에 대하여 乙에게 지급할 보상금액에 관한 분쟁이 발생하였고, 이를 이유로 해고 통지를 받아 퇴사한 乙은 계속하여 대한민국에 상거소를 두고 있다. 해고된 후 乙은 달리 소득이 없자 위 직무발명으로 인한 위 특허권의 우선권에 기초하여 B국에 특허등록을 한 후 甲회사의 동의 없이 그 특허권에 대한 통상실시권을 B국에 영업소를 두고 있는 전자회사인 丙회사에 설정하는 라이센스계약을 체결하였다. 라이센스계약에 의하면 乙은 丙회사로부터 실시료를 수령하고, 丙회사가 위 발명의 기술을 사용하여 전자제품을 제조하는 데 필요한 기술자의 교육훈련을 제공하며 생산된 제품이 B국 시장에서 향후 지속적으로 유통될 수 있도록 시장을 조성하는 데 협력할 의무가 있다. 乙과 丙회사가 라이센스계약을 체결하면서 그 준거법을 합의한 사실은 없다.

乙은 甲회사를 상대로 대한민국 법원에 전용실시권과 관련한 보상금의 지급을 구하는 소를 제기하였고, 甲회사는 乙이 B국에 있는 甲회사의 거래처에 "甲회사가 청색발광다이오드를 사용한 전자제품을 생산·판매하는 행위는 乙의 특허권을 침해한다"라는 허위사실을 유포하여 甲회사의 영업을 방해하는 결과를 초래하였다는 이유로 이에 대한 손해배상을 구하는 반소를 제기하였다.

한편, 乙은 丙회사가 乙에게 라이센스계약에 따른 실시료를 지급하지 아니하자 丙회사를 상대로 대한민국 법원에 그 지급을 구하는 소를 제기하였다.

### 전제

사안에 관하여 관련 국제조약은 고려하지 않는 것으로 하며, 대한민국·A
국·B국의 직무발명 관련법은 다음과 같이 동일하게 규정하고 있다.

1. 직무발명이란 종업원이 그 직무에 관하여 발명한 것이 성질상 사용자의 업무
   범위에 속하고 그 발명을 하게 된 행위가 종업원의 현재 또는 과거의 직무에
   속하는 발명을 말한다.
2. 직무발명에 대하여 종업원이 특허를 받았거나 특허를 받을 수 있는 권리를 승
   계한 자가 특허를 받으면 사용자는 그 특허권에 대하여 통상실시권을 가진다.
3. 종업원은 직무발명에 대하여 특허를 받을 수 있는 권리나 특허권을 계약이나
   근무규정에 따라 사용자에게 승계하게 하거나 전용실시권을 설정한 경우에는
   정당한 보상을 받을 권리를 가진다.
4. 전용실시권: 특허권자는 그 특허권에 대하여 타인에게 전용실시권을 설정할
   수 있다. 전용실시권을 설정받은 전용실시권자는 그 설정행위로 정한 범위에
   서 그 특허발명을 업으로서 실시할 권리를 독점한다.
5. 통상실시권: 특허권자는 그 특허권에 대하여 타인에게 통상실시권을 허락할
   수 있다. 통상실시권자는 이 법에 따라 또는 설정행위로 정한 범위에서 특허
   발명을 업으로서 실시할 수 있는 권리를 가진다.
6. 특허를 받으려는 자는 자신이 특허를 받을 수 있는 권리를 가진 특허출원으
   로 먼저 한 출원의 출원서에 최초로 첨부된 명세서 또는 도면에 기재된 발명
   을 기초로 그 특허출원한 발명에 관하여 우선권을 주장할 수 있다.

### 질문

1. 乙이 甲회사를 상대로 제기한 전용실시권과 관련한 보상금지급청구의 소에서,
   가. 대한민국 법원은 국제재판관할권을 가지는지 논하시오. (20점)
   나. 위 보상금지급청구의 준거법을 논하시오. (20점)

2. 대한민국 법원에 국제재판관할권이 있음을 전제로, 甲회사가 乙을 상대로 제
   기한 영업방해에 기한 손해배상청구의 소에서 해당 청구의 준거법을 논하시
   오. (20점)

3. 대한민국 법원에 국제재판관할권이 있음을 전제로, 乙이 丙회사를 상대로 제기한 실시료지급청구의 소에서 해당 청구의 준거법을 논하시오. (20점)

제2문

甲회사는 A국에서 화력발전시설의 건설·유지·보수를 위한 목적으로 A국법에 의해 설립된 회사로서 A국에 본점, 대한민국에 지점을 두고 있으며, 乙회사는 발전소 보일러의 급수 공급용 파이프 생산·판매·설치를 전문으로 하는 회사로서 대한민국에만 영업소를 두고 있다. 甲회사는 乙회사에 발전소의 고온·고압에 견딜 수 있는 파이프의 추천을 의뢰하였고, 乙회사는 'X Type'파이프가 적합하다고 추천하였다. 甲회사는 이를 신뢰하여 丙전력회사가 자신에게 발주한 A국의 발전소에 설치할 3톤 분량의 'X Type'파이프를, 품질은 상급, 가격은 톤당 10억 원에 구매하는 매매계약을 2017. 3. 乙회사와 체결하였다. 이 계약의 주된 조건은 乙회사가 'X Type'파이프 1톤씩 2017. 10. 31.(1차), 2017. 11. 30.(2차), 2018. 1. 31.(3차)까지 3회에 걸쳐서 각각 A국 현지 발전소 건설현장으로 운송해 와서 인도·설치하는 것이었다. 3회에 걸친 파이프 설치비용은 계약대금에 포함되어 있고, 그 금액은 총 3억 원이다. 계약 대상인 파이프는 A국 발전소에 특화된 파이프로서 다른 발전소에는 설치하여 사용할 수 없으며, 적시에 공급·설치되지 않으면 발전소 건설 공기지연이 불가피하다. 계약서에는 "본 계약의 준거법은 대한민국법이며, 乙회사는 판매하는 파이프의 결함이나 하자로 인한 결과적 손해와 우발적 손해는 배상하지 않는다"라고 규정되어 있다. A국은 「국제물품매매계약에 관한 국제연합협약」(이하 '협약')의 체약국이 아니다.

한편, 2017. 5.경 乙회사는 'X Type'파이프보다 더 고온·고압에 강하며 내구성이 뛰어난 'Y Type'파이프를 개발하였으나, 'Y Type'파이프의 실제 활용성을 테스트해 보지는 못하였다. 乙회사는 1차 인도분으로 'Y Type'파이프를 2017. 10. 25. 甲회사에 인도하였고, 甲회사는 인도분이 모두 'X Type'파이프인 줄 알고 이를 수령하였다. 甲회사의 요청으로 건설현장에 상주하던 甲회사의 발주처인 丙전력회사의 기술자가 물품을 즉시 검사해 보니 파이프가 'X Type'이 아닌 'Y Type'인 것으로 밝혀졌다. 그 기술자는 'Y Type'파이프가 고온·고압에 견디기 위해 필요한 '몰리브덴'성분의 함량이 충분하지 않다는 것을 제시하면서, 그 파이프를 설치하게 되면 고온·고압을 견디지 못하고 터질 것이라고 경고하였다. 전문 검사결과 위 기술자의 주장이 사실임이 밝혀졌다.

甲회사가 1차 인도분인 'Y Type'파이프를 건설현장의 야적장에 그대로 방치해 두는 바람에 검사결과가 나오는 1주일간 해풍에 노출되어 1톤 분량의 파이프 중 1/4은 급속도로 부식되어 발전소용으로 사용이 어렵게 되었으나, 밑단에 쌓여 있던 나머지 3/4은 부식되지 않았다. 甲회사는 물품수령 1주일 후 최종 검사결과를 받고 乙회사에 그 하자를 즉시 통지하면서, 계약상 인도되어야 할 물품은 'X Type'파이프라고 주장하며 이미 인도받은 1차 인도분인 'Y Type'파이프를 수거해 가라고 요구하고, 1차 인도분 전량을 'X Type'파이프로 교체하여 인도해 줄 것을 乙회사에 청구하였다.

그 후 乙회사는 2차 인도분을 전량 'X Type'파이프로 2017. 11. 30.까지 甲회사에 인도하여 A국 발전소 건설현장에 설치를 완료하였다. 그러나 2차 인도분이 설치된 부분에 대한 시운전 도중 설치일로부터 10일 이내에 파이프에 균열이 발생하여, 확인 결과 파이프 제조상 결함으로 밝혀졌으며, 甲회사는 이러한 사실을 乙회사에 즉시 통지하였다. 甲회사는 3차 인도분에 대하여 이러한 문제에 대한 보완을 하여 줄 것을 乙회사에 요청하였으나, 乙회사는 3차 인도분도 동일한 공법으로 제조될 것이며 인도기일까지 제조공법을 변경하거나 보완하는 것이 불가능하다고 甲회사에 통지하였다. 아직 3차 인도분은 인도되지 않고 있는 상태이다.

한편, 甲회사는 화력발전소 건설 완료일정이 지연될 경우 丙전력회사에 대하여 지연기간에 상응하는 지체상금을 부담하도록 甲회사와 丙전력회사 간의 계약서에 규정되어 있다. 乙회사의 하자 있는 물품인도로 甲회사의 A국 화력발전소 건설 완료일정이 지연되었다. 甲회사는 乙회사를 상대로 계약위반을 이유로 대한민국 법원에 소를 제기하였다.

**질문**

1. 甲회사와 乙회사 사이의 계약에 협약이 적용되는가? (20점)

2. 甲회사는 1차 인도분에 대하여 대체물인도청구권을 행사할 수 있는가? (20점)

3. 甲회사는 2차 및 3차 인도분에 대하여 계약을 해제할 수 있는가? (20점)

4. 甲회사가 丙전력회사에 대하여 지체상금을 부담하게 된 경우, 甲회사는 그 금액을 손해배상으로 乙회사에 청구할 수 있는가? (20점)

# 08 | 2018년 제7회 변호사 시험 **해설**

## 제1문

### 접근

설문1의 가는 대한민국 법원이 국제재판관할권(제2조)을 가지는지 묻습니다. 전속관할 합의가 있는지 먼저 확인하고, 없다면 조문에 의한 해결이 필요합니다.

설문1의 나는 '전용실시권과 관련한 보상금지급청구의 준거법'을 묻습니다. 사실관계로 부터 전용실시권이 어떤 법률관계에서 기인한 것인지 확인해야 합니다.

설문2는 '영업방해에 기한 손해배상청구'의 준거법을 묻습니다. 영업방해는 불법행위 (제52조)에 해당하므로 그에 대한 준거법을 찾으면 됩니다.

설문3은 '실시료지급청구'의 준거법을 묻습니다. 사실관계로부터 실시료가 어떤 법률관 계로부터 기인하는 것인지 확인해야 합니다.

전제사실은 6개가 주어져 있습니다. 그런데 이번 회차의 경우에는 '직무발명', '전용실 시권', '통상실시권' 등 생소한 개념들을 설명하기 위한 목적으로 주어진 것으로 보입니다.

### 모범답안

#### 설문1의 가

##### 1. 국제사법 적용 여부

을이 갑회사를 상대로 대한민국 법원에 소송을 제기한 바, 법정지는 대한민국입니다.

을은 A국 국적자로 갑회사와 근로계약을 체결하고 대한민국 서울에서 근무 중이고, 갑 회사는 대한민국 법률에 의하여 설립되어 대한민국에만 영업소를 두고 있습니다. 그리고 을이 재직 중 발명을 하여 대한민국에 특허를 등록하였고, 이와 관련한 분쟁으로 인해 대 한민국 법원에 소를 제기하였습니다.

그렇다면 법정지인 대한민국의 입장에서, 각 당사자의 국적, 주된 영업소가 있는 국가, 특허등록국 등이 A국과 대한민국이므로, 외국과 관련된 요소가 있는 법률관계에 해당하 여 대한민국의 국제사법이 적용될 수 있습니다.

##### 2. 근로계약의 국제재판관할 특칙

갑회사와 을 사이의 근로계약서에 당사자간 분쟁시 B국에서만 소를 제기할 수 있도록 하여, 전속적 국제재판관할에 대한 합의가 존재합니다. 그러나 제43조 제3항에 따르면, 근로계약에 있어서는 사후적이고 추가적인 관할의 합의만이 유효합니다. 따라서 B국의 법원에만 관할을 인정하는 위 합의는 유효하지 않습니다.

관할합의에도 불구하고 국제사법 제43조 제1항에 의해 근로자의 일상적 노무제공지에서도 소제기가 가능합니다. 따라서 을은 일상적 노무제공지인 대한민국에서도 갑회사에 대해 소를 제기할 수 있습니다.

### 3. 일반적 국제재판관할 검토

그렇다면, 제2조에 의한 일반적 국제재판관할을 검토해야 합니다. 즉, ① 문제가 되는 사건이 대한민국과 실질적 관련이 있는지 검토하고, ② 국내법의 관할규정을 검토하며, ③ 국제재판관할의 특수성도 함께 고려해야 합니다. 갑회사가 대한민국 법률에 의해 설립되어 대한민국에만 영업소를 두고 있고, 갑회사와 을 사이의 근로계약상 을의 근무지가 대한민국이며, 을의 상거소도 대한민국이며, 해당 발명이 이루어진 장소와 그에 대한 특허가 등록된 곳 역시 대한민국이므로, 위 사건과 대한민국과의 실질적 관련성이 인정됩니다. 【개정국제사법 제3조·제4조 참조】

### 설문1의 나

#### 1. 전용실시권과 관련된 보상금의 법적 성질

사실관계를 간단히 요약해보면, 을은 갑회사와 근로계약을 맺고, 그 계약에 따라 갑회사의 지휘·감독하에 기술개발업무에 종사하던 중 직무발명을 하고, 그에 대한 특허를 대한민국에 등록하였으며, 갑회사에 그 특허에 대한 전용실시권을 설정하였습니다. 그리고 전용실시권 설정에 따라 갑회사가 을에게 지급해야 할 보상금액에 분쟁이 발생하였습니다.

전제사실1에 따르면, 위 직무발명은 '사용자의 업무범위에 속'하고, '종업원의 직무에 속'하는 발명을 의미하므로, 직무발명에 대한 특허등록 신청권은 종업원에게 있고, 회사에 대하여 전용실시권을 설정하도록 하는 내용(전제사실4)이 이미 근로계약에 포함되어 있다고 봄이 타당합니다. 그리고 을은 갑회사로부터 전용실시권 설정에 따른 정당한 보상을 받을 권리를 갖습니다(전제사실3). 그렇다면 전용실시권 설정과 그에 따른 보상금 청구권은 을과 갑회사 사이의 근로계약에 기인한다고 볼 수 있습니다.

#### 2. 전용실시권과 관련된 보상금의 준거법 결정

앞서 본 바와 같이, 전용실시권과 관련된 보상금은 을과 갑회사 사이의 근로계약에 기인하므로, 근로계약의 준거법에 의함이 타당합니다. 근로계약상 준거법에 대한 합의가 없으므로, 제48조 제2항에 따라 근로자인 을이 일상적으로 노무를 제공한 국가인 대한민국의 법이 준거법이 됩니다.

이와 관련하여 판례는, 직무발명에 관한 섭외적 법률관계에 적용될 준거법은, 그 발생의 기초가 된 근로계약에 관한 준거법이라고 판시한 바 있습니다(대법원 2015. 1. 15. 선고 2012다4763 판결). 이로부터 전용실시권에 대한 보상금 청구권 역시 직무발명에 관한 법률관계이므로 근로계약의 준거법인 대한민국의 법에 의함이 타당하다고 유추할 수 있습니다.

## 설문2

### 1. 을의 영업방해 행위의 법적 성질

사실관계에 따르면, 을은 '허위사실을 유포하여' 갑회사의 영업을 방해하였습니다. 이는 불법행위에 해당함이 명백합니다.

### 2. 을의 영업방해 행위의 준거법 결정

을의 불법행위에 대하여 을과 갑회사 사이에 사후적으로 준거법을 선택한 사정이 보이지 않으므로 제53조는 적용되지 않습니다.

을과 갑회사 사이에 을의 불법행위로 인하여 침해되는 법률관계가 있는지와 관련하여, 갑회사가 을을 이미 해고하여 근로계약관계는 이미 종료되었지만, 을의 특허에 대한 전용실시권을 갑회사가 아직 가지고 있어, 을의 불법행위로 인해 전용실시권을 매개로 하는 을과 갑회사의 관계가 침해되므로, 이 법률관계의 법적 성질이 무엇인지 문제됩니다. 전제사실4에서 특허권자가 타인에게 전용실시권을 설정할 수 있다고 하였으므로, 을과 갑회사 사이에 전용실시권을 설정하는 별도의 합의, 즉 별도의 계약이 있었다고 봄이 타당합니다. 그렇다면 을의 불법행위의 준거법은 제52조 제3항에 따라 전용실시권 설정계약의 준거법이 됩니다.

### 3. 전용실시권 설정계약의 준거법 결정

을의 허위사실 유포가 갑의 전용실시권이라는 계약관계를 침해한 것으로 볼 수 있습니다. 계약관계는 계약목적을 달성하기 위한 신의칙에 의한 서로 협조의무가 있는 것입니다. 따라서 제46조 제2항 2호에 의해 전용실시권 설정계약의 준거법은 대한민국법이 됩니다. 전용실시권 설정계약 그 발생의 기초는 근로계약에 있지만 근로계약은 종료되었습니다.

## 설문3

### 1. 국제사법 적용 여부

을이 병회사를 상대로 대한민국 법원에 실시료지급청구의 소를 제기한 바, 법정지는 대한민국입니다.

을은 A국 국적자로 대한민국에 상거소를 둔 자로 대한민국과 B국에 특허등록을 하였고, 병회사는 B국에 영업소를 두고 영업활동을 하고 있습니다. 따라서 법정지인 대한민국의 입장에서 사법관계의 구성요소가 대한민국, A국 및 B국에 관련되어 외국과 관련된 요소가 있는 법률관계에 해당하므로, 대한민국의 국제사법이 적용될 수 있습니다.

### 2. 실시료 지급청구권의 법적 성질

을은 병회사와의 라이센스 계약을 통해 병회사에 통상실시권을 설정해주고 그에 따른 실시료를 지급받기로 하였습니다. 따라서 실시료 지급청구권은 라이센스 계약에 근거합니다. 그리고 라이센스 계약에 따른 채권·채무관계는 일반적인 채권관계에 해당한다고 할 수 있습니다.

### 3. 라이센스 계약의 준거법 결정

일반적인 채권관계에는 당사자 자치 원칙(제45조)이 적용되지만, 을은 병회사와의 라이센스 계약에서 그 준거법을 합의하지는 않았습니다. 따라서 제46조에 의해 객관적 준거법이 지정되어야 합니다. 라이센스 계약을 통해 을은 병회사로 하여금 자신의 특허권에 대한 통상실시권을 부여하여, 병회사는 통상실시권자로서 을의 특허를 이용하여 특허발명을 업으로 실시할 수 있는 권리를 가집니다(전제사실5). 따라서 이는 제46조 제2항 2호의 권리를 이용하도록 하는 당사자인 을의 특정한 이행을 필요로 하는 채권 계약에 해당하므로, 계약체결 당시의 을의 일상거소가 있는 국가의 법이 준거법이 됩니다. 을의 일상거소지는 대한민국이므로 대한민국의 법이 실시료 지급청구의 준거법이 됩니다.

---

### 핵심쟁점

#### 설문1의 가

##### 1. 근로계약에 대한 국제재판관할(제43조)

제43조 제3항에 따라 관할합의 무효. 제43조 제1항에 따라 일상적 노무제공지인 한국에서 소제기 가능.

##### 2. 일반적 국제재판관할(제2조)

관할합의는 무효이므로 제2조에 의한 관할 법원에서도 소제기 가능함. 갑회사가 한국에 영업소, 을의 직무발명이 한국에 특허등록됨. 을의 일상거소지가 한국이므로, 실질적 관련성 인정됨.【개정국제사법 제3조·제4조 참조】

#### 설문1의 나

##### 1. 전용실시권과 관련된 보상금청구의 준거법

당사자간 근로계약으로 인하여 발생한 것이므로, 제48조 제2항에 의해 일상적 노무제공지인 한국법.

## 설문2

### 1. 불법행위의 준거법(제52조, 제53조)

을의 허위사실 유포행위는 불법행위. 갑과 을 사이에 근로계약관계는 존재하지 않으나, 전용실시권 설정이라는 계약관계는 존재함. 종속적 연결(제52조 제3항) 인정되므로, 전용실시권 설정계약의 준거법이 적용됨. 제46조 제2항에 따라 한국법.

만약 종속적 연결 부정하면 공통의 속인법인 한국법.

## 설문3

### 1. 라이센스 계약의 준거법(제45조, 제46조)

준거법에 합의한 바 없음. 제46조 제2항 2호에 따라 을의 일상거소지인 한국법.

## 제2문

### 접근

설문1은 협약의 적용 여부를 묻고 있습니다. 협약의 직접적용 대상인지, 간접적용 대상인지 확인한 후 조문의 요건에 따라 풀면 됩니다(제1조).

설문2는 '1차 인도분'에 '대체물인도청구권'을 행사할 수 있는지 묻고 있습니다. 분할인도계약(제73조)이 문제되고 있음을 미루어 짐작할 수 있는 문제입니다. 분할인도 부분에 대하여 대체물인도청구(제46조 제2항)가 가능한지, 그 요건을 충족하는지 확인하여 해결합니다.

설문3은 '2차 및 3차 인도분'에 대하여 계약해제권을 행사할 수 있는지 묻고 있습니다. 앞의 설문과 마찬가지로 분할인도계약의 문제임을 알 수 있고, 계약해제권 행사요건(제73조)을 충족하는지 확인하면 됩니다.

설문4는 '지체상금'을 부담한 것이 '손해배상'에 포함되는지 묻습니다. 지체상금의 법적 성질을 결정한 후, 그것이 손해배상청구권의 행사 범위에 포함되는지 검토합니다.

### 모범답안

#### 설문1

##### 1. 갑회사의 영업소 결정

갑회사는 A국에 본점을, 대한민국에 지점을 두고 있고, 을회사는 대한민국에만 영업소를 두고 있습니다. 갑회사가 A국과 대한민국에 각각 복수의 영업소를 두고 있는 바, A국은 협약의 비체약국이고, 대한민국은 체약국이므로, 위 계약에서 갑회사의 영업소가 어디인지를 먼저 결정해야 합니다. 협약 제10조에 따르면, 계약 체결시에 당사자 쌍방에 알려진 상황을 고려하여 계약 및 그 이행과 가장 밀접한 관련이 있는 곳이 영업소로 됩니다. 갑회사는 A국의 화력발전소 건설에 사용할 목적으로, 을회사의 추천을 받아 파이프를 구매하기로 하는 계약을 체결하였고, 이러한 사정은 갑회사와 을회사 모두 잘 알고 있다고 보입니다. 따라서 A국에 위치한 본점이 갑회사의 영업소라고 보는 것이 타당합니다. 그렇다면 갑회사의 영업소가 있는 국가는 비체약국인 A국이고, 을회사의 영업소가 있는 국가는 체약국인 대한민국이므로, 협약 제1조 제1항 나호에 의하여 협약의 간접적용이 문제됩니다.

##### 2. 협약의 간접적용 여부

협약 제1조 제1항에 따라 협약이 간접적용되기 위하여는 ① 인식 가능한 국제성을 가진 물품매매계약이어야 하고, ② 협약 제6조의 배제합의가 없어야 하고, ③ 법정지의 국제사법에 의해 체약국의 법이 준거법으로 지정되어야 하며, ④ 그 체약국이 제95조의 유보선언을 하지 않았어야 합니다.

A국과 대한민국에 각각 영업소를 두고 있음을 양당사자가 모두 충분히 인식하고 있어 계약의 국제성은 충분히 인정되고, 당사자간에 협약의 적용을 배제하는 합의가 없습니다. 계약의 준거법으로 대한민국법을 선택하였으나, 이는 대한민국의 사법체계 전체를 준거법으로 지정하는 합의이며, 대한민국은 협약의 체약국이므로, 위 준거법 합의에 의하여 협약이 배제되는 것은 아닙니다. 그리고 법정지가 어디인지는 명확하지 않으나, 앞서 본 바와 같이, 당사자간에 대한민국법을 준거법으로 하는 합의를 하였으므로, 체약국의 법이 준거법으로 지정된 경우에 해당하고, 대한민국이 제95조의 유보선언을 한 바 없으므로, 위 계약이 물품매매계약에 해당하는지 여부를 제외한 협약의 간접적용을 위한 나머지 요건이 모두 충족되었습니다.

마지막으로, 위 계약이 물품매매계약에 해당하는지 검토합니다. 갑회사는 을회사로부터 을회사가 제조한 X type 파이프 3톤을 톤당 10억 원에 공급받되, 을이 설치비용 3억 원에 이 파이프를 설치까지 하기로 한 바, 이는 협약 제3조 제2항에 의한 이른바 혼합계약에 해당합니다. 노무 그 밖의 서비스의 공급에 해당하는 파이프 설치비용은 3억 원으로, 전체 계약액인 33억원(3톤 * 10억 원)의 50%에 미치지 못하므로, 위 계약은 물품매매계약에 해당합니다.

따라서 위 계약에는 협약이 간접적용될 수 있습니다.

## 설문2

### 1. 분할인도계약의 구제수단

분할인도계약은 제73조에서 규율하고 있는데, 제73조는 해제권만을 규정하고 있어, 분할인도계약의 경우에도 계약이행청구권(제46조)이나 대금감액권(제50조) 등의 행사가 가능한지 분명하지 않습니다. 그러나 분할인도 부분에 대한 일방 의무 불이행은 계약 전체로 보아서도 의무 불이행에 해당하므로, 제73조는 제49조의 계약해제권의 분할인도계약에 대한 특별규칙으로 이해한다면, 계약해제권 이외의 제46조 제2항의 구제수단도 사용할 수 있다고 해석할 수 있습니다. 뿐만 아니라, 제51조를 유추적용할 수도 있고, 또는 조리를 근거로 하여도 무방합니다.

### 2. 을회사의 계약위반 여부

을회사는 계약에 적합한 물품을 인도할 의무(제35조)를 부담하는데, 계약에 정한 상급 품질의 X type 파이프를 인도·설치하여야 함에도 불구하고, 임의로 이와는 다른 Y type 파이프를 인도함으로써, 물품 적합성 의무를 위반하였습니다.

이에 갑회사는 위 물품을 검사(제38조)한 결과, 계약상의 규격과 다른 배관이 인도되었으며, 몰리브덴 성품의 함량이 부족하여 터질 위험이 있다는 점도 인식하였고, 검사 결과를 즉시 을회사에게 통지(제39조)하며 X type 파이프로 교체해줄 것을 청구하였습니다. 따라서 갑회사는 물품의 부적합을 주장할 권리를 상실하지 않습니다.

### 3. 갑회사의 대체물인도청구권 발생 여부

따라서 갑회사는 을회사의 위 계약위반에 대하여 제46조의 구제수단을 사용할 수 있습니다. 물품이 인도되었으므로 제1항의 특정 이행청구권은 행사할 수 없고, 을회사의 의무위반이 본질적 계약위반에 해당하여야만 대체물인도청구권(동조 제2항)을 행사할 수 있습니다. 협약 제25조에 따르면, 일방의 계약위반이 ① 상대방의 기대를 실질적으로 박탈할 정도의 손실에 이르러야 하고, ② 위반당사자와 합리적인 사람 모두 그러한 결과를 예견할 수 있었어야 합니다. 갑회사의 발전소에는 고온·고압에 견딜 수 있는 X type 파이프가 공급되어야 하는데, 이에 적합하지 않은 파이프가 인도·설치될 경우, 고온·고압을 견디지 못해 파이프가 터질 위험이 있고, 그렇다면 갑회사는 을회사와의 계약을 통해 기대한 바를 실질적으로 박탈당하게 됩니다. 그리고 이러한 사정은 을회사와 합리적 일반인 모두에게 충분히 예견 가능해보입니다. 따라서 을회사가 성능이 제대로 검증되지도 않은 Y type 파이프를 인도한 것은 본질적 계약위반에 해당하므로, 갑회사는 이에 대하여 대체물인도청구권을 행사할 수 있습니다.

### 4. 대체물인도청구권의 상실 여부

갑회사는 제82조에 의하여, 물품을 수령한 상태와 실질적으로 동일한 상태로 반환할 수 있어야만 대체물인도청구권을 행사할 수 있습니다. 그러나, 갑회사가 인도받은 Y type 파이프를, 검사기간 동안 야적장에 방치하는 바람에, 파이프의 1/4이 부식되어 사용이 어렵게 된 점이 문제됩니다. 갑회사가 인도받은 물품의 1/4에 대하여는, 멸실·훼손이 발생한 후에 대체물인도청구권 행사의 의사표시를 하였으므로, 에에 대하여 대체물청구권을 상실한다고 보아야 합니다. 따라서 갑회사는 나머지 3/4에 대하여만 대체물인도청구권을 행사할 수 있습니다.

## 설문3

### 1. 2차 인도분의 계약해제권 발생 여부

을회사가 2차 인도분으로 X type 파이프 1톤을 2017. 11. 30. 인도하여 설치까지 완료하였으나, 제조상 결함으로 인하여, 설치 10일 후인 시운전 도중 균열이 발생하였습니다. 을회사는 적합한 물품을 인도하여야 할 제35조의 의무를 위반하였고, 이 균열로 인하여 갑회사는 을회사와의 계약으로부터 기대한 바를 실질적으로 박탈당하였고, 이 결과를 을회사가 충분히 예상할 수 있었으므로, 을회사의 위 의무 위반은 본질적 계약위반(제25조)에 해당합니다. 그리고 갑회사는 이를 즉시 을회사에 통지하여 제38조 및 제39조의 검사 및 통지의무를 이행하였습니다. 따라서 갑회사는 제73조 제1항에 따라 2차 인도분에 대하여 계약을 해제할 수 있습니다.

### 2. 2차 인도분에 대한 계약해제권 상실 여부

갑회사는 2차 인도분에 대한 해제권 행사에 따라 을회사에게 인도받은 것을 반환할 의무가 있습니다(제81조 제2항). 그런데 위 물품은 이미 시공이 완료되었다가 시운전 도중 균열이 발생하여, 수령한 상태와 실질적으로 동일한 상태로 반환이 불가능하여 갑회사의 해제권이 상실되는지(제82조 제1항)가 문제됩니다.

그러나 위 균열은 을회사의 제조상의 결함으로 인한 것으로, 갑회사의 작위·부작위에 기인하지 않으므로(제82조 제2항 가호), 갑회사는 2차 인도분에 대한 계약해제권을 상실하지 않습니다.

### 3. 3차 인도분에 대한 계약해제권 발생 여부

3차 인도분은 아직 인도되지 않은 장래 인도분이므로, 이에 대해 계약을 해제하기 위해서는 제73조 제2항의 요건을 충족하여야 합니다. 즉, 2차 인도분에 대한 을회사의 의무 불이행으로 인하여 3차 인도분의 본질적 계약위반이 발생할 것이 추단될 수 있어야 합니다.

2차 인도분에서 파이프 제조상의 결함이 확인되었고, 갑회사의 보완 요청에 대하여, 을회사는 3차 인도분의 제조공법을 변경하거나 보완하는 것이 불가능하다는 통지를 하였고 이를 인도하지도 않고 있습니다. 따라서, 3차 인도분이 인도되지 않거나 인도되더라도 제조상의 결함이 보완되지 않을 것이 분명하고, 이는 갑회사가 위 계약으로부터 기대한 바를 실질적으로 박탈하는 결과를 가져오게 되고, 을회사 역시도 제조상의 결함이 있다면 그러한 결과가 발생하리라는 것을 충분히 예상할 수 있으므로, 2차 인도분에서 발생한 을회사의 의무 불이행이 3차 인도분에 대해서 본질적 계약위반의 가능성을 추단하기에 충분하므로, 갑회사는 3차 인도분에 대하여 계약을 해제할 수 있습니다.

### 설문4

#### 1. 손해배상의 근거

앞서 살펴본 바와 같이, 을회사의 1차 및 2차 인도분에 대한 계약위반이 있었으므로 협약 제45조 제1항 나호에 의하여 갑회사는 을회사에게 손해배상청구권을 행사할 수 있고, 그 내용은 제74조 내지 제77조에 의합니다.

#### 2. 결과적·우발적 손해배상 배제 합의의 법적 성질

그런데 갑회사와 을회사는 계약에서 파이프의 결함이나 하자로 인한 결과적 손해와 우발적 손해는 배상하지 않기로 합의한 바 있습니다. 협약 제6조에 따르면, 협약의 전부 혹은 일부의 적용을 배제할 수 있습니다. (다만, 일부의 적용을 배제하기로 합의한 경우라도 제12조는 배제할 수 없습니다.)

갑회사와 을회사의 위 합의는, 협약의 손해배상과 관련된 규정의 적용을 배제하기로 하는 일부 배제의 합의라고 봄이 타당합니다.

### 3. 결 론

갑회사가 병회사에 대하여 부담하는 지체상금은, 을회사의 갑회사에 대한 계약위반으로 인해, 제3자인 병회사가 입은 손해에 대한 배상으로, 파이프의 결함이나 하자로 인한 결과적 손해에 해당합니다. 따라서 위 갑회사와 을회사 간의 협약의 일부 배제 합의에 의하여, 갑회사가 부담하는 지체상금에 대하여는 을회사에 대하여 손해배상을 청구할 수 없습니다.

**핵심쟁점**

### 설문1

#### 1. 협약의 간접적용 여부

인식 가능한 국제성을 가진 물품매매계약, 3억은 30억의 50%미만이므로 제3조 제2항 해당 안 됨. A국이 비체약국. 당사자 합의로 한국법을 준거법으로 선택.

### 설문2

#### 1. 4분의 1

수령한 상태와 실질적으로 동일한 상태로 반환 불가능함. 거절권 상실(제82조).

#### 2. 4분의 3

대체물인도청구 가능함(제51조 제1항 유추적용, 제46조 제2항).

### 설문3

#### 1. 2차 인도분

제73조 제1항.

#### 2. 3차 인도분

제73조 제2항, 장래 인도분의 계약해제.

### 설문4

#### 1. 결과적 · 우발적 손해배상 배제 합의(제6조)

손해배상청구 불가능함.

# 09 | 2017년 시행 제6회 변호사시험

## 제1문

A국인 甲과 A국인 乙은 대한민국에 상거소를 두고 있다. 甲과 乙은 100명의 하객이 참석한 가운데 서울에서 혼인식을 거행하였다. 甲은 유효한 유언장을 혼인 전에 작성하였고 자신의 재산상속에 관한 준거법으로 대한민국법을 지정하였다.

태국법에 따라 설립되고 태국에 주된 영업소를 둔 丙여행사는 한글 홈페이지를 개설하여 한국인을 대상으로 태국 신혼여행 상품을 홍보하고 있다. 甲과 乙은 인터넷 검색으로 동 상품에 만족하고 丙의 대한민국 지점을 방문하여 기획여행계약을 체결하였으나, 계약의 준거법은 지정되지 아니하였다. 이 여행계약에 따르면 丙의 직원이 현지에서의 선택관광 상품을 안내하도록 되어 있다. 그 후 甲과 乙은 예정대로 태국으로 신혼여행을 갔다.

한편 丙의 직원인 丁(국적은 A국이며 태국에 상거소를 두고 있음)은 현지에서 소형 선박을 소유하여 호객하는 무허가 불법업자인 戊로부터 뒷돈을 받고, 甲과 乙에게 戊의 선박을 안내하였다. 그런데 항해 도중 그들이 탑승한 소형 선박이 정비불량으로 침몰하여 甲과 乙 모두 실종되었다. 태국경찰은 실종자 수색 끝에 甲과 乙을 발견하였으나, 乙은 이미 사망한 상태였고 甲은 구조된 후 3일 뒤 사망하였다.

## 전제

1. 아래 질문 3., 4.에서 甲의 부모는 甲이 丙과 체결한 기획여행계약상 甲의 지위와 동일한 것으로 간주한다.
2. A국법상 자녀가 없는 부부 중 일방이 사망한 경우, 그의 재산 전부는 생존 배우자에게 상속된다.

**질문**

1. 乙의 부모는 甲과 乙의 혼인이 유효하게 성립하지 않았다고 주장하는바, 그 당부를 판단하는 준거법은 무엇인지 논하시오(대한민국 「국제사법」에 따라 답할 것). (10점)

2. 甲의 부모는 乙의 재산이 甲에게 상속된 뒤, 乙의 재산 및 甲의 재산 모두가 다시 甲의 부모에게 상속되었다고 주장한다. 甲과 乙의 유효한 혼인이 성립되었음을 전제로, 이러한 甲의 부모의 주장에 대한 준거법은 무엇인지 논하시오(대한민국 「국제사법」에 따라 답할 것). (15점)

3. 甲의 부모는 丙이 기획여행업자로서 甲에 대한 보호의무를 다하지 못하였다고 하면서 계약위반책임을 주장하고, 아울러 丙이 丁에 대한 지휘·감독을 소홀히 한 결과 甲의 생명을 침해하는 결과가 발생하였다고 하면서 불법행위책임을 주장한다.

   가. 甲의 부모는 이러한 두 가지 근거로 발생한 손해배상청구권이 자신들에게 상속되었다고 주장하면서 丙을 상대로 손해배상청구의 소를 대한민국 법원에 제기하였다. 대한민국 법원의 국제재판관할권의 당부를 논하시오. (15점)

   나. 대한민국 법원에 국제재판관할권이 인정됨을 전제로, 甲의 부모의 청구 각각에 대한 준거법은 무엇인지 논하시오. (15점)

4. 대한민국 법원은 甲에 대한 丙의 계약위반책임과 불법행위책임을 모두 부정하였다고 가정한다. 그러나 丙은 丁의 불법행위가 성립한다고 판단하여 선의로 甲의 부모에게 손해를 배상하였다. 그 후 丙은 변제자대위에 근거하여 丁을 상대로 甲의 부모의 손해배상청구권을 주장한다. 대한민국 법원에서 재판한다면,

   가. 丙이 이전받았다고 주장하는 손해배상청구권 그 자체에 대한 준거법은 무엇인지 논하시오. (10점)

   나. 丁을 상대로 한 상기 丙의 주장이 타당한지 여부에 대한 준거법은 무엇인지 논하시오. (15점)

## 제2문

甲은 대한민국에서 택배업을 영위하는 회사로 서울에만 영업소를 두고 있다. 乙은 드론을 제작·판매하는 회사로 영국 런던에만 영업소를 두고 있다. 甲과 乙은 2016. 3. 2. 화물운송용 드론 100대의 매매계약(이하 '이 사건 계약'이라 한다)을 체결하였는데, 선적일은 2016. 6. 30., 가격은 1대당 미화 1만 달러로 약정하였다. 乙의 이 사건 계약상 의무에는 드론 운영체계 노하우를 甲에게 전수하고 甲의 임직원들을 교육시키는 것까지 포함되어 있으며, 甲은 이에 대하여 추가로 미화 20만 달러를 지급하여야 한다.

이 사건 계약에서 특정한 드론제작에는 X특허기술이 적용된 자동항법장치의 탑재가 필수적이다. 이에 乙은 X특허기술을 보유한 일본 도쿄에만 영업소를 둔 丙회사에게 자동항법장치의 탑재를 의뢰하였다. 그런데 2016. 5. 30. 동경 일원에 진도 7.5의 강진이 발생하여 丙의 생산공장 대부분이 파괴되었고, 이를 복구하기 위해서는 최소 1년의 기간이 소요될 것이 확실하다. 丙은 이러한 상황을 乙에게 2016. 6. 1. 통지하였다.

乙은 丙에게 의뢰한 부분을 제외한 드론 동체의 제작 및 그 밖의 공정을 거의 완료하였으나, 丙의 자동항법장치가 탑재되지 않은 상태에서 甲이 원하는 수준의 드론 화물운송은 불가능하다. 乙은 甲에게 위 사실을 2016. 6. 3. 상세히 통지하였다. 한편 乙은 대안을 찾으려 노력하였으나, 丙의 기술수준을 대체할 수 있는 다른 이행보조자를 찾을 수 없었다. 그로부터 2016. 6. 30.이 지나도록 乙은 甲에게 1대의 드론도 선적하지 못하였다. 乙이 드론 100대를 인도하지 않음으로써 甲이 입은 막대한 신용하락과는 별도로 영업상 손실은 미화 15만 달러에 달한다.

## 전제

1. 영국은 「국제물품매매계약에 관한 국제연합협약」(이하 '협약'이라 한다)의 비체약국이며, 법정지인 대한민국의 「국제사법」에 따라 이 사건 계약의 준거법으로 대한민국법이 결정되었다.
2. 丙은 乙의 독립적인 이행보조자로 간주한다.
3. 질문 2.를 해결함에 있어 질문 3.에서 제시된 사실관계는 고려하지 아니한다.

**질문**

1. 이 사건 계약에 협약이 적용되는지 논하시오. (20점)

2. 2016. 7. 30. 甲은 乙을 상대로 위 미화 15만 달러의 영업상 손실에 대한 손해배상청구의 소를 서울중앙지방법원에 제기하였다. 甲이 乙을 상대로 제기한 손해배상청구의 당부에 대하여 논하시오. (30점)

3. 甲의 손해배상청구의 소제기 이후 다음 3가지 상황이 발생한 경우, 甲이 乙을 상대로 구할 수 있는 이 사건 계약상 구제수단에 대하여 논하시오(손해배상청구 구제수단은 논의에서 제외함). (30점)

   (1) 乙이 뒤늦게 丙이 오래전에 생산한 X특허기술 구 버전의 자동항법장치 재고품을 제3국에서 발견하여 이를 구매·탑재한 드론 50대를 甲에게 2016. 10. 30. 인도하였고, 甲은 이를 수령하였다.

   (2) 인도된 50대 드론의 가치는 1대당 미화 7,000 달러에 해당한다.

   (3) 나머지 50대는 상기 강진의 영향으로 앞으로도 전혀 인도되지 못할 것이 확실하다.

# 09 | 2017년 제6회 변호사 시험 **해설**

## 제1문

### 접근

설문1은 '혼인이 유효하게 성립(제63조)'하였는지 '그 당부를 판단하는 준거법'이 무엇인지 묻습니다.

설문2는 상속(제77조)이 을에게서 갑으로, 갑에게서 갑의 부모에게로 두 단계에 걸쳐 이루어진 경우를 규율하는 '준거법이 무엇인지' 묻고 있습니다.

설문3에서 갑의 부모는 병의 '계약위반책임'과 '불법행위책임(제52조)'을 모두 주장함을 전제로, 설문3의 가는 갑의 부모의 병에 대한 '손해배상청구의 소'에 대하여 '대한민국 법원의 국제재판관할권(제2조)의 당부'를 묻습니다. 병의 계약위반책임에 대하여는 그 계약의 법적 성질이 무엇인지 사실관계로부터 파악할 필요가 있습니다. 그리고 설문3의 나는 위 '청구 각각에 대한 준거법'이 무엇인지 묻고 있습니다.

설문4는 병이 법적 책임이 없음에도 불구하고 '선의로 갑의 부모에게 손해를 배상'하고 '변제자대위(제55조)에 근거하여', 정에게 그 '손해배상청구' 소송을 대한민국에서 제기함을 전제로, 설문4의 가는 '정의 불법행위(제52조)'로 인한 '손해배상청구권 그 자체에 대한 준거법'을, 설문4의 나는 '정을 상대로 한 병의 주장', 즉, 변제자대위 주장의 타당성에 대한 준거법을 각각 묻고 있습니다.

전제사실 2개가 주어져 있으므로, 이에 대한 검토를 누락하지 않도록 주의해야 합니다. (전제사실1은 여행계약과 관련하여 갑의 부모의 지위가 갑의 지위와 동일하다는 내용인데, 갑의 사망으로 갑의 권리의무를 갑의 부모가 포괄적으로 승계하므로, 이 전제사실을 고려하지 않아도 문제를 해결하는 데 큰 어려움은 없을 것으로 보입니다.)

### 모범답안

#### 설문1

1. 국제사법 적용 여부

갑과 을은 모두 A국 국적을 가지고 대한민국에 상거소를 두고 있으며, 둘의 혼인은 대한민국에서 거행되었습니다. 을의 부모의 국적 등의 연결점에 관한 정보는 분명하지 않지만, 대한민국에서 혼인을 하고 대한민국에 상거하는 갑과 을의 혼인의 성립이 문제되므로 법정지는 대한민국이라고 볼 수 있습니다. 법정지인 대한민국의 입장에서, 사법관계의 구성요소인 혼인 당사자의 국적, 일상거소지, 혼인거행지 등이 대한민국과 A국에 관련되어, 외국과 관련된 요소가 있는 법률관계에 해당하므로 대한민국의 국제사법이 적용될 수 있습니다.

(※ 설문에서 대한민국 국제사법에 따라 답하라고 전제하였으므로, 국제사법 적용 여부에 대하여 별도로 판단하지 않아도 무방합니다.)

### 2. 혼인의 성립에 대한 준거법 결정

제63조 제1항은 혼인의 실질적 성립요건의, 제2항은 혼인의 형식적 성립요건의 준거법을 정하고 있습니다.

먼저 제1항에 따르면 갑과 을의 혼인이 실질적으로 성립하였는지 여부에 대한 준거법은 당사자 쌍방 각각의 본국법인 A국법입니다(양당사자의 국적이 다른 경우, 그 두 국가의 법 모두가 준거법이 됨에 주의해야 합니다).

그리고 제2항에 따르면 혼인이 형식적으로 성립하였는지 여부에 대한 준거법은 혼인이 거행된 대한민국법 혹은 당사자 일방의 본국법인 A국법(마찬가지로, 양당사자의 국적이 다른 경우, 그 두 국가의 법 모두가 준거법이 됨에 주의해야 합니다)이 됩니다.

혼인의 양당사자 모두가 국적을 대한민국에 두고 있지 않으므로 제63조 제2항 단서는 적용되지 않습니다.

### 설문2

### 1. 국제사법 적용 여부

갑의 부모의 국적 등의 연결점에 대한 정보가 분명하지 않지만, 피상속인인 을과 갑의 일상거소지와 혼인생활이 이루어진 장소가 모두 대한민국이고, 사망당시의 일상거소지 역시 대한민국이므로 법정지는 대한민국이라고 볼 수 있습니다. 그렇다면 법정지인 대한민국의 입장에서, 피상속인인 을과 갑의 국적이 A국에 있고 일상거소지가 대한민국이므로, 외국과 관련된 요소가 있는 법률관계에 해당하므로 대한민국의 국제사법이 적용될 수 있습니다.

(※ 설문에서 대한민국 국제사법에 따라 답하라고 전제하였으므로, 국제사법 적용 여부에 대하여 별도로 판단하지 않아도 무방합니다.)

### 2. 피상속인 을의 상속의 준거법 결정

사실관계를 통해 을이 상속의 준거법을 선택한 바 없음을 알 수 있습니다. 그렇다면 제77조 제2항은 적용되지 않고, 제1항에 따라 을의 상속의 준거법은 을의 본국법인 A국법입니다.

그리고, 설문에서 주어진 바와 같이 갑은 을의 유효·적법한 혼인 배우자이므로, 전제사실2에 주어진 바와 같이 A국법에 따라 을의 재산 전부는 갑에게 상속됩니다.

### 3. 피상속인 갑의 상속의 준거법 결정

을이 사망한 3일 후 갑이 사망하여 피상속인 갑의 상속이 다시 문제됩니다.

사실관계에 따르면, 갑은 유효한 유언장을 사전에 작성하였고, 대한민국법을 상속의 준거법으로 지정하였습니다. 제77조 제2항에 따라 갑의 준거법 지정이 유효한지 검토해보면, ① 유언의 방식이 제78조 제3항에 의해 유효해야 하는데, 사실관계에서 '유효한 유언'장을 작성하였다고 전제하였고, ② 당사자가 제77조 제2항 각호의 법을 선택하였어야 하는데, 갑이 자신이 상거하는 대한민국법을 지정하였고 사망 당시까지 상거소를 유지하였으므로, 갑의 준거법 지정은 유효하다 하겠습니다.

따라서 갑의 부모의 상속 주장에 대한 준거법은 대한민국법입니다.

### 설문3의 가

#### 1. 국제사법 적용 여부

갑의 부모가 병을 상대로 대한민국 법원에 소송을 제기하였으므로 법정지는 대한민국입니다.

갑의 부모의 국적, 일상거소지 등의 연결점은 주어지지 않았습니다. 갑과 을은 A국적자로 대한민국에 일상거소지를 두고 있습니다. 병여행사는 설립의 준거법이 태국법이고, 주된 영업소를 태국에 두고 있으며, 한글 홈페이지를 통해 한국인을 대상으로 태국 신혼여행 상품을 홍보·판매하고 있습니다. 계약위반책임에 관하여, 기획여행계약이 병의 대한민국 지점에서 체결되었고, 여행지는 태국이었던 바, 보호의무가 제대로 이행되지 않은 장소는 태국입니다. 불법행위책임에 관하여, 병의 직원인 정에 대한 지휘·감독이 이루어져야 하는 장소는 태국입니다. 따라서 법정지인 대한민국의 입장에서, 사법관계의 구성요소인 당사자의 국적 및 일상거소지, 주된 영업소가 있는 국가, 계약상 의무가 이행되어야 하는 장소, 그리고 불법행위가 행하여진 장소 등이 A국, 대한민국과 태국에 관련되어 있어, 외국과 관련된 요소가 있는 법률관계에 해당하므로 대한민국의 국제사법이 적용될 수 있습니다.

#### 2. 국제재판관할권 발생 여부

먼저, 계약위반책임으로 인한 손해배상청구의 국제재판관할에 대하여 봅니다.

대한민국의 법원에 국제재판관할이 발생하는지 검토하기 위해서는, ① 해당 사건이 대한민국과 실질적 관련이 있어야 하고, ② 국내법의 관할규정을 검토하여야 하며, ③ 국제재판관할의 특수성도 함께 고려되어야 합니다. 갑과 을이 대한민국에 상거소를 두고 있고, 해당 여행상품에 대한 홍보가 대한민국에서 한국인을 상대로 이루어졌고, 그 계약이 대한민국에서 체결되었으므로 대한민국과의 실질적 관련성은 인정됩니다. 그리고 민사소

송법 제8조에 의해 손해배상의무의 이행지 역시 갑과 을의 일상거소지인 대한민국이므로
대한민국의 법원에 관할권이 있습니다. 뿐만 아니라, 국제재판관할의 특수성을 고려하더
라도, 대한민국 법원의 관할권을 배제할 만한 특별한 사정이 보이지도 않습니다. 따라서
대한민국의 법원에 국제재판관할권이 있습니다.

그런데 위 여행계약은 제42조의 소비자계약에도 해당하므로, 추가적 관할권 발생 여부
도 검토해야 합니다. 왜냐하면, 병여행사가 태국에서 대한민국으로 광고에 의한 거래의
권유를 하고, 갑과 을이 대한민국에서 계약체결을 한 경우(제42조 제1항 1호)에 해당하기
때문입니다. 따라서, 당사자인 갑의 부모가 소비자인 갑을 대신하여 병을 상대로 제기하
는 소이므로, 갑의 일상거소지가 있는 국가인 대한민국에서도 소송을 제기할 수 있습니다
(제42조 제1항). 결국 위 여행계약과 관련한 갑 부모의 소송에 대하여 대한민국 법원에
추가적 관할권이 발생합니다. 【개정국제사법 제4조·제6조 참조】

다음으로, 불법행위책임으로 인한 손해배상청구의 국제재판관할에 대하여는, 위에서
이미 언급한 일반적 국제재판관할권 발생 여부의 검토 내용과 동일하므로 별도의 검토는
생략합니다. 이에 대하여 대한민국의 법원에 국제재판관할권이 발생함은 명백합니다.

## 설문3의 나

### 1. 계약위반책임으로 인한 손해배상청구의 준거법 결정

앞서 본 바와 같이, 해당 계약은 제42조에 의한 소비자계약에 해당하고, 계약의 당사
자 간에 준거법 지정에 대한 합의가 없으므로, 제47조 제2항에 의해 소비자의 일상거소
지법인 대한민국의 법이 준거법이 됩니다.

### 2. 불법행위책임으로 인한 손해배상청구의 준거법 결정

병의 정에 대한 지휘·감독 소홀로 인한 불법행위에 대해서는, 당사자 간에 사후적으
로 준거법에 대한 합의를 한 사정이 보이지 않으므로 제53조는 적용되지 않습니다. 그리
고 병의 불법행위로 침해되는 갑·을과 병 사이의 여행계약이라는 법률관계가 존재하므로,
제52조 제3항에 따라 여행계약의 준거법이 불법행위의 준거법이 됩니다. 따라서 앞서 검토
한 바와 같이, 여행계약의 준거법인 대한민국의 법이 불법행위에 대한 준거법이 됩니다.

## 설문4의 가

### 1. 국제사법 적용 여부

병의 정에 대한 소송을 대한민국의 법원에서 재판한다고 전제되었으므로 법정지는 대
한민국입니다. 병은 태국법에 따라 설립되었고 태국에 주된 영업소를 두고 있습니다. 정
은 A국 국적자로 태국에 상거소를 두고 있습니다. 소송의 목적인 갑의 부모의 손해배상
청구권은, 앞서 본 바와 같이, 그 손해의 발생지와 의무이행지가 대한민국이고 준거법이
대한민국법입니다. 따라서 법정지인 대한민국의 입장에서 사법관계의 구성요소가 대한민

국, 태국, A국에 관련되어 있으므로, 외국과 관련된 요소가 있는 법률관계에 해당하여 대한민국의 국제사법이 적용될 수 있습니다.

### 2. 손해배상청구권의 준거법 결정

병이 이전받았다고 주장하는 손해배상청구권은, 정이 무허가 불법업자인 무로부터 뒷돈을 받고 갑과 을에게 무의 선박을 안내한 바, 이러한 정의 불법행위로 인한 갑과 을의 정에 대한 손해배상청구권을 갑의 부모가 상속받았고, 병이 정을 대신하여 이를 변제하고 갑의 부모로부터 대위하는 것입니다. 결국, 위 손해배상청구권은 불법행위로 인한 것이므로, 제52조에 의해 준거법을 결정합니다.

위 불법행위의 당사자인 갑과 정 사이에 사후적으로 준거법에 합의한 적이 없으므로 제53조는 적용되지 않습니다. 또한, 갑과 정은 직접적인 계약관계에 있지 않으므로(계약은 갑과 병 사이에 체결되었으므로) 제52조 제3항도 적용되지 않습니다. 그리고 갑의 일상거소지는 대한민국이고, 정의 일상거소지는 태국이므로 제52조 제2항도 적용되지 않습니다. 그렇다면 제52조 제1항에 따라 불법행위가 행하여진 장소인 태국의 법이 위 불법행위의 준거법이 됩니다.

### 설문4의 나

#### 1. 병의 변제자대위 주장의 준거법 결정

앞서 본 바와 마찬가지로, 병은 정의 갑에 대한 손해배상의무를, 갑의 상속인인 갑의 부모에게 대신 이행하고, 갑의 부모가 정에 대하여 가지는 손해배상채권을 대위하고자 합니다. 이는 병이 정의 채무를 의무 없음에도 불구하고 임의로 변제한 경우에 해당하므로, 제55조 제2항의 임의대위의 준거법에 의하는 것이 타당합니다. 따라서, 병이 대위하는 채권은, 갑의 정에 대한 불법행위로 인한 손해배상청구권이므로, 이에 대한 준거법은 앞서 본 바대로 불법행위가 발생한 곳인 태국의 법입니다.

### 핵심쟁점

#### 설문1

##### 1. 혼인의 성립(제63조)

혼인의 실질적 성립요건(제63조 제1항), A국법. 혼인의 형식적 성립요건(제63조 제2항), 한국법 또는 A국법.

#### 설문2

##### 1. 상속(제77조)

피상속인 을의 본국법(제77조 제1항), A국법. A국법에 따라 생존배우자 갑에게 상속되었고, 갑은 사망 전에 유효한 유언장에 의해 상거소인 한국법 지정(제77조 제2항).

### 설문3의 가

#### 1. 국제재판관할(제2조)

실질적 관련 원칙(제2조 제1항)이라 함은, 대한민국 법원이 재판권을 행사하는 것을 정당화할 수 있을 정도로 당사자 또는 분쟁대상이 대한민국과 관련성을 갖는 것을 의미하고, 국내법의 관할규정(제2조 제2항)을 참작한다는 것은 국내법의 관할규정을 참작하되 국제재판관할의 특수성을 함께 고려한다는 입장임. 갑의 일상거소지는 한국, 병여행사가 한국에 홈페이지로 홍보, 한국에서 소송제기 가능성 예측됨. 병의 지점이 한국에 위치함. 따라서 실질적 관련성 인정됨. 【개정국제사법 제4조·제6조 참조】

#### 2. 소비자계약의 국제재판관할 특칙(제42조 제1항)

소비자계약의 경우, 소비자는 소비자의 일상거소지에서도 추가적으로 소제기 가능함. 한국법원에 재판관할권 있음.

### 설문3의 나

#### 1. 소비자계약(제42조, 제47조) 위반

수동적 소비자에 한정. 이 사안은 제42조 제1항 1호에 해당. 당사자의 준거법 선택 없으므로 제47조 제2항에 의해 소비자의 일상거소지법인 한국법.

#### 2. 불법행위(제52조)

가해자와 피해자 사이에 법률관계가 있고 이것이 침해되었으므로(제52조 제3항), 준거법은 한국법.

### 설문4의 가

#### 1. 불법행위(제52조)

갑과 정 사이에 법률관계 존재하지 않으므로 불법행위지법(제52조 제1항), 태국법.

### 설문4의 나

#### 1. 법률에 의한 채권의 이전(제55조)

법정대위(제1항), 임의대위(제2항). 임의대위의 경우 이전되는 채권의 준거법, 태국법.

## 제2문

### 접근

설문1은 협약의 적용 여부를 묻고 있습니다. 협약의 직접적용 혹은 간접적용 여부를 확인한 후, 해당 요건이 충족되는지 확인하면 됩니다.

설문2는 '손해배상청구의 당부'를 묻습니다.

설문3은 추가로 주어진 3가지 상황을 전제로 한 구제수단을 묻고 있습니다.

### 모범답안

#### 설문1

#### 1. 협약 적용 여부

갑은 대한민국(서울)에 영업소를 두고 있고, 을은 영국(런던)에 영업소를 두고 있습니다. 대한민국은 협약의 체약국이지만, 영국은 체약국이 아닙니다(전제사실1). 따라서, 위 계약은 제1조 제1항 나호에 따라서 협약이 간접적용되는지가 문제됩니다. 협약이 간접적용되기 위해서는 ① 인식 가능한 국제성을 가진 물품매매계약이어야 하고, ② 당사자 간 협약 제6조의 배제합의가 없어야 하고, ③ 법정지의 국제사법에 의해 체약국의 법이 준거법으로 지정되어야 하며, ④ 위의 체약국이 제95조의 유보선언을 하지 않았어야 합니다.

양당사자의 영업소가 각각 대한민국과 영국에 위치하므로 국제성은 충분히 인식 가능합니다. 그리고 당사자 간에 협약을 배제하는 합의를 한 사정이 보이지 않습니다. 그리고 체약국인 대한민국은 제95조의 유보선언을 한 바 없습니다. 또한, 법정지인 대한민국의 국제사법에 의하여 체약국인 대한민국의 법이 준거법으로 지정되었습니다(전제사실1). 그렇다면 문제가 되는 요건은, 위 계약이 물품매매계약에 해당하는지 여부입니다.

갑은 을로부터 드론 100대를 대당 미화 1만 달러에 매수하기로 하면서, 운영체계의 노하우를 전수받고 및 임직원 교육을 위하여 추가로 미화 20만 달러를 지급하기로 하였습니다. 먼저, 드론 부분은 을이 드론을 제작하여 공급하기로 하였고, 갑이 그에 필요한 재료의 중요한 부분을 공급하기로 한 바 없으므로, 제3조 제1항에 따라 물품매매계약에 해당합니다.

그리고 을이 갑에게 운영체계의 노하우를 전수하고, 갑의 직원을 교육하기로 한 부분은, 제3조 제2항의 노무 그 밖의 서비스의 공급이라고 보아야 합니다. 이때, 이 부분이 매도인의 계약상의 의무의 주된 부분을 차지하는 경우에는, 협약이 적용되는 물품매매계약에 해당하지 않습니다. 계약상의 주된 부분인지 여부는, 통상 계약액의 50%를 기준으로 판단합니다. 위 계약의 계약액은 총 120만 달러(100대 * 1만 달러 + 20만 달러)이고, 노하우 전수 및 직원 교육에 대한 계약액은 20만 달러에 불과하여, 총 계약액의 50%에 미달하므로, 위 계약은 물품매매계약에 해당합니다.

따라서 위 계약에는 협약이 간접적용될 수 있습니다.

## 설문2

### 1. 손해배상청구권 발생 여부

매수인이 매도인을 상대로 손해배상청구권을 행사하기 위해서는(제45조 제1항 나호), 매도인의 계약 혹은 협약상의 의무를 위반하였어야 합니다(제45조 제1항). 을은 2016. 6. 30.까지 드론 100대를 선적하여야 함에도 불구하고, 기일이 지나도록 1대도 선적하지 못하였으므로, 매도인의 인도의무(제30조)를 위반하였습니다. 따라서, 갑은 제45조 제1항 나호에 의하여, 을에게 손해배상을 청구할 수 있으므로(제74조 내지 제77조), 을이 입은 영업상 손실 미화 15만 달러를 갑에게 청구할 수 있습니다.

### 2. 손해배상책임 면책 여부

갑이 을에 대하여 적법하게 손해배상청구권을 행사할 수 있으므로, 을이 위 손해배상 의무를 면할 수 있는지가 문제됩니다.

제79조 제1항에 의하면, 계약 위반 당사자의 의무 불이행이 ① 통제 불가능한 장애에 기인하였어야 하고, ② 계약 체결시에 그 장애를 예견할 수 없었어야 하고, ③ 그 장애로 인한 결과를 극복하는 것이 불가능하였어야 합니다. 또한 위반 당사자는 장애 사실을 상대방에게 통지하여야 합니다(동조 제4항). 이 네 요건이 동시에 모두 충족되어야 손해배상책임이 면책됩니다.

만일 의무 불이행이 당사자가 아닌 당사자가 사용한 제3자에 의하여 발생하였다면, 당사자와 그 제3자 모두가 위의 요건을 모두 충족해야만, 당사자의 손해배상책임이 면책됩니다(제79조 제2항). 여기에서 제3자란, 이행보조자를 의미합니다. 이행보조자에는 종속적 이행보조자와 독립적 이행보조자가 있는데, 종속적 이행보조자의 의무 불이행은 당사자의 의무 불이행으로 간주되므로, 위의 제3자는 독립적 이행보조자를 가리킨다고 보아야 합니다.

을은 드론 동체의 제작 및 그 밖의 공정을 거의 완료하였으나, 자동항법장치의 탑재가 불가능한 장애가 발생하여, 드론의 인도의무를 불이행하였고, 이는 을이 자동항법장치의 탑재를 위하여 사용한, 독립적 이행보조자인 병(전제사실2)의 공장이 지진으로 인하여 파괴되어, 자동항법장치의 생산이 불가능해졌기 때문입니다. 지진의 발생은 을과 병 모두에게 통제 불가능한 장애임은 명백합니다. 예견가능성에 대하여 보면, 일본은 지진이 빈발하는 국가이기는 하지만, 생산시설 대부분이 파괴될 정도인 진도 7.5의 강진이 발생하리라는 점은, 을과 병 모두에게 예견이 불가능하였다고 봄이 타당합니다. 그리고 을이 병으로부터 자동항법장치를 공급받지 못하더라도, 같은 성능의 장치를 다른 시장에서 조달할 수 있다면, 지진으로 인한 장애를 극복하는 것이 가능하다고 볼 수 있지만, 갑이 병의 X 특허기술이 적용된 자동항법장치만을 요구하므로, 병은 최소 1년간 위 장치를 생산할 수 없으므로, 을과 병 모두 장애를 극복하는 것이 불가능하다고 보는 것이 합리적입니다. 그리고, 2016. 5. 30. 지진이 발생한 후, 병으로부터 2016. 6. 1. 위 사실을 통보받은 을이, 2016. 6. 3. 갑에게 이를 다시 통지한 바, 을과 병은 합리적인 기간 내에 장애 통지의무도 준수하였습니다.

따라서 지진 발생으로 인한 인도의무 불이행에 대하여, 을은 갑에 대한 손해배상책임을 면함이 타당합니다.

## 설문3

### 1. 매도인의 의무위반

을이 갑에게 인도하여야 할 드론 100대 중에서, 구버전의 X특허기술이 적용된 자동항법장치를 탑재한 드론 50대를 을이 인도하였고, 갑은 이를 수령하였습니다. 그리고 나머지 50대는 인도가 불가능한 상황입니다. 이는, 물품의 일부만이 인도되었으나, 그 일부가 계약에 부적합(제35조 위반)하고, 나머지 일부는 인도되지 않은(제30조 위반) 경우에 해당합니다. 따라서 제51조에 따라 매수인인 갑은 제46조 내지 제50조의 구제수단을 사용할 수 있습니다.

만일 계약상의 요구사항에 적합하지 않은 50대를 인도한 것과, 나머지 50대를 인도하지 않은 것이, 본질적 계약위반에 해당한다면, 갑은 제51조 제2항에 따라 계약 전체를 해제할 수 있습니다. 그러나 갑이 인도받은 50대의 드론을 수령한 바, 이는 갑이 계약해제권을 행사할 생각이 없고, 이 50대만으로도 사업을 운영하겠다는 뜻으로 해석함이 합리적이므로, 을의 의무위반이 본질적 계약위반(제25조)에는 해당하지 않는다고 보아야 합니다. 따라서 갑의 구제수단으로서, 인도된 일부에 대한 해제권과 계약 전체의 해제권은 검토할 필요가 없습니다.

### 2. 인도한 50대에 대한 구제수단

앞서 본 바와 같이, 갑은 계약상의 기준에 적합하지 않은 50대를 인도한 을의 의무위반에 대하여, 제46조 내지 제50조의 구제수단을 사용할 수 있으므로, 이에 대하여 차례로 검토합니다.

을이 물품을 인도하였으므로, 특정이행청구권(제46조 제1항)은 적용되지 않습니다. 그리고 갑이 이를 수령하였으므로, 을이 적합한 물품을 인도할 의무를 위반한 것이 본질적 계약위반에 해당하지 않으므로, 대체물인도청구권(제46조 제2항)도 적용되지 않습니다. 그리고 현재로서는, X특허기술이 적용된 자동항법장치를 조달할 수도 없고 생산할 수도 없으므로, 위 부적합은 치유가 불가능하므로 부적합치유청구권(제46조 제3항) 역시 사용

가능한 구제수단이 될 수 없습니다.

이와 같은 맥락에서 부가기간지정권(제47조) 역시 적용되지 않습니다. 또한 위에서 언급한 바와 같이 계약해제권(제49조)은 인도된 50대에 대하여는 검토할 필요가 없습니다.

그렇다면 남는 구제수단은 대금감액권(제50조)뿐입니다. ① 드론이 계약상의 기준에 적합하지 않고, ② 그 부적합을 을이 이미 알고 있고, ③ 그 부적합이 치유될 수 없는 것이며, ④ 갑이 을의 인도를 거절하지 않았으므로, 갑은 을에게 대금감액권을 행사할 수 있습니다. 계약에 적합한 물건이 가졌어야 하는 가액은 대당 미화 1만 달러이고, 현실로 인도된 물품이 가지고 있는 가액은 대당 미화 7,000 달러이므로, 갑은 계약 대금을 미화 50만 달러에서 미화 35만 달러((7,000달러 / 1만 달러) * (50대 * 1만 달러))로 감액할 수 있습니다.

### 3. 인도가 불가능한 50대에 대한 구제수단

앞서의 경우와 마찬가지로, 제51조 제1항에 따라 제46조 내지 제50조의 구제수단을 차례로 검토합니다.

50대에 대하여 인도가 이루어지지 않았으나, 현재는 물론 앞으로도 인도가 불가능한 상황이므로, 의무이행청구권(제46조), 부가기간지정권(제47조), 대금감액권(제50조)은 전혀 해당사항이 없습니다.

그렇다면 남는 구제수단은 인도되지 않은 50대에 대한 계약해제권(제49조)뿐입니다. ① 을이 50대를 인도하지 않아 의무를 위반하였고, ② 이로 인하여 갑이 계약으로부터 기대한 바가 실질적으로 박탈되었으며, ③ 이 결과는 을과 합리적인 일반인 모두에게 충분히 예견 가능하므로, 을의 위 인도의무 위반은 본질적 계약위반(제25조)에 해당합니다. 따라서 갑은 제49조 제1항 가호에 의하여, 인도되지 않은 50대에 대하여 계약을 해제할 수 있습니다.

---

### 핵심쟁점

#### 설문1

**1. 간접적용 여부**

적어도 하나의 비체약국, ① 인식 가능한 국제성을 가진 물품매매 계약, ② 제6조의 배제합의 없을 것, ③ 법정지 국제사법에 의해 체약국법이 준거법으로 지정, ④ 위의 체약국이 제95조의 유보선언을 하지 않았을 것.

#### 설문2

**1. 손해배상책임 면책**

장애가 ① 통제 불가능, ② 예견 불가능, ③ 극복 불가능. 당사자와 독립적 이행보조자(제79조 조문해설 참조) 모두에게 해당.

(※ **조달위험**: 종류물 매매의 경우 반대합의 없으면 매도인이 조달위험 부담. 단, 예측 불가능한 사태로 인하여 조달 불가능시 혹은 엄청난 비용으로만 조달 가능시, 매도인의 조달위험 면책됨.)

### 설문3

#### 1. 일부 부적합 혹은 일부 미이행(제51조)

그 일부에 대하여 제46조 내지 제50조의 구제수단 사용 가능함. 일부 부적합이나 일부 미이행으로 전부 본질적 계약위반 해당시 계약 전체 해제가능함.

#### 2. 인도한 50대에 대한 구제수단

대금감액권(제50조). 미화 35만 달러((7,000달러 / 1만 달러) * (50대 * 1만 달러))로 감액 가능.

#### 3. 인도가 불가능한 50대에 대한 구제수단

계약해제권(제49조 제1항 가호).

# 10 | 2016년 시행 제5회 변호사시험

## 제1문

甲은 미술품 매매업을 영위하는 법인으로 A국에만 영업소를 두고 있다. 甲은 대한민국에 상거소를 두고 있는 유명한 화가인 乙로부터 그가 그린 그림 1점을 팔아 달라는 의뢰를 받고 위 그림을 송부받았다. 甲은 곧바로 B국에만 영업소를 두고 있는 보험회사인 丙의 보험약관을 검토한 후 丙에게 위 그림의 멸실, 훼손, 분실, 도난, 횡령, 기타 제3자의 불법침해로 인한 손해를 담보하는 보험계약의 체결을 위한 청약을 하고 보험료를 납입하였다. 丙의 보험약관에는 "보험상 일체의 청구에 대한 책임 및 그 지급에 관하여 영국법 및 영국관습을 준거법으로 하여 해결하기로 한다"는 영국법 준거조항이 포함되어 있다. 그 후 甲은 A국에서 화랑을 경영하는 丁으로부터 위 그림의 구매희망자가 있다는 연락을 받고 위 그림의 매매를 중개하여 줄 것을 요청하면서 위 그림을 丁에게 송부하였다. 위 그림을 수령한 丁은 마치 자신의 소유인 양 가장하여 자신의 화랑에서 그 사정을 알지 못하는 자신의 고객인 戊에게 위 그림을 매각하고 그 대금을 유용하였다. 위 그림의 회수가 어려워지자 甲은 丙에 대하여 보험금을 지급해 줄 것을 청구하였다. 丙은 이 사건 보험사고는 보험계약의 청약을 받고 승낙 여부를 심사하는 중에 발생한 것이어서 보험계약이 성립하지 아니한 것이라고 주장하였다. 이에 대하여 甲은 보험계약의 체결을 위한 청약을 하면서 보험료를 납입하였으므로 보험회사의 승낙통지에 관계없이 1월의 기간이 경과하면 승낙으로 간주되는 것이고 이 사건의 경우 그 기간이 경과하였으므로 보험계약이 성립하였다고 주장하였다.

丁은 위 그림을 戊에게 처분하기 전에 정밀복사기로 위 그림을 대량으로 복제하여 두었다가 위 그림을 처분한 후 복제품을 대한민국으로 반입하여 수요자들에게 판매하였다. 대한민국에서 미술품에 대한 수요가 증가하여 미술품의 가격이 상승하자 戊는 대한민국으로 위 그림을 가져와서 위와 같은 착복사실을 모르는 己에게 위 그림을 매각하였다.

### 전제

1. 위 보험계약과 가장 밀접한 관련이 있는 국가는 A국으로 인정된다.
2. A국법에 의하면 보험계약을 체결함에 있어 보험계약자가 청약을 하면서 보험료를 납입하면 보험회사의 승낙통지에 관계없이 1월의 기간이 경과하면 승낙으로 간주되어 보험계약이 성립한다.
3. B국법에 의하면 보험회사가 보험계약의 청약을 받고 승낙여부를 심사하는 중에 보험사고가 발생한 경우에는 보험계약은 성립하지 아니한다.
4. A국법에 의하면 선의취득이 인정되지 아니한다.
5. 저작권보호에 관한 국제조약은 고려하지 아니한다.

### 질문

1. 甲이 丙을 상대로 대한민국 법원에 위 보험계약에 기한 보험금의 지급을 구하는 소를 제기한 경우 위 보험계약이 성립하였는지 여부에 대한 준거법은 무엇인지 논하시오. (30점)

2. 乙이 丁을 상대로 대한민국 법원에
   가. 丁이 위 그림을 착복하여 戊에게 처분한 불법행위로 인한 손해배상을 구하는 경우 그 준거법은 무엇인지 논하시오. (10점)
   나. 丁이 위 복제품을 대한민국으로 반입하여 판매한 것에 대하여 저작권침해로 인한 손해배상을 구하는 경우 그 준거법은 무엇인지 논하시오. (10점)

3. 乙이 己를 상대로 대한민국 법원에 소유권에 기하여 위 그림의 인도를 구하는 소를 제기한 경우
   가. 대한민국 법원이 국제재판관할권을 가지는지 논하시오. (10점)
   나. 己가 위 그림의 소유권을 취득하는지 여부를 논하되 戊가 위 그림을 매수한 시점, 戊가 위 그림을 대한민국으로 가져온 시점, 戊가 위 그림을 己에게 처분한 시점별로 구분하여 소유권의 변동을 순차적으로 설명하시오. (20점)

## 제2문

甲은 러시아에만 영업소가 있는 식료품도매회사이고 乙은 대한민국에만 영업소가 있는 식료품회사이다. 2015. 5. 15. 甲은 대한민국에 둔 임시연락사무소를 통하여 乙과 냉장포장 김치와 진공포장 건사과 매매계약을 체결하였다. 그 계약의 내용은 甲이 중국에서 조달하여 공급하는 배추를 재료로 乙이 국내산 양념재료를 사용하여 가공한 냉장포장 김치 10톤과 진공포장된 건사과 1톤을 乙이 甲에게 각 미화 5만 달러에 매도하되, 2015년 6월말까지는 선적항인 부산항에서 양 물품을 선적하여 운송인에게 인도하고, 준거법은 러시아법으로 한다는 것이었다. 甲, 乙은 위 계약체결을 서면화하지는 않았다. 한편, 냉장포장 김치 가격에서 甲이 공급하는 중국산 배추의 가격이 차지하는 비중은 10%이다. 乙은 甲에게 위 물품을 인도할 때 송장(送狀, invoice)을 첨부하였는데, 이 송장 뒷면에는 여러 조항들이 영어로 기재되어 있었고 그중 관할을 대한민국 법원으로 지정한다는 조항이 포함되어 있었다.

乙은 2015. 6. 30. 부산항에서 목적항인 러시아 보스토치니 항으로 향하는 선박에 계약한 물품을 선적하였다. 그런데 그 선박이 부산항을 출발하여 경유항인 나가사끼 항에 입항하였을 때 선박의 소유자가 연료유 대금을 지급하지 못하였다는 이유로 연료유 공급업자가 당해 선박을 압류하여, 결국 당해 선박은 예정된 운항기간을 훨씬 넘긴 2015. 8. 2.에야 보스토치니 항에 도착하였다. 2015. 8. 3. 냉장포장 김치는 모두 유통기한을 넘겨 검역과정에서 수입금지 조치를 받고 보스토치니 항에서 전량 폐기되었다. 한편 진공포장된 건사과는 2015. 8. 3. 식품검역증서가 위조되었다는 이유로 수입금지 조치를 받고 전량 몰수되었다.

2015. 8. 3. 乙이 매매대금의 지급을 청구하자 甲은 2015. 8. 4. 대금지급을 거절하고, 물품의 부적합과 서류교부의무 위반을 이유로 매매계약을 해제하는 통지를 하였다.

대한민국, 러시아는 모두 「국제물품매매계약에 관한 국제연합협약」(이하 '협약')의 체약국이다. 러시아는 협약 제96조에 따라 유보선언을 한 체약국이다.

### 질문

1. 이 사건 계약에서 협약 적용과 관련된 논점들을 기술하라. (30점)

(이하 2, 3, 4문은 계약이 성립되었음을 전제로 함)

2. 乙이 보낸 송장의 내용 중 관할 조항이 계약의 내용이 되는가? (10점)

3. 乙은 냉장포장 김치 매매대금의 지급을 받을 수 있는가? (20점)

4. 乙은 진공포장 건사과 매매대금의 지급을 받을 수 있는가? (20점)

# 10 | 2016년 제5회 변호사 시험 **해설**

## 제1문

### 접근

　설문1은 보험계약의 성립(제49조)의 준거법을 묻습니다. 보험계약에 기한 보험금 지급을 구하는 소송이 제기되었다는 내용은 이 문제의 쟁점을 파악하는 데 아무런 도움이 되지 않고 상관도 없는 정보입니다. 우선은 문제가 요구하는 바에만 집중하도록 합니다.

　설문2의 가는 불법행위의 준거법(제52조)을, 나는 저작권침해의 준거법(제40조)을 각각 묻고 있습니다. 설문에 주어진 기타의 정보는, 이 접근 단계에서는 중요하지 않습니다. 설문에서 이미 불법행위라고 규정하고 있기 때문입니다. 마찬가지로 복제품을 대한민국으로 반입하여 판매한 내용도 쟁점을 파악하는 데에는 전혀 필요가 없는 정보입니다. 쟁점을 확실히 하기 위해서 이러한 부가적인 정보에 현혹되어서는 안 됩니다.

　설문3의 가는 국제재판관할권(제2조)의 발생 여부를, 나는 주어진 각 시점의 동산 소유권의 변동(제33조 제2항)을 쟁점으로 합니다.

　전제사실 5개가 주어져 있습니다. 빠뜨리지 않고 검토하도록 합니다. (답안 말미에 전제사실에 관하여 추가적인 언급을 해두었으니 참고하기 바랍니다.)

### 모범답안

#### 설문1

##### 1. 국제사법 적용 여부

　갑이 병을 상대로 한 소송을 대한민국 법원에 제기하였으므로 법정지는 대한민국입니다. 갑은 A국에만 영업소를 둔 법인이고, 병은 B국에만 영업소를 둔 보험회사입니다. 따라서 법정지인 대한민국의 입장에서 갑과 병의 사법관계의 구성요소의 일부가 대한민국과 B국에 관련되어 있으므로, 외국과 관련된 요소가 있는 법률관계에 해당하므로 대한민국의 국제사법이 적용될 수 있습니다.

##### 2. 준거법 약관의 유효성 검토

　병의 보험약관에는 보험상의 일체의 청구에 대한 책임 및 그 지급에 관하여 영국법과 영국관습을 준거법으로 한다는 내용이 포함되어 있습니다. 그리고 갑은 이 약관을 검토한 후 병과 보험계약을 체결하였습니다. 국제사법은 준거법 선택에 있어서 당사자의 자치(제45조)를 인정하므로 위 약관상의 준거법 합의는 유효합니다. 다만, 위 준거법은 보험계약의 책임에 관하여만 선택되었고, 보험계약의 성립에 대한 준거법은 선택된 바 없습니다. 즉, 위 준거법 합의는 계약의 일부에 대한 준거법 선택으로 봄이 타당합니다(제45조 제2항).

### 3. 계약 성립의 준거법 결정

보험계약의 성립에 대한 준거법에 관하여 당사자간 합의가 없으므로 제49조에 따라 그 준거법을 찾아야 합니다. 이 때 주의할 점은, 제46조는 계약 자체에 대한 준거법을 결정하는 규정이라는 점입니다. (계약의 성부 혹은 계약의 유효성을 판단하는 근거가 되는 준거법과 계약 자체의 효력을 판단하는 근거가 되는 준거법이 항상 일치하는 것은 아닙니다.) 그런데 제49조 제1항은 계약의 성립 혹은 유효성에 대한 준거법과 계약 자체의 준거법을 일치시키는 취지의 규정이므로, 사안의 보험계약의 성립에 관한 준거법은 보험계약 자체의 준거법과 동일합니다.

### 4. 보험계약의 준거법 결정

앞서 본 바와 같이, 갑과 병은 보험계약의 책임에 대하여 영국법 및 영국관습을 준거법으로 하기로 합의하였습니다. 그러나 이는 책임에 대한 준거법일 뿐, 보험계약 자체를 규율하는 준거법은 아닙니다. 그러므로 책임을 제외한 보험계약의 나머지에 대한 준거법은 제46조에 의하여 결정되어야 합니다. 이와 관련하여 판례는 제46조 제1항에 의하여 계약과 가장 밀접한 관련이 있는 국가의 법에 의하여야 한다고 판시한 바 있습니다(대법원 2016. 6. 23. 선고 2015다5194 판결).

그렇다면 위 보험계약과 가장 밀접한 관련이 있는 국가가 어디인지 문제 됩니다. 그런데 보험계약과 가장 밀접한 관련이 있는 국가는 A국가라고 전제사실1에 주어져 있으므로 A국법이 위 보험계약의 준거법이 됩니다. (병보험회사의 보험금지급의무의 이행지는 갑법인의 영업소가 소재한 국가인 A국이고, 민사소송법 제8조에 의하면 의무이행지의 법원에 관할권이 발생하므로, 전제사실1이 주어지지 않았더라도 A국이 가장 밀접한 관련지라고 판단할 수 있어야 합니다.)

따라서 위 보험계약의 성립의 준거법 역시 A국법이 됩니다.

### 설문2의 가

#### 1. 국제사법 적용 여부

설문에서 을이 정을 상대로 대한민국의 법원에 소송을 제기하는 것을 전제로 하고 있으므로, 법정지는 대한민국입니다. 을은 대한민국에 상거소를 두고 있고, 정은 A국에서 화랑을 경영하고 있으므로, 법정지인 대한민국의 입장에서 을과 정의 사법관계의 구성요소의 일부가 대한민국과 A국에 관련되어 있으므로, 외국과 관련된 요소가 있는 법률관계에 해당하므로 대한민국의 국제사법이 적용될 수 있습니다. (이 부분은 설문2의 나에도 공통됩니다.)

### 2. 불법행위의 준거법 결정

불법행위의 준거법에 대하여 국제사법은 종속적 연결을 인정하고 있으므로, 순차적인 검토가 필요합니다. 먼저 을과 정 사이에 사후적인 준거법 합의가 존재하지 않습니다(제53조는 적용되지 않습니다.). 그리고 가해자 정과 피해자 을 사이에 직접적인 법률관계가 존재하지 않습니다(제52조 제3항이 적용되지 않습니다). 또한 가해자 정과 피해자 을의 일상거소지가 각각 A국과 대한민국으로 서로 동일하지도 않습니다(제52조 제2항도 적용되지 않습니다). 결국 위 불법행위의 준거법은 불법행위가 행하여진 곳의 법입니다(제52조 제1항). 정이 A국에서 위 그림을 착복하여 무에게 처분하는 불법행위를 저질렀으므로 불법행위지는 A국이고, 따라서 위 불법행위의 준거법은 A국법입니다.

## 설문2의 나

### 1. 저작권 침해의 준거법 결정

설문에서 주어진 대로, 정이 을의 그림을 정밀복제하여 대한민국으로 반입 후 판매한 저작권침해 행위는 을의 지식재산권을 침해한 행위이므로 그 침해지법을 준거법으로 합니다. 이 때, 침해지란 지식재산권이 침해된 곳 혹은 침해의 결과가 발생한 곳을 뜻하는데, 통상 지식재산권이 등록되어 보호하는 국가를 가리킵니다. (정의 복제행위가 A국에서 이루어진 바, 이 복제행위는 불법행위에 해당하므로 A국을 불법행위지로 볼 수는 있지만, 저작권의 침해는 그 저작권을 보호하는 국가에서 발생하므로 A국을 저작권의 침해지로 보아서는 안 됩니다. 뿐만 아니라, 제40조는 제52조에 대하여 특별규정에 해당하므로 제52조의 적용을 받지 않음에 주의해야 합니다.)

화가인 을의 일상거소지가 대한민국이므로 을의 그림에 대한 지식재산권은 대한민국법에 의해서 보호된다 할 것이므로 위 저작권 침해의 준거법은 대한민국의 법입니다.

## 설문3의 가

### 1. 국제사법 적용 여부

을이 기를 상대로 대한민국의 법원에 소송을 제기하였으므로 법정지는 대한민국입니다. 을의 일상거소지는 대한민국이고, 무가 대한민국에서 을의 그림을 기에게 매각한 것으로 보아 기의 일상거소지 혹은 주소지 역시 대한민국입니다. 그런데 을의 소유권의 목적물인 그림을 기가 취득하는 원인이 된 정의 무에 대한 무단 매매가 A국에서 이루어졌으므로, 당시 목적물인 그림의 소재지와 무단매매가 이루어진 행위지가 모두 A국입니다. 따라서 법정지인 대한민국의 입장에서 을과 기 사이의 사법관계의 구성요소의 일부가 대한민국과 A국에 관련되어, 외국과 관련된 요소가 있는 법률관계에 해당하므로, 대한민국의 국제사법이 적용될 수 있습니다.

## 2. 국제재판관할권의 발생 여부

을과 기 사이에 전속적 관할 합의가 존재하지 않으므로, 제2조에 따라 대한민국의 법원에 관할권이 발생하는지 검토해야 합니다. 따라서 ① 해당 사건이 대한민국과 실질적 관련이 있는지 살펴보고, ② 국내법의 관할규정을 검토하여야 하며, ③ 국제재판관할의 특수성도 함께 고려하여야 합니다. 민사소송법 제2조에 따라 피고 기의 보통재판적인 대한민국에 일응 관할이 발생합니다. 또한, 기의 그림 인도의무의 이행지(동법 제8조)도 대한민국이고, 그림의 현재 소재지도 대한민국이며, 기가 그림을 취득한 행위지(동법 제18조) 역시 대한민국이므로, 국내법의 관할규정에 의해 대한민국 법원에 관할이 발생하고, 대한민국과의 실질적 관련성도 인정됩니다. 뿐만 아니라, 대한민국 법원의 국제재판관할을 배제할 특별한 사정도 보이지 않습니다. 따라서 위 사건에 대해 대한민국 법원이 국제재판관할권을 가진다고 봄이 타당합니다. 【개정국제사법 제3조·제5조 참조】

## 설문3의 나

### 1. 기의 소유권 취득 여부의 법적 성질 및 준거법 결정

기는 무로부터 위 그림을 매입한 바, 무는 갑을 기망하여 그림을 송부받아 이를 기에게 매도하고 그 대금을 착복, 그림을 판매할 권리가 없는 무권리자에 해당합니다. 따라서 기가 위 그림의 소유권을 취득하는 문제는 선의취득의 문제에 해당합니다. 그리고 소유권의 취득은 물권의 득실변경에 해당하므로, 제33조 제2항에 따라 원인된 행위·사실의 완성 당시의 목적물의 소재지법이 준거법이 됩니다. 여기에서 원인된 행위·사실의 완성 당시라 함은 물권변동의 의사표시(물권행위)가 있었던 시점을 의미합니다.

### 2. 무가 위 그림을 매수한 시점의 소유권 취득 여부

무가 무권리자인 정으로부터 위 그림을 매수한 당시의 그림의 소재지는 A국이므로, 그림의 소유권 변경은 A국법에 의해 판단해야 합니다. 그런데 A국법에 의하면 선의취득이 인정되지 않으므로(전제사실4), 무는 소유권을 취득할 수 없고 을이 소유자입니다.

### 3. 무가 위 그림을 대한민국으로 가져온 시점의 기의 소유권 취득 여부

무가 그림을 취득한 후 이를 대한민국으로 가져온 시점까지는 새로운 물권변동의 원인이 되는 행위·사실의 완성(즉, 물권변동의 의사표시)이 존재하지 않습니다. 따라서 준거법은 여전히 A국법이고, 그에 따라 그림의 소유권은 을에게 있으며, 기는 그림에 대한 소유권을 취득할 수 없습니다.

#### 4. 무가 위 그림을 기에게 처분한 시점의 기의 소유권 취득 여부

무권리자인 무가 그림을 기에게 처분함으로써 물권변동의 원인이 되는 행위·사실의 완성이 있었으므로 그 당시 그림의 소재지인 대한민국의 법이 준거법이 됩니다. 그런데 대한민국 민법은 동산의 선의취득을 인정하므로(민법 제249조), 정으로부터 선의로 그림을 양수한 기가 유효하게 그림의 소유권을 취득합니다.

---

## 핵심쟁점

### 설문1

#### 1. 계약성립 여부의 준거법(제49조)
보험계약의 준거법

#### 2. 보험계약의 책임에 관한 준거법(제45조 제1항, 제2항)
영국법, 성립과 책임의 관한 준거법 분리(판례, 조문)

#### 3. 보험계약 성립의 준거법(제46조)
객관적 준거법은 A국법(전제사실1, 2)

### 설문2의 가

#### 1. 불법행위의 준거법 결정
제52조 제1항에 따른 불법행위지법 원칙, A국법. 그러나 제52조 제3항에 가해자와 피해자의 법률관계가 침해될 경우 그 법률관계의 준거법, 여기에서 을과 정 사이에 법률관계 존재하지 않음. 상거소도 다름(제52조 제2항).

### 설문2의 나

#### 1. 지식재산권의 보호(제40조)
침해지법(결과발생지법), 대한민국법(전제사실5).

### 설문3의 가

#### 1. 국제재판관할권(제2조)
실질적 관련원칙에 의해 긍정(원고 을의 상거소 한국, 기도 한국에 거주, 그림도 한국에 소재함).【개정국제사법 제3조·제5조 참조】

## 설문3의 나

### 1. 물권의 준거법(제33조 제2항)

무의 소유권 취득여부는 그 원인된 행위 또는 사실의 완성 당시 그 목적물의 소재지법, A국법. 따라서 무는 무권리자(전제사실4). 무의 매수시점이나 무의 한국 반입시점이나 변하지 않음. 따라서 을이 소유자임.

### 2. 기의 소유권 취득 여부

대한민국법(제33조 제2항)이 준거법. 대한민국은 선의취득 인정. 따라서 기의 소유권 인정됨.

## 제2문

### 접근

설문1은 협약의 적용과 관련된 논점들을 기술하도록 하고 있습니다. 이는 특정 쟁점을 지시하기보다는, 관련된 쟁점을 모두 폭넓게 검토하도록 하기 위함이라고 보입니다. 따라서 협약의 직접적용이 문제인지, 간접적용이 문제인지를 먼저 판단한 후, 해당하는 경우의 요건을 검토하되, 관련되는 사실관계를 빠짐없이 면밀히 검토해야 합니다.

설문2는 송장에 포함된 관할조항이 계약의 내용이 되는지 묻습니다. 송장이 청약, 승낙, 혹은 계약의 변경 중 어디에 해당하는지 사실관계를 확인하는 것이 우선입니다.

설문3과 4는 매매대금의 지급을 받을 수 있는지 묻고 있습니다. 계약상 의무의 이행으로서 대금지급을 묻는 것은 아님이 자명합니다. 따라서 대금지급의무가 면책될 수 있는 쟁점들, 즉 계약의 해제나 위험이전 후의 멸실·훼손 등이 사실관계에 나타나는지 확인할 필요가 있습니다.

### 모범답안

#### 설문1

##### 1. 이 사건 계약의 내용

갑은 러시아에만 영업소를 두고 있고, 을은 대한민국에만 영업소를 두고 있습니다. 갑은 을로부터 냉장포장 김치 10톤과 진공포장 건사과 1톤을 각 미화 5만 달러에 매입하되, 김치의 재료인 배추는 갑이 을에게 공급하기로 하였고, 냉장포장 김치의 가격에서 배추의 가격이 차지하는 비중은 10%입니다. 매매대금은 각 미화 5만 달러이고, 을은 2015년 6월말까지 물품을 운송인에게 인도하여야 합니다. 준거법은 러시아법으로 하기로 합의하였고, 계약을 서면으로 남기지는 않았습니다. 러시아와 대한민국은 모두 협약의 체약국이고, 러시아는 협약 제96조의 유보선언을 하였습니다.

##### 2. 협약의 직접적용 여부

양당사자의 영업소가 위치한 러시아와 대한민국이 모두 협약의 체약국이므로, 협약의 직접적용이 문제됩니다. 위 계약에 협약이 직접적용되기 위해서는 ① 위 계약이 인식 가능한 국제성을 가진 물품매매계약이어야 하고, ② 당사자 간에 협약 제6조의 배제합의가 없어야 합니다. 양당사자의 영업소가 각각 러시아와 대한민국에 위치하므로 위 계약의 국제성은 충분히 인식 가능합니다.

다만, 위 계약이 갑의 대한민국에 위치한 임시연락사무소에서 체결된 바, 이 임시연락

사무소가 영업소에 해당한다면, 국제성이 없다고 볼 여지가 있어 문제됩니다. 그러나 사실관계에서 갑이 '러시아에만' 영업소를 두고 있다고 하였으므로, 임시연락사무소는 영업소로 볼 수 없습니다. 영업소란 계약의 체결과 그 이행이 일반적으로 가능한 곳을 가리키는데, 위의 임시연락사무소는 계약 체결에 관여만 하였을 뿐, 계약 체결과 그 이행의 주체라고 볼 수 없어, 영업소로 볼 수 없습니다.

그리고 당사자 간에 협약 제6조에 따라 협약의 적용을 배제하는 합의를 하지는 않았으나, 러시아법을 준거법으로 하는 합의를 하였는데, 이로 인하여 위 계약에 러시아법만이 적용되어 협약의 적용이 배제되는 것인지가 문제됩니다. 하지만, 준거법이란 한 나라의 사법체계 전체를 의미하고, 러시아가 협약의 체약국이므로, 협약 역시 러시아의 사법체계의 일부라고 보아야 하므로, 러시아법을 준거법으로 지정하였다고 하여 협약이 배제되는 것은 아닙니다.

그렇다면 남은 것은 위 계약이 물품매매계약에 해당하는지의 문제입니다. 위 계약에서, 을이 냉장포장 김치와 진공포장 건사과 두 가지의 물품을 제조하여 갑에게 공급하되, 김치의 재료인 배추를 갑이 을에게 공급하기로 하였습니다. 그렇다면 위 계약 중 건사과 부분은 제3조 제1항 본문에 따라 물품매매계약임이 명백하고, 김치 부분은 그 재료 중 일부를 주문한 당사자가 공급한 바, 그것이 제3조 제1항 단서에 따른 재료의 중요한 부분을 공급한 경우에 해당하는지가 문제됩니다. 그런데 통상적으로 중요한 부분에 해당하는지 여부는 계약액의 15%를 기준으로 판단하는데, 사안에서 배추의 가격은 냉장포장 김치 가격의 10%를 차지할 뿐이므로, 중요한 부분이라고 볼 수 없습니다. 따라서 위 계약의 김치 부분도 물품매매계약에 해당합니다.

따라서 위 계약에 협약이 직접적용될 수 있습니다.

### 3. 협약 제96조의 유보선언의 효과

러시아가 제96조의 유보선언을 한 체약국인 바, 이 사실이 협약의 적용에 있어 어떤 효과를 가져오는지 검토합니다.

협약은 계약의 방식(제11조), 계약의 성립(제2편), 계약의 변경 및 해제(제29조)에 관하여 비서면주의를 원칙으로 합니다. 그런데 서면주의를 원칙으로 하는 국가도 협약의 체약국이 될 수 있습니다. 이 경우 체약국의 서면주의와 협약의 비서면주의가 충돌할 수 있으므로, 이를 위하여 협약은 제12조와 제96조를 두어, 서면주의를 표방하는 체약국으로 하여금 자신의 서면주의 원칙을 지킬 수 있도록 하고 있습니다. 다시 말해서 어느 체약국이 제96조의 유보선언을 하였고, 계약의 당사자 중 일방이 이 국가에 영업소를 둔 경우에, 그 계약에는 협약의 비서면주의 원칙에 해당하는 제11조, 제2편, 제29조가 적용되지 않습니다.

따라서, 갑이 러시아에 영업소를 두었고, 러시아가 제96조의 유보선언을 한 국가이므로, 사안의 계약에는 협약 제11조, 제29조 및 제2편의 적용이 배제됩니다. 그렇지만, 바로 서면주의가 위 계약에 적용되는 것은 아닙니다. 법정지의 국제사법에 의하여 지정되는 방식의 준거법에 의해야 합니다. (사실관계에서 법정지가 어디인지 불분명한데다, 국제사법은 제2문의 출제 범위도 아니므로, 이 이상의 내용까지 답안에 적을 필요는 없다고 판단됩니다.)

## 설문2

### 1. 제96조 유보선언의 효과

앞서 본 바와 같이, 러시아가 제96조의 유보선언을 하여 위 계약에는 협약의 비서면주의(제11조, 제14조 내지 제24조, 제29조)가 적용되지 않습니다. 그런데 사실관계에서 갑과 을의 서면화되지 않은 계약이, 전제와 같이 유효하게 성립되었다면, 법정지의 국제사법에 의하여 지정된 방식의 준거법이 비서면주의를 표방하는 경우라고 보아야 합니다. 따라서 위 계약에 비서면주의가 적용된다고 판단함이 합리적입니다.

그렇다면 제96조의 유보선언에 의하여 위 계약에 적용이 배제되었던 제11조, 제14조 내지 제24조, 제29조가, 국제사법을 거쳐 간접적으로 위 계약에 다시 적용될 수 있다고 봄이 타당합니다.

### 2. 계약의 변경 여부

갑과 을이 구두로 계약을 체결하여 유효하게 성립한 후, 을이 갑에게 보낸 송장에 새로이 관할을 지정하는 내용이 포함되었다면, 이는 이미 성립한 계약의 내용을 변경하고자 하는 것입니다.

협약 제29조 제1항에 따르면, 계약은 당사자의 합의만으로 변경이 가능합니다. 그러나 을의 송장에 기재된 내용은, 을의 일방적인 의사표시에 불과할 뿐, 갑과의 사이에 합의가 이루어졌다고 볼 사정이 존재하지 않습니다. 따라서 위 송장의 내용만으로 계약이 변경되어 관할조항이 계약의 내용이 된다고 볼 수 없습니다.

## 설문3

### 1. 위험 이전의 시기

을이 계약에 따라 2015. 6. 30. 냉장포장 김치를 부산항에서 선적하여 운송인에게 인도하였으나, 선박 소유자가 연료대금을 납부하지 않아 선박이 압류당하는 바람에, 냉장포장 김치의 유통기한이 지나 전량 폐기되자, 갑이 물품의 부적합을 이유로 계약을 해제하고, 계약의 해제를 이유로 을의 대금지급 청구를 거부하였습니다.

을과 갑의 계약은 해상운송을 포함하는 계약이므로, 제67조 제1항 2문에 따라, 을이 그 장소에서 운송인에게 김치를 인도한 때에 위험이 매수인인 갑에게 이전하였습니다.

### 2. 물품의 적합성 판단의 시기

물품의 부적합이 위험이 이전하기 전에 이미 존재하는 경우에는 매도인이 그 책임을 지지만(제36조 제1항), 위험이 이전한 후에 발생한 부적합이 매도인의 의무위반으로 인한 것이 아니라면, 매도인은 책임이 없습니다(동조 제2항 1문). 김치의 유통기한이 지나 부적합이 발생한 것은, 을이 운송인에게 김치를 인도하여 위험이 이전한 후이고, 그 부적합이 발생한 원인은 선박 소유자의 연료대금 미납일 뿐, 매도인인 을이 의무를 위반한 사정이 없으므로 을은 위 부적합에 대하여 책임이 없습니다.

### 3. 매수인의 물품대금 지급의무

뿐만 아니라, 제66조 본문에 의하여 갑은 대금지급의무를 면하지 못합니다. 따라서 을은 냉장포장 김치의 매매대금을 지급받을 수 있습니다.

## 설문4

### 1. 위험 이전의 시기

을이 계약에 따라 2015. 6. 30. 진공포장 건사과를 부산항에서 운송인에게 인도하였으나, 식품검역증서가 위조되었다는 이유로 수입금지 조치를 받고 전량 몰수되자, 갑은 을의 서류교부의무 위반을 이유로 계약을 해제하였고, 을의 대금지급 청구를 거절하였습니다.

앞서 본 바와 같이, 을과 갑의 계약은 운송을 포함하는 계약이므로, 제67조 제1항에 따라 을이 운송인에게 건사과를 인도한 시점에 위험이 갑에게 이전하였습니다.

### 2. 식품검역증서 위조의 법적 성질

을이 식품검역증서를 위조한 행위는 불법행위에 해당하지만, 협약은 불법행위를 규율 대상으로 하지 않습니다. 따라서 이 행위의 법적 성질이 무엇인지 문제됩니다. 매도인의 서류교부의무(제34조)는 매도인의 계약상의 의무(제30조) 중의 하나이고, 교부해야 하는 서류는 당연히 적합성을 갖춘 것이어야 합니다. 따라서 위조된 서류를 제공한 행위는 계약상의 의무 위반에도 해당합니다.

### 3. 매수인의 물품대금 지급의무

제66조 본문에 따르면, 위험이 매수인에게 이전된 후에 물품이 멸실·훼손된 경우에는 매수인이 대금지급의무를 부담하지만, 단서에 따르면 그 멸실·훼손이 매도인의 작위·부작위로 인한 경우에는 반드시 매수인이 대금지급의무를 부담해야 하는 것은 아닙니다. 즉, 매도인의 작위·부작위의 정도에 따라 매수인의 대금지급의무의 범위가 결정된다는 의미입니다. 사안에서 매도인의 작위·부작위는 식품검역증서를 위조하여 송부한 행위입니다. 따라서 이 행위의 정도를 검토해야 합니다.

앞서 본 바와 같이, 부적합한 서류를 제공한 것은 계약상의 의무를 위반한 것이므로 그 위반의 정도를 따져 보아야 합니다. 그런데 서류교부의무 위반을 이유로 갑이 계약을 해제한 것에서 착안하여, 을의 의무위반이 본질적 계약위반(제25조)에 해당하는지 검토해

보겠습니다. 위조서류 교부가 계약위반임은 이미 확인하였고, 식품검역증서의 위조사실이 드러날 경우 수출입이 불가능하게 되고, 이는 충분히 예상 가능합니다. 따라서 을의 서류 교부의무는 본질적 계약위반에 해당하여 계약해제가 가능합니다(제49조 제1항).

그렇다면, 을이 식품검역서류를 위조한 작위는 매수인인 갑의 대금지급의무를 완전히 면하게 할 정도에 이른다고 보아야 합니다. 따라서 갑은 물품대금 지급의무가 없으므로, 을은 갑으로부터 진공포장 건사과의 매매대금을 지급받을 수 없습니다.

## 핵심쟁점

### 설문1

1. 직접적용 대상성: 해당국가 모두 체약국, 협약의 적용 배제하는 합의 없음.
2. 국제성 판단: 임시연락사무소는 영업소에 해당하지 않음.
3. 주문생산계약(제3조 제1항)
갑이 공급하는 배추는 냉장포장 김치의 10%에 해당, 재료의 중요한 부분에 해당하지 않음.
4. 협약 제96조의 유보선언의 효과(제12조)
협약의 일부 배제, 제11조, 제2편, 제29조가 적용되지 않음.

### 설문2

1. 계약의 변경 여부
구두계약 성립(비서면주의 적용된다는 의미). 합의만으로 변경 가능(제29조). 송장 기재 내용은 합의 아님.

### 설문3

1. 위험 이전(제66조 본문, 제67조 제1항 2문)
부산항에서 운송인에게 인도하여 위험 이전됨. 부적합 발생은, 위험 이전 후. 을은 부적합에 대하여 책임 없음. 갑은 대금지급의무를 면하지 못함.

### 설문4

1. 위험 이전의 예외(제66조 단서)
식품검역증서 위조는 서류교부의무(제34조) 위반. 을의 계약 위반. 계약 위반의 정도는 본질적 계약 위반(제25조)에 해당하여 계약해제 가능. 갑은 대금지급의무를 면함.

# 11 | 2015년 시행 제4회 변호사시험

## 제1문

甲은 대한민국 법에 의하여 설립된 발전회사로 대한민국에만 영업소를 두고 있고, 乙은 연방제국가인 A국의 B주 법에 의하여 설립된 천연가스를 추출하여 판매하는 회사로 같은 주에 주된 사무소를, 대한민국 내에 영업소를 두고 있으며, 丙은 대한민국 법에 의하여 설립된 은행으로 대한민국에만 영업소를 두고 있고, 丁은 A국의 B주 법에 의하여 설립된 은행으로 같은 주에만 영업소를 두고 있다.

甲과 乙은 대한민국 서울에서 천연가스공급계약을 체결하였는데, 이에 의하면 "乙은 甲이 운영하고 있는 대한민국 해안에 위치한 천연가스복합화력 발전소에서 천연가스를 인도하여야 하고 액체 상태인 천연가스를 기체 상태로 전환하는 일련의 기술적 지원을 하여야 한다. 이 계약과 관련하여 또는 이 계약으로부터 발생하는 모든 분쟁에 대한 소는 모두 C국 법원에만 제기하여야 한다. 이 계약과 관련하여 또는 이 계약으로부터 발생하는 모든 분쟁은 A국 법에 따라 해석되고 규율되며 국제물품매매계약에 관한 국제연합협약은 적용되지 아니한다"라고 규정되어 있다.

甲은 위 천연가스의 매매대금의 지급을 위하여 丙은행에 乙을 수익자로 하는 신용장개설을 요청하였고, 丙은행은 乙을 수익자로 한 신용장을 개설하였다. 丁은행은 乙로부터 신용장을 매입하였다.

甲은 위 천연가스공급계약에 기하여 乙로부터 공급받은 천연가스를 발전소의 연료로 사용하였는데 乙이 공급한 천연가스의 품질이 위 천연가스공급계약에서 정한 품질과 달라 발전소 연소실에 손상이 생겨 발전소 가동을 중단하고 수리를 하였다.

## 전제

1. 연방제국가인 A국의 연방법인 '에너지 자원 무역거래법'에 의하면, 천연가스

를 포함한 모든 에너지 자원 등의 무역거래에 대해서는 위 연방법이 연방 전체에 통일적으로 적용되며, 위 연방법은 천연가스를 포함한 모든 에너지 자원과 관련된 계약을 규율하고 있다.

2. 위 연방법은 같은 법의 적용을 받는 손해배상채무에 대하여 "당사자가 달리 약정하지 않는 한, 불이행 시부터 실제 이행할 때까지 연 7%의 이율에 따른 지연손해금을 지급하여야 한다"라고 규정한다.

3. C국은 이 사건 계약이나 당사자와 아무런 관련이 인정되지 아니한다.

4. 丙은행과 丁은행 사이에 위임계약을 체결한 사실은 없다.

### 질문

1. 甲이 乙을 상대로 대한민국 법원에 손해배상청구의 소를 제기한 경우와 丁은행이 丙은행을 상대로 대한민국 법원에 신용장대금지급청구의 소를 제기한 경우 대한민국 법원이 각각 국제재판관할권을 가지는지를 논하시오. (30점)

2. 甲이 乙을 상대로 대한민국 법원에 채무불이행으로 인한 손해배상청구의 소를 제기한 경우 손해배상청구의 준거법은 무엇인지를 논하시오. (25점)

3. 丁은행이 丙은행을 상대로 대한민국 법원에 신용장대금지급청구의 소를 제기한 경우 신용장대금지급청구의 준거법은 무엇인지를 논하시오. (15점)

4. 2.와 3.의 경우에 대한민국 법원이 각각 지연손해금을 산정함에 있어서 대한민국 법인 「소송촉진 등에 관한 특례법」에 의한 이율을 적용하여야 하는지를 논하시오. (10점)

## 제2문

대한민국 대구에 영업소를 두고 스카프를 제조·판매하는 乙회사는 중국 하남성에 영업소를 두고 실크원단을 제조·판매하는 甲회사로부터 1야드당 C.I.F. 부산 조건 미화 10불로 50,000야드를 구입하기로 하고, 납기는 2014. 8. 30.로 하기로 하였다. 乙회사는 甲회사가 보낸 실크원단 사양에 대한 제품규격(이하 '스펙'이라 한다)에 동의하였다. 乙회사는 2014. 10. 30.까지 실크스카프를 제조하여 장당 미화 50불에 30,000장을 이탈리아 밀라노에 영업소를 두고 있는 丙회사에 주문자 상표 부착 방식으로 인도하기로 하였다는 사실을 甲회사에 설명하면서 납기일을 맞추어 줄 것을 요청하였다.

丙회사는 실크스카프의 매매대금·수량·규격 및 색상·개품포장 방법 등이 기재된 구매확약서를 乙회사에 메일로 보냈으나, 乙회사는 丙회사의 구매확약서에 대해 동의하면서 다만 乙회사가 보유하고 있는 상이한 개품포장 방법으로 포장하겠다는 답신을 메일로 보냈다. 그에 대하여 丙회사는 乙회사에 별다른 이의를 제기하지 않고 이행기일을 맞추어 줄 것만을 요청하는 메일을 보냈다.

乙은 2014. 8. 30. 부산항에서 원단을 수령한 후 물품검사를 하던 중 甲이 보내준 스펙과는 달리 세탁을 하면 원단의 색상이 변하고 丙이 요구하는 품질의 실크스카프를 제조하기에는 합당하지 아니하여 2014. 9. 7. 甲에게 이를 통지하면서 계약해제도 함께 표시하였다. 乙은 검사를 여러 번에 걸쳐서 하여 원단 10야드를 사용하였다. 乙은 반환하려던 원단을 창고업자인 戊에게 보관하였으나, 창고에 불이 나는 바람에 원단 1,000야드가 소실되었다. 나머지 원단은 반환하는데 아무런 문제가 없었다. 한편 창고업자 戊는 창고에 임치된 물품에 대하여 화재보험에 가입하고 있었다.

乙은 丙과의 제품 납기일을 맞추기 위하여 여러 나라에 실크원단을 수소문하던 중 2014. 10. 1. 1야드당 미화 15불로 50,000야드의 실크원단을 베트남에서 긴급하게 수입하였다. 또한 乙은 제품 납기일이 촉박하였기 때문에 항공으로 공수하면서 운송비용으로 1만 불을 추가로 지급하였다.

크리스마스에 맞추어 실크스카프를 기획 상품으로 판매하려던 丙은 乙이 보내 온 스카프를 2014. 10. 30. 수령하여 검사하던 중 자신이 乙에게 보낸 제품규격상의 바느질 방법과 달라서 스카프에 미세한 틀림현상이 생김을 발견하였다. 그러나 丙은 크리스마스에 맞추어 판매하려던 당초의 계획에 따라 스카프를 수령하였고, 이러한 사실을 지체 없이 乙에게 통지하면서 매매대금을 감액하여 지급하겠다고 통지하였다. 乙은 이러한 丙의 통지에 반발하여 계약된 대로의 대금을 지급할 것을 청구하였다. 스카프의 인도 시 이탈리아에서는 같은 종류의 스카프가 장당 미화 80불에 판매되고 있었고, 품질에 하자가 있는 것은 미화 64불에 판매되고 있었다.

대한민국, 중국, 이탈리아는 국제물품매매계약에 관한 국제연합협약(이하 '협약'이라 한다)의 체약국이다.

**질문**

1. 위의 사안에서 甲과 乙, 乙과 丙 사이의 매매계약에 협약이 적용되는가? (10점)

2. 乙과 丙 사이에 매매계약은 성립하였는가? (10점)

3. 乙이 甲에게 청구할 수 있는 손해배상의 근거와 액수는 어떻게 되는가? (25점)

4. 乙의 계약해제 후 甲·乙 간의 반환범위 및 반환방법은 어떻게 되는가? (25점)

5. 丙이 스카프의 미세한 틀림현상으로 인한 계약대금의 감액이 가능하다면, 그 근거는 무엇이며 얼마로 감액할 수 있는가? (10점)

# 11 | 2015년 제4회 변호사 시험 **해설**

## 제1문

### 접근

설문1은 각 소송에 대하여 대한민국 법원이 국제재판관할권을 가지는지 묻고 있습니다. 당사자간 전속적 관할합의가 있는지를 먼저 확인해야 하고, 합의가 없다면 제2조에 의한 관할 발생 여부를 검토해야 합니다.

설문2는 채무불이행으로 인한 손해배상청구의 준거법 결정을 쟁점으로 합니다. 당사자 간 채권관계가 무엇인지를 확인하고 그에 따른 준거법을 찾으면 됩니다.

설문3은 신용장대금지급청구의 준거법을 찾을 것을 요구합니다. 신용장대금지급의 법적 성질이 무엇인지 확인하고 그에 따른 준거법을 찾아야 합니다.

설문4는 지연손해금 산정에 대한민국의 소속법이 적용되는지를 묻고 있습니다. 먼저 지연손해금의 법적 성질을 결정하고 그에 대하여 대한민국 법이 준거법이 될 수 있는지를 검토해야 합니다.

4개의 전제사실이 주어져 있습니다.

### 모범답안

#### 설문1

##### 1. 국제사법 적용 여부

먼저, 갑회사의 을회사에 대한 손해배상청구에 국제사법이 적용될 수 있는지 검토합니다.

갑회사가 위 소송을 대한민국 법원에 제기하였으므로 법정지는 대한민국입니다. 갑회사는 대한민국에만 영업소를 두고 있고, 을회사는 A국 B주의 법에 따라 설립되었고, A국 B주에 주된 사무소를, 대한민국에 영업소를 두고 있습니다. 을회사는 A국에서 천연가스를 추출하여 대한민국에 위치한 갑회사의 발전소에 공급하기로 하는 계약을 대한민국에서 체결하였습니다. 그렇다면 법정지인 대한민국의 입장에서 당사자 간의 사법관계의 구성요소가 대한민국과 A국에 관련되어 있어 외국과 관련된 요소가 있는 법률관계에 해당하므로 대한민국의 국제사법이 적용될 수 있습니다.

다음으로, 정은행의 병은행을 상대로 한 신용장대금지급청구에 국제사법이 적용될 수 있는지 검토합니다.

정은행이 병은행을 상대로 대한민국 법원에 위 소송을 제기하였으므로 법정지는 대한
민국입니다. 정은행은 A국 B주 법에 의하여 설립되어 A국 B주에만 영업소를 두고 있고,
병은행은 대한민국의 법에 따라 설립되어 대한민국에만 영업소를 두고 있습니다. 법정지
인 대한민국의 입장에서 각 당사자의 소재지가 각각 A국 B주와 대한민국에 위치함으로
써, 사법관계의 구성요소의 일부가 대한민국과 A국에 관련되어 외국과 관련된 요소가 있
음이 인정되므로 대한민국의 국제사법이 적용될 수 있습니다.

### 2. 국제재판관할 발생 여부 검토

먼저, 갑의 을을 상대로 한 소송에 대하여 대한민국 법원에 관할권이 발생하는지 검토
합니다.

사실관계에 따르면 갑과 을은 천연가스공급계약과 관련하여 발생하는 모든 분쟁에 대
하여 C국 법원에만 소송을 제기하기로 하는 전속적 관할합의를 하였습니다. 당사자간 국
제재판관할에 관한 전속적 합의가 유효하기 위해서는, 문제가 되는 사건에 대하여 둘 이
상의 국가의 법원이 관련되어 있고, 그중 특정 국가의 법원의 전속적 관할권을 인정하는
합의가 있는 경우에, ① 해당 사건이 나머지 국가의 법원의 전속관할에 속하지 않아야 하
고, ② 그 특정국 법원이 그 국가의 법상 해당 사건에 관하여 관할권을 가져야 하고, ③
해당 사건이 그 특정국 법원에 대하여 합리적 관련성을 가져야 하며, ④ 당사자간의 전속
적 관할 합의가 현저하게 불합리하고 불공정하여 공서양속에 반하지 않아야 합니다. 그런
데 사안의 C국 법원의 전속관할을 인정하는 합의는 사건과 관련이 있는 대한민국이나 A
국 중 어느 곳에도 해당하지 않아(전제사실3) 나머지 요건을 검토할 필요 없이 무효입니
다.

그렇다면, 제2조에 의한 일반 관할권이 대한민국 법원에 발생하는지 검토해야 합니다.
대한민국 법원에 관할이 발생되기 위해서는 ① 해당사건이 대한민국과 실질적 관련이 있
어야 하고, ② 국내법의 관할규정을 검토하여야 하며, ③ 국제재판관할의 특수성도 함께
고려되어야 합니다. 민사소송법 제8조에 의하면 의무이행지의 법원에, 제18조에 의하면
불법행위지의 법원에 관할이 발생하는데, 을이 공급한 천연가스의 품질 불량으로 인한 손
해가 갑의 발전소가 있는 대한민국에서 발생하였고, 그에 대한 을의 손해배상의무이행지
역시 대한민국이므로, 대한민국의 법원에 관할이 발생합니다. 또한, 같은 이유로 대한민
국과의 실질적 관련성도 인정할 수 있습니다. 뿐만 아니라, 대한민국 법원의 관할을 배제
할 만한 특별한 사정도 보이지 않습니다. 그렇다면 대한민국 법원에 국제재판관할권이 발
생한다고 보아야 합니다. 【개정국제사법 제4조·제41조 제1항·제44조 참조】

다음으로 정은행의 병은행을 상대로 한 소송에 대하여 대한민국 법원에 관할권이 발생
하는지 검토합니다.

정은행과 병은행 사이에는 전속적 관할합의가 없으므로, 제2조에 의한 일반관할이 대
한민국에 발생하는지 검토해야 합니다. 민사소송법 제2조와 제5조에 의해 피고인 법인의

보통재판적이 있는 곳의 법원에 관할이 발생합니다. 또한 동법 제12조에 의해 영업소가 있는 사람에 대한 소송의 경우 그 영업소가 있는 곳의 법원에 관할이 발생하고, 제8조에 의해 재산권에 관한 소송의 경우 의무이행지의 법원에 관할이 발생합니다. 피고인 병은행의 보통재판적이 대한민국에 위치하고, 병은행의 영업소 역시 대한민국에 위치하고 있으며, 병은행이 신용장을 개설한 곳이 대한민국이므로 신용장대금지급의무의 이행지도 대한민국이므로 대한민국의 법원에 관할이 발생합니다. 위 소송이 대한민국에 실질적 관련이 있음은 자명하고, 대한민국 법원의 재판관할권을 배제할 특단의 사정도 보이지 않습니다. 따라서 대한민국의 법원에 국제재판관할권이 인정될 수 있습니다.【개정국제사법 제41조 제2항·제3조 제3항 참조】

### 설문2

#### 1. 천연가스 공급계약의 법적 성질

갑과 을은 천연가스 공급계약을 체결하였는데, 갑은 발전소를 운영하여 직업활동을 수행하려는 목적으로 을로부터 천연가스를 공급받은 회사이고, 을은 천연가스를 추출하여 판매하는 직업활동을 수행하려는 목적으로 갑에게 천연가스를 공급한 회사이므로, 갑과 을의 위 계약은 소비자계약(제42조)에 해당하지 않습니다. 따라서 갑과 을은 일반적인 계약에 의한 채권채무관계에 있어 준거법 선택에 있어 당사자 자치(제45조)가 인정되고, 합의가 없는 경우 객관적(제46조)으로 준거법이 지정됩니다.

#### 2. 준거법 합의의 유효성 검토

사실관계로부터 갑과 을이 위 계약의 준거법으로 A국법을 선택하였음을 알 수 있습니다. 일단, 제45조에 의하여 주관적 준거법 선택에 당사자 자치의 원칙이 인정되므로 갑과 을의 준거법 합의는 일응 유효합니다. 따라서 당사자 자치의 원칙이 제한되거나 배제될 여지가 있는지 검토해야 합니다.

먼저, 갑과 을 사이의 법률관계의 모든 구성요소가 오로지 한 국가에 관련이 있는 경우에 해당하지 않으므로 제45조 제4항은 고려할 필요가 없습니다. 그리고 당사자간 합의에 의하여 준거법이 선택되었으므로 제21조 제1항에 의한 준거법 지정의 예외 역시 고려할 필요가 없습니다.

문제는 A국이 여러 주로 구성된 연방제국가이고 을회사가 A국의 B주에 소재하고 있다는 점입니다. 즉, 연방제국가는 지역에 따라 적용되는 법이 달라지는 불통일법 국가이므로, 을회사의 본국법은 A국의 법 선택규정(준국제사법)에 의해 지정되는 법, 그러한 준국제사법이 존재하지 않는 경우에는 밀접관련지의 법이 됩니다(제16조 제3항). 그러나 두 가지 이유에서 위의 내용도 고려할 필요가 없습니다. 첫 번째, 당사자간 합의에 준거법이 선택되었고, 두 번째, 에너지 자원의 무역 거래에 대하여 A국의 연방법인 '에너지 자원 무역거래법'이 연방전체에 통일적으로 적용되므로(전제사실1) 사안에 있어서 연결점이 본국법인 경우 적용되는 제16조 제3항은 적용되지 않는다.

따라서 갑의 을에 대한 손해배상청구의 준거법은 A국법이고, 연방법인 '에너지 자원 무역거래법'이 적용됩니다. (준거법은 원칙적으로 국가 사법체계전체를 의미하나, 불통일 법국인 경우 예외적으로 주법이 될 때도 있음)

## 설문3

### 1. 신용장대금지급청구의 법적 성질

(※ 문제 해결에 앞서 신용장 거래의 과정을 살펴보겠습니다. 먼저 수입업자와 수출업자가 물품수출입계약을 체결합니다. 수입업자는 대금지급을 위해 자신의 거래은행(개설은행)과 신용장 개설계약을 체결하고 신용장 개설을 요청합니다. 개설은행이 신용장을 개설하고 이를 수출업자가 소재한 국가의 거래은행(통지은행)에 송부합니다. 통지은행은 수출업자에게 신용장 도착사실을 통지합니다. 통지받은 수출업자는 물품을 선적하고 운송회사로부터 선하증권을 발급받습니다. 선적 완료 후 수출업자는 이 선하증권 외 신용장에 기재된 서류를 모두 구비하여 환어음을 발행합니다. 그리고 수출업자는 이 환어음 등을 자신의 거래은행(매입은행)에 제시하고 신용장 매입을 신청합니다. 매입은행은 위 환어음을 매입하고 그 대금을 수출업자에게 지급합니다. 그리고 매입은행은 환어음과 신용장에 기재된 서류들을 개설은행에 송부하고 신용장을 매입합니다. 개설은행은 수입업자에게 위 서류가 도착했음을 통지합니다. 수입업자는 환어음 대금을 개설은행에 지급하고 서류를 받습니다. 그리고 수입업자는 이 서류를 운송업자에게 제시하고 물품을 인도받습니다. 개설은행은 위 환어음 대금을 매입은행에 신용장 대금으로 상환합니다. 이를 간단히 요약해 보면, 수입업자는 물품대금을 개설은행에 지급하고, 개설은행은 이 대금을 매입은행에 지급하고, 매입은행이 이 대금을 수출업자에게 지급합니다. 즉, 신용장을 통해 물품대금이 간접적으로 지불되는 시스템입니다. 결과적으로, 매입은행은 개설은행에 신용장대금의 지급을 청구할 권리를 얻습니다.)

먼저, 사실관계로부터 병은행과 정은행의 관계를 파악해야 합니다. 갑이 병은행에 신용장을 개설하고, 병은행에 물품대금을 지급합니다. 병은행은 신용장을 정은행에 송부합니다. 그리고 정은행은 을에게 물품대금을 지급하고 위 신용장을 매입합니다. 결과적으로 정은행은 병은행에 대하여 신용장대금지급청구권을 갖게 됩니다.

위의 신용장대금채권에 관하여 정은행과 병은행 사이에 준거법에 대한 합의가 없으므로, 제46조에 의해 객관적 준거법을 결정해야 합니다. 신용장 매입과 그에 대한 대금지급의 법률관계가 양도계약(제2항 1호)이나 이용계약(제2항 2호)에 해당하지 않음은 명백합니다. 그렇다면 위임계약(제2항 3호)에 해당하는지가 문제되는데, 전제사실4에 따라 병은행과 정은행 사이에 위임계약이 존재하지 않으므로, 위 신용장대금지급청구권의 준거법은 제46조 제2항이 아닌 제1항에 의해 계약과 가장 밀접한 관련을 가지는 국가의 법이 됩니다.

## 2. 결 론

판례에 따르면 신용장 개설은행과 매입은행 사이의 신용장대금 상환의 법률관계에 관한 준거법은 신용장 개설은행의 소재지법입니다(대법원 2011. 1. 27. 선고 2009다10249 판결). 사안의 신용장 개설은행은 병은행이고 병은행의 소재지는 대한민국이므로 대한민국의 법이 준거법이 되어야 합니다.

## 설문4

### 1. 소송촉진 등에 관한 특례법상의 법정이율규정의 성격

법정이율에 대하여는 나라마다 다르게 규정하고 있습니다. 이를 실체법으로 볼 경우에는 국제사법 규정에 의해서 그 준거법을 지정하여야 하고, 절차법으로 볼 경우에는 법정지법에 의한다는 원칙이 확립되어 있습니다.

판례는 소송촉진 등에 관한 특례법상의 법정이율을 실체법으로 보아 원본채권의 준거법에 의해야 한다고 본 바 있습니다(대법원 1997. 5. 9. 선고 95다34385 판결).

### 2. 설문2의 경우

앞서 본 바와 같이 설문2의 손해배상채권의 준거법은 A국법입니다. 따라서 지연손해금 산정을 위한 법정이율 역시 A국법에 의해야 하므로, 연 7%의 이율이 적용되어야 합니다(전제사실2). 따라서 대한민국의 소송촉진 등에 관한 특례법상의 법정이율을 적용할 수 없습니다.

### 3. 설문3의 경우

앞서 본 바와 같이 설문3의 신용장대금지급채권의 준거법은 대한민국법입니다. 따라서 지연손해금 산정을 위한 법정이율 역시 대한민국법에 의해야 하므로, 소송촉진 등에 관한 특례법상의 법정이율인 연 12%의 이율이 적용되어야 합니다. (참고로, 시험일자 기준 법정이율은 연 20%였습니다.)

## 핵심쟁점

## 설문1

### 1. 전속적 국제재판관할합의의 유효성
아무런 관련 없는 C국 법원에 대한 합의 무효임.

### 2. 갑의 청구에 대하여 한국 법원의 관할권 여부
실질적 관련 원칙(제2조, 제16조), 갑과 을의 영업소가 한국, 계약상 의무이행지(민사소송법 제8조)와 손해발생지(동법 제18조)가 한국, 관할권 인정됨.【개정국제사법 제4 조·제41조 제1항·제44조 참조】

### 3. 정은행의 청구에 대하여 한국 법원의 관할권 여부

신용장대금지급채무의 이행지인 신용장 개설은행 소재지(민사소송법 제8조), 영업소 소재지(동법 제12조)가 한국. 관할권 인정됨.【개정국제사법 제41조 제2항·제3조 제3항 참조】

### 설문2

#### 1. 계약의 준거법을 A국(연방제 국가)의 법으로 합의

당사자 자치(제45조), 어느 법률관계에 그 국가 전체에 통일적으로 적용되는 연방법이 존재한다면, 그 연방법이 적용되어 지역에 따라 법을 달리한다고 할 수 없음. 따라서 유효함.

### 설문3

#### 1. 신용장대금의 준거법

개설은행의 위임이 있었다면 제46조 제2항 3호에 해당. 위임 없으므로 제46조 제1항에 의해, 신용장 개설은행의 소재지인 한국이 가장 밀접한 관련이 있는 국가임. 따라서 한국법.

### 설문4

#### 1. 특례법상의 법정이율규정

절차법적 성격 아니라, 실체법적 성격(판례).

#### 2. 갑의 손해배상청구

A국의 연방법인 에너지 자원 무역거래법 적용, 연 7% 이율.

#### 3. 정은행의 대금지급청구

한국법, 연 20% 이율.

## 제2문

### 접근

설문1은 협약의 적용 여부를 묻고 있습니다. 협약이 직접적용되는지 간접적용되는지 확인 후, 각 요건의 충족 여부를 확인하면 됩니다(제1조 및 제6조).

설문2는 매매계약의 성립 여부를 묻고 있습니다. 청약의 성립 여부(제14조), 승낙 여부(제18조), 변경을 가한 승낙인지 여부(제19조) 등을 확인한 후, 최종적으로 계약이 성립되었는지(제23조) 판단해야 합니다.

설문3은 손해배상의 근거와 손해배상액을 묻습니다. 손해배상청구권이 발생하는지, 즉, 상대방의 계약위반이 있는지, 발생한 손해배상청구권이 상실되는 경우에 해당하지는 않는지, 손해배상의 근거 조문(제74조 내지 제76조) 중 어느 경우에 해당하는지 살피고, 각 경우의 손해배상액을 산정하되, 감경사유(제77조)가 있는지, 면책사유(제79조)가 있는지도 반드시 확인해야 합니다.

설문4는 계약해제 후 반환범위와 반환방법을 묻습니다. 이는 계약해제의 효과(제81조 내지 제84조)의 문제입니다.

설문5는 대금감액의 근거와 감액된 대금의 액수를 묻고 있습니다. 대금감액권(제50조)의 요건을 충족하는지 확인한 후, 감액된 금액을 결정하면 됩니다.

### 모범답안

#### 설문1

#### 1. 협약 적용 여부

갑은 중국(하남성)에 영업소를 두고 있고, 을은 대한민국(대구)에 영업소를 두고 있으며, 병은 이탈리아(밀라노)에 영업소를 두고 있습니다. 중국과 대한민국, 이탈리아는 모두 협약의 체약국입니다. 따라서 두 계약 모두, 협약의 직접적용(제1조 제1항 가호)이 문제됩니다.

협약이 직접적용되기 위해서는, ① 인식 가능한 국제성을 가진 물품매매계약이어야 하고, ② 협약 제6조의 배제합의가 없어야 합니다. 갑, 을, 병의 영업소가 서로 다른 국가에 위치하므로 각 계약의 국제성은 충분히 인식 가능합니다. 그리고 각 계약에서 협약을 배제하기로 합의한 사정이 보이지 않습니다. 따라서 아래에서는 각 계약이 물품매매계약에 해당하는지만을 검토합니다.

을은 갑이 제조한 실크원단을 구입하는 계약을 체결하였는데, 을이 갑에게 재료의 중요한 부분을 공급하기로 한 바 없으므로, 협약 제3조 제1항에 의하여 을과 갑 사이의 계약은 물품매매계약에 해당합니다.

을은 실크스카프를 제조하여 병에게 매도하는 계약을 체결하였는데, 병이 을에게 재료의 중요한 부분을 공급하기로 한 바 없으므로, 앞의 경우와 마찬가지로 을과 병 사이의 계약 역시 물품매매계약에 해당합니다.

따라서 위의 두 계약에 모두 협약이 직접적용될 수 있습니다.

### 설문2

#### 1. 청약의 성립 여부

을과 병은, 을이 실크스카프 30,000장을 장당 미화 50불에, 2014. 10. 30.까지 병에게 인도하기로 합의하였고, 병이 대금·수량·규격 및 색상·포장방법 등이 기재된 구매확약서를 을에게 메일로 보낸 바, 병이 을에게 구매확약서를 보낸 것을 청약으로 보아야 합니다.

청약이 유효하게 성립하기 위해서는 ① 그 청약이 특정인에 대한 것일 것, ② 청약의 제안이 확정적일 것, ③ 청약자의 구속의 의사표시가 있을 것의 세 가지 요건을 충족해야 합니다(제14조 제1항 1문). 그리고 제안이 확정적이기 위해서는, 그 청약에 ① 물품, ② 수량, ③ 대금이 명시되었거나 결정하기 위한 조항을 두고 있어야 합니다(제14조 제1항 2문).

병이 을에게 보낸 구매확약서는 위의 요건을 모두 충족하므로 청약은 유효하게 성립하였습니다.

#### 2. 승낙의 성립 여부

을은 병의 구매확약서에 대하여 포장방법을 변경하여 승낙을 하였고, 병은 이에 대하여 이의를 제기하지 않았습니다.

승낙을 의도하지만 청약의 조건에 변경을 가한 경우, 이는 원칙적으로 승낙이 아닌 청약에 대한 거절이자 새로운 청약으로 봅니다(제19조 제1항). 그러나 그 변경이 청약의 조건을 실질적으로 변경하지 않고, 청약자가 그 변경에 이의를 제기하지 않는 경우, 변경을 가한 승낙은 그대로 승낙으로 인정되고, 변경된 내용이 계약의 조건이 됩니다(제19조 제2항). 청약의 조건 중 대금, 대금지급, 물품의 품질과 수량, 인도의 장소와 시기, 책임범위와 분쟁해결에 관하여 변경이 가해진 경우, 이를 실질적인 변경으로 봅니다(제19조 제3항).

을이 요청한 포장방법의 변경은, 청약 조건의 실질적 변경에 해당하지 않고, 이에 대하여 병이 이의를 제기하지도 않았으므로, 을의 변경을 가한 승낙은 승낙으로 유효하게 성립하였습니다.

### 3. 계약의 성립 여부

을의 변경을 가한 승낙의 메일이 병에게 도달한 시점에 승낙이 성립하였고(제18조 제2항 1문), 따라서 병과 을 사이의 계약은 유효하게 성립하였습니다(제23조).

### 설문3

#### 1. 손해배상의 근거

을이 2014. 8. 30. 물품을 검사한 결과, 갑이 인도한 원단이 계약시 합의한 스펙에 적합하지 않음에 따라 이를 가지고는 스카프를 제조할 수 없어, 을은 2014. 9. 7. 갑에게 부적합 통지와 함께 계약을 해지하는 통지를 하였습니다.

갑이 계약에 적합한 물품을 인도할 의무(제35조)를 위반하였고, 을은 검사(제38조) 및 통지(제39조) 의무를 이행하였으므로 갑의 부적합을 주장할 권리를 잃지 않으므로, 제45조 제1항 나호에 의하여 을은 갑에게 손해배상을 청구할 수 있습니다.

#### 2. 손해배상액의 산정

계약의 위반 당사자는 상대방이 입은 손해를 완전히 배상해야 하고(제74조), 대체거래로 인한 차액을 배상할 의무(제75조)도 부담합니다.

을은 갑과의 계약을 해제한 후, 다른 업자로부터 원단 50,000야드를 야드당 미화 15불에 수입하였고, 이를 운송하기 위한 항공료 1만 불을 추가로 지급하였습니다. 따라서 대체거래로 인한 계약액과의 차액인 25만 불(50,000야드 * 5불)은 제75조에 의하여, 추가로 지급한 항공운송료 1만 불은 제74조에 의하여, 총 26만 불을 갑으로부터 배상받을 수 있습니다.

참고로, 을이 갑에게 해제를 통지한 후, 보관의무(제86조)에 따라 갑에게 반환할 원단을 창고업자에게 보관하였으므로 보관 비용(금액은 명시되지 않았으나)이 발생하였고, 이는 갑이 부담해야 하는 비용입니다(제87조). 그러므로 이 비용을 손해배상액에 포함시키는 것이 타당합니다.

#### 3. 손해배상책임의 경감·면책 여부

상대방의 계약위반을 주장하는 당사자는 그 위반으로 인한 손실을 경감하기 위한 합리적인 조치를 취해야 하고, 이를 위반한 경우 경감되어야 했던 손실액만큼 위반 당사자의 손해배상책임이 감액될 수 있고(제77조), 계약의 위반이 통제가 불가능한 장애로 인한 것이고, 예견할 수 없었으며, 극복도 불가능한 경우에는 계약 위반 당사자의 손해배상책임이 면책됩니다(제79조).

그런데, 사안에서 을은 원단의 반환을 위하여 이를 제3자의 창고에 보관하는 조치를 하였고, 갑이 스펙에 적합하지 않은 원단을 인도한 것이 위의 경우에 해당하는 사정도 전혀 보이지 않습니다. 따라서 갑의 손해배상책임이 경감되거나 면책되지 않습니다.

**설문4**

**1. 매수인의 반환의무**

계약을 이행한 당사자는 상대방에게 자신이 이행한 바를 반환할 것을 청구할 수 있습니다(제81조 제2항). 그에 따라 매수인은 자신이 수령한 물품을 매도인에게 반환하여야 하는데, 수령한 상태와 동일한 상태로 반환할 수 없게 된 경우에는, 계약해제권을 상실하게 됩니다(제82조 제1항). 단, 매수인의 작위·부작위로 인해 물품의 상태를 유지하지 못한 경우(제82조 제2항 가호)나, 매수인의 검사의무(제38조) 이행 결과 물품이 멸실·훼손된 경우(제82조 제2항 나호)에는 계약해제권이 상실되지 않습니다. 또한, 매수인은 물품으로부터 발생한 이익이 있는 경우 이를 매도인에게 반환하여야 합니다(제84조).

을은 원단 50,000야드를 전부 수령하였고(2014. 8. 30.), 검사과정에서 10야드를 사용하였고(2014. 8. 30.), 갑에게 계약해제를 통지한 후(2014. 9. 7.), 남은 원단 49,990야드를 창고업자에게 보관 중, 화재로 인하여 1,000야드가 소실되었습니다. 나머지 48,990야드는 수령한 상태 그대로 반환이 가능한 상태입니다.

해제의 의사표시가 있기 전에 사용된 원단 10야드는 제38조에 의한 검사를 위하여 소비되었으므로, 이에 대하여 을의 계약해제권은 상실되지 않습니다.

화재로 소실된 원단 1,000야드는, 해제의 의사표시가 있은 후, 반환을 위하여 보관 중 멸실·훼손되었으므로, 제86조의 보관의무가 문제됩니다. 창고에 발생한 화재에 을의 책임이 있는지는 분명하지 않지만, 결과적으로 물품 중 일부인 1,000야드가 소실되었으므로, 이는 을의 보관의무의 위반으로 보아야 합니다. 따라서 을은 갑에게 원단 1,000야드를 원물로 반환할 의무는 없고, 그에 상응하는 가액을 반환함이 타당합니다(근거는 제74조 혹은 신의칙). (참고로, 창고업자인 무가 화재보험에 가입한 바, 을은 갑에게 지급한 원단 1,000야드의 가액을, 무의 화재보험을 통해 보상받을 수 있을 것으로 보입니다.)

따라서 을은 갑에게 원단 48,990야드와 소실된 원단 1,000야드의 가액을 반환해야 합니다.

**2. 매도인의 반환의무**

앞서 언급한 바와 같이, 계약을 이행한 당사자는 상대방에게 자신이 이행한 바를 반환할 것을 청구할 수 있습니다(제81조 제2항). 따라서 매도인은 받은 대금과, 대금이 지급된 날부터의 이자도 함께 반환하여야 합니다(제84조 제1항). (참고로, 협약은 이자율에 대하여는 규율하지 않음에 주의해야 합니다.)

을이 갑에게 물품대금을 지급하였는지는 명확하게 제시된 바 없으나, 지급하지 않았다면 갑은 을에게 반환할 것이 없습니다.

만일 대금이 전부 지급되었다면, 갑은 을에게 대금 50만불(50,000야드 * 10불)과 이에 대하여 받은 날로부터의 이자를 함께 반환해야 합니다. 그리고 이 경우, 갑과 을의 상호간 반환의무는 동시에 이행되어야 함에 주의해야 합니다(제81조 제2항).

## 설문5

### 1. 대금감액권 발생 여부

을이 병에게 인도한 스카프가, 상호 합의한 제품규격 상의 바느질 방법과 다르다는 점을, 병이 검사과정에서 확인하여 즉시 이를 을에게 통지하였습니다. 이와 동시에 대금감액을 통지하였습니다.

을이 계약 상의 품질을 준수하지 않아 물품에 부적합이 발생(제35조 제1항)한 바, 이는 물품 적합성을 위반한 것이므로 계약 위반에 해당합니다. 병이 이에 대하여 검사(제38조) 및 통지(제39조)의무를 이행하였으므로, 병은 제45조 제1항 가호에 따라 제50조의 대금감액권을 행사할 수 있습니다.

### 2. 감액할 금액의 산정

정상적인 스카프가 인도되었다면 인도 당시 가졌을 가액은 장당 미화 80불이고, 현실로 인도된 스카프가 인도시에 가지고 있는 가액은 장당 미화 64불입니다. 그리고 계약 상의 단가는 장당 미화 50불입니다.

그렇다면 제50조에 의해 감액된 단가는 장당 미화 40불((64불 / 80불) ＊ 50불)이므로, 계약액은 미화 120만 불(30,000장 ＊ 40불)로 감액되어야 합니다.

## 핵심쟁점

### 설문1

#### 1. 협약 적용 여부

직접적용 요건, ① 양당사자의 영업소가 체약국에 위치, ② 인식 가능한 국제성을 가진 물품매매계약, ③ 협약 제6조 배제합의 없을 것.

### 설문2

#### 1. 매매계약 성립 여부

청약의 유효성(제14조), 변경된 승낙(제19조), 실질적 변경 여부(동조 제3항), 계약의 성립(제23조, 제18조 제2항).

### 설문3

#### 1. 손해배상청구

완전 배상원칙(제74조), 대체거래시 손해배상(제75조).

### 설문4

#### 1. 계약해제권 상실 여부 판단시점

해제의 의사표시 발송시점(제82조 제1항) 기준. 의사표시 전, 물품의 멸실·훼손 발생시 반환의무(제82조) 위반으로 해제권 상실. 의사표시 후, 물품의 멸실·훼손 발생시 보관의무(제86조) 위반이고, 계약해제는 그대로 유효하고 다만, 손해배상이 문제됨.

#### 2. 계약해제의 효력

계약상 의무로부터 해방(제81조 제1항), 원상회복의무(동조 제2항). 매도인의 대금 및 이자반환의무(제84조 제1항). 매수인의 원물반환의무(제82조 제1항), 매수인의 이익반환의무(제84조 제2항). 매수인의 보관의무(제86조), 위반시 손해배상의무(제74조).

### 설문5

#### 1. 대금감액권

제50조.

# 12 2014년 시행 제3회 변호사시험

## 제1문

A국 국적의 남성 甲은 B국에 이민하여 B국의 국적을 취득하고 B국에서 사업을 하면서 살던 중, A국의 국적을 가지고 A국에 살고 있던 여성 乙과 결혼중개업체를 통하여 만나 A국에서 결혼한 후 乙과 함께 B국에서 생활하였다. 甲은 B국 국적을 취득한 후에도 A국 국적을 포기하지 않았으며, 乙은 甲과의 혼인에도 불구하고 B국 국적을 취득한 일이 없다. 甲은 乙과 혼인한 후에도 계속 B국에 거주하면서 사업활동을 계속하고 있다. 甲은 결혼 후에도 사업활동으로 취득한 재산 모두를 자신의 명의로 하였고, 가사에 전념하고 있던 乙은 이에 대하여 별다른 이의를 제기하지 않았다. 그런데 乙은 甲이 결혼생활에 충실하지 않고 성격상의 차이도 커 갈등하던 끝에 별거를 결심하고, 甲과 아무런 상의 없이 자신의 부모가 살고 있는 A국으로 돌아와 부모와 함께 생활하고 있다. 경제적 능력이 없는 乙은 A국에서 생활하면서 甲에게 경제적 지원을 요청하였으나 甲은 이를 거절하였다. 결국 이혼을 결심한 乙은 A국 법원에 이혼을 구하는 소를 제기하면서 혼인 중 취득한 재산의 분할을 청구하였다.

또한 甲과 乙의 혼인 중에 출생한 자녀인 丙은 B국 국적의 丁과 혼인하여 B국에서 丁과 함께 살고 있다. 丙은 A국의 국적법과 B국의 국적법에 의하여 양국의 국적을 각기 취득하여 현재까지 보유하고 있다. A국법과 B국법의 어느 쪽에 의하든, 丙은 아직 성년연령에 이르지 못하였지만 혼인으로 인하여 성년자로 의제되었다. 경제적으로 생활에 어려움을 겪고 있는 丙은 B국에서 부(父)인 甲을 상대로 부양을 청구하는 소를 제기하였다.

한편 乙은 A국에 살면서 극심한 스트레스로 인한 탈모 증세로 고민하던 중, A국을 대상으로 B국에서 광고를 하고 있는 B국 소재 X회사의 탈모치료제 광고를 보고 X회사로 주문서를 발송하여 A국의 자신의 거주지로 탈모치료제를 배송받았다. 乙과 X회사 간에는 준거법선택에 관하여 아무런 합의가 없었다. 乙은 배송받은 탈모치료제를 개봉하여 자신의 머리에 발랐던바 타는 듯한 통증에 이어 2~3일 내에 심각한 탈모가 발생함과 아울러 피부의 변색과 부스럼 등의 부작용이 발생하므로 이에 바로 병원치료를 받았으나 영구적인 장애가 남게 되었다. 조사 결과 乙이 사용한 탈모치료제를 제조할 당시 X회사 제조담당자가 배합기계에 배합비율을 잘못 입력함으로써 배합이 잘못된 탈모치료제가 생산되었음이 밝혀졌다. 乙은 A국에서 X회사를 상대로 영구장애에 대한 손해배상청구소송을 제기하였다.

### 전제

1. A국과 B국의 국적법은 모두 복수국적을 허용한다.
2. A국과 B국의 국제사법, 민사소송법 및 가사소송법은 대한민국의 그것과 내용이 동일하다.
3. 甲과 乙의 혼인 및 丙과 丁의 혼인은 각기 그 준거법에 따라 유효하게 성립하였다.
4. A국법에 따르면 혼인 중 취득한 재산이라도 부부 일방의 명의로 된 재산은 각 명의자의 재산으로 간주되고, 이에 대하여 이혼시의 재산분할청구권은 인정되지 않는다. 또한 부모는 성년인 자(子)(혼인으로 성년의제된 자를 포함한다)에게도 부양의무를 진다.
5. B국법에 따르면 혼인 중 취득한 재산은 부부의 공유재산으로 간주하고, 이혼을 하는 경우에 이를 같은 비율로 분할하는 재산분할청구권이 인정된다. 또한 부모의 미성년인 자(子)에 대한 부양의무는 인정하지만, 그 외의 친족간의 부양의무는 인정하지 않는다.

### 질문

1. A국은 乙의 이혼청구소송과 재산분할청구소송에 대하여, B국은 丙의 부양청구소송에 대하여 각각 국제재판관할권을 가지는가? (15점)

2. A국과 B국이 국제재판관할권을 가진다고 하였을 때, 다음 청구는 인용될 수 있는가?
   가. 乙의 甲에 대한 이혼청구가 인용된다는 전제 하에서, A국에 제기된 乙의 甲에 대한 재산분할청구 (25점)
   나. B국에 제기된 丙의 甲에 대한 부양청구 (15점)

3. 乙의 X회사에 대한 손해배상청구의 준거법에 관하여 논하시오(乙과 X회사 사이에 준거법에 대한 사후적 합의는 없었음, 「국제물품매매계약에 관한 국제연합협약」은 고려하지 말 것). (25점)

제2문

  甲 회사는 핸드백을 생산하는 회사로 한국에 영업소를 두고 있다. 甲의 대표이사는 바이어를 발굴하기 위해 영국에서 개최되는 핸드백 박람회에 참석하였다. 미국 내 영업소를 두고 있는 핸드백 판매업체인 乙 회사의 대표이사도 핸드백 박람회에 참석하였다가 甲의 대표이사를 만나게 되었고, 甲의 샘플 핸드백 디자인이 마음에 들어 박람회 현장에서 핸드백 매매계약을 체결하였다. 이 계약의 내용은, 甲은 자신이 제시한 샘플과 같은 디자인의 핸드백(이하, '이 사건 핸드백'이라 한다)을 개당 100 달러씩 10,000개를 乙에게 판매하고, 乙은 이 핸드백에 자사의 상표를 부착하여 미국 내에서 150 달러에 판매한다는 것이다. 이 계약에는 명시적이거나 묵시적으로 준거법에 관한 합의는 없었다. 甲은 약속한 물량의 핸드백을 인도기일에 맞추어 인도하였고, 그 핸드백은 특이한 디자인 덕에 미국 내에서 절찬리에 판매되어 판매개시 한 달 만에 5,000개가 판매되었다.

  그러던 중 갑자기 미국에 영업소를 두고 있는 신생 핸드백 업체인 丙이 이 사건 핸드백이 자신의 디자인특허(한국의 디자인권에 상응함)를 침해하였다고 주장하며 乙을 상대로 미국 법원에 판매금지가처분과 100만 달러의 손해배상을 구하는 소송을 제기하였다. 乙은 바로 甲에게 이 사실을 통보하고, 20만 달러의 비용을 들여 소송에 대응하였으나, 이 사건 핸드백의 디자인이 丙의 디자인특허를 침해한 것으로 입증되어 나머지 핸드백 5,000개의 미국 내 판매를 중단하고, 丙이 청구한 손해배상액 중 70만 달러를 지급하는 것으로 합의하게 되었다. 乙은 나머지 핸드백 5,000개를 반품하였으나 乙이 보관하는 과정에서 관리 소홀로 2,000개에 탈색이 발생하였다. 甲은 탈색되지 않은 3,000개의 핸드백을 재가공하여 丙의 디자인특허를 침해하지 않도록 디자인을 대폭 변경한 후 한국 내에서 개당 50 달러에 전량 처분하였으며, 탈색된 2,000개는 폐기처분하였다. 乙은 이 계약으로 인한 손해를 만회하기 위하여 甲을 상대로 한국 법원에 소송을 제기하였다.

전제

  한국과 미국은 「국제물품매매계약에 관한 국제연합협약」(이하, '협약'이라 한다)의 체약국이다.

영국은 협약의 비체약국이다.

미국은 협약 제95조에 따른 유보를 선언한 국가이다.

## 질문

1. 위 계약에 협약이 적용되는지 논하시오. (15점)

   (아래 2, 3번 문제는 위 계약에 협약이 적용됨을 전제로 답하시오)

2. (1) 甲의 계약위반 여부 및 (2) 乙이 행사할 수 있는 구제 수단을 열거한 후 각각의 수단이 상황에 비추어 볼 때 적절한 구제 수단인지 논하고, (3) 乙이 청구할 수 있는 손해배상액을 항목별로 언급하고, 甲은 그 손해배상액을 줄이기 위해 어떤 주장을 할 수 있는지 논하시오(지연손해금은 고려하지 말 것). (50점)

3. 만약 乙이 丙의 디자인특허 침해 소송 제기 시점에 이를 甲에게 바로 통지하지 않고 만연히 미루다가 11개월이 지나서야 甲을 상대로 손해배상청구소송을 제기하였고, 甲은 그때 비로소 자신의 디자인이 丙의 디자인특허를 침해했다는 사실을 처음으로 알게 되었다면, 甲은 어떤 주장을 할 수 있는지 논하시오. (15점)

# 12 | 2014년 제3회 변호사 시험 **해설**

## 제1문

### 접근

설문1은 국제재판관할권이 인정되는지를 묻고 있습니다. 을의 이혼청구소송과 재산분할청구소송에서 A국 법원이 관할권을 가지는지, 병의 부양청구소송에서 B국 법원이 관할권을 가지는지가 쟁점입니다. 전속관할합의가 있는지 먼저 확인하고, 있다면 그 유효성을 검토하고, 없다면 제2조의 일반적 관할요건을 검토합니다.

설문2는 을의 재산분할청구와 병의 부양청구의 인용가능성이 쟁점입니다. 이혼(제66조)으로 인한 재산분할의 준거법과 부양(제73조)의 준거법을 찾고, 그 준거법에 따라 각 청구의 인용가능성을 판단하면 됩니다.

설문3은 손해배상청구의 준거법을 묻습니다. 손해가 채권채무관계에서 발생한 것인지 불법행위로 인한 것인지를 사실관계로부터 파악해야 합니다. 다만, 준거법에 대한 사후적 합의가 없다는 힌트를 통해 불법행위(제52조)로 인한 손해배상청구일 가능성이 높다는 것을 알 수 있습니다.

3회 시험에서는 전제사실을 5개나 제시하고 있습니다. 어느 하나도 놓치지 말고 검토하여 답안에 포함시켜야 함을 잊지 마시기 바랍니다.

### 모범답안

#### 설문1

##### 1. 국제사법 적용 여부

먼저, 을의 이혼청구소송과 재산분할청구소송에 대하여 봅니다. 을이 A국 법원에 소를 제기하였으므로 법정지는 A국입니다. 을의 국적은 A국이고 갑과 결혼 후 B국에서 생활하였고, 별거 후 A국으로 돌아와서 생활하고 있습니다. 소송의 상대방인 갑의 국적은 A국과 B국이고, B국에 거주하며 사업활동을 하고 있습니다. 따라서 법정지인 A국의 입장에서 사법관계의 구성요소인 각 당사자의 국적, 일상거소지 등이 A국과 B국에 관련되어 있으므로 A국의 국제사법이 적용될 수 있습니다.

다음으로, 병의 부양청구소송에 대하여 봅니다. 병이 B국에서 소송을 제기하였으므로 법정지는 B국입니다. 병의 국적은 A국과 B국이고, 현재 B국에 거주 중입니다. 소송 상대방인 갑은 앞서 본 바와 같이 국적은 A국과 B국이고 B국에 거주 중입니다. 그렇다면 법정지인 B국의 입장에서 당사자의 국적이 모두 A국과 B국의 이중국적에 해당하여 외국과 관련된 요소가 인정되므로 B국의 국제사법이 적용될 수 있습니다.

### 2-1. 국제재판관할 검토(가안)

먼저, 을의 이혼청구소송과 재산분할청구소송에 대하여 봅니다. 당사자간 전속적 관할합의는 없습니다. 따라서 제2조에 의하여 ① 그 사건이 A국과 실질적 관련이 있는지, ② A국법의 관할규정은 어떤지(전제사실2에 따라 대한민국 국제사법과 민사소송법 및 가사소송법을 검토해도 무방합니다), ③ 국제재판관할의 특수성에도 부합하는지 살펴봅니다. 우선, A국의 민사소송법 제2조와 제3조에 따라 피고 갑의 보통재판적인 B국에 관할이 발생하는 것으로 보입니다. 그리고 이는 전속관할이 아닙니다. 그런데 A국의 가사소송법 제22조 2호에 의하면 혼인관계 소송에 대하여, '부부가 마지막으로 같은 주소지를 가졌던 가정법원의 관할구역 내에 부부 중 어느 한쪽의 보통재판적이 있을 때에는 그 가정법원'이 전속관할권을 가지는데, 위 경우에는 B국이 이에 해당하므로 B국 법원에 전속관할이 발생합니다. 뿐만 아니라, 결혼생활이 주로 이루어진 장소가 B국이고, 재산분할청구의 목적 재산 전부가 B국 국적인 갑의 명의로 되어 있어 그 소재지도 B국입니다. 그렇다면 A국은 위 소송과의 실질적 관련성이 없고 국제재판관할의 특수성을 고려하여 A국의 관할권을 부정함이 타당해 보입니다. 따라서 A국 법원이 국제재판관할권을 가진다고 볼 수 없습니다.

다음으로, 병의 부양청구소송에 대하여 봅니다. 마찬가지로 당사자간 전속적 관할합의는 없으므로 제2조의 요건을 검토합니다. 병의 부양청구소송은 B국의 가사소송법 제2조 제1항 2호(가사비송사건) 나목(마류)의 8호에 해당하고, 동법 제46조에 의해 이 경우에는 상대방인 갑의 보통재판적이 있는 곳의 가정법원이 재판관할권을 갖습니다. 병과 갑 모두 국적은 A국과 B국이고, 공히 B국에 거주하고 있으므로 B국과의 실질적 관련성이 인정되고, 국제재판관할의 특수성을 고려하더라도 B국 법원의 재판관할을 배제할 합리적 이유가 없습니다. 따라서 B국 법원이 위 청구에 대한 국제재판관할권을 가진다고 볼 수 있습니다.

(※ 가사소송법은 변호사시험의 출제범위도 아니고, 그렇다고 별도의 참고 조문을 제시한 것도 아니므로, 문제의 전제사실에서 가사소송법을 언급한 것은 다소 부적절했다고 보입니다. 특히 이혼청구소송에 대하여는 전속관할이 문제됨에도 불구하고 참고할 법령을 제시하지 않은 점은 많이 아쉽습니다. 시험용 법전에도 가사소송법이 포함되지 않으므로 시험장에서 가사소송법을 참고하여 문제를 해결할 수 없었을 것이므로, 이런 경우를 위해 아래에 별도의 답안을 제시합니다.)

### 2-2. 국제재판관할 검토(나안)

먼저, 을의 이혼청구소송과 재산분할청구소송에 대하여 봅니다. 당사자간 전속적 관할합의는 없습니다. 따라서 제2조에 의하여 ① 그 사건이 A국과 실질적 관련이 있는지, ② A국법의 관할규정은 어떤지(전제사실2에 따라 대한민국 국제사법과 민사소송법 및 가사소송법을 검토해도 무방합니다), ③ 국제재판관할의 특수성에도 부합하는지 살펴봅니다. 우선, A국의 민사소송법 제2조와 제3조에 따라 피고 갑의 보통재판적인 B국에 관할이 발생하는 것으로 보입니다. 그러나 결혼생활이 주로 이루어진 장소가 B국이고, 재산분할청구의 목적 재산 전부가 B국 국적자인 갑의 명의로 되어 있어 그 소재지도 B국입니다. 그렇다면 A국은 위 소송과의 실질적 관련성이 있다고 보기 어렵고, 국제재판관할의 특수성을 고려하여도 A국의 관할권을 부정함이 타당해 보입니다. 따라서 A국 법원이 국제재판관할권을 가진다고 볼 수 없습니다.

다음으로, 병의 부양청구소송에 대하여 봅니다. 마찬가지로 당사자간 전속적 관할합의는 없으므로 제2조의 요건을 검토합니다. B국의 민사소송법 제2조 및 제3조에 의하여 소송의 상대방인 갑의 보통재판적인 B국의 법원에 관할이 발생함은 명백합니다. 또한, 병과 갑 모두 국적은 A국과 B국이고, 공히 B국에 거주하고 있으므로 B국과의 실질적 관련성이 인정되고, 국제재판관할의 특수성을 고려하더라도 B국 법원의 재판관할을 배제할 합리적 이유가 없습니다. 따라서 B국 법원이 위 청구에 대한 국제재판관할권을 가진다고 볼 수 있습니다.【개정국제사법 A국에 대해서는 제56조 제1항 제3호, 제3조; B국에 대해서는 제60조 참조】

### 설문2의 가

#### 1. 이혼을 원인으로 한 재산분할의 준거법 결정

설문에서 이혼청구소송이 인용되었음을 전제하므로, 이 경우의 재산분할은 이혼을 원인으로 한 재산분할에 해당합니다. 즉, 재산분할이 이혼의 효과로서의 의미를 가지므로, 이혼의 준거법인 A국 국제사법 제66조에 의함이 타당합니다. 원칙적으로 혼인의 일반적 효력(제64조)의 준거법을 따르지만(제66조 본문), 단서에서 부부 중 일방이 A국에 상거소가 있는 A국 국민일 경우 A국법에 의하도록 함에 주의해야 합니다. 을이 A국 국적자로 A국에 상거소를 두고 있으므로 A국법이 준거법으로 결정됩니다. (이혼으로 인하여 부부재산제가 소멸되는 경우와 구별하여야 합니다. 이 경우의 부부재산제의 소멸은 이혼의 효과가 아니라, 부부간 합의 혹은 계약에 의한 부부재산제 자체의 소멸의 문제입니다. 따라서 이혼의 준거법이 아닌 부부재산제의 준거법을 정하는 제65조에 의해야 합니다. 설문은 부부재산제의 소멸이 아니라 이혼으로 인한 재산분할을 묻고 있으므로 이혼의 준거법에 의해야 하는 것입니다.)

## 2. 재산분할청구의 인용 가부 검토

전제사실4에 따르면 A국법은 혼인 중 취득한 재산이라도 일방의 명의로 된 재산에 대하여는 이혼으로 인한 재산분할청구권이 인정되지 않습니다. 따라서 을의 재산분할청구는 이유가 없어 기각됨이 타당합니다.

### 설문2의 나

#### 1. 부양의 준거법 결정

부양에 관하여는 B국의 국제사법 제73조에 의합니다. 부양권리자인 병과 부양의무자인 갑 모두가 A국·B국에 이중국적을 가지고 있으므로 B국 국민에 해당하고(전제사실1에 따르면 B국이 복수국적을 허용하고 있으므로), 일상거소지 역시 B국으로 동일합니다. 그렇다면 제73조 제4항에 따라 이들 간의 부양에 관하여는 B국법이 준거법이 되어야 합니다.

#### 2. 부양청구의 인용 가부 검토

전제사실5에 의하면 B국법은 부모의 미성년인 자에 대한 부양의무만을 인정하므로 병이 미성년자인지의 여부가 위 청구를 인용하기 위한 핵심 쟁점이 됩니다. 그런데 사실관계에 따르면 병은 아직 성년연령에 이르지 못하였지만 B국법에 따라 혼인으로 인하여 성년자로 의제되었습니다. 그렇다면 병은 미성년자에 해당하지 않습니다. 따라서 병의 갑에 대한 부양청구는 이유가 없어 기각됨이 타당합니다.

### 설문3

#### 1. 국제사법 적용 여부

을이 X회사를 상대로 A국에서 손해배상청구소송을 제기하였으므로 법정지는 A국입니다. 을은 A국 국적을 가지고 있고 A국에 살고 있습니다. X회사는 B국에 소재하고 (A국을 상대로) B국에서 광고 활동을 하고 있습니다. 따라서 법정지인 A국의 입장에서 사법관계의 구성요소인 양당사자의 국적 혹은 소재지가 A국과 B국에 관련되어 있으므로 외국과 관련된 요소가 있는 법률관계에 해당하므로 A국의 국제사법이 적용될 수 있습니다.

#### 2. 손해배상 청구의 법적 성질 결정

을이 X회사로부터 구입한 탈모치료제로 인하여 통증과 탈모, 피부 변색과 부스럼 등의 피해를 입은 바, 이를 을과 X회사 사이의 구매 계약에 부적합한 물품으로 인한 손해, 즉 채무의 불(완전)이행으로 인한 손해로 볼 수도 있고, X회사의 제조담당자의 과실에 의한 손해, 즉 불법행위로 인한 손해로 볼 수도 있습니다. 따라서 각 경우에 대한 준거법을 모두 검토하여야 합니다.

### 3. 채무불이행의 준거법 결정

채무발생의 근거가 되는 계약은 을과 X회사 사이의 탈모치료제 구매계약입니다. 이 계약의 성격이 일반적인 채권계약에 해당하는지 아니면 소비자계약(제42조)에 해당하는지 먼저 검토합니다. 우선 을은 직업이나 영업의 목적 없이 개인적 소비를 목적으로 탈모치료제를 구입하였습니다(제42조 제1항 본문). 그리고 소비자 을의 상대방인 X회사가 소비자가 상거하지 않는 B국에서 소비자가 상거하는 A국으로 광고에 의한 영업활동을 하였고, 소비자 을은 A국에서 주문서를 발송하여 계약체결에 필요한 행위를 하였음을 사실관계로부터 확인할 수 있습니다. 그렇다면 이는 제1항 1호에 해당하므로 을과 X회사 사이의 계약은 제42조의 소비자계약에 해당합니다. 그러나 당사자간 준거법 선택에 아무런 합의가 없었으므로, 소비자 을의 일상거소지법인 A국법이 준거법이 됩니다(제47조 제2항).

### 4. 불법행위의 준거법 결정

을의 손해가 X회사의 불법행위로 인한 것으로 볼 경우에는 제52조에 의해 준거법을 결정합니다. (설문에서 당사자간 준거법에 대한 사후적 합의도 없었다고 전제하였으므로 제53조는 검토할 필요가 없습니다.) 먼저, 을과 X회사 사이에는 소비자계약이라는 법률관계가 존재하고, X회사의 불법행위로 인하여 그 법률관계가 침해되는 경우에 해당하므로, 이 경우의 준거법은 소비자 을의 일상거소지인 A국의 법이 됩니다(제52조 제3항).

### 5. 결론

따라서 어느 경우로 보더라도 위 손해배상청구의 준거법은 A국법이 됩니다.

---

**핵심쟁점**

### 설문1

#### 1. 국제재판관할권

실질적 관련 원칙(제2조 제1항)과 국내 토지관할 규정 및 특수성 함께 고려(제2조 제2항).

#### 2. A국의 재판관할권 여부

갑이 거주하고 있는 B국에 보통재판적(가사소송법 제22조 제2호, 전속관할)이 있으므로, B국에 재판관할권 인정. 특수성 고려해도 A국 인정하기 어려움.

#### 3. B국의 재판관할권 여부

갑의 보통재판적(가사소송법 제46조, 제2조 제1항 2호 마류의 8)이 B국에 있으므로 B국에 재판관할권 인정됨.

### 설문2의 가

#### 1. 재산분할청구

이혼에 따른 재산분할청구는 이혼의 준거법(제66조) 적용. 부부 중 일방이 한국(A국)에 상거소가 있는 한국 국민(A국 국민)인 경우에는 이혼은 한국법(A국법)에 의함. 을의 재산분할청구는 인용 안 됨(전제사실4).

### 설문2의 나

#### 1. 부양청구

부양의 준거법은 부양권리자의 일상거소지법(제73조 제1항). 부양권리자와 부양의무자가 모두 한국 국민(B국 국민)이고, 부양의무자가 한국(B국)에 상거소가 있다면 한국법(B국법)이 준거법(제73조 제4항).

### 설문3

#### 1. 소비자계약

상대방 X회사가 B국에서 을의 상거소가 있는 A국가로 광고에 의한 거래권유(제42조 제1항 1호)를 한 경우. 수동적 소비자.

#### 2. 손해배상청구

소비자계약상 채무불이행의 준거법(제47조 제1항, 제2항)은 소비자 을의 일상거소지법인 A국법, 불법행위에 따른 손해배상의 준거법은 종속적 연결(제52조 제3항)에 따라 A국법.

# 제2문

## 접근

설문1은 '협약이 적용되는지'를 묻습니다. 사실관계를 통해 협약이 직접적용되는 경우(제1조 제1항 가호)인지, 간접적용되는 경우(동조 제1항 나호)인지를 파악하여 문제를 해결하면 됩니다.

설문2의 (1)은 '계약위반 여부'를, (2)는 '구제 수단'과 그 '적절'성을, (3)은 '손해배상액'의 범위와 그에 대한 감경방법을 묻고 있습니다. 각 소문항에서 묻는 사항의 주체가 매수인인지 매도인인지 파악하고, 그에 맞추어 해당 조문을 찾아 풀어나가면 됩니다.

설문3은 '디자인특허 침해'가 지식재산권 등의 권리 부적합의 문제이므로, 이에 대한 통지의무 위반이 권리 부적합 통지의무(제43조 및 제44조) 위반의 문제임을 간파하는 것이 관건입니다. 나머지는 조문을 포섭하여 해결하면 되는 문제입니다.

## 모범답안

### 설문1

#### 1. 협약 적용 여부

한국에 영업소를 둔 갑회사는 미국에 영업소를 둔 을회사에게 핸드백 10,000개를 개당 100달러에 판매하는 계약을 체결하였습니다. 전제사실에 따르면 미국과 한국은 모두 협약의 체약국입니다. 따라서 제1조 제1항 가호에 따라 협약이 직접적용될 수 있는지가 문제됩니다. 요건은 ① 인식 가능한 국제성을 가진 물품매매계약일 것, ② 협약 제6조의 배제합의가 없을 것의 두 가지입니다. 양당사자의 영업소가 각 한국과 미국에 위치하므로 위 계약의 국제성은 계약 체결 당시 충분히 인식가능하고, 핸드백을 매매하는 계약은 물품매매계약에 해당함이 명백합니다. 그리고 당사자 간에 제6조에 따라 협약을 배제하기로 하는 합의를 한 바도 없습니다. 따라서 갑회사와 을회사 사이의 계약에는 협약이 직접적용될 수 있습니다.

(※ 전제사실에 따르면 미국은 협약 제95조에 따른 유보를 선언하였습니다. 제95조에 따른 유보를 선언하였다는 것은 협약의 간접적용을 배제하겠다는 선언을 한 것인데, 사안에서 한국과 미국은 모두 협약의 체약국으로, 협약의 직접적용 여부만이 문제되므로, 제95조의 유보선언을 하였다는 사실은 사안의 문제를 해결하는 것과는 아무런 상관이 없습니다. 그렇기에 위 전제사실은 함정이라고 볼 수 있습니다.)

## 설문2의 (1)

### 1. 제3자의 디자인특허 침해 주장의 법적 성질

갑회사가 을회사에 핸드백을 판매하였고, 을회사는 이 핸드백에 자사의 상표를 부착하여 미국 내에서 판매하였습니다. 그런데 미국에 영업소를 둔 병이 자신의 디자인특허가 이 핸드백에 의하여 침해되었음을 주장하며 을회사를 상대로 소송을 제기하였습니다.

제41조에 의하면, 매도인이 매수인에게 인도하는 물품은, 제3자가 자신의 권리를 주장하는 물품이 아니어야 합니다. 이를 매도인의 권리적합의무라고 합니다. 제3자의 주장이 사실인지 여부와는 상관없이, 제3자가 자신의 권리를 주장하는 경우, 그 주장만으로도 매도인은 권리적합의무를 위반한 것이 됩니다. 제3자가 주장하는 권리가 공업소유권 기타 지식재산권인 경우에는 특칙인 제42조의 규율을 받습니다. 제42조 제1항에 의하면, 매도인은 물품이 전매될 국가, 사용될 국가 혹은 매수인의 영업소가 위치한 국가의 법에 의해 보호되는 공업소유권 및 지식재산권에 기초한 제3자의 권리주장의 대상이 아닌 물품을 인도할 의무를 부담합니다.

미국은 갑회사가 공급한 핸드백이 을회사에 의해 전매되는 국가이고, 미국법에 의한 디자인특허가 침해되었다는 주장을 제3자인 병이 하고 있습니다. 그렇다면, 갑회사는 병의 지식재산권 주장의 대상인 물품을 공급한 것에 해당하여, 제42조에 따른 권리적합의무를 위반하였습니다.

### 2. 매도인의 권리적합의무의 면제 여부 검토

① 계약 체결 당시에 매도인 자신이 매도하는 물품이 제3자의 지식재산권 주장의 대상임을 몰랐거나 모른 데에 정당한 이유가 있는 경우(제42조 제1항), ② 매수인이 계약 체결시에 제3자의 권리주장을 알았거나 알 수 있었던 경우(제42조 제2항 가호), ③ 매수인이 기술설계, 디자인, 방식 등을 제공하였는데 그로 인해 제3자의 권리주장이 발생한 경우(제42조 제2항 나호)에 매도인은 권리적합의무를 부담하지 않습니다.

사안의 계약 체결시에, 갑회사와 을회사는 모두, 갑회사의 핸드백이 병의 디자인특허를 침해한다는 사실을 몰랐습니다. 그러나, 갑회사의 핸드백이 미국 내에서 절찬리에 판매될 정도로 그 디자인이 특이하였으므로, 갑회사가 제3자의 디자인특허를 침해할 가능성이 있는지에 대하여 미리 알 수 있었을 가능성이 있었다고 보아야 합니다. 이는 갑회사의 중과실을 인정함이 타당하고 따라서 매도인인 갑회사의 권리적합의무는 면제되지 않습니다.

### 3. 결 론

갑회사가 제42조에 따른 권리적합의무를 위반하였으므로 이는 계약위반에 해당합니다.

## 설문2의 (2)

### 1. 매수인의 구제권(제45조)

갑회사가 권리적합의무를 위반하여 계약을 위반한 바, 을회사는 제45조에 따른 매수인의 구제권을 행사할 수 있습니다. 제45조에 따른 매수인의 구제권으로는, 계약이행청구권(제46조), 부가기간지정권(제47조), 계약해제권(제49조), 대금감액권(제50조)이 있고, 이와 중첩적으로 손해배상청구권(제74조 내지 제77조)을 행사할 수 있습니다.

그런데 물품의 하자가 아닌 권리의 하자로 인한 경우이므로, 그 성질상 대체물인도청구나 부적합의 치유가 불가능하다고 보아야 합니다(제46조 조문해설참조). 따라서 이와 관련된 대체물인도청구권(제46조 제2항), 부적합치유청구권(제46조 제3항)은 위 사안에 적용할 수 없습니다.

그렇다면, 위 사안에 대하여 특정이행청구권(제46조 제1항), 부가기간지정권(제47조), 계약해제권(제49조), 대금감액권(제50조) 및 손해배상청구권(제74조 내지 제77조) 등의 구제권만이 행사 가능합니다.

### 2. 을회사의 구제권 검토

을회사는 갑회사에 특정이행청구권(제46조 제1항)을 행사할 수 있으나 이미 상당수 판매되었고 소송이 제기된 상태이므로 행사할 실익이 없습니다.

갑회사가 인도한 핸드백의 권리부적합으로 인해, 을회사가 이미 판매한 5,000개에 대하여는 병에 손해배상을 하였고, 나머지 5,000개에 대하여는 더 이상 판매가 불가능하므로, 이는 을회사가 갑회사와의 계약으로부터 기대한 바를 실질적으로 박탈당한 것에 해당하고, 이러한 결과는 계약체결시에 충분히 예상가능하였다고 보이므로, 사안의 권리부적합은 갑회사의 본질적 계약위반(제25조)에 해당합니다. 따라서 을회사는 계약해제권(제49조 제1항 가호)을 행사할 수 있습니다. 그리고, 본질적 계약위반으로 해제권이 발생한 이상, 대금감액권(제50조)은 행사의 실익이 없습니다.

그런데, 을회사의 관리소홀로 인해 2,000개에 탈색이 발생한 바, 이에 대하여도 계약해제가 가능한지 문제됩니다. 사실관계에서, 탈색이 '보관하는 과정에서' 발생하였고, 그럼에도 불구하고 을회사는 5,000개 전부를 반품하였고, 갑회사 역시 이에 대하여 이의를 제기한 바 없이 반품받았으며, 탈색된 2,000개를 전량 폐기처분한 바, 을회사의 관리소홀로 인한 탈색은, 을회사가 해제권을 이미 행사한 이후에 발생한 것으로 봄이 타당합니다. 따라서 을의 계약해제권은 5,000개 전부에 대하여 발생한다고 보아야 합니다.

위의 계약해제권과 함께 손해배상청구권(제74조 내지 제77조)을 행사할 수 있는 바, 이에 대하여는 아래에서 후술합니다.

## 설문2의 (3)

### 1. 손해배상액의 산정

일방의 계약위반으로 인한 손해의 배상은 완전배상을 원칙으로 하므로(제74조), 대체거래가 있었는지(제75조), 물품에 시가가 있는지(제76조)를 검토하여 그에 따른 손해액을 먼저 산정한 후, 이를 통해 보전되지 않는 부분은 제74조의 완전배상원칙에 따라 배상을 받을 수 있습니다.

사안에서 대체거래는 없었고, 물품에 시가가 있는 경우에 해당하지도 않으므로, 을회사의 손해액은 전부 제74조에 의하여 갑회사로부터 배상을 받을 수 있습니다.

을회사는 병과의 소송비용으로 20만 달러를 사용하였고, 병에 대한 손해배상액으로 70만 달러를 지급하였으며, 판매하지 못한 핸드백 5,000개를 통하여 얻을 수 있었던 이익인 25만 달러(5,000개 * 50달러)까지, 총 115만달러의 손해를 입었습니다. 을회사는 제74조에 의하여, 갑회사에게 이 115만 달러의 손해배상을 청구할 수 있습니다.

### 2. 손해배상액의 감경 여부 검토

계약위반을 주장하는 당사자는 손실을 경감하기 위한 조치를 취할 의무를 부담합니다(제77조). 필요한 조치가 취해지지 아니한 경우에, 계약위반 당사자는 이를 이유로 손해배상액의 감액을 청구할 수 있습니다. 뿐만 아니라, 계약위반 당사자는 자신의 계약위반이 통제 불능 장애로 인한 것이고, 그것이 예견할 수 없는 장애였으며 극복도 불가능한 장애였음을 입증하여, 손해배상책임을 면할 수 있습니다(제79조). 그리고, 매수인이 해제권을 행사하기 전에 물품을 수령 당시와 동일한 상태로 반환할 수 없게 된 경우, 매도인은 매수인의 해제권 상실을 이유로 물품대금의 반환을 거부할 수 있습니다(제82조, 엄밀히 말하면, 반환의무는 손해배상의 문제는 아닙니다). 매수인이 해제권을 행사한 이후에는 물품을 반환할 때까지 보관할 의무를 부담하는데, 보관 중 물품에 멸실·훼손이 발생한 경우, 매도인이 매수인에게 이에 대한 손해의 배상을 청구할 수 있습니다(제86조, 보관의무).

사안에서 을이 손실경감의무를 다하지 아니하여 소송비용과 손해배상액을 과다하게 지급하였다는 사정은 보이지 않으므로, 갑회사의 손해배상액의 감경 주장은 어려울 것으로 보입니다. 그리고 갑회사의 권리부적합이 통제·예견·극복 불가능하다고 보이지도 않으므로, 갑회사의 손해배상책임의 면책 주장도 타당하지 않습니다.

그렇다면, 을회사의 관리소홀로 2,000개의 핸드백에 탈색이 발생한 것만이 문제되는데, 이 탈색이 을회사의 해제권 행사 전에 이루어졌는지, 행사 후에 이루어졌는지가 사실관계에 명확하게 나타나지는 않으나, '보관하는 과정에서' 탈색이 발생하였다고 한 점으로 미루어, 을회사가 해제권을 행사한 후 보관의무를 위반하여 탈색이 발생하였다고 보는 것이 합리적입니다.

갑회사가 탈색이 발생한 2,000개를 폐기처분한 바, 이로 인한 갑회사의 손해는, 반환받은 2,000개를 재가공하여 판매함으로써 얻을 수 있었던 이익인 10만 달러(2,000개 * 50달러)입니다. 따라서 갑회사는 을회사의 위 손해배상청구액에 대하여 자신의 손해액인 10만 달러의 감경을 주장할 수 있습니다.

(※ 을회사가 적법하게 해제권을 행사하여 갑회사에게 탈색된 핸드백 2,000개를 반환하고, 갑회사는 을회사에게 이에 대한 대금 20만 달러(2,000개 * 100달러)를 반환한 것은, 계약해제로 인한 쌍방의 원상회복의무의 이행이므로, 갑회사가 탈색된 핸드백을 전량 폐기처분하였다고 하더라도, 을회사에게 반환한 대금 20만 달러를 갑회사의 손해액으로 산정하는 것은 타당하지 않아 보입니다.)

## 설문3

### 1. 을회사의 권리부적합 통지의무 이행 여부

매수인은 권리부적합을 알게 된 경우, 합리적인 기간 내에 이를 매도인에게 통지해야 합니다. 이를 해태한 경우 매도인에게 권리부적합을 주장할 수 없습니다(제43조 제1항). 그러나 매도인이 이미 권리부적합 사실을 알고 있었던 경우에는 매수인은 권리부적합 통지의무를 부담하지 않습니다(제43조 제2항). 매수인이 권리부적합 통지의무를 이행하지 않았으나, 통지의무 미이행에 합리적인 이유가 있다면, 권리부적합을 이유로 대금감액권이나 이익상실을 제외한 손해배상청구권을 행사할 수 있습니다(제44조).

사실관계에 따르면, 을회사는 병이 소송을 제기한 시점에 권리부적합 사실을 인지하였으나, 이를 바로 갑회사에게 통지하지 않았고, 이후로도 만연히 미루다가 11개월이나 지난 시점에서야, 갑회사를 상대로 소송을 제기하였고, 갑회사는 이때에 이르러서야 권리부적합 사실을 알게 되었습니다.

을회사는 갑회사에 권리 부적합 사실을 합리적인 기간 내에 통지하지 않았으므로, 매수인의 권리부적합 통지의무를 위반하였습니다. 그리고 그 의무 위반에 합리적인 이유가 있다고 보이지도 않으므로, 갑회사를 상대로 대금감액권이나 이익상실을 제외한 손해배상청구권을 행사할 수 없습니다.

### 2. 갑회사가 할 수 있는 주장

갑회사는 을회사의 소제기시까지 권리부적합 사실을 인지하지 못하였으므로(이 경우, 매도인의 과실 여부는 따지지 않음에 주의해야 합니다), 을회사의 권리부적합 통지의무 위반을 이유로, 을회사가 권리부적합을 원용할 권리를 상실하였음을 주장할 수 있습니다(제43조). 또한, 을회사의 통지의무 위반에 합리적인 이유가 없음을 이유로, 을회사의 대금감액권이나 이익상실을 제외한 손해배상청구권의 행사가 이유없음을 주장할 수 있습니다(제44조).

핵심쟁점 ─────────────────────────────────────────○

## 설문1

### 1. 협약 직접적용

① 인식 가능한 국제성을 가진 물품매매계약(제1조), ② 협약 배제 합의가 없을 것(제6조), ③ 양당사자의 영업소가 체약국에 위치할 것(제1조 제1항 가호). 미국의 협약 제95조에 따른 유보 선언은 함정임.

## 설문2의 (1)

### 1. 갑의 계약위반 여부

매도인의 권리적합의무(제41조), 지식재산권의 경우(제42조)의 권리적합의무 위반. 매도인의 악의 혹은 중과실.

## 설문2의 (2)

### 1. 을회사의 구제수단

권리부적합의 경우. 특정이행청구권(제46조 제1항), 계약해제권(제49조), 대금감액권(제50조), 이와 중첩적으로 손해배상청구권(제74조 내지 제77조).

## 설문2의 (3)

### 1. 손해배상액

이익상실 5,000개 * 50달러, 소송비용 20만 달러, 손해배상액 70만 달러(제74조). 총 115만 달러.

### 2. 손해배상액의 감경

소송비용과 손해배상액에 대한 을회사의 손실감경의무(제77조) 위반 주장, 탈색된 2,000개에 대한 을회사의 보관의무(제86조) 위반 주장.

## 설문3

### 1. 권리부적합 통지의무

권리부적합 통지의무(제43조 제1항). 그 예외(제43조 제2항 및 제44조).

### 2. 갑회사의 주장

예외사유 해당 없음, 을회사의 통지의무 위반. 을회사의 권리부적합 원용권상실 주장 가능함.

# 13 | 2013년 시행 제2회 변호사시험

## 제1문

폐암 말기로 甲국 병원에 입원해 있던 X(대한민국에 상거소를 두고 있으며 국적은 乙국)는 자신을 극진히 간병해 준 간병인 Y(甲국 국적)에게 대한민국에 소재한 X의 집에 보관 중인 X 소유의 그림 1점(유명화가의 작품으로 시가 2,000만 원 상당)을 증여한다는 내용의 유언을 하였다.

X는 유언을 함에 있어서 증인 1인의 참여 하에 공증인의 면전에서 유언의 취지를 구수(口授)하고, 위 공증인이 이를 필기낭독하여, X와 그 증인이 그 정확함을 승인한 후 각자 서명하였다. X는 1주일 후 사망하였고, Y는 유증을 승인하였다.

유언이 있은 날로부터 1개월 후, Y는 위 그림을 M(대한민국 국적)에게 판매하기로 하고, M과 그 그림에 관한 매매계약을 체결하였다. 매매계약 체결시, 그림의 인도 1개월 후 대한민국에 있는 M의 주소지에서 대금을 지급하기로 하였으며, 매매계약의 준거법을 甲국법으로 지정하였다. 그 후 Y는 매매계약이 정한 인도일에 위 그림을 M에게 인도하였고, 약정한 대금지급일의 15일 전에 M에 대한 대금지급청구권을 P(乙국 국적)에게 양도하였다. 양도인 Y와 양수인 P 사이에는 금전소비대차계약이 이미 체결되어 있었고, 금전소비대차계약 체결시 乙국법을 준거법으로 지정하였으며, Y와 P는 대금지급청구권 양도계약의 준거법도 乙국법으로 지정하였다. 양수인 P는 양도인 Y와 아무런 상의 없이 확정일자 있는 서면으로 M에게 채권양도의 통지를 하였다.

그런데, 대금지급일이 되어도 M이 대금을 지급하지 아니하자, P는 M을 상대로 대한민국 법원에 대금 및 그 지연이자의 지급을 구하는 소를 제기하였다. M은 대한민국에서 위 사건의 소장 부본을 적법하게 송달받고 기일에 출석, 본안에 관하여 변론하였다.

위 사례에 대하여 다음을 전제로 질문에 답하시오.

1. 공정증서에 의한 유언에 있어 甲국의 민법은 '증인 1인', 乙국 및 대한민국의 민법은 '증인 2인'의 참여를 요구하고 있으며, 증인의 수를 제외한 나머지 요

건은 甲국, 乙국 및 대한민국의 민법이 모두 동일하게 규정하고 있다. X의 유언에 관하여 증인의 수를 제외한 나머지 공통된 요건은 모두 충족된 것으로 본다.

2. 甲국의 국제사법은 "유언의 방식에 관하여는 유언자의 유언 당시 일상거소지법에 의한다"라고 규정하고 있다.

3. 지명채권의 양도통지와 관련하여 甲국의 민법은 양도통지의 주체를 '양도인'으로 한정하고 있는 반면, 乙국의 민법은 '양도인 또는 양수인'으로 규정하고 있다.

**질문**

1. 대한민국 법원은 양수인 P가 채무자 M을 상대로 제기한 대금 및 그 지연이자의 지급을 구하는 소에 대하여 국제재판관할권을 가지는가? (25점)

2. X의 유언이 방식에 위배되는지 여부는 어느 국가의 법에 의하여 판단되어야하는가? 그리고, 그 법에 의하면 X의 유언의 방식이 유효한 것으로 인정되는가? (30점)

3. P는 M에 대하여 채권양도의 효력을 주장할 수 있는가? (25점)

## 제2문

대한민국 인천에 영업소를 두고 있는 A회사(매수인)와 중국 항주에 영업소를 두고 있는 B회사(매도인)는 2012년 7월 10일 순도 100%의 오리털 합계 100,000kg을 kg당 미화 10달러로 A회사의 지정에 따라 분할하여 지정한 곳으로 공급하기로 하고, A회사가 오리털을 공급받은 후 10일 이내에 그 대금을 지급하기로 하였으며, 계약의 준거법을 대한민국 법으로 지정하는 계약을 체결하였다.

B회사와 계약체결 전에 A회사는 거래처인 C회사에 오리털을 가공하여 만든 방한복을 공급하는 계약을 체결한 상태였으며, B회사도 A회사와 계약체결시 그 사실을 알고 있었다.

A회사는 오리털 10,000kg을 8월 20일까지 미얀마 양곤에 있는 공장에 공급하도록 지정하였다(제1차 공급). B회사는 8월 10일 중국 상해에서 선적하였는데 8월 15일 싱가포르에서 선박회사의 실수로 환적되지 아니하여 공급일인 8월 20일이 지나서까지 싱가포르에 그대로 남아 있게 되었다. 이에 A회사가 항공편으로 신속히 운송하여 줄 것을 요구하였으나 B회사는 항공운송비용이 미화 50,000달러에 이르는 고액이라는 이유로 이에 응하지 아니하였고, A회사가 재차 항공편으로 운송을 요구하였으나 B회사는 다시 이에 응하지 아니하였다. A회사는 베트남에 있는 다른 공급자로부터 9월 10일 오리털 10,000kg을 kg당 미화 15달러로 대금 미화 150,000달러에 구입하였는데 C회사에 대한 공급일이 촉박하여 A회사가 항공운송비용 미화 50,000달러를 부담하여 공급받았다. 또한 A회사는 C회사에 오리털로 가공한 방한복을 지체하여 공급한데 대한 손해배상으로 미화 10,000달러를 지급하였다.

A회사는 B회사와의 위 계약에 따라 9월 15일까지 오리털 8,000kg을 미얀마 양곤에 있는 공장에 공급하도록 지정하였는데, B회사가 9월 15일 공급한 오리털의 순도는 50%에 불과하여 방한복을 만드는데 부적합하였다(제2차 공급).

A회사는 미얀마 양곤에 있는 공장에 8월 20일까지 공급하도록 지정한 오리털을 B회사가 미얀마 양곤에 있는 공장에 운송하지 아니한 사실을 이유로 9월 20일 제1차 공급 부분에 대하여 계약을 해제한다는 통지를 하였고 9월 23일 B회사에 그 통지가 도달하였다.

대한민국과 중국은 모두 국제물품매매계약에 관한 국제연합협약(이하 '협약'이라고 함)의 체약국이다.

**질문**

1. A회사와 B회사의 계약에 협약이 적용되는지 여부를 논하시오. (10점)

2. 제1차 공급 부분에 대하여
   가. A회사의 계약해제가 정당한지를 논하시오. (20점)
   나. A회사의 손해배상청구가 인정되는지 여부와 그 범위를 논하시오. (20점)

3. 제2차 공급 부분에 대하여 A회사가 변호사에게 구제방법에 관하여 법적 조언을 구하는 경우, 어떠한 법적 의견을 제시할 것인지를 논하시오. (30점)

# 13 | 2013년 제2회 변호사 시험 **해설**

## 제1문

### 접근

앞서 언급한 바와 같이, 사실관계와 전제사실에 앞서 설문에서 요구하는 바가 무엇인지 먼저 봅니다.

설문1은 '대한민국 법원'이 해당 소에 대하여 '국제재판관할권을 가지는가?'를 묻고 있습니다. 따라서 해당 사안에 국제사법이 적용 가능한지를 먼저 검토한 후, 국제재판관할권(제2조)을 가지는지를 검토하면 됩니다. 사실관계에서 당사자간 전속적 재판관할 합의가 있는지를 확인해야 합니다.

설문2는 '유언이 방식에 위배되는지'를 판단할 준거법이 무엇인지 묻고, 그 준거법에 의하여 '유언의 방식'의 유효성을 판단할 것을 요구하고 있습니다(제78조 제3항).

설문3은 '채권양도의 효력'에 관하여 묻습니다(제54조). 즉, 채권양도의 준거법을 찾은 후, 그 준거법에 의하여 채권양도가 유효한지를 검토해야 합니다.

위와 같이 각 설문에서 묻는 것을 토대로 쟁점을 먼저 파악한 후에, 그 쟁점과 관련된 사실을 위주로 사실관계를 읽어야 합니다. 그리고 2회 시험에서는 전제사실이 제시되어 있으므로 이에 대한 검토를 누락하지 않도록 주의해야 합니다.

전제사실1은 갑국의 민법과 을국 · 대한민국의 민법의 유언의 방식의 요건이 '증인의 수'에 있어서만 차이가 있음을 알려주고 있습니다.

전제사실2는 갑국의 국제사법이 '유언의 방식'에 관한 준거법으로 '유언자의 유언 당시 일상거소지법'을 지정함을 알려주고 있습니다. 유언자의 유언 당시 일상거소지가 대한민국인 경우 반정의 문제가 발생할 수 있음을 염두에 두어야 합니다.

전제사실3은 갑국의 민법과 을국의 민법이 양도통지 주체의 요건이 서로 상이함을 알려주고 있습니다.

### 모범답안

#### 설문1

##### 1. 국제사법 적용 여부

양수인 P와 채무자 M 사이의 대금 및 지연이자 지급청구소송이 문제되고 있습니다.

먼저 양수인 P가 이 소송을 대한민국 법원에 제기하였으므로 법정지는 대한민국입니다. 그리고 양수인 P의 국적은 을국, 채무자 M의 국적은 대한민국입니다. 따라서 법정지인 대한민국의 입장에서 사법관계의 구성요소 중 일부인 당사자의 국적이 을국과 대한민국에 관련되어 있으므로 국제사법이 적용될 수 있습니다(제1조).

### 2. 국제재판관할 검토

먼저 사실관계에는 P와 M 사이에 국제재판관할에 관한 전속적 합의가 나타나 있지 않습니다. 따라서 제2조에 의해 대한민국 법원에 국제재판관할이 발생할 수 있는지를 검토하면 됩니다. 즉, ① 해당 사건이 대한민국과 실질적 관련이 있어야 하고, ② 국내법의 관할규정을 검토하여야 하며, ③ 국제재판관할의 특수성도 함께 고려되어야 합니다.

피고 M의 국적이 대한민국이고(민사소송법 제2조), 이의 없이 기일에 출석하여 본안에 관하여 변론하였으므로(동법 제30조) 대한민국과 실질적 관련성과 국내법의 관할규정 모두를 충족합니다. 다음으로 국제재판관할의 특수성을 고려하여 대한민국 법원의 재판관할을 배제할 사유가 있는지를 검토합니다. 원고 P의 국적이 을국이지만 본인 스스로 대한민국에서 소송을 제기하였음에 비추어 소송 수행상의 불합리한 불편이 있다고 할 수 없고, 피고 M의 의무이행지가 대한민국이라는 점을 고려해볼 때, 대한민국 법원이 재판관할권을 가지는 데에 큰 문제가 있다고 할 수 없습니다. 따라서 대한민국 법원이 위 소송에 대한 국제재판관할권을 가진다고 볼 수 있습니다.【개정국제사법 제41조 제2항, 제9조, 제3조 참조】

### 설문2

#### 1. 국제사법 적용 여부

X의 국적은 을국이고, 일상거소지는 대한민국이며, X는 현재 갑국의 병원에 입원 중입니다. 유언의 내용이 X의 일상거소지인 대한민국 내에 소재하는 그림을 Y에게 증여한다는 내용이므로, 법정지는 대한민국이라고 볼 수 있습니다. 그렇다면 법정지인 대한민국의 입장에서 유언자 X의 국적은 을국, 유언 당시 현재지는 갑국, 일상거소지는 대한민국으로 사법관계의 구성요소가 내국과 외국에 관련되어 있으므로 국제사법이 적용될 수 있습니다.

#### 2. 유언의 방식의 준거법 검토

제78조 제3항에 따라, X의 국적을 가지는 국가인 을국의 법(1호), X의 유언 당시의 일상거소지인 대한민국의 법(2호), 유언 당시의 행위지인 갑국의 법(3호) 등이 준거법이 될 수 있습니다. 이 경우 선택적 연결이 인정되므로 세 국가의 법 모두가 준거법이 될 수 있습니다.

여기에서 갑국의 법을 준거법으로 하는 경우에는 전제사실2의 내용을 검토하여야 합니다. 즉, 갑국의 국제사법에 따르면 '유언자의 일상거소지법'을 따르도록 되어 있는데 X의 일상거소지는 대한민국이므로 대한민국의 법에 의하게 됩니다. 이는 직접반정에 해당합니다. 그러나 제22조 제2항 4호에 의하면 유언의 방식에 대하여는 반정이 인정되지 않으므로 대한민국의 법이 아닌 갑국의 법이 준거법이 되어야 합니다.

따라서 X의 유언의 방식에 대하여는 갑국의 법, 을국의 법, 대한민국의 법 모두가 준거법이 될 수 있습니다.

### 3. 유언의 방식의 유효성 검토

사실관계에 따르면 X의 유언이 이루어질 당시 증인 1인이 참여하였습니다. 전제사실1에 의하면, 갑국의 법에 의하면 증인 1인의 참여를 요건으로 하고, 을국이나 대한민국의 법에 의하면 증인 2인의 참여를 요합니다. 따라서 갑국의 법에 의하면 X의 유언은 유효하지만, 을국이나 대한민국의 법에 의하면 X의 유언은 유효하지 않습니다.

### 설문3

#### 1. 국제사법 적용 여부

설문1에서 검토한 바와 같습니다. 국제사법이 적용될 수 있습니다.

#### 2. 채권양도의 준거법 검토

채권양도의 준거법은 제54조에 의합니다.

P는 Y로부터 Y의 M에 대한 대금지급청구권을 양수한 채권양수인입니다. M은 Y와 그림에 대한 매매계약을 체결한 매수인으로 Y에 대하여 대금지급의무를 부담하는 채무자입니다. 따라서 P와 M의 관계는 양도인과 양수인의 관계는 아니므로 제54조 제1항 본문은 적용되지 않고, 단서에 의함이 타당합니다. 즉, P가 제3자인 M에 대한 채권양도의 효력을 주장하는 경우의 준거법은 양도된 채권의 준거법에 의해야 합니다.

#### 3. 채권의 준거법 검토

양도된 채권은 Y의 M에 대한 물품대금 지급청구권입니다. 이 채권은 Y와 M의 매매계약에 의한 것입니다. 따라서 당사자 자치의 원칙에 따라 당사자간 합의로 준거법을 선택했는지를 확인해야 합니다(제45조). 사실관계를 살펴보면, Y와 M은 매매계약의 준거법으로 갑국법을 지정하였습니다. 따라서 채권양도의 효력의 준거법은 갑국법입니다.

#### 4. 채권양도의 효력 검토

사안에서 P가 Y와 아무런 상의 없이 M에게 채권양도의 통지를 한 바, 전제사실3에 의하면 갑국의 민법이 양도통지의 주체를 양도인으로 한정하므로, 양수인인 P가 한 양도통지는 유효한 양도통지라고 볼 수 없습니다. 따라서 P는 M에 대하여 채권양도의 효력을 주장할 수 없습니다.

---

**핵심쟁점**

### 설문1

#### 1. 국제재판관할권(제2조)

실질적 관련 원칙(제2조 제1항), 국내법의 관련규정 참작하되 특수성 고려(제2조 제2항). 피고 M의 주소가 한국(민사소송법 제2조, 제3조), 피고 M의 국적이 한국, 그림의 소재지도 한국, 피고 M이 기일에 출석하여 본안에 대해 변론하는 등 실질적 관련 있음.

### 설문2

#### 1. 유언의 방식(제78조 제3항)

유언자의 국적법(제3항 1호)은 을국법, 유언자의 일상거소지법(제3항 2호)은 한국법, 유언 당시 행위지법(제3항 3호)은 갑국법임. 어느 하나의 방식 요건을 충족하면 족하고, 갑국법은 증인 1인을 요하므로 갑국법에 의해 유효함.

#### 2. 유언의 방식은 반정 금지(제22조 제2항 4호)

유언의 방식의 준거법은 갑국법, 갑국의 국제사법에 의하면 한국법이므로 직접반정을 인정하면 한국법이지만, 유언의 방식에 관하여는 반정을 금지하므로 갑국법이 준거법임.

### 설문3

#### 1. 채권양도 가능성, 채무자 및 제3자에 대한 채권양도의 효력(제54조 제1항 단서)

양도되는 채권의 준거법에 의하고, 대금지급청구권은 매매계약에 기하므로, 매매계약의 준거법인 갑국법. 갑국법에 의하면 양도통지의 주체는 양도인이므로, 양수인 P의 채무자 M에 대한 채권양도 통지는 효력이 없음.

## 제2문

### 접근

설문1은 '협약이 적용되는지 여부'를 묻고 있습니다(제1조). 먼저 협약이 직접적용되는 경우인지, 간접적용되는 경우인지 확인한 후, 조문의 요건이 충족되는지 확인하여야 합니다.

설문2의 가는 '계약해제가 정당한지' 묻습니다. 해제의 주체가 매수인(제49조)인지 매도인(제64조)인지, 계약의 일부에 대한 해제(제51조)인지, 분할인도 부분에 대한 해제(제73조)인지 확인해야 합니다.

설문2의 나는 '손해배상청구가 인정되는지 여부'와 '그 범위'를 묻고 있습니다(제74조 내지 제77조).

설문3은 '제2차 공급 부분에 대'한 '구제방법'을 묻고 있습니다. 분할인도계약(제73조)에 대한 구제권, 계약위반에 대한 일반적 구제권(제45조) 등을 검토해야 합니다.

### 모범답안

#### 설문1

##### 1. 협약 적용 여부

A회사는 대한민국(인천)에 영업소를 두고 있고, B회사는 중국(항주)에 영업소를 두고 있는데, 대한민국과 중국은 모두 협약의 체약국이므로 협약이 직접적용되는지 여부를 확인해야 합니다. 제1조 제1항 가호에 따르면, 협약이 직접적용되기 위해서는 ① 당사자간 계약이 인식 가능한 국제성을 가진 물품매매계약이어야 하고, ② 당사자간에 협약 제6조의 배제합의가 없어야 합니다.

대한민국의 A회사는 중국의 B회사로부터 오리털 100,000kg을 kg당 미화 10달러에 매수하는 계약을 체결하였습니다. 각 당사자의 영업소가 대한민국과 중국에 각각 위치함으로써 국제성은 분명하고, 이는 계약 체결 당시에 서로간에 인식 가능하였을 것이 명백합니다. 또한 오리털을 공급하는 계약은 물품매매계약에 해당합니다.

또한, 계약 체결시 협약의 적용을 배제하기로 합의한 바는 없으나(제6조), 당사자 간에 계약의 준거법을 한국법으로 지정하는 합의가 있었던 바, 이것이 협약을 배제하는 취지인지 검토가 필요합니다. 준거법을 대한민국법으로 지정하였다는 것은, 대한민국의 사법체계 전체를 계약의 준거법으로 정하였다는 것이고, 대한민국은 협약의 체약국이므로, 위의 준거법 지정이 협약의 적용을 배제하는 취지라고 볼 수는 없습니다.

따라서 A회사와 B회사 간의 위 계약에는 협약이 직접적용될 수 있습니다.

## 설문2의 가

### 1. 계약의 법적 성질

A회사는 B회사로부터 오리털 100,000kg을 공급받기로 하되, A회사의 지정에 따라 분할하여 인도받기로 하는 계약을 2012. 7. 10. 체결하고, 그중 10,000kg을 미얀마 양곤에 있는 공장에 2012. 8. 20.까지 공급(제1차 공급)하도록, 그리고 8,000kg을 미얀마 양곤에 있는 공장에 2012. 9. 15.까지 공급(제2차 공급)하도록 지정하였습니다. 이는 제73조가 규율하는 분할인도계약에 해당합니다.

### 2. A회사의 제1차 공급 부분에 대한 계약해제의 정당성

제73조 제1항에 따르면 분할인도계약에서 어느 분할 부분에 대하여 당사자 일방이 의무를 불이행하고 그것이 그 분할 부분에 대하여 본질적 계약위반이 되는 경우 상대방이 그 분할 부분에 대하여 계약을 해제할 수 있습니다. A회사의 제1차 공급 부분에 대한 지정에 따라, B회사는 2012. 8. 10. 선적하였으나, 선박회사의 실수로 8. 15. 환적되지 아니하여 A회사가 지정한 8. 20.에 인도되지 아니하였습니다. 따라서 이와 같은 인도의무의 불이행이 B회사의 책임인지, 그리고 그것이 제1차 공급 부분에 대하여 본질적 계약위반인지 검토해야 합니다. 제31조 본문, 제69조 제2항이 적용되어야 합니다. 선박회사가 이행보조자와는 상관없이, 그 장소에서 매수인에게 인도되지 않았기 때문에 불이행에 해당됩니다.

다음으로, 이와 같은 인도 불이행이 본질적 계약 위반에 해당하는지를 검토합니다. B회사의 제1차 공급 부분에 대한 인도 불이행은 계약 위반에 해당하므로 ① 이로 인해 A회사의 기대가 실질적으로 박탈될 정도의 손실에 이르고, ② B회사와 합리적인 사람 모두 그러한 결과를 예견할 수 있다면 본질적 계약 위반에 해당합니다(제25조).

A회사가 오리털을 공급받아 방한복을 제조하여 이를 C회사에 공급하기로 하는 계약을 체결한 사실을 B회사도 알고 있었던 바, 인도기일에 맞춰 오리털이 공급되지 않으면 A회사가 B회사와의 계약으로부터 얻고자 하는 목적이 달성되지 않을 것이 명백하고, 이는 계약체결 당시 B회사도 알고 있었고, 합리적인 일반인도 충분히 예상가능하다고 보입니다. 그렇다면 B회사의 제1차 공급 부분에 대한 인도 불이행은, 그 부분에 대한 본질적 계약 위반이라고 보아야 합니다. 따라서 제1차 공급 부분에 대한 A회사의 계약해제는 정당합니다.

## 설문2의 나

### 1. A회사의 손해배상청구권 검토

제1차 공급 부분에 대한 B회사의 의무 불이행이 계약 위반에 해당함은 앞서 본 바와 같습니다. 따라서 A회사는 B회사에 대하여 제74조 내지 제77조에 따른 손해배상청구권을 갖습니다(제45조).

## 2. 손해배상청구의 범위

그렇다면, A회사가 청구할 수 있는 손해배상의 범위가 문제됩니다. 제74조에 의하면, 계약을 위반한 당사자는, 계약 체결 당시에 예견할 수 있었던 손실에 대하여 완전한 배상을 할 의무를 부담합니다. 그리고 대체거래가 있었던 경우에, 위반 당사자는 상대방이 대체거래를 위하여 지급한 금액과 원래의 계약액의 차액을 배상해야 합니다(제75조).

먼저, A회사가 B회사에 제1차 공급 부분 10,000kg을 kg당 미화 10달러에 인도해줄 것을 요청하였으므로 이에 대한 계약액은 미화 100,000달러입니다. 그리고 A회사가 다른 공급자로부터 10,000kg을 kg당 미화 15달러에 구입하였으므로 대체거래액은 미화 150,000달러입니다. 그렇다면 B회사는 A회사에 차액인 50,000달러의 손해를 배상해야 합니다(제75조).

이외에도, A회사는 항공운송료 50,000달러를 부담하였고, C회사에 지체로 인한 손해배상금인 10,000달러를 지급하여 총 60,000달러의 별도의 손해를 입었고, 이는 제74조의 완전배상의 원칙에 따라 B회사로부터 배상받을 수 있습니다.

결과적으로 A회사가 입은 손해액은 미화로 총 110,000달러이고, 이 중 50,000달러는 제75조에 의하여, 나머지 60,000달러는 제74조에 의하여 B회사에 배상을 청구할 수 있습니다.

## 설문3

### 1. 분할인도계약 위반시의 구제권

분할인도계약의 당사자 일방의 의무 불이행에 대하여는 제73조에서 규율합니다. 그런데 문제는, 제73조에서는 계약해제권만을 규정하고 있다는 점입니다. 이는, 물품의 일부가 미인도되거나 인도된 물품의 일부에 부적합이 있는 경우에 대하여 제46조 내지 제50조의 구제권을 행사할 수 있도록 정한 제51조와 비교해볼 때, 제73조의 문언은, 분할인도계약에서 행사할 수 있는 구제권을 계약해제권만으로 제한한 것으로 해석할 수도 있어 보입니다. 그러나, 분할인도계약의 어느 한 인도에 대하여 의무 불이행이 있는 경우와, 계약상 인도의무의 일부에 불이행이 있거나 일부에 부적합이 있는 경우는, 계약의 일부에 대하여 계약위반이 발생하였다는 점에서 유사하므로, 분할인도계약에도 제46조 내지 제50조의 구제권을 모두 행사할 수 있다고 보아야 합니다. 그 근거로는 제73조가 규율하지 않는 구제권에 대하여 일반규칙인 제45조를 적용하거나, 혹은 제51조를 유추적용하거나, 그것도 아니면 조리상의 이유를 들 수 있을 것입니다.

물론, 분할인도계약의 계약 위반이 문제되므로, 제73조에 따른 당해인도부분, 장래인도부분 및 관련인도부분에 대한 해제권의 행사 가능 여부에 대하여 검토해야 함은 당연합니다.

뿐만 아니라, 상대방의 계약 위반에 대하여, 제74조 내지 제77조의 손해배상청구권도 행사 가능합니다.

따라서 이하에서는, 제73조의 계약해제권과 제46조 내지 제50조의 구제권 및 제74조 내지 제77조의 손해배상청구권에 대하여 검토합니다.

### 2. 분할인도계약의 계약해제권(제73조)

제2차로 공급된 오리털 8,000kg의 순도가 50%에 불과하므로, 계약상의 순도인 100%에 미달하여 계약 부적합이 발생하였습니다. 이를 이유로 제73조 제1항의 해제권을 행사하려면, 위 부적합이 본질적 계약 위반에 해당해야 합니다. 계약에 순도 100%를 요한다는 사실을 명시하였으므로, 순도가 이에 미달할 경우, 이를 이용하여 방한제품을 제조하여 공급하려는 A회사의 목적이 달성되지 않을 것이 명백하고, 이는 계약 당시 B회사가 알았을 것이 명백합니다. 따라서 본질적 계약에 해당하므로 A회사는 제1항에 따른 제2차 공급 부분에 대한 계약해제권을 행사할 수 있습니다. 그리고 이 계약해제권을 행사하려면, 제38조와 제39조에 의한 검사 및 통지의무를 이행하여야 하고, 제82조에 따라 수령한 상태와 실질적으로 동일한 상태로 반환할 수 있어야 합니다.

현재까지 총 계약 물량인 100,000kg 중에서 18,000kg만이 인도된 바, 장래에 인도될 물량이 아직 남아 있으므로 이에 대해서도 계약을 해제할 수 있는지가 문제됩니다. 그런데, 제2차 공급 부분에서 발생한 순도 불량이, 장래 공급 부분 역시 순도가 불량할 것이라는 것을 추단할 충분한 근거가 된다고 볼 수는 없습니다. 따라서 제2차 공급 부분의 순도 부적합을 이유로 장래인도부분에 대한 계약해제권(제2항)을 행사할 수는 없을 것으로 보입니다.

제1차 공급부분은 제2차 공급 부분과 관련되어 있다고 보이지 않으므로, 제2차 공급 부분의 순도 부적합으로 인한 제1차 공급 부분에 대한 계약해제권은 발생하지 않는 것으로 봄이 타당합니다.

### 3. 일반적 구제권(제46조 내지 제50조)

제2차 공급 부분에 대하여, 앞서 언급한 계약해제권 이외의 구제권을 검토합니다.

먼저 제2차 공급 부분 8,000kg이 인도되었으므로 제46조 제1항의 특정의무이행청구권은 발생하지 않습니다. 그리고 앞서 본 바와 같이, 순도의 부적합이 본질적 계약위반에 해당하므로 동조 제2항에 따른 대체물인도청구권을 행사할 수 있습니다. 다만, A회사가 제38조 및 제39조의 검사 및 통지의무를 이행하였을 것을 전제로 함과, 수령한 상태와 실질적으로 동일한 상태로 반환할 수 있어야만 대체물인도청구권을 행사할 수 있음(제82조)은, 앞서의 계약해제권의 경우와 같습니다. 본질적 계약 위반이 발생하였으므로, 제46조 제3항의 부적합치유청구권은 해당사항이 없습니다.

A회사는 제47조 소정의 부가기간지정권을 행사할 수 있습니다. 인도의무가 이행되었는지 여부와 상관없이 부가기간을 지정할 수 있기 때문입니다. 그런데 B회사와의 공급계약상의 82,000kg의 잔여물량이 남아 있고, 제2차 공급 부분에 대한 계약해제가 가능하므로, 별도로 부가기간을 지정하는 것이 특별한 실익이 있을 것으로 보이지는 않습니다.

제2차로 공급된 오리털의 순도가 계약상의 기준에 미달하여 그 가치가 적합품에 비하여 매우 낮을 것으로 보이므로 대금감액권(제50조)도 일응 행사가 가능할 것으로 보입니다. 그러나 부적합한 오리털이 얼마만큼의 가치를 가지는지와 상관없이, 이를 가지고 A회사가 방한복을 제조하여 납품할 수 없는 이상, 대금감액권의 행사는 의미가 없다 하겠습니다. 또한 대금감액권의 행사는 매도인의 이행을 거절하지 않았을 것을 요건으로 하는데, 매수인 A회사로서는 계약해제권과 대체물인도청구권 등의 거절권 행사가 가능함에도 불구하고 대금감액권을 행사하는 것은 이치에 맞지 않습니다.

### 4. 손해배상청구권(제74조 내지 제77조)

제2차 공급 부분의 순도 부적합으로 인한 A회사의 손해는 계약 당시에 B회사로서도 충분히 인식 가능하였으므로, 이로 인한 손해를 완전히 배상할 의무를 B회사가 부담합니다(제74조). 만일, A회사가 제2차 공급 부분 8,000kg에 대하여 대체거래를 한다면 이로 인한 대체거래액과의 차액 역시 B회사가 배상해야 합니다(제75조).

오리털이 시가를 가진 경우에 해당하는지와 관련하여, A회사가 오리털 그 자체를 상품으로 전매하는 것이 아니라, 방한복으로 가공하여 판매하는 것을 목적으로 하므로, 시가를 가진 경우에 해당한다고 보기 어렵습니다. 따라서 제76조에 의한 손해배상은 위 경우에는 해당사항이 없습니다.

### 5. 결론

A회사는 제2차 공급 부분에 대하여 계약해제권(제73조 제1항), 대체물인도청구권(제46조 제2항), 부가기간지정권(제47조), 손해배상청구권(제74조 및 제75조)을 행사할 수 있고, 계약해제권이나 대체물인도청구권을 행사하기 위하여는, 물품에 대한 검사 및 통지의무(제38조 및 제39조)를 이행하여야 하고, 수령한 상태와 실질적으로 동일한 상태로 반환할 수 있도록 하여야(제82조) 합니다.

### 핵심쟁점

#### 설문1

##### 1. 직접적용 요건

① 당사자 쌍방의 영업소 모두가 체약국에 소재, ② 인식 가능한 국제성을 가진 물품매매 계약, ③ 제6조의 배제합의 없을 것.

대한민국법을 준거법으로 지정. 협약의 적용 배제하는 것 아님.

## 설문2의 가

### 1. 분할인도계약의 해제(제73조 제1항)
어느 분할 부분에 대하여 본질적 계약위반(제25조).

## 설문2의 나

### 1. 손해배상(제45조 제1항, 제74조 및 제75조)
대체거래의 차액(제75조) 50,000달러, 나머지 손해 완전배상(제74조) 60,000달러, 총 110,000달러.

## 설문3

### 1. 구제권 검토
의무이행청구권(제46조 제1항), 대체물인도청구권(동조 제2항), 부적합치유청구권(동조 제3항), 부가기간지정권(제47조), 계약해제권(제73조 제1항), 대금감액권(제50조), 손해배상청구권(제74조 내지 제77조).

### 2. 행사 가능한 구제권
계약해제권(제73조 제1항), 대체물인도청구권(제46조 제2항), 부가기간지정권(제47조), 손해배상청구권(제74조 및 제75조). 검사 및 통지의무(제38조 및 제39조), 반환의무(제82조) 전제로 함.

# 14 2012년 시행 제1회 변호사시험

## 제1문

A주식회사는 대한민국 서울에 유일한 영업소를 두고 기계류의 판매와 유통을 주로 하는 회사로서, 일본 동경에 유일한 영업소를 두고 있는 B주식회사로부터 같은 회사가 제작하는 절삭용 공구를 매수하는 내용의 계약을 체결하였다. 그런데 B주식회사는 계약 직후 발생한 세계적 금융위기의 여파에 따른 원자재확보 차질로 인하여 A주식회사에 대하여 기계의 인도를 지체하고 있다.

한편 B주식회사는 한국 내 판로확장을 위하여 담당 직원을 한국으로 보내어 한국인 근로자 甲과 乙에 대한 면접을 거쳐서 그들을 채용하기로 결정한 다음, 한국에서 그들과 사이에 계약기간을 1년으로 하는 근로계약을 각 체결하였다. 甲과 乙은 위 근로계약이 체결된 다음 일본으로 건너가 B주식회사의 동경 영업소에서 근무를 시작하였다. 甲과 乙이 근무를 시작한 지 2주 후 휴일에 교외에 놀러 나가 공원에서 술을 마시던 중 개인적인 말다툼 끝에 乙이 甲을 폭행하여 甲에게 전치 2개월의 상해를 가하는 사태가 발생하자 B주식회사는 위 폭력 사건을 이유로 甲과 乙을 근로계약의 종료 이전에 해고하였다. 甲과 乙의 상거소는 모두 위 근로계약 이전부터 현재까지 서울에 있다.

A주식회사와 B주식회사 사이의 매매계약과 B주식회사와 甲, 乙 사이의 각 근로계약에 관하여 관련 당사자들이 명시적 또는 묵시적으로 준거법을 선택한 바는 없었음을 전제로 한다.

## 질문

1. A주식회사는 대한민국 법원에 B주식회사를 상대로 공구인도지연으로 인한 손해배상청구소송을 제기하고자 한다. 아래의 각 질문에 답하시오. (30점)

   (1) A회사와 B회사 사이에 분쟁이 발생할 경우 일본 동경 소재 지방법원을 관할법원으로 하는 전속적인 국제관할의 서면합의가 있는 경우와 그러한 관할합의가 없는 경우로 나누어 각 경우에 대한민국의 법원이 관할권을

가지는지 여부에 대하여 논하시오. (15점)

(2) 대한민국의 법원이 관할권을 가지는 경우, 이때 적용될 준거법은 어떤 것인지에 대하여 논하시오. (15점)

2. 甲은 乙을 상대로 상해로 인한 손해배상청구소송을 제기하고자 한다. 이 경우 적용될 준거법은 어떤 것인지에 대하여 논하시오. (20점)

3. 甲과 乙은 B회사를 상대로 근로계약의 종료를 다투는 소송을 제기하고자 한다. 이 경우 어느 국가의 법원에 제소할 수 있는지 및 이 경우 적용될 준거법은 어떤 것인지에 대하여 논하시오. (30점)

## 제2문

X회사는 자동차용 대나무 카시트를 수입하여 판매하는 회사로 대한민국 서울에만 영업소를 두고 있다. X회사의 대표이사인 甲은 최근 중국 북경에서 개최된 무역박람회에서, 대나무 카시트를 제조하여 판매하는 회사로 중국 북경에만 영업소를 두고 있는 Y회사 대표이사 乙과 사이에 Y회사가 제작한 대나무 카시트에 대하여 X회사가 대한민국 내 독점수입판매권을 갖기로 합의하였다.

대한민국에 돌아온 甲은 위 합의에 근거하여 2010년 12월 1일 Y회사에게 이메일을 통하여 대나무 카시트의 종류(규격과 색상), 수량 및 대금을 기재하여 주문하였는데, 그 이메일에는 대나무 카시트는 여름계절상품이므로 2011년 3월 1일까지 인도가 완료되어야 한다는 점이 기재되어 있었다.

이에 대하여 Y회사는 거래조건을 경쟁사 등 외부에 공개하지 말아 달라는 요청을 부가하는 것 이외에는 X회사의 이메일 내용을 수락한다는 내용의 이메일을 발송하였다. X회사는 즉시 이를 수령하였고, 이후 이에 대하여 아무런 이의를 제기하지 않았다.

X회사는 2011년 3월 1일 이후까지도 대나무 카시트가 인도되지 아니하자 Y회사에 항의하였던바, Y회사는 동남아시아로부터의 원자재(대나무) 공급이 기후변화로 인하여 차질을 빚게 되어 다른 지역으로부터 원자재(대나무)를 대체확보하여 제작하려면 7개월 정도의 기간이 더 소요될 것으로 예상되므로 2011년 10월 1일까지 인도하겠다고 통보하였다. 이에 대하여 X회사는 Y회사에 대하여 Y회사가 계약을 위반하였다고 주장하였다.

대한민국과 중국은 모두 국제물품매매계약에 관한 국제연합협약의 체약국이다.

## 질문

1. X회사와 Y회사 사이에 위 대나무 카시트의 매매계약이 성립하였는지 여부 및 성립하였다면 그 계약은 어떠한 조건으로 성립하였는지를 논하시오. (40점)

2. X회사가 Y회사에 대하여 취할 수 있는 구제방법은 어떠한 것이 있는지를 논하시오. (40점)

# 14 | 2012년 제1회 변호사 시험 **해설**

## 제1문

### 접근

각 설문을 해결하기 전에 반드시 먼저 주어진 문제에 국제사법이 적용될 수 있는지 검토해야 합니다. 즉, '외국과 관련된 요소가 있는 법률관계(제1조)'에 해당하는지 사실관계를 통하여 파악해야 합니다. 그리고 이 부분은 각 설문에서 따로 묻지 않아도 답안의 첫 머리에 반드시 서술해야 합니다. 각 설문의 당사자와 법률관계가 다를 경우 각각의 답안마다 검토·서술할 필요가 있지만, 답안 분량이 지나치게 길어질 수 있고 시험시간이 부족할 수도 있으므로, 최소한 첫 설문에 대해서만이라도 반드시 국제사법의 적용 여부에 대한 검토내용을 서술해야 합니다.

설문1의 (1)은 '대한민국의 법원이 관할권을 가지는지 여부'를 묻고 있습니다. 대한민국의 법원이 국제재판관할권을 가지는지가 쟁점임을 알 수 있습니다. 다만, '일본 동경 소재 지방법원을 관할법원으로 하는 전속적 국제재판관할의 서면합의가 있는 경우'와 '그러한 관할합의가 없는 경우'로 나누어 판단해야 합니다. 따라서 ① 전속적 국제재판관할합의의 유효성을 먼저 판단하고, ② 유효하지 않은 경우와 관할합의가 없는 경우, 재판관할이 대한민국의 법원에 있는지를 판단하면 됩니다. 즉, 1의 (1)문항은 사실관계를 파악할 필요 없이 설문의 내용만으로 답안을 작성할 수 있는 문제입니다.

설문1의 (2)는 A회사의 B회사에 대한 '공구인도지연으로 인한 손해배상청구소송'의 '준거법은 어떤 것인지'가 쟁점입니다. 공구인도지연의 법적 성질이 무엇인지 먼저 파악해야 합니다. 따라서 사실관계로부터 A회사와 B회사 사이의 법률관계가 어떤 것인지를 파악해야 합니다.

설문2는 '갑'의 '을'에 대한 '상해로 인한 손해배상청구소송'의 준거법을 묻는 문제입니다. 상해는 불법행위(제52조)이므로 이와 관련된 사실관계를 파악할 필요가 있습니다.

설문3은 '갑과 을이 B회사를 상대로 근로계약의 종료를 다투는 소송을 제기'할 경우의 '어느 국가의 법원에 제소할 수 있는지(국제재판관할, 제43조)'와 '준거법(제48조)'을 묻고 있습니다.

**모범답안**

## 설문1의 (1)

### 1. 국제사법 적용 여부

A주식회사는 대한민국에 영업소를 두고 있고, B주식회사는 일본에 영업소를 두고 있습니다. A회사가 B회사로부터 공구를 매수하는 계약을 체결하였습니다. B회사의 인도지연으로 인한 손해를 배상받기 위해 A회사가 B회사를 상대로 대한민국 법원에 소송을 제기하려고 하는 상황이므로 법정지는 대한민국입니다.

법정지인 대한민국의 입장에서 사법관계의 구성요소인 각 회사의 영업소가 위치한 국가가, 내국(대한민국)과 외국(일본)에 관련되어 있으므로 국제사법이 적용될 수 있습니다.

### 2. 전속적 국제재판관할합의의 유효성 여부

일본 법원의 전속적 관할을 인정하는 당사자간 합의가 유효하기 위해서는 ① 해당 사건이 대한민국 법원의 전속관할에 속하지 않아야 하고, ② 일본 법원이 일본법상 해당 사건에 대하여 관할권을 가져야 하고, ③ 해당 사건이 일본 법원에 대하여 합리적 관련성을 가져야 하며, ④ 당사자간 전속관할의 합의가 현저하게 불합리하고 불공정하여 공서양속에 반하지 않아야 합니다(제2조 [보충설명] 참고).

민사소송법 제2조에 따라 피고의 보통재판적이 있는 곳의 법원의 관할권이 인정되고, 동법 제5조에 따라 법인의 보통재판적은 주된 사무소나 영업소가 있는 곳에 따라 정해집니다. 따라서 피고인 B회사의 영업소가 있는 국가인 일본의 법원이 위 소에 대한 관할권을 가진다고 볼 수 있습니다. 따라서 ① 대한민국 법원이 전속관할권을 가진다고 볼 수 없고, ② 일본 법원이 일본법상(대한민국법은 일본법을 계수하였으므로 대한민국의 민사소송법과 일본 민사소송법이 유사하다고 판단할 수 있습니다.) 위 소에 대한 관할권을 가진다고 볼 수 있습니다. 그리고 ③ 앞의 두 가지 내용을 통해 일본 법원이 위 사건에 대해 합리적 관련성을 가진다고 볼 수 있으며, ④ 공서양속에 반하는 사정도 보이지 않습니다. 따라서 A회사와 B회사 간의 일본 법원의 전속관할합의는 유효합니다. 그러므로 이 경우에 대한민국의 법원은 국제재판관할권을 가질 수 없습니다.

### 3. 전속적 국제재판관할합의가 없는 경우

이 경우 대한민국의 법원이 관할권을 가지는지 여부는 국제사법 제2조에 따라 판단해야 합니다. ① 해당 사건이 대한민국과 실질적 관련이 있어야 하고, ② 국내법의 관할규정을 검토하여야 하며, ③ 국제재판관할의 특수성도 함께 고려해야 합니다.

먼저 ① 원고인 A회사의 영업소가 대한민국에 위치하고 있고, B회사의 계약 불이행으로 인한 손해가 발생한 국가가 대한민국이며, A회사가 소송을 제기한 국가 역시 대한민국이며 B회사의 의무이행지 역시 대한민국이므로 위 사건은 대한민국과 실질적 관련이 있다고 볼 수 있습니다. 그리고 ② 대한민국의 민사소송법상 일본 법원에 관할권이 있음은 앞서 본 바와 같으나, 이는 전속관할에 해당하지 않습니다. 또한 B회사의 손해배상의무는 A회사의 영업소가 위치한 대한민국에서 이행되어야 하므로, 민사소송법 제8조에 따라 대한민국의 법원이 관할권을 가지는 것으로 볼 수 있습니다. 마지막으로 ③ 외국과 관련된 요소가 있는 법률관계에 대한 국제재판의 특성을 고려하면 관련된 국가 중 하나인 대한민국의 법원이 재판관할권을 가지는 것이 충분히 합리적이라고 볼 수 있습니다. 따라서 전속적 국제재판관할합의가 없는 경우 대한민국의 법원에 관할권이 인정될 수 있습니다.【개정국제사법 제41조 제1항 참조】

## 설문1의 (2)

### 1. 채무불이행으로 인한 손해배상의 준거법 검토

A회사(매수인)와 B회사(매도인)는 공구 매매계약을 체결하였고 B회사가 공구 인도의무의 이행을 지체하고 있습니다. 즉, 당사자간 법률관계는 채권관계에 해당합니다. 따라서 당사자 자치원칙이 우선 적용되어 당사자가 합의한 준거법에 의하게 됩니다(제45조). 그러나 준거법에 대한 당사자간 합의가 없습니다.

그렇다면 제46조에 의한 객관적 준거법을 찾아야 합니다. 사안의 매매계약은 각 당사자의 영업활동으로 체결되었고(제46조 제2항 단서), 이 경우의 계약상의 특정한 이행은 양도인인 B회사의 인도의무의 이행입니다(제46조 제2항 1호). 따라서 B회사의 영업소가 있는 국가인 일본의 법이 준거법이 되어야 합니다.

## 설문2

### 1. 국제사법 적용 여부

갑과 을은 모두 대한민국에 국적을 두고 있습니다. 일상거소지 역시 모두 대한민국(서울)입니다. 을이 갑을 폭행한 불법행위가 발생한 지역은 일본입니다. 이 경우 법정지가 다소 불명확하다고 느껴질 수 있습니다. 그러나 불법행위지가 일본이지만, 갑과 을이 모두 대한민국 국적자로 대한민국에 상거하고 있으므로 갑의 을에 대한 소송은 대한민국의 법원에 제기될 가능성이 높습니다. 행위지가 일본일 뿐 밀접관련지는 대한민국이라고 볼 수 있기 때문입니다. 따라서 법정지인 대한민국의 입장에서 법률관계의 구성요소가 대한민국과 일본에 관련되므로 국제사법이 적용될 수 있습니다.

### 2. 불법행위로 인한 손해배상의 준거법 검토

을의 갑에 대한 폭행은 불법행위임이 명백합니다. 가장 먼저 갑과 을 사이에 사후적인 준거법 합의가 있는지가 문제됩니다(제53조). 사안에서는 그러한 사정이 보이지 않습니다.

가해자인 을과 피해자인 갑 사이에는 을의 폭행으로 인해 침해될 법률관계가 존재하지 않으므로 제52조 제3항은 적용되지 않습니다.

다만, 폭행 당시에 갑과 을 모두 대한민국에 상거소를 두고 있으므로 제52조 제2항에 따라 대한민국의 법이 준거법이 되어야 합니다.

### 설문3

#### 1. 국제사법 적용 여부

앞서 본 바와 같이 갑·을의 국적과 일상거소지는 모두 대한민국이고, B회사의 영업소가 위치한 국가는 일본입니다. 근로계약이 체결된 장소는 대한민국이고, 갑·을의 근무장소는 일본입니다. 법정지가 명확하지는 않지만, 후술하는 바와 같이 대한민국의 법원에 국제재판관할이 인정되므로 갑·을이 대한민국에서 소를 제기할 것으로 보이는 바, 대한민국이 법정지라고 볼 수 있습니다. 법정지인 대한민국의 입장에서 갑·을과 B회사 사이의 사법관계의 구성요소가 대한민국과 일본에 관련되어 있어 외국과 관련된 요소가 있는 경우에 해당하므로 국제사법이 적용됩니다.

#### 2. 국제재판관할 검토

먼저 대한민국의 법원이 관할권을 가지는지 여부를 국제사법 제2조에 따라 검토합니다. ① 해당 사건이 대한민국과 실질적 관련이 있어야 하고, ② 국내법의 전속관할 규정을 검토하여야 하며, ③ 국제재판관할의 특수성도 함께 고려해야 합니다. ① 근로계약의 일방 당사자인 갑·을의 국적과 상거소가 대한민국에 있고, 근로계약이 체결된 장소가 대한민국이므로 대한민국과의 실질적 관련성이 인정됩니다. ② 민사소송법 제2조와 제5조에 의해 피고 B회사의 영업소가 위치한 일본의 법원에 재판관할이 발생한다고 볼 수 있습니다. 다만 이는 전속관할에 해당하지 않음은 전술한 바와 같습니다. 미지급임금지급 의무 혹은 손해배상의무 등이 인정되는 경우에는, 민사소송법 제8조에 의해 의무이행지인 대한민국의 법원에 관할이 발생할 수 있습니다. ③ 외국과 관련된 요소가 있는 법률관계에 대한 국제재판의 특성을 고려하면 관련된 국가 중 하나인 대한민국의 법원이 재판관할권을 가지는 것이 충분히 합리적이라고 볼 수 있습니다. 따라서 대한민국의 법원에 관할권이 인정됩니다.

#### 3. 근로계약의 준거법 검토

근로계약은 일반규칙인 제45조와 제46조가 아닌 특별규칙인 제48조의 규율을 받습니다. 갑·을과 B회사 간의 근로계약 체결시 준거법에 대한 합의가 있다면 제48조 제1항에 따라 합의한 준거법과는 별도로 제2항의 객관적 준거법에 의한 근로자를 보호하는 강행규정은 그대로 적용됩니다.

그러나 사안에서는 준거법에 대한 당사자 간 합의가 없습니다. 따라서 제48조 제2항에 따라, 갑·을이 일상적으로 노무를 제공한 국가는 일본이므로 일본국법이 준거법이 됩니다.

핵심쟁점

### 설문1의 (1)

#### 1. 전속적 국제재판관할 합의의 유효성 요건

당해 사건이 대한민국 법원의 전속관할에 속하지 아니하고, 지정된 외국법원이 그 외국법상 당해 사건에 대하여 관할권을 가져야 하며, 당해 사건이 그 외국법원에 대하여 합리적인 관련성을 가질 것이 요구되고, 그와 같은 전속적 관할합의가 현저하게 불합리하고 불공정하여 공서양속에 반하는 법률행위에 해당하지 않아야 한다는 입장임. 또한 관할합의의 방식은 서면이어야 함(민사소송법 제29조 제2항). 요건 충족하므로 일본관할 인정

#### 2. 일반적 국제재판관할권(제2조)

실질적 관련성 원칙, 합의 없으면 한국에 실질적 관련(원고 A의 영업소, 의무이행지) 있음.

### 설문1의 (2)

#### 1. 주관적 준거법

당사자 자치의 원칙(제45조).

#### 2. 객관적 준거법

밀접관련지법(제46조), 매도인이 이행(제46조 제2항 1호)이므로 B회사의 영업소가 있는 국가의 법인 일본국법.

### 설문2

#### 1. 불법행위의 준거법(제52조, 제53조)

사후적 합의, 종속적 연결, 동일 일상거소지법, 불법행위지법의 순서이므로, 동일 일상거소지법인 한국법임.

### 설문3

#### 1. 국제재판관할권

일반관할권(제2조)에 의해 한국법원.

#### 2. 근로계약의 준거법

당사자 자치와 제한(제48조 제1항), 객관적 준거법(제48조 제2항), 갑과 을의 일상적 노무제공지는 일본이므로 일본국법.

### 제2문

**접근**

　문제지를 받은 후, 사실관계를 먼저 읽는 습관은, 버릴 것을 추천합니다. 설문을 먼저 읽어서, 문제가 묻고 있는 쟁점이 무엇인지를 명확히 한 후에, 그 쟁점을 염두에 두고 사실관계와 전제사실로부터 필요한 내용만을 골라 읽는 연습을 하시기 바랍니다. 시간을 절약할 수 있을 뿐만 아니라, 불필요한 정보로부터 오는 혼동도 피할 수 있고, 경우에 따라서는 함정을 피할 수도 있습니다.

　제2문은 협약에 의하여 해결해야 하는 문제가 주어집니다. 따라서 설문에서 따로 묻지 않더라도, 협약이 적용될 수 있는지 여부를 꼭 검토하여야 합니다. 각 설문별로 당사자와 사건이 서로 다르다면, 모든 설문에 대하여 각각 협약의 적용 여부를 검토하는 것이 원칙입니다. 혹시, 답안 분량이나 시험 시간을 고려하여 부득이한 경우라도 첫 번째 설문에서만큼은, 국제사법 적용 여부(제1조 내지 제6조)를 반드시 검토하기 바랍니다.

　설문1은 '매매계약이 성립하였는지 여부'와 '그 계약은 어떠한 조건으로 성립하였는지'를 묻고 있습니다. 계약이 유효하게 성립하기 위해서는 청약(제14조 내지 제17조)과 승낙(제18조 내지 제22조)이 각각 유효해야 합니다.

　설문2는 '구제방법'을 묻습니다. 매수인의 구제방법(제45조)인지 매도인의 구제방법(제61조)인지 사실관계를 확인하여, 조문에 주어진 각 구제방법 중 취할 수 있는 것과 없는 것을 구분하는 방식으로 문제를 해결하면 됩니다.

**모범답안**

### 설문1

#### 1. 협약 적용 여부

　X회사는 대한민국(서울)에만 영업소를 두고 있고, Y회사는 중국(북경)에만 영업소를 두고 있습니다. 그리고 대한민국과 중국은 모두 협약의 체약국입니다. 따라서 위 사안은 제1조 제1항 가호에 의한 협약의 직접적용 여부가 문제됩니다. 양당사자의 영업소가 모두 체약국에 있으므로, ① 사안의 계약이 인식 가능한 국제성을 가진 물품매매계약이고, ② 당사자간에 협약 제6조의 배제합의가 없어야 협약이 적용될 수 있습니다.

　두 당사자가 각각 대한민국과 중국의 회사이고, 판매 목적으로 대나무 카시트를 매매하기로 계약을 체결하였고(독점수입판매권에 관한 합의는 문제되는 계약이 아님에 주의해야 합니다.), 당사자간 계약에 제6조의 협약을 배제하기로 하는 합의가 존재하지 않습니다. 따라서 위 사안에는 협약이 직접적용될 수 있습니다.

### 2. 계약의 성립 여부

#### 가. 청약의 성립 여부

제14조에 따르면, 청약이 유효하게 성립하기 위해서는 ① 특정인에 대한 것이어야 하고, ② 제안이 확정적이어야 하며, ③ 청약자 스스로 청약에 구속된다는 의사표시가 있어야 합니다. 그리고 제안이 확정적이라는 것은, ① 물품, ② 수량, ③ 대금이 정해지거나 결정하기 위한 조항이 있어야 한다는 뜻입니다.

갑이 2010. 12. 1. Y회사에 대나무 카시트의 종류(규격과 색상), 수량 및 대금을 기재하여 주문한 바, 이것은 위의 청약의 요건을 모두 충족하므로, 청약으로서 유효하게 성립하였습니다.

#### 나. 승낙의 성립 여부

Y회사는 거래조건을 외부에 공개하지 말라는 요청을 부가하여 X회사의 주문을 수락한다는 이메일을, X회사의 주문 이메일을 받은 직후인 2010. 12. 1. 발송하였습니다. Y회사가 요청사항을 부가한 것이 변경을 가한 승낙(제19조)에 해당하는지에 대해서 봅니다. 청약을 그대로 승낙하지 않고 변경을 가한 경우, 이를 승낙으로 보지 않고 청약에 대한 거절인 동시에 새로운 청약이 되는 것으로 봅니다(제19조 제1항). 다만, 그 변경이 청약의 내용을 실질적으로 변경한 것이 아니라면 승낙으로 보고, 그대로 계약의 내용이 됩니다(제19조 제2항). Y회사가 부가한 요청사항이 제19조 제3항에 정한 경우에 해당하지 않고, X회사가 이에 대하여 이의를 한 바 없으므로(제19조 제2항 2문), Y회사의 승낙은 유효하게 성립합니다.

#### 다. 계약의 성립 여부

따라서, 제23조, 제18조 제2항 1문에 의하여, Y회사의 승낙 이메일이 X회사에 도달한 2010. 12. 1. 유효하게 성립하였습니다.

### 3. 계약의 조건

앞서 본 바와 같이, Y회사가 변경을 가한 내용이 계약의 내용이 됩니다. 따라서 계약의 조건은, Y회사가 X회사에게, 대나무 카시트를, X회사가 정한 규격과 색상, 수량 및 대금으로, 위 물품이 여름 계절상품이라는 것과, 2011. 3. 1.까지 인도를 완료하되, X회사는 위 거래조건을 외부에 공개해서는 안 된다는 것이 계약의 조건입니다.

### 설문2

#### 1. 매수인의 구제권(제45조)

매도인인 Y회사의 인도의무가 인도기일인 2011. 3. 1. 현재 미이행되었습니다. 이는 계약상의 의무 위반이고 계약 위반에 해당합니다. 따라서 매수인인 X회사는 Y회사에 대하여 제45조에 정한 구제권을 행사할 수 있습니다. 제45조에 따른 매수인의 구제권을 자세히 보면, 매수인은 의무이행청구권(제46조 제1항), 대체물인도청구권(동조 제2항), 부적합치유청구권(동조 제3항), 부가기간지정권(제47조), 계약해제권(제49조), 대금감액권(제50조), 그리고 손해배상청구권(제74조 내지 제77조)을, 동시에 중첩적으로 행사할 수 있습니다.

그런데 사안의 경우에는, Y회사가 인도의무를 이행하지 않았으므로, 인도의무가 이행되었음을 전제로 하는 대체물인도청구권, 부적합치유청구권, 대금감액권은 X회사가 행사할 수 있는 구제권에 해당하지 않습니다.

### 2. 의무이행청구권(제46조 제1항)

물품의 인도가 아직 이루어지지 않은 경우, 매수인은 매도인에게 의무의 이행을 청구할 수 있습니다(제1항). 그러나 사안에서 Y회사는 원자재 공급 문제로 인하여 7개월이 더 소요될 것으로 예상하고 있고, 계약에 따르면 대나무 카시트는 여름 계절 상품으로 7개월 후에는 계약의 목적을 달성할 수 없으므로, 제1항 소정의 이행청구권은 위 사안에는 그 적용의 실익이 없습니다.

### 3. 매수인의 부가기간지정권(제47조)

매수인은 매도인의 의무이행을 위한 합리적인 부가기간을 지정할 수 있습니다. 이는 그 자체로서는 구제권의 행사에 해당한다 보기 어렵습니다(제47조 조문해설참조). 또한 사안의 대나무 카시트는 여름 계절 상품으로, 인도기일을 지키지 못할 경우 계약의 목적 달성이 불가능한 바, X회사가 부가기간을 지정하여 얻을 수 있는 실익이 없습니다.

### 4. 매수인의 계약해제권(제49조)

매도인의 의무 불이행이 본질적 계약위반(제25조)에 해당하거나(제1항 가호), 매수인이 정한 부가기간 내에 이행이 이루어지지 않은 경우(제1항 나호)에, 매수인은 계약을 해제할 수 있습니다. 앞서 본 바와 같이 X회사는 부가기간을 지정한 바 없으므로, Y회사의 의무 불이행이 본질적 계약 위반에 해당하는지(제25조)를 검토해야 합니다.

당사자 일방의 계약 위반이 본질적 계약 위반에 해당하려면, ① 상대방의 기대를 실질적으로 박탈할 정도의 손실에 이르러야 하고, ② 위반당사자와 합리적인 사람 모두 그러한 결과를 예견할 수 있어야 합니다. X회사는 계약에서 대나무 카시트가 계절상품이므로 인도기일을 2011. 3. 1.로 정한 바, 이는 확정기 매매에 해당한다고 보아야 하고, 따라서 기일을 지키지 못할 경우 X회사는 계약으로부터 기대하는 바를 실질적으로 얻을 수 없고, Y회사도 이미 이러한 사정을 알고 있었으며, 합리적 일반인 역시 계약의 내용으로부터 이를 충분히 예상할 수 있다고 보아야 합니다. 그렇다면, Y회사의 인도의무 불이행은 본질적 계약 위반에 해당합니다.

따라서 X회사는 Y회사의 인도 미이행을 이유로 위 계약을 해제할 수 있습니다. 다만,

제2항에 따른 해제권 행사 기간을 지키지 않을 경우, 이 권리를 상실할 수 있음에 주의해야 합니다.

### 5. 매수인의 손해배상청구권(제74조 내지 제77조)

매수인은 매도인의 계약 위반으로 인한 손해를 완전히 배상받을 수 있고(제74조), 이로 인하여 대체거래가 필요한 경우에는 그로 인한 손해도 배상받을 수 있으며(제75조), 그 물품의 시가가 변동하는 경우라면 그에 대한 손해 역시 배상받을 수 있습니다(제76조). 사안에서는 X회사의 손해에 관하여 자세한 사정이 제시되지 않았으므로, 위와 같은 손해배상청구권의 행사가 가능하다는 것만 확인할 수 있습니다.

### 6. 매도인의 손해배상책임의 면책(제79조) 여부

다만, Y회사가 위 손해배상책임을 면할 수 있는지에 대해 검토할 필요가 있습니다. 매도인이 자신의 의무 불이행으로 인한 상대방의 손해를 배상할 책임을 면하기 위해서는 ① 자신의 의무 불이행이 '자신이 통제할 수 없는 장애에 기인하였'어야 하고(통제 불능 장애일 것), ② '계약 체결시에 그 장애를 고려'하는 것이 '합리적으로 기대될 수 없었'어야 하고(예견 불능 장애일 것), ③ '그로 인한 결과를 회피하거나 극복하는 것이 합리적으로 기대될 수 없었'어야 합니다. 일단, 기후변화와 그로 인한 원자재 공급차질은 Y회사가 통제할 수 없는 장애에 해당함은 명백합니다. 그러나, 대나무를 이용한 물품을 제조하여 수출하는 것을 업으로 하는 Y회사라면, 기후변화로 인하여 자재 수급에 문제가 생길 수 있다는 점을 예상하고, 자재를 미리 비축하거나 자재공급처를 다변화하는 등의 대비를 하거나, 적어도 이러한 가능성을 X회사에 미리 알리고 이에 대한 계약 조건을 미리 정했어야 합니다. 그럼에도 불구하고, 오히려 Y회사는 문제가 발생하고, 인도 기일을 도과하여, X회사의 항의를 받고 난 후에서야 문제에 대한 대응을 시작한 점으로 미루어, Y회사는 손해배상책임을 면할 수 없다고 보아야 합니다.

( ※ 먼저, 조달위험에 관하여 보충 설명합니다. 국제거래에서, 시장에서 조달할 수 있는 종류물 매매의 경우, 반대의 합의가 없는 한, 매도인은 그 종류물에 대한 조달위험을 부담합니다. 그러나 예견할 수 없었던 사태로 인하여, 시장에서 물품을 조달할 수 없거나 막대한 비용으로만 조달이 가능한 경우에는, 매도인은 그 조달책임을 면한다고 봅니다. 위 답안에서는 예견이 가능한 장애로 보았으므로, 매도인이 조달위험 부담을 면하는지 여부는 문제되지 않습니다.)

### 7. 매도인의 추완권(제48조) 행사 여부

또한, Y회사는 문제가 발생한 후에도, 이를 먼저 X회사에 적극적으로 알리고 대책을 강구하기보다는, 만연히 인도기일을 넘기고 X회사의 항의를 받은 후에야 이러한 사정을 알리고 7개월의 유예기간을 요청한 바, 이는 매도인의 추완권(제48조)을 행사한 것으로 볼 수도 있습니다. 그렇지만, 이는 매수인에게 불합리한 불편을 초래하므로(제48조 제1

항), Y회사는 제48조의 추완권을 행사할 수 없습니다.

### 8. 결 론

X회사는 Y회사에 대하여, 위 계약을 해제할 수 있고(제49조 제1항 가호), 손해가 있는 경우 이에 대한 손해배상을 청구할 수 있습니다(제74조 내지 제77조).

---

**핵심쟁점**

### 설문1

1. 청약의 조건(제14조)

2. 변경된 승낙(제19조)

원칙적으로 변경된 승낙은 새로운 청약(제19조 제1항)이지만, 실질적 변경(제19조 제3항)에 해당하지 않고, 이의 제기(제19조 제2항)도 없으므로, 변경된 내용대로 계약이 성립함(제23조, 제18조 제2항 1문).

### 설문2

1. 매수인의 구제권(제45조)

의무이행청구권(제46조 제1항), 대체물인도청구권(동조 제2항), 부적합치유청구권(동조 제3항), 부가기간지정권(제47조), 계약해제권(제49조), 대금감액권(제50조). 이 중 인도의무 이행을 전제로 하는 대체물인도청구권, 부적합치유청구권, 대금감액권 등은 해당사항 없음.

손해배상청구권(제74조 내지 제77조).

2. 가능한 구제수단

의무이행청구권(제46조 제1항), 부가기간지정권(제47조), 계약해제권(제49조), 손해배상청구권(제74조 내지 제77조). 확정기 매매에 해당하므로, 의무이행청구권과 부가기간지정권은 행사의 실익이 없음.

3. 매도인의 면책 가능성(제79조)

# 국제물품매매계약에 관한 UN협약 정리

Summary of the United Nations Convention on Contracts for the
International Sale of Goods: Vienna Conventions

■ **매매협약의 적용범위와 총칙**

제 1 절  협약의 적용범위

　Ⅰ. 적용의 기본원칙(제1조)

　　1. 물품 2. 매매계약 3. 국제성 4. 체약국간의 관련성: (1) 직접적용(제1조(1)a),
　　(2) 간접적용(제1조(1)b)

　Ⅱ. 적용배제

　　1. 협약의 물적 적용제한(제2조)

　　2. 협약의 적용이 배제되는 사항

　　　(1) 주문생산계약 및 혼합계약(제3조)

　　　(2) 계약의 유효성, 소유권이전(제4조)

　　　(3) 제조물책임(제5조): 인적손해의 배제

　　　(4) 당사자합의(제6조)

제 2 절  협약 총칙

　Ⅰ. 협약의 해석원칙(제7조)

　Ⅱ. 협약과 구두증거배제의 원칙(계약의 해석)

　　계약의 해석방법(제8조(1)(2)) 구두증거배제원칙의 배제(제8조(3))

　Ⅲ. 기타사항

　　1. 관습 및 관행의 적용

합의한 관행과 확립된 관례(제9조(1)) 규범적 관행(제9조(2))

2. 복수의 영업소(제10조)

3. 계약의 비요식성

계약방식의 자유(제11조). 그러나 비요식성의 배제인정(제12조 강행규정) 서면에 전보텔렉스 포함(제13조)

■ **계약의 성립**

제1절 청약과 승낙에 의한 계약의 성립

Ⅰ. 협약의 태도

경상의 원칙(mirror image rule) 취하고 있음(제19조(1)). 그러나 비실질적 변경된 승낙은 승낙이 될 수 있다(제19조(2)(3))

Ⅱ. 청약과 승낙에 의한 계약의 성립

1. 청약

(1) 청약의 요건(제14조)

(2) 청약의 효력발생 및 철회

청약의 효력발생(제15조(1)) 청약의 회수(제15조(2)) 청약의 철회(제16조(1)) 청약의 구속(제16조(2)) 청약의 거절(제17조)

2. 승낙

(1) 승낙의 의의 및 효력발생시기

승낙의 의의(제18조(1)) 승낙의 효력발생(제18조(2)) 행위에 의한 승낙(제18조(3)) 승낙기간 산정(제20조)

(2) 지연된 승낙 및 승낙의 회수

승낙의 인정(제21조(1)) 정상적인 발송(제21조(2)) 승낙의 회수(제22조)

3. 계약의 성립(제23조)

도달주의(제18조(2)) 승낙의 행위(제18조(3)) 도달의 의미(제24조)

제2절 서식전쟁: 협약은 front form과 boilerplate를 구별하지 않음(last shot doctrine)

1. 변경을 가한 승낙과 청약의 거절(제19조(1))

2. 비실질적 변경을 가한 승낙(제19조(2))

3. 실질적 변경의 사례(제19조(3)): 추정

■ **물품의 매매계약의 효력에 관한 총칙**

1. 본질적 계약위반(제25조): 계약위반의 결과 예측가능성

2. 해제의 통지(제26조)

3. 의사표시의 전달위험(제27조) − 발신주의

Ⅰ. 특정이행청구권(제46조(1), 제28조)

Ⅱ. 대체물인도청구권(제46조(2)): 매수인이 반환할 수 없는 경우 불가

Ⅲ. 부적합보완청구권(제46조(3))

Ⅳ. 부가기간지정권(제47조): 인도불이행에 있어서 계약해제의 전단계로서의 의미

Ⅴ. 매도인의 불이행의 추완권(제48조): 이행기후 치유, 이행기전 치유(제34조, 제37조)

Ⅵ. 계약해제권(제49조)

Ⅶ. 대금감액권(제50조): 매도인이 제79조 면책되는 경우 효용이 큼

Ⅷ. 일부인도와 일부부적합(제51조)

Ⅸ. 사전인도와 초과인도(제52조)

Ⅹ. 손해배상청구권(제45조(1)(2), 제74조 − 제77조)

## ■ 매수인의 의무와 매도인의 구제

제 1 절 매수인의 의무

Ⅰ. 대금의 지급의무(제53조)

1. 대금지급의무의 내용(제54조)

2. 대금을 정하지 않은 경우 대금의 결정(제55조)

3. 순중량에 의한 대금(제56조)

4. 대금의 통화(규정 없음): 합의 없으면 관행(제9조)

5. 대금의 지급장소(제57조)

6. 대금지급시기(제58조)와 지급시기 도래의 효과(제59조): 매수인의 물품검사권(제58조(3))

Ⅱ. 인도의 수령의무(제53조)

1. 매수인의 수령의무의 내용(제60조)

2. 매수인의 수령거절권: 본질적 위반 계약해제하거나 대체물청구의 경우(제49조, 제46조(2))와 매도인의 사전인도(제52조(1)) 초과인도시(제52조(2)) 거절할 수 있음

제 2 절 매수인의 계약위반에 대한 구제(제61조)

Ⅰ. 특정이행청구권(제62조)

Ⅱ. 부가기간지정권(제63조)

Ⅲ. 계약해제권(제64조)

Ⅳ. 물품명세지정권(제65조)

Ⅴ. 손해배상청구권(제74조 − 제77조)

## ■ 위험의 이전과 이행기전의 계약위반

제 1 절   위험의 이전

    Ⅰ. 국제물품매매상 위험이전의 의의: 대가(반대급부)의 위험

    Ⅱ. 협약상의 위험이전

      1. 위험이전의 일반원칙(제66조)

      2. 운송을 포함하는 계약에서의 위험의 이전(제67조)

        (1) 송부매매에서의 기본원칙(제67조(1) 제1문): 제1운송인

        (2) 특칙(2문): FOB CIF 유사

        (3) 운송증권이 발행된 경우(제3문): 위험의 이전과 무관함

        (4) 특정(제67조(2), 제69조(3))

      3. 운송중인 물품의 매매에서의 위험이전(제68조)

        (1) 계약체결시 위험이전(제68조 제1문)

        (2) 목적물 교부시 위험이전(제2문): 운송보험계약이 체결되어 있는 경우

      4. 현지매매(제69조(1))

      5. 기타의 경우(제69조(2))

      6. 매도인의 계약위반이 있는 경우(제70조)

제 2 절   이행이전의 계약위반과 분할인도계약

    Ⅰ. 이행정지권(제71조(1))

    Ⅱ. 운송정지권(제71조(2))

    Ⅲ. 이행기전의 계약해제(제72조)

    Ⅳ. 분할인도계약 – 계속적공급계약(제73조): 개별인도부분의 해제(제73조(1)), 장래
에 대한 해제(2), 관련성에 의한 해제(3)

## ■ 매도인과 매수인의 의무에 공통되는 규정

제 1 절   손해배상액

    Ⅰ. 손해배상의 범위에 관한 일반원칙(제74조 제1문): 완전배상의 원칙

    Ⅱ. 예견가능성을 통한 손해배상책의 제한(제2문)

    Ⅲ. 계약이 해제되지 않은 경우의 이행이익(제74조)

    Ⅳ. 계약이 해제된 경우의 손해산정

      1. 대체거래의 경우의 손해액(제75조)

      2. 대체거래가 없었던 경우

        (1) 해제당시의 시가(제76조(1)), (2) 수령당시의 시가(제76조(1)), (3) 시가

## 저자약력

■ 정 형 진

- 고려대 법대 법학과 졸업(학사)
- 동 대학원 졸업(석사)
- 영국 Univ. of Manchester School of Law 졸업(박사)
- 현) 경북대학교 법학전문대학원 교수

## 로스쿨 국제거래법 [제4판]

2022년 1월 10일 초 판 발행
2023년 2월 25일 제2판 발행
2024년 2월 20일 제3판 발행
2025년 3월 5일 제4판 1쇄 발행

저 자 정 형 진
발행인 배 효 선

발행처 도서출판 法 文 社

주 소 10881 경기도 파주시 회동길 37-29
등 록 1957년 12월 12일 / 제2-76호(윤)
전 화 (031)955-6500~6 FAX (031)955-6525
E-mail (영업) bms@bobmunsa.co.kr
(편집) edit66@bobmunsa.co.kr
홈페이지 http://www.bobmunsa.co.kr
조 판 법 문 사 전 산 실

정가 32,000원 ISBN 978-89-18-91593-7